无人驾驶车辆认知与决策技术

李永
宋健

编著

COGNITIVE AND DECISION TECHNOLOGY
FOR UNMANNED GROUND VEHICLE

化学工业出版社

·北京·

内 容 简 介

本书介绍了无人驾驶车辆（UGV）的认知与决策技术。全书共 8 章，前 4 章重点介绍了 UGV 的认知理论、类脑理论、数据场景及决策方法等，同时介绍了认知 - 决策技术与智能技术的系统有机结合，认知技术包括智能认知、类脑芯片、类脑计算及数据场景等。后 4 章介绍了基于 UGV 认知的关键决策技术，包括转向、制动、驱动、换挡及悬架等，重点围绕 UGV 的智能技术进展与面临的挑战，阐述了 UGV 的认知原理和决策技术。本书具有完整的理论体系和思路方法，为 UGV 的发展和产业化落地提供了认知与决策技术的支撑。

本书可以作为高等学校人工智能、计算机、航空航天、车辆及力学等专业的教材或教学参考书，也可以作为无人驾驶车辆相关研究、开发与工程技术人员的参考书。

图书在版编目（CIP）数据

无人驾驶车辆认知与决策技术 / 李永，宋健编著.
北京 ： 化学工业出版社，2025. 9. -- ISBN 978-7-122
48387-4

Ⅰ. U471.1

中国国家版本馆 CIP 数据核字第 20252QL670 号

责任编辑：陈景薇　　　　　　　　　　　文字编辑：冯国庆
责任校对：李雨晴　　　　　　　　　　　装帧设计：张　辉

出版发行：化学工业出版社（北京市东城区青年湖南街 13 号　邮政编码 100011）
印　　装：河北尚唐印刷包装有限公司
710mm×1000mm　1/16　印张 18½　字数 333 千字　2025 年 9 月北京第 1 版第 1 次印刷

购书咨询：010-64518888　　　　　　　　售后服务：010-64518899
网　　址：http://www.cip.com.cn

定　　价：128.00 元

前　言

　　认知和决策是当今世界无人智能系统面临的巨大挑战，也是无人驾驶车辆（UGV）产业化落地的关键技术。面对巨大的市场需求与严峻的智能安全之间的尖锐矛盾，研究替代传统车辆的 UGV，发展认知与决策技术就显得很迫切。人工智能、认知与决策技术等是 UGV 真正替代传统车辆的重要技术及指标。本书介绍了相关的基础原理和关键技术，以解决读者对类脑认知的担忧和对车辆智能决策的困扰。高效、可靠的类脑认知与智能决策技术等将成为 UGV 领域发展的压舱石、稳定器与助推器。2024 年诺贝尔物理学奖和诺贝尔化学奖全部授予了人工智能领域的科学家，这给智能无人系统领域的工作者带来了巨大信心与鼓舞。

　　本书是在笔者近年来有关 UGV 认知与决策技术系统研究的基础上，加以提炼和总结而撰写成的学术著作。书中既有较为成熟的 UGV 技术，又充分融入了国内外该领域研究的前沿成果。本书主要内容包括 UGV 智能、类脑、芯片等认知理论，以及驱动、制动、转向、悬架和变速等决策技术。UGV 目前已处于商业化的前夜，无人智能系统人才难求，该专业人才需求量大的背后，是该领域需要有智能专业广度、车辆专业深度等的多面手。换言之，相关岗位的工作人员既要有车辆知识，又要掌握人工智能、芯片及软件等技术，目前这类复合型人才相对稀缺。因此，急需加大力度培养人才，使 UGV 能够实现产业化落地，造福人民。希望该领域的相关人才能够阅读本书，掌握认知与决策技术的方法及解决问题的能力，为新概念车辆提供知识动力。

本书基于 UGV 理论，以认知与决策为抓手，详尽介绍了智能新技术，包括实验装置、测试方法、认知智能及底盘决策方法等。在选材上突出工程背景、实用性及新颖性等，强调内容新颖、知识饱满、通俗易懂、深入浅出，力求对读者有所启迪及帮助。

本书由北京理工大学李永、清华大学宋健编著。本书的编写工作得到北京理工大学科研项目 (202020141344A，201720141103，201720141104) 的资助，在此表示感谢。

本书中引用的文献、资料与报告在参考文献中尽量作了说明，在此对作者表示感谢。由于工作量大及作者不详，在此对没有说明的文献作者表示歉意和感谢。

UGV 认知与决策技术正在蓬勃发展，本书中的一些关键技术还处于研究中，希望读者能得到灵感或受到启发。

由于笔者水平有限，书中难免有不当和疏漏之处，欢迎读者不吝指正。

编著者

2025 年大暑于北京理工大学良乡校区北湖之畔

目　录

附录　UGV 相关技术布局与标准体系 / 263

参考文献 / 282

第1章
绪论

1.1 无人系统的概念与分类

近年来，无人系统逐步成为现代工业技术的重要研发对象，随着人工智能（artificial intelligence，AI）大模型及新模型迅速兴起，以 DeepSeek、ChatGPT 为代表取得重要进展，引发人们广泛关注和思考。无人系统属于前沿技术，在陆地、水域（含水面及水下）、航空、航天、电磁、网络等多个空间维度中发挥了巨大作用。目前的无人系统，根据智能运用环境及实际场景等不同，包括但不限于无人驾驶车辆（unmanned ground vehicle，UGV）、无人机（unmanned aerial vehicle，UAV）、电动垂直起降飞行器（electric vertical takeoff and landing，eVTOL）、无人船（unmanned surface vehicle，USV）、无人潜航器（unmanned underwater vehicle，UUV）、具身智能机器人（embodied artificial intelligence robots，EAIR）的智能 - 仿生 - 驾驶等。无人驾驶、智能、仿生及控制等系统的分类与结构如图 1.1 所示。UGV 能够像人类大脑一样智能地认知复杂场景环境，进行自主决策，从而完成预定目标。UGV 包含具身智能，既可独立，也可协作完成复杂任务，其融合了前沿技术，包括但不限于 AI、视觉、导航、计算机、通信及车辆技术等。这些技术进步不仅推动 UGV 发展，还对其他领域产生深远影响。例如，AI、集成电路及芯片技术为 UGV、UAV、eVTOL、EAIR 等多个领域提供解决方案。UGV 的研发和应用需要跨学科的协作，包括计算机科学、电子、机械、交通、力学及宇航等多个学科协同参与。

无人驾驶与人类驾驶的比较如图 1.2 所示。UGV 技术融合不仅促进了学科之间的合作交流，还催生了新生态。国内外"独角兽"企业、科研机构和传统制造商纷纷投身于 UGV 领域，推动 UGV 技术快速迭代和产业发展。UGV 旨在通过先进的信息 - 通信技术，提高运载系统的效率、安全性和可持续性等，解决相关的复杂问题，例如，基于无人驾驶系统的解决救火问题的结构框架如图 1.3 所示。随着各学科的发展，UGV 内涵逐渐丰富，形成多个核心技术与分支领域，从 UGV 的规则驱动，到数据驱动，再到认知驱动，无人驾驶系统耦合的认知逻辑框架如图 1.4 所示。基于认知驱动的无人系统不断深入学习，可能在不进行明确编程的情况下，在数据中从学习到认知，并自主做出决策，无人驾驶系统耦合的场景决策框架如图 1.5 所示。

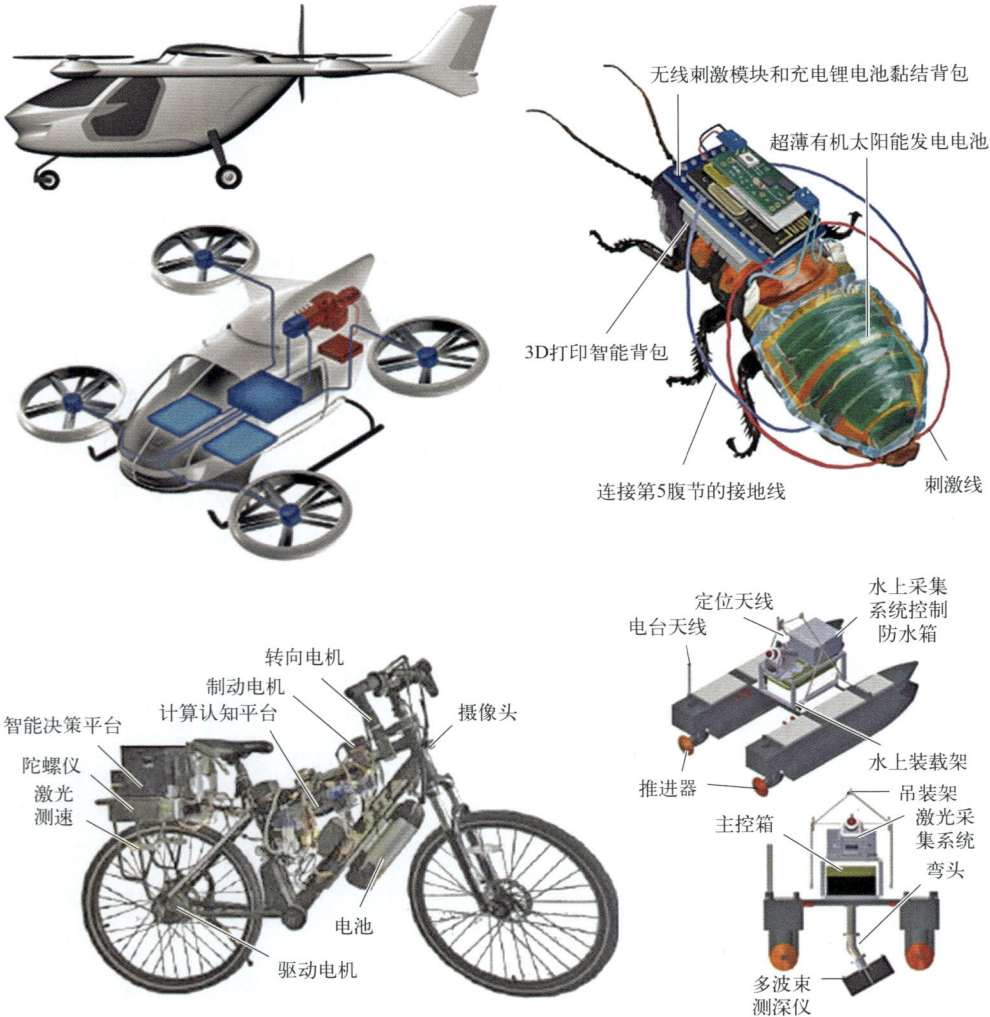

无线刺激模块和充电锂电池黏结背包

超薄有机太阳能发电电池

3D打印智能背包

连接第5腹节的接地线

刺激线

转向电机

制动电机
计算认知平台

智能决策平台

摄像头

陀螺仪
激光
测速

电池

驱动电机

定位天线

电台天线

水上采集
系统控制
防水箱

推进器

水上装载架

吊装架
激光采
集系统

主控箱

弯头

多波束
测深仪

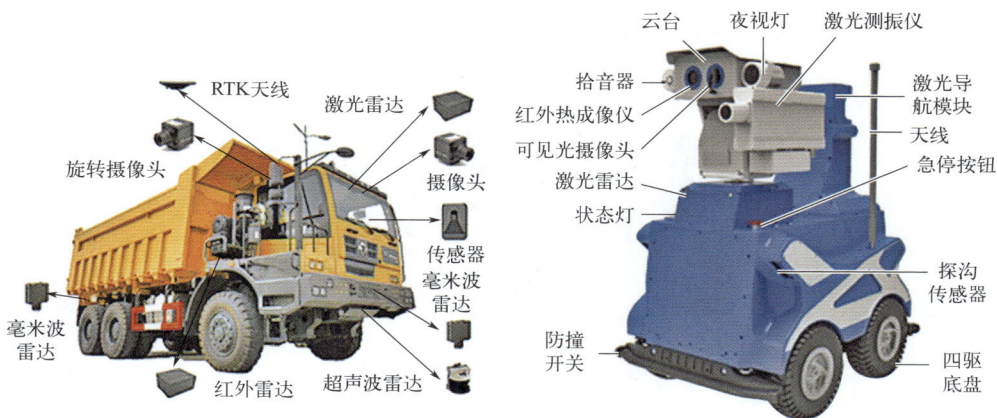

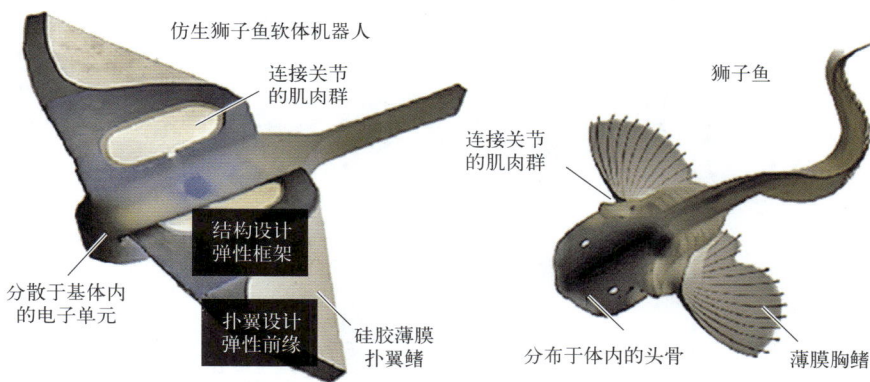

图 1.1 无人驾驶、智能、仿生及控制等系统的分类与结构

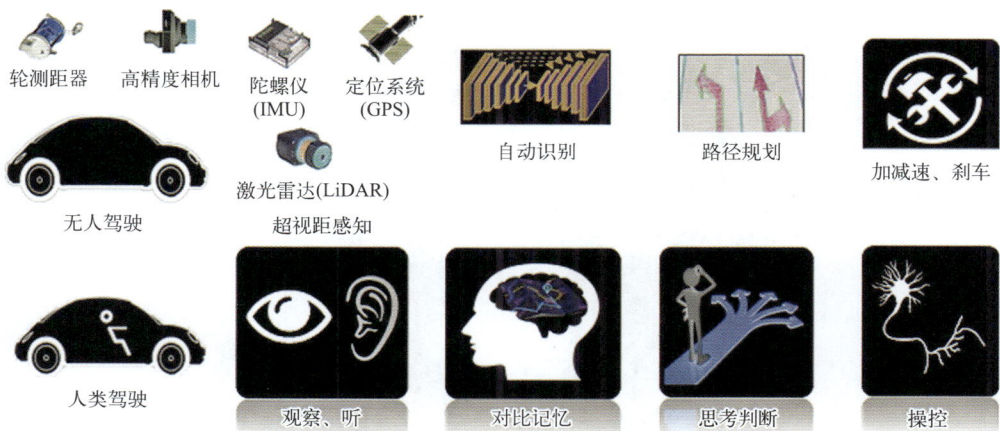

图中标注:

矿用卡车部分:
- RTK天线
- 激光雷达
- 旋转摄像头
- 摄像头
- 传感器毫米波雷达
- 毫米波雷达
- 红外雷达
- 超声波雷达

巡逻机器人部分:
- 云台
- 夜视灯
- 激光测振仪
- 拾音器
- 红外热成像仪
- 可见光摄像头
- 激光雷达
- 状态灯
- 激光导航模块
- 天线
- 急停按钮
- 探沟传感器
- 防撞开关
- 四驱底盘

仿生狮子鱼软体机器人部分:
- 仿生狮子鱼软体机器人
- 连接关节的肌肉群
- 结构设计弹性框架
- 扑翼设计弹性前缘
- 分散于基体内的电子单元
- 硅胶薄膜扑翼鳍

狮子鱼部分:
- 狮子鱼
- 连接关节的肌肉群
- 分布于体内的头骨
- 薄膜胸鳍

图 1.2 无人驾驶与人类驾驶的比较

图中标注:
- 轮测距器
- 高精度相机
- 陀螺仪(IMU)
- 定位系统(GPS)
- 激光雷达(LiDAR)
- 超视距感知
- 无人驾驶
- 人类驾驶
- 自动识别
- 路径规划
- 加减速、刹车
- 观察、听
- 对比记忆
- 思考判断
- 操控

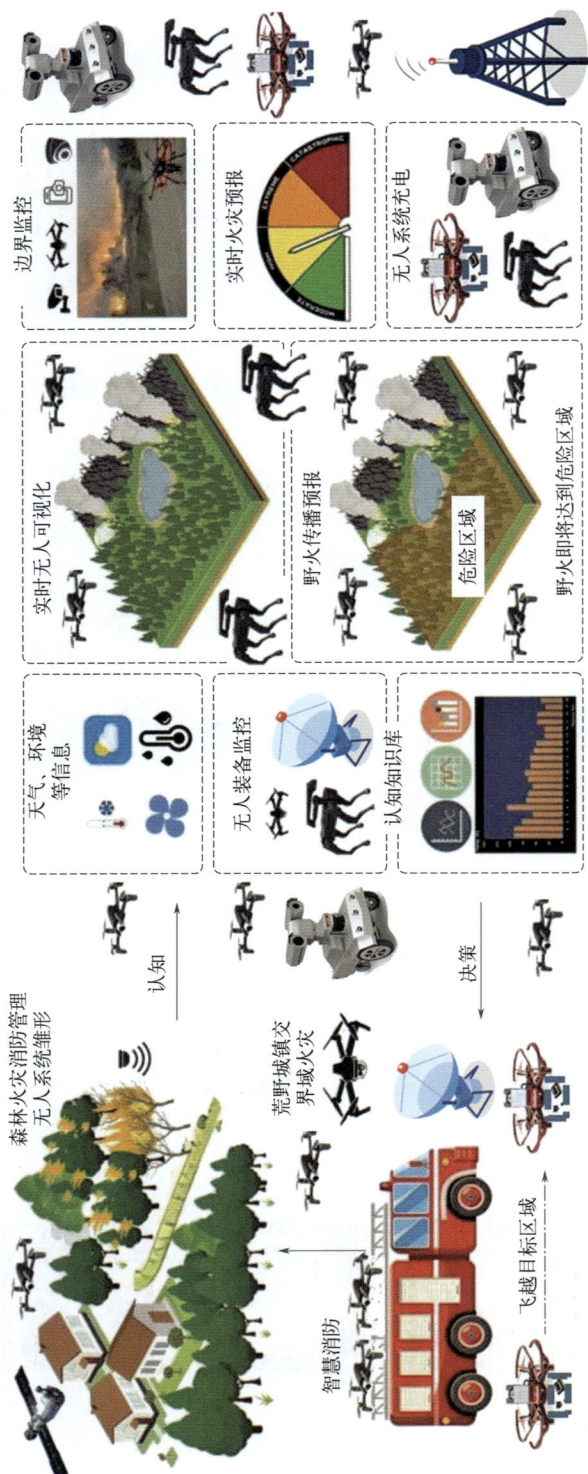

图 1.3 基于无人驾驶系统的解决救火问题的结构框架

边界监控

实时火灾预报

无人系统充电

实时无人可视化

野火传播预报

危险区域

野火即将达到危险区域

天气、环境等信息

无人装备监控

认知知识库

森林火灾消防管理无人系统雏形

认知

决策

荒野城镇交界域火灾

智慧消防

飞越目标区域

无人驾驶车辆认知与决策技术

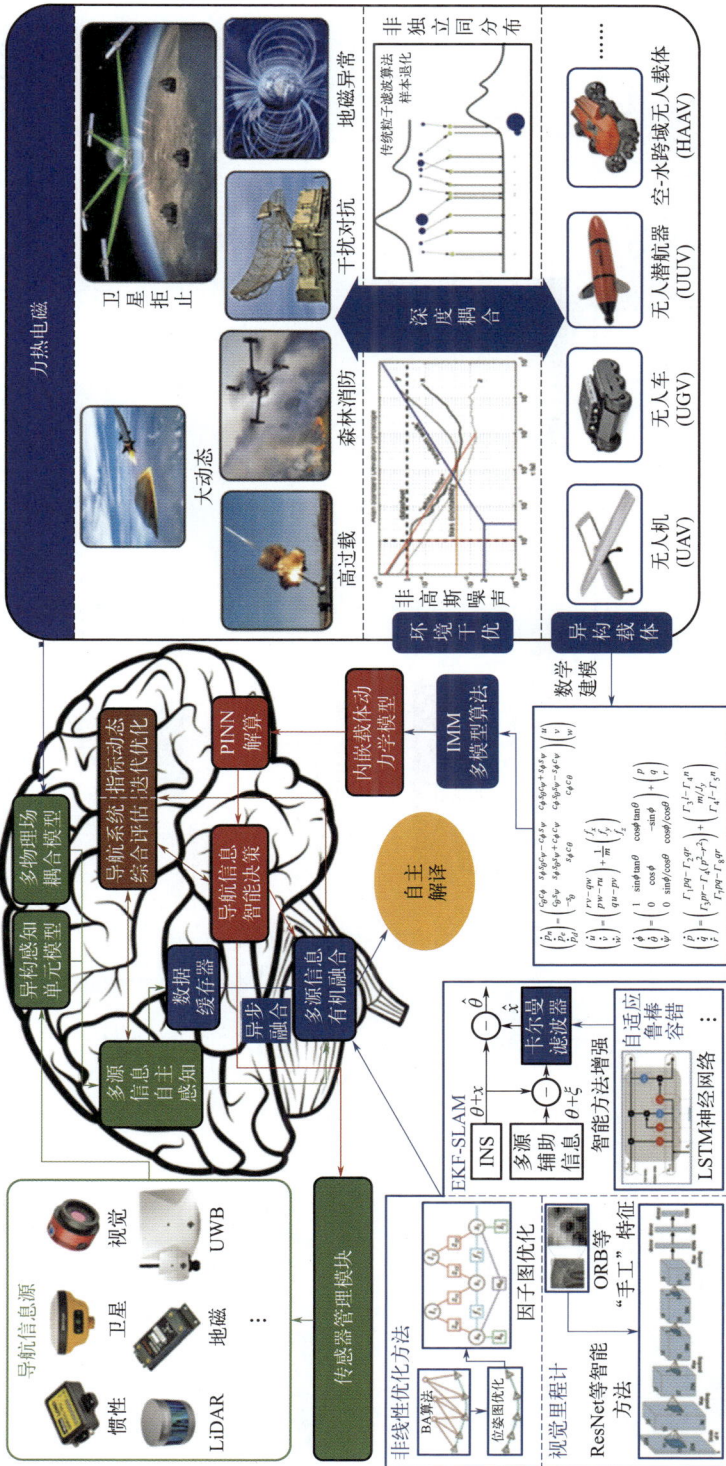

图 1.4 无人驾驶系统耦合的认知逻辑框架

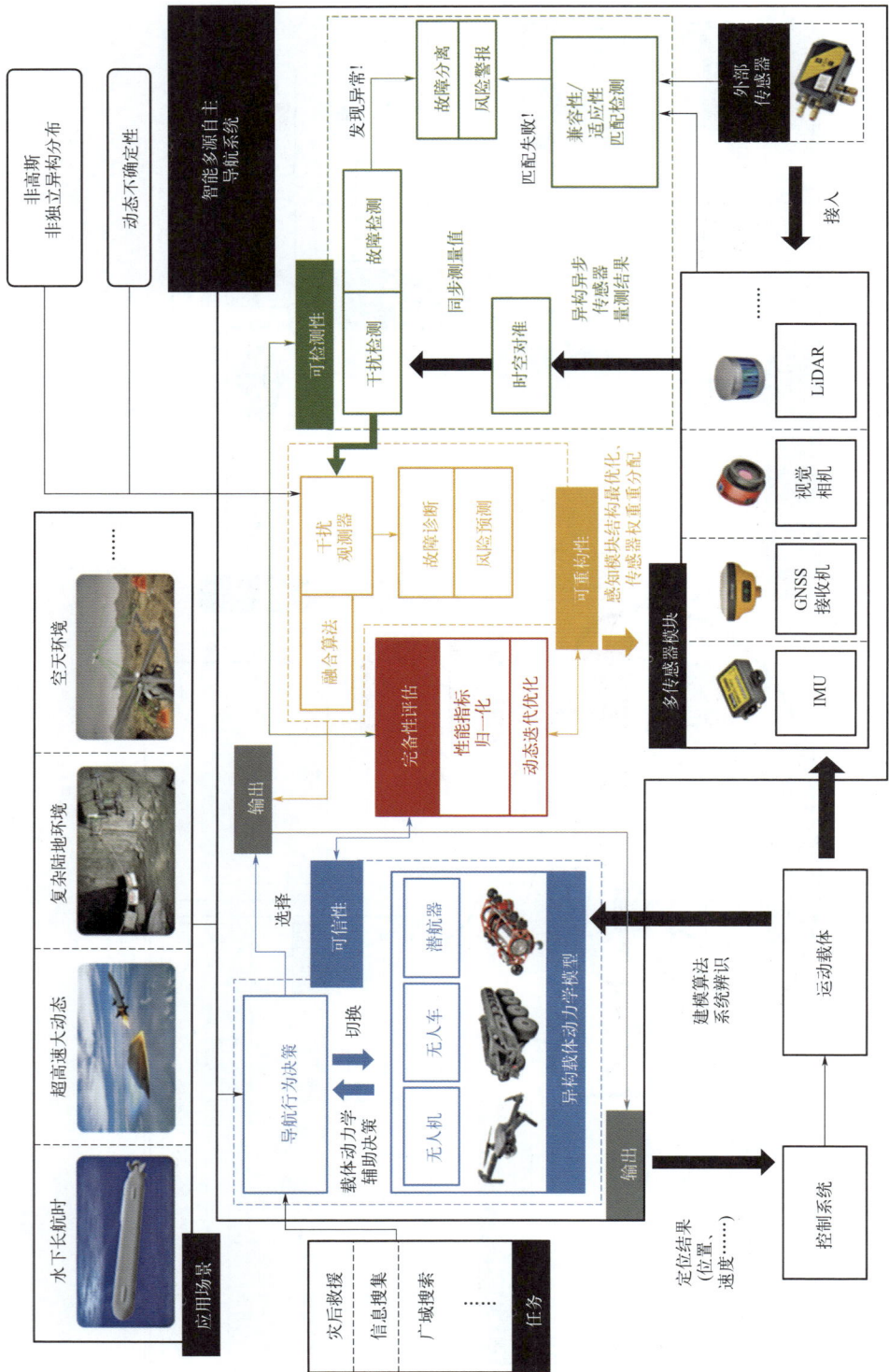

图 1.5 无人驾驶系统耦合的场景决策框架

无人驾驶车辆认知与决策技术

监督学习通过已知结果的数据集来训练大模型，无监督学习用于发现数据中的隐藏模式，强化学习则是让 AI 通过不断尝试与环境互动，优化其行为策略。深度学习利用深层神经网络模拟人脑的工作方式，尤其擅长处理图像、语音等高维度复杂数据。卷积神经网络用于图像识别，循环神经网络则适用于序列数据，如自然语言处理是使计算机能够理解、解析和生成人类语言的技术，应用于聊天、UGV、EAIR、机器翻译、情绪分析等领域；计算机视觉能够让 UGV 识别图像、检测物体等。

1.2 UGV 技术的沿革

人类发明工具，包含但不限于物质和结构等。例如，工具的材质是物质，物质承载了结构设计，结构决定了工具的具体功能，形成物质 - 结构 - 功能的一体化设计。古代的工具如图 1.6 所示。在古代，将大树的树干结构，用两个垂直于树干结构的薄平面进行截取，即可形成又短又粗的树干结构，这就是轮子的原始形貌。拓展这个思路，从车轮到有人驾驶马车及无人驾驶马车等，如图 1.7 所示。在近代，考察车辆、喷气发动机及仪器可发现，结构不等同于物质，而是认知的体现，结构设计包含尺度及功能设计等。若不考虑能源，则工具类似机器，也能扩展人类的体力及精力等。

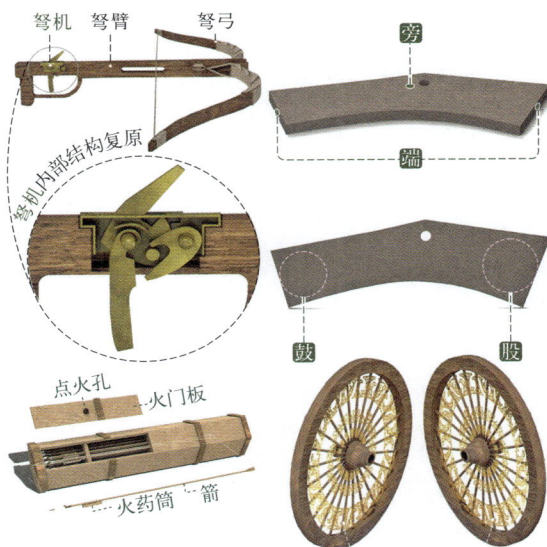

图 1.6　古代的工具

图 1.7　古代的有人驾驶马车及无人驾驶马车

近代工业的机器相比古代的工具，增加了能量，能量与物质 - 结构 - 功能一体化设计，替代了工具，更好、更有序地延展人的体力、精力、时间及行为等；物质不但承载结构，而且共同运输、储存及使用能量。近代工业机器的沿革及典型设计如图 1.8 所示，其形成机器系统，替代人类完成某些繁难复杂的任务。机器能运转，但却不能认知，例如蒸汽发动机、电机等，都可以拓展人的体能，延伸人的行为能力，但没有认知能力，因此，不能自主决策。

人类行走的速度和肌肉的力量，几千年没有太大变化，但人类发明的机器却延伸和拓展了人的体力及行为。人类发明的车辆、船舶、飞机及火箭将人类活动范围延展到陆地、海洋、天空及太空。古代人类发明的工具可延伸体力等，近代机器则延伸和拓展了人的体力及行为等，但机器没有思维，仅依靠物质、能量和结构等来运转。目前到了智能时代，UGV 逐步具备了认知和决策等能力，并还在不断创新。智能时代的 UGV 结构设计如图 1.9 所示。

从道路环境入手，UGV 依靠导航定位、路边设施等引导，以及通信网络或智慧地图等，满足驾驶认知；从车辆传感器入手，例如增加摄像、激光、毫米

无人驾驶车辆认知与决策技术

波及红外雷达等，增强 UGV 机器视觉及类脑识别等；从车辆在实际道路上行驶入手，建立场景、环境或态势等数据库；而交通管理部门在完善测试评估标准时，应尽可能包含大数据、大模型等，例如换道超车、无保护左转、汇入汇出车流、十字路口拐弯、侧方位停车、跟随驾驶、雪地行驶、侧翻及爆胎等。UGV 根据类脑认知移动及人体工程学等，延伸人的四肢和体力，完成具身智能机器人的部分功能。

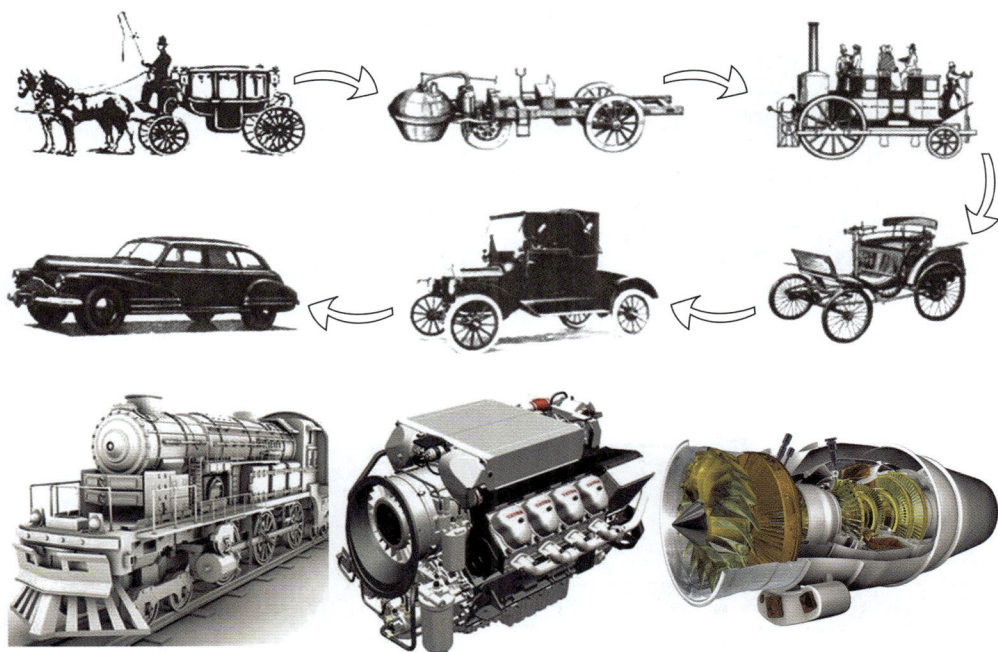

图 1.8　近代工业机器的沿革及典型设计

如果 UGV 不能像人一样具备与时俱进的学习和认知能力，例如面对行人却不礼让等，则很难获得社会认可。UGV 的核心技术是认知和决策等，要研发和量产 UGV，就需要研究类脑驾驶，实现 UGV 的智能驾驶功能，UGV 的智能驾驶将确保比传统驾驶更安全、更节能、更舒适。根据无人智能程度，将 UGV 划分为不同的级别，从 L0（无智能）到 L5（无人化），目前 UGV 处于 L3 和 L4 级别，未来的目标是实现 L5 级别。L3 级别（有条件无人化）的 UGV 可在特定条件下实现无人驾驶，但需要驾驶员或安全员等随时准备接管。L4 级别（高度无人化）的 UGV 可在大多数情况下实现无人驾驶，仅在极端环境下需要人类介入，例如安全员与监督员等；在安全监管平台，要掌控繁难复杂工况，并确保 UGV 的安全性及鲁棒性等。L5 级别（完全无人化）的 UGV 可在所有环境和条件下实现完全无人驾驶，无须人类干预。实现 L5 级别需要解决复杂的技术挑战，包括繁难复杂的环境感知，突发无预测场景的认知、决策、控制和系统冗余等。UGV 的技术发展沿革如图 1.10 所示，UGV 泊车及电子架构的发展沿革如图 1.11 和图 1.12 所示。

图 1.9　智能时代的 UGV 结构设计

图 1.10 UGV 的技术发展沿革

级别	第一级："松开脚"	第二级："放开手"	第三级8："移开眼"	第四级"放空脑"	第五级：无人驾驶
车辆任务	针对少量、特定、辅助功能或零部件进行自动化处理	车辆控制部分转向、速度，可保持车道和配合交通拥堵	执行全部大部分合自动驾驶操作，监控周边环境、负责安全驾驶	在特定环境下，无须人参与，自动执行所有的驾驶功能	自动执行包括驾驶、导航和路线选择功能
人类任务	控制除了辅助驾驶功能以外的全部功能	监控周边环境、驾驶员随时准备接管	仅在必要情况下接管	无(标准场景)	无(综合复杂场景)
应用场景	仅限驾驶员辅助	高速公路等简单环境		城市道路全自动化	地点不限、按需用车

追求者眼中的"自动驾驶"

OEM定义的"自动驾驶"

技术缺口
- 融合各高级传感器信息的技术
- 如何准确地描绘三维地形图
- 在复杂条件下做决策的人工智能

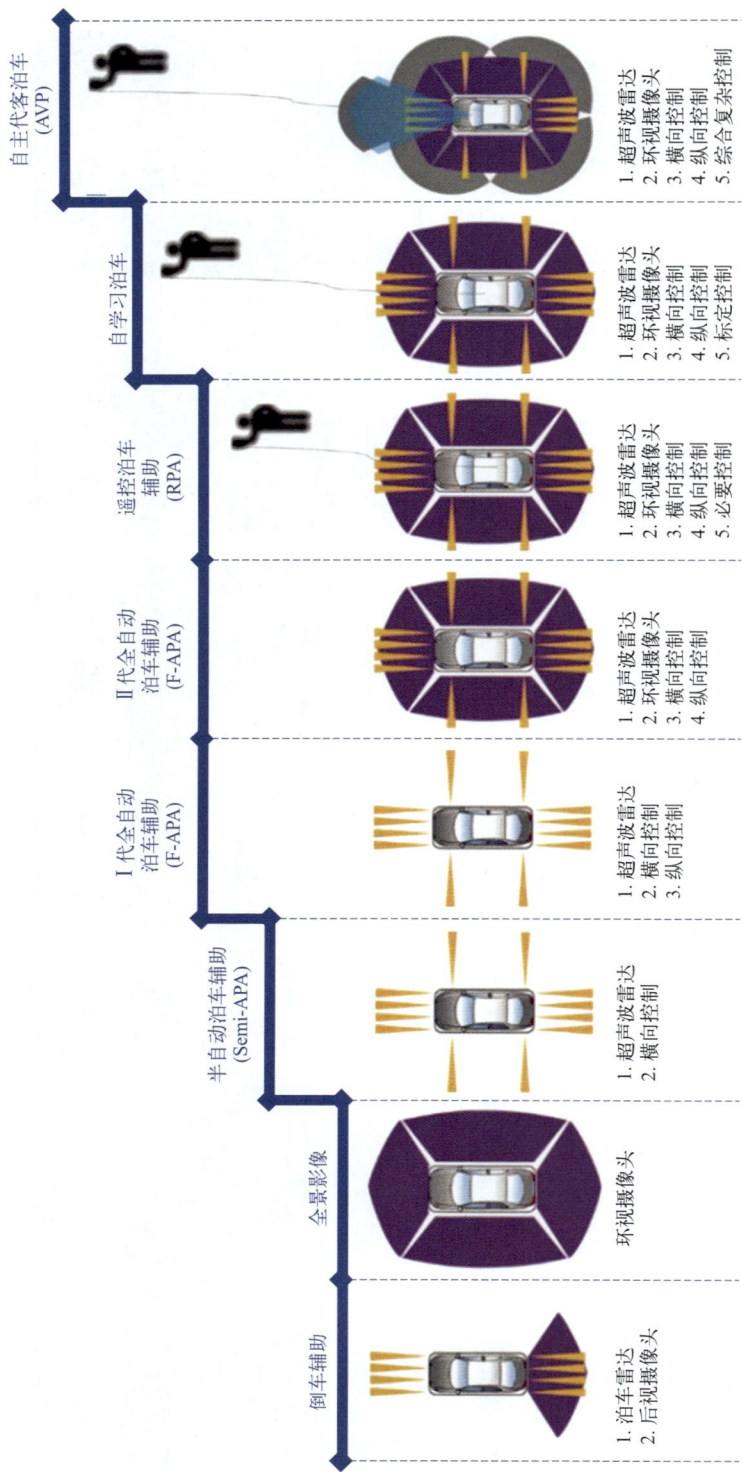

图 1.11 UGV 泊车技术的发展沿革

倒车辅助
1. 泊车雷达
2. 后视摄像头

全景影像
环视摄像头

半自动泊车辅助 (Semi-APA)
1. 超声波雷达
2. 横向控制

I 代全自动泊车辅助 (F-APA)
1. 超声波雷达
2. 横向控制
3. 纵向控制

II 代全自动泊车辅助 (F-APA)
1. 超声波雷达
2. 环视摄像头
3. 横向控制
4. 纵向控制

遥控泊车辅助 (RPA)
1. 超声波雷达
2. 环视摄像头
3. 横向控制
4. 纵向控制
5. 必要控制

自学习泊车
1. 超声波雷达
2. 环视摄像头
3. 横向控制
4. 纵向控制
5. 标定控制

自主代客泊车 (AVP)
1. 超声波雷达
2. 环视摄像头
3. 横向控制
4. 纵向控制
5. 综合复杂控制

无人驾驶车辆认知与决策技术

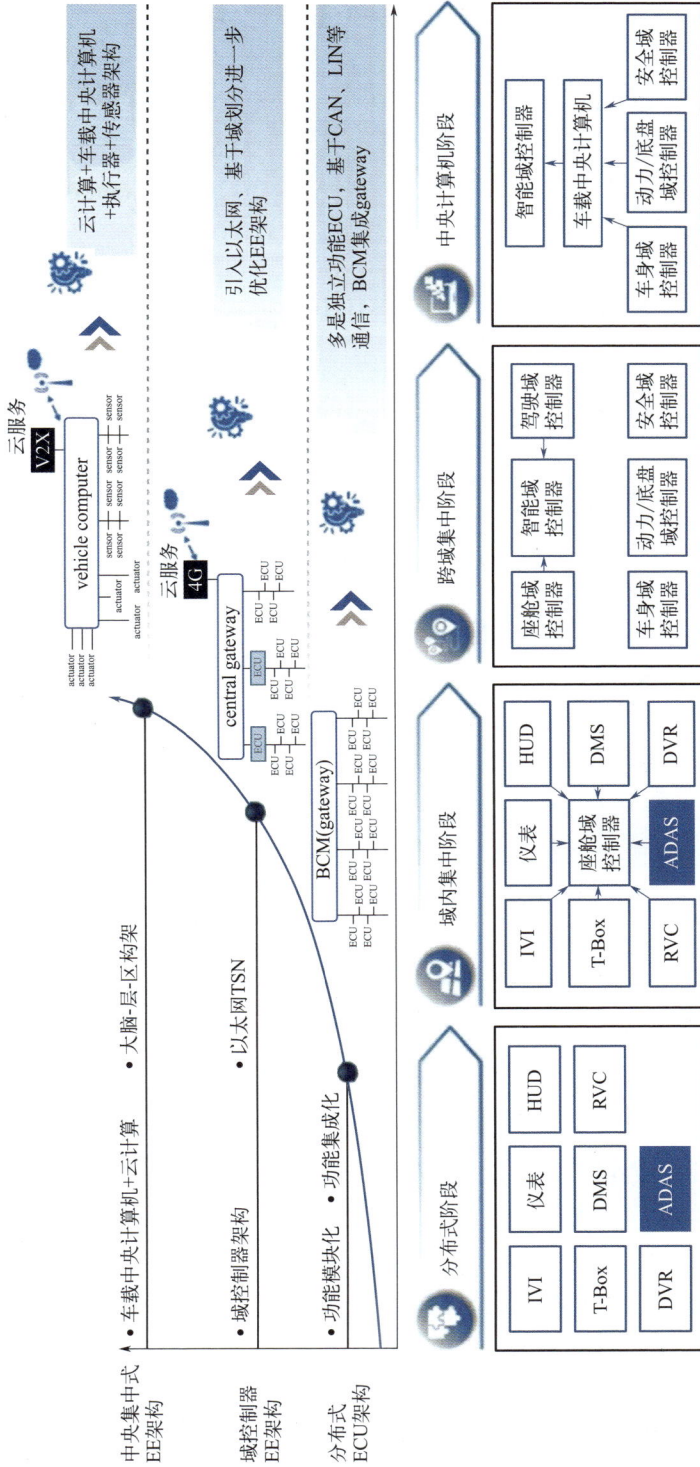

图 1.12 UGV 电子架构的发展沿革

1.3 无人技术简介

1.3.1 UAV 技术

根据其设计和功能等不同，无人机（UAV）包括但不限于：多旋翼 UAV，通过多个电机和螺旋桨产生升力，适合悬停、垂直起降及低空作业；固定翼 UAV，模仿传统飞机设计，具有较高的飞行速度和续航能力，适合长距离侦察和监控；垂直起降固定翼（VTOL），结合了多旋翼和固定翼的优点，既能垂直起降，又能在空中转换为固定翼模式飞行，提高效率和灵活性；单旋翼带尾桨 UAV（直升机式），类似直升机，适用于重载、复杂环境作业，灵活性高，能到达传统交通工具难以到达的区域。

飞控技术是 UAV 稳定飞行的关键，UAV 采用精准定位和姿态控制技术，为导航提供定位服务，确保 UAV 能按照预设航线飞行；用惯性导航系统、加速度计、陀螺仪等传感器，测量 UAV 的加速度、角速度等运动参数，从而推算出其位置、速度和姿态；用飞控算法，如 PID 控制算法等，根据数据实时调整 UAV 的飞行姿态和速度；用避障系统，通过激光雷达、超声波传感器、摄像等认知周围环境，实现自主避障，确保安全。

UAV 搭载的传感器种类繁多，包括但不限于：高清相机，用于捕捉图像和视频，为农业、环境监测、地质勘探等领域提供宝贵信息；红外传感器，能够检测物体的热量分布，用于火灾监测、夜间监测等；多光谱相机，能够捕捉多个波段的光谱信息，用于植被监测、土壤分析等；雷达，能够探测和定位远处的物体，适用于长距离侦察和监控。

UAV 的有效通信是保证任务执行和数据传输的关键，现代 UAV 多采用以下无线通信技术：Wi-Fi，适用于短距离数据传输和指令接收；5G，提供高速的数据传输服务，适用于远程监控和实时数据传输；卫星通信，在长距离任务中尤为重要，能够确保 UAV 在远离地面控制站的情况下仍能保持通信。

能源技术直接关系到 UAV 的续航能力和作业范围。目前，UAV 采用电池作为动力源，但新型能源技术如太阳能、氢燃料电池等也在逐步应用中。这些技术有望大幅提升 UAV 的续航能力，拓宽应用场景。智能控制技术使得 UAV 能够自主决策和执行任务。UAV 能够识别目标、规划路径、避开障碍，进行自主飞行。人工智能算法，如机器学习、深度学习等，使 UAV 具备学习和优化能力。计算机视觉技术使 UAV 能够识别和分析图像信息，用于目标检测和跟踪。

农业飞防是 UAV 技术的重要应用领域之一。相较于传统的人工喷洒方式，UAV 飞防具有节省人力、减少农药用量、提高防治效果等优点。通过搭载智能控制系统和传感器，UAV 能够精准施药，提高农业生产效率。全自动飞行系统可提升 UAV 智能化水平，能基于预设任务参数（如航线、高度、速度）和实时环境信息（如天气、障碍物位置）等自主规划飞行路径，并执行任务。UAV 的逻辑架构如图 1.13（a）所示。UAV 的应用提高了任务执行效率和安全性等。UAV 技术涵盖了从 UAV 到自主飞行系统的多个方面。随着技术的不断进步和应用场景的不断拓展，UAV 将在更多领域发挥重要作用，推动相关行业快速发展。UAV 的应用场景如图 1.13（b）所示。

1.3.2　具身智能机器人技术

具身智能机器人（EAIR）技术结合智能认知、自主决策能力，可执行特定任务的服务、装配、巡检等工作。工业 AI 推动智能制造发展，实现生产效率和质量的双重提升。相对于生物，EAIR 具备的超高精准度优势及不知疲倦等特性，使其成为很多"独角兽"的研发选择。

运动员跃过障碍物的过程包含起跳、飞行、落地三个阶段。若将运动员类比为动力学系统，忽略空气阻力影响，则该系统所受外力包含地面作用到脚上的足底反力和重力等。在腾空阶段，该系统受重力的作用，因此重心在腾空阶段的移动轨迹是一条抛物线，无论运动员的肌肉如何发力，都无法改变重心的移动轨迹，这是典型的欠驱动系统。在起跳阶段与落地阶段，运动员可通过控制肌肉发力来控制足底反力，此时重心的位置又是可控的，将这种某些自由度间歇性进入欠驱动状态的系统称为间歇欠驱动系统。为越过障碍物，运动员跳得是否足够高、足够远，取决于在起跳阶段足底受到地面的作用力。而足底反力，又取决于运动员的肌肉如何发力，这就要求运动员在起跳阶段就得考虑好未来一段时间内其重心位置的变化。同理，尽管在腾空阶段运动员无法改变重心轨迹，但可通过调整四肢位置，为即将到来的落地做准备。同样，EAIR 的控制器应该具有类似的效果。在当前控制周期，根据反馈与期望值求控制量时，不仅要实现 EAIR 跟踪当前控制周期的期望位置，还需要求出未来一段时间的多个控制量，以实现 EAIR 跟踪未来一段时间的轨迹，这就要求控制器根据控制量和系统模型等预测未来一段时间 EAIR 的状态。

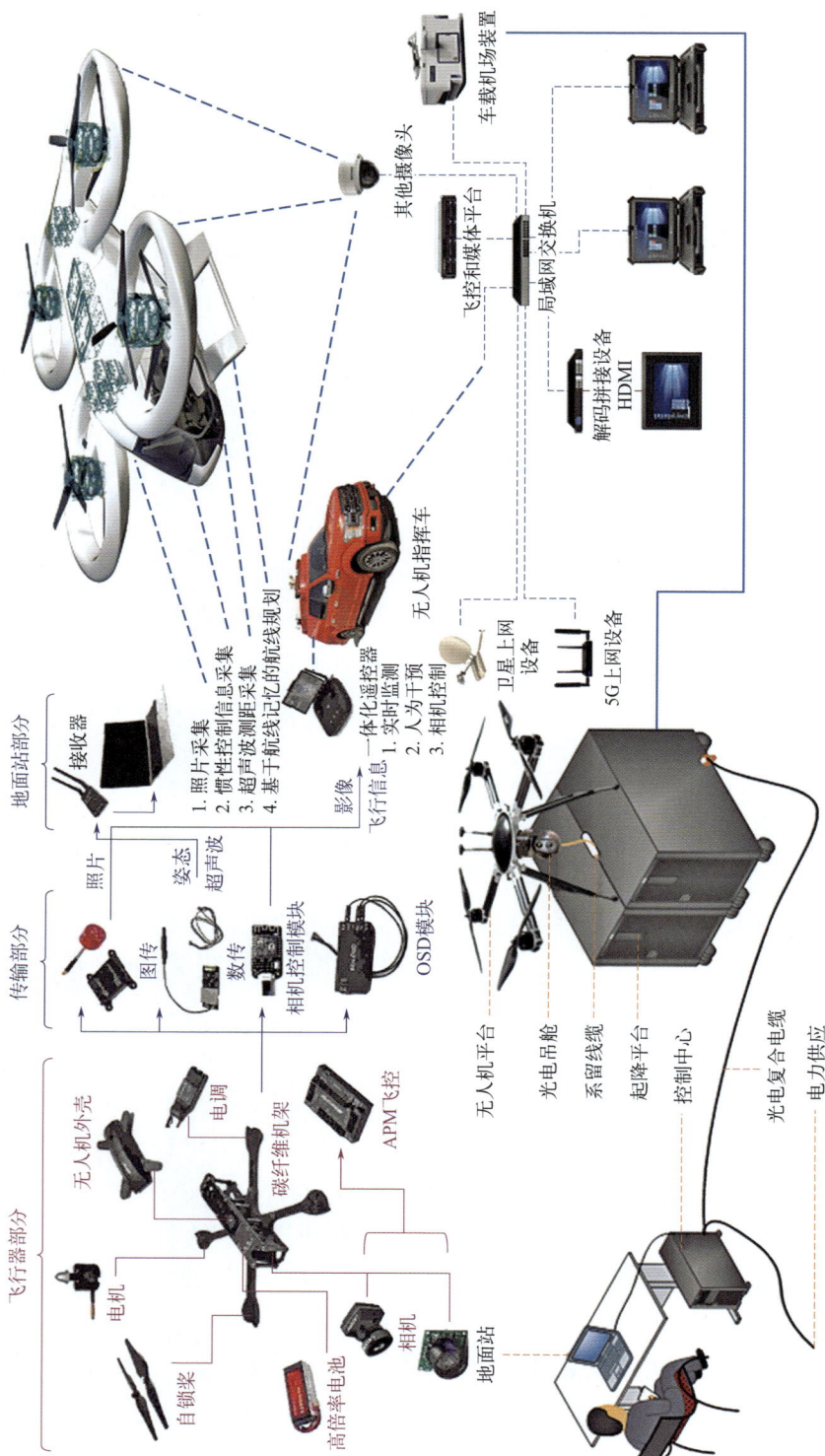

(a) 逻辑架构

其他摄像头

车载机场装置

飞控和媒体平台

局域网交换机

解码拼接设备 HDMI

无人机指挥车

卫星上网设备

5G上网设备

一体化遥控器
1. 实时监测
2. 人为干预
3. 相机控制

基于航线记忆的航线规划

照片采集

姿态控制信息采集

超声波测距采集

地面站部分

接收器

影像

飞行信息
1. 照片采集
2. 姿态控制信息采集
3. 超声波测距采集
4. 基于航线记忆的航线规划

照片

姿态

超声波

传输部分

图传

数传

相机控制模块

OSD模块

无人机平台

光电吊舱

系留线缆

起降平台

控制中心

光电复合电缆

电力供应

飞行器部分

无人机外壳

电调

碳纤维机架

APM飞控

电机

相机

地面站

自锁桨

高倍率电池

无人驾驶车辆认知与决策技术

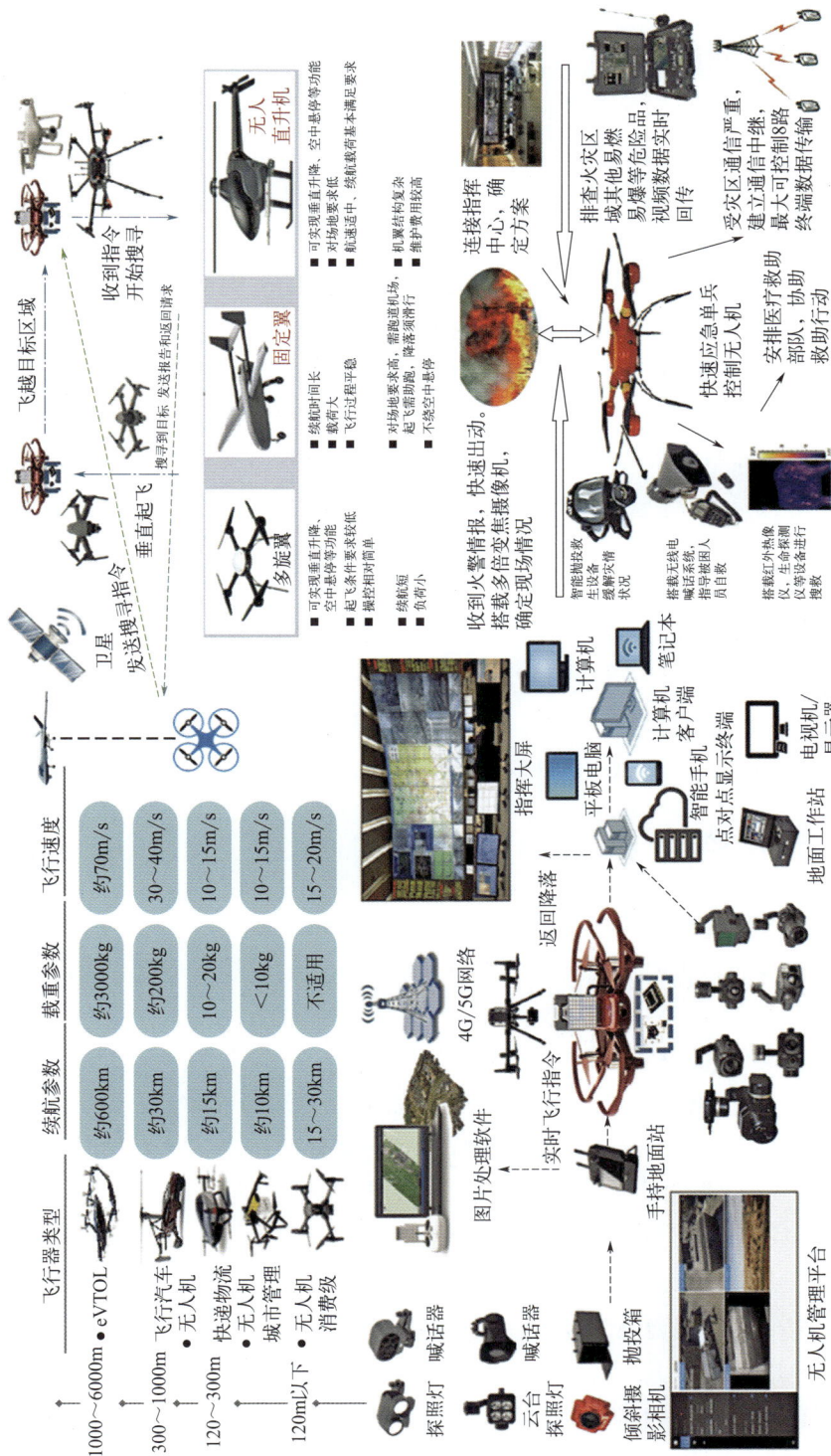

图1.13 UAV的逻辑结构应用及场景

(b) 应用场景

四足 EAIR 动力学系统类似运动员跳跃这种间歇欠驱动系统。例如考察四足 EAIR 对角步态（图 1.14），四足 EAIR 右前腿和左后腿为摆动腿，其足端与地面无相互作用。支撑足可简化为球体，将两个支撑足的球心连成一条线，称为支撑线。由于足底反力的作用点都在支撑线上，因此无论足底反力有多大，都不可能产生绕支撑线的扭矩，即此时四足 EAIR 绕支撑线旋转的方向上是欠驱动的。在半个迈步周期后，支撑腿与摆动腿切换，支撑线变为右前腿和左后腿足端球心的连线，在绕该支撑线旋转的方向上，四足 EAIR 依然是欠驱动的。在每一个控制周期，四足 EAIR 控制器都对未来一段时间进行预测，并选出其中最优的控制量序列。这相当于对系统做了多次仿真，因此计算量非常大。为简化计算，忽略因关节位置变化导致的腿部质量分布变化，将四足 EAIR 建模为一个单刚体模型。考虑单刚体在空间中 6 个自由度的位置与速度，用 12 个变量就可以完整描述四足 EAIR 的状态。这种简化足以将 EAIR 的计算量降低到可接受的水平，同时不会损失太多控制精度。

EAIR 突破传统局限，为复杂构件的智能制造提供了新解决方案。EAIR 集成先进的自主导引运输技术和五自由度并联机构等，能实现高精度作业。EAIR 不仅具备大范围自主移动的能力，而且在局部作业时，展现出五轴联动的灵活性和精细度，满足航空、航天、低空、仿生及医学等领域对加工精度的严格要求，标志着智能制造在 UGV 方向上迈出了坚实的步伐，如图 1.15 ～图 1.19 所示。

1.3.3 飞行汽车与 eVTOL

随着科技不断进步，人们对交通方式的探索从未停止。飞行汽车与 eVTOL 作为未来交通领域的新兴力量，具有巨大发展潜力，它们的技术特点和应用前景值得深入探讨和期待。

（1）飞行汽车

飞行汽车作为新交通工具，在地面上它可像传统汽车一样行驶，满足日常的出行需求；而在空中，它又能像飞机一样飞行，避开地面的交通堵塞，缩短出行时间。根据升力系统不同分为固定翼式、旋翼式和涵道式等。固定翼式飞行汽车具有高效滑翔飞行的特点，其升力主要来自固定的机翼，在飞行过程中能够利用空气的流动产生升力，从而实现高效的飞行；然而，固定翼式飞行汽车需要专门的起降空间，需要机场跑道或者较长的平坦道路才能起飞和降落，这在一定程度上限制了它的使用场景，更适用于长途快速交通。旋翼式飞行汽车则以垂直起降灵活而著称，它通过多个旋翼提供升力，可以在较小的空间内实现垂直起降，无须

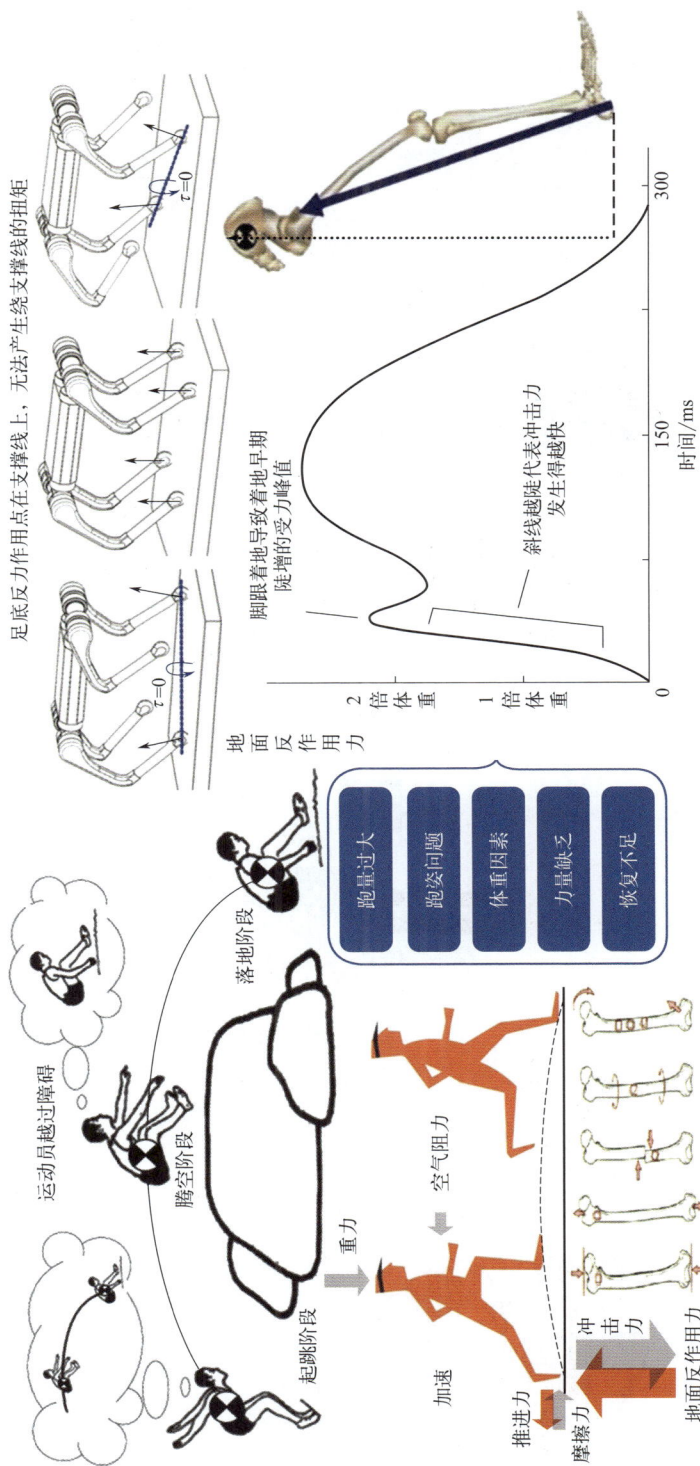

图 1.14 EAIR 的逻辑架构

足底反力作用点在支撑线上，无法产生绕支撑线的扭矩

脚跟着地导致着地早期陡增的受力峰值

斜线越陡代表冲击力发生得越快

地面反作用力

2 倍体重

1 倍体重

时间/ms

跑量过大
跑姿问题
体重因素
力量缺乏
恢复不足

运动员越过障碍

起跳阶段

腾空阶段

落地阶段

重力

空气阻力

加速

推进力

摩擦力

冲击力

地面反作用力

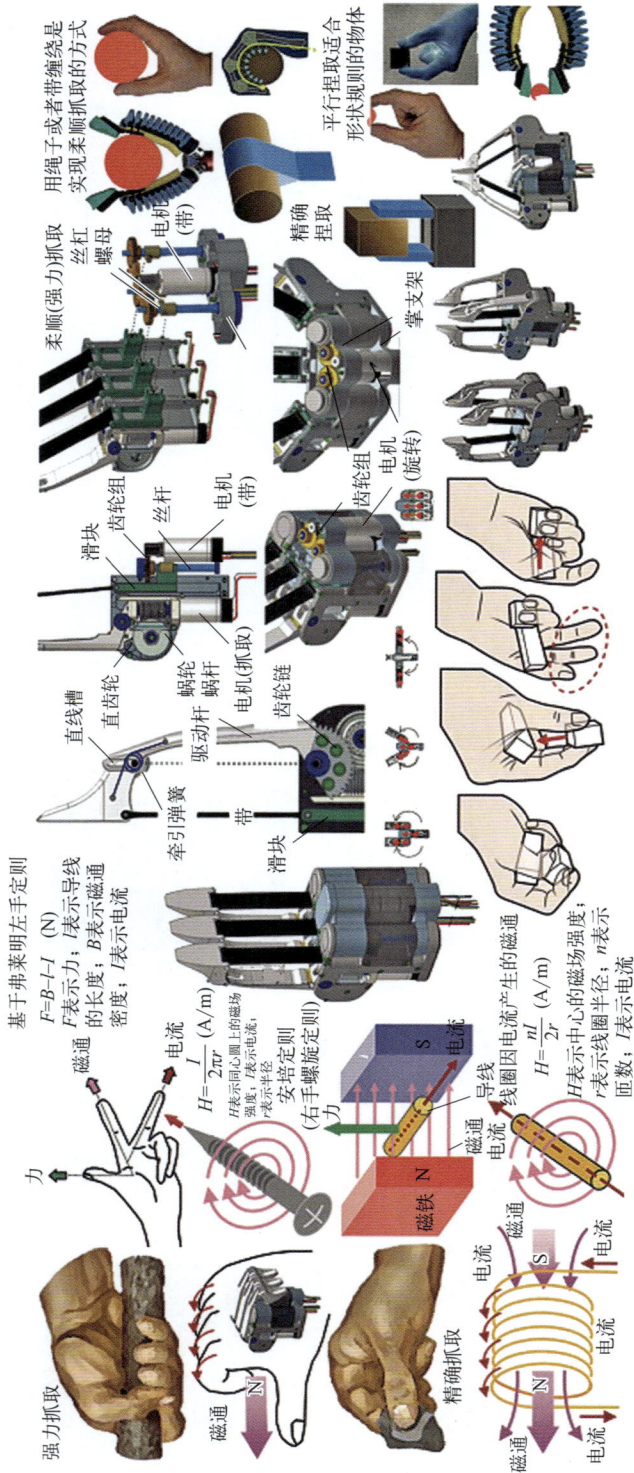

图 1.15 EAIR 柔性机械手的逻辑架构

无人驾驶车辆认知与决策技术

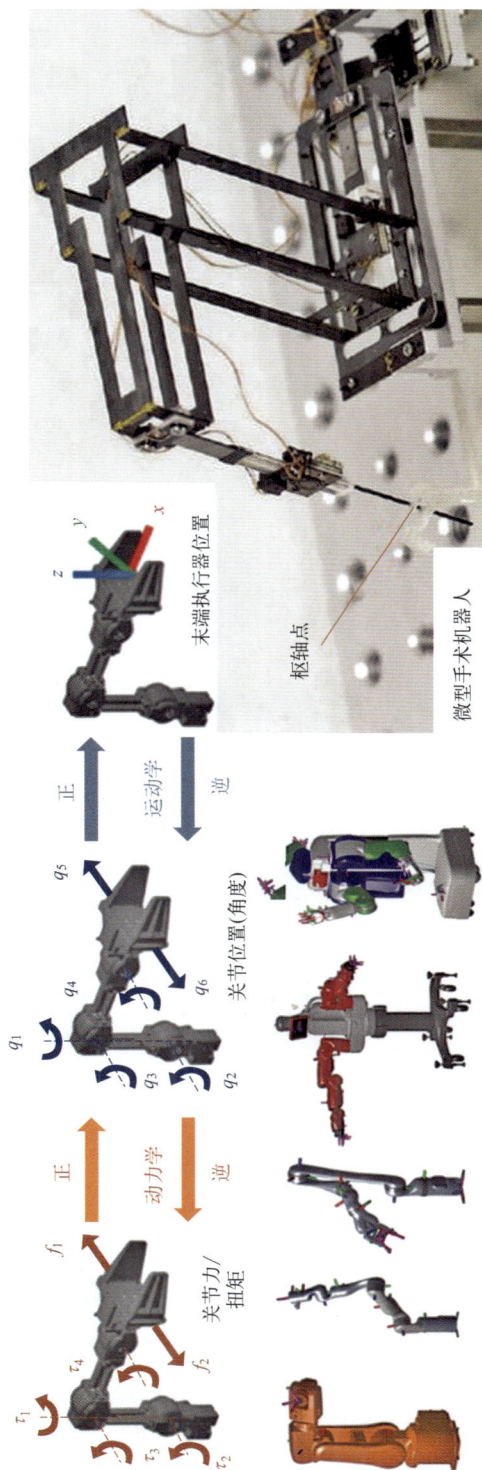

图 1.16 EAIR 刚性机械手及折纸结构

微型手术机器人

枢轴点

末端执行器位置

运动学 正 逆

关节位置(角度)

动力学 正 逆

关节力/扭矩

图 1.17 EAIR 的关键零部件结构

无人驾驶车辆认知与决策技术

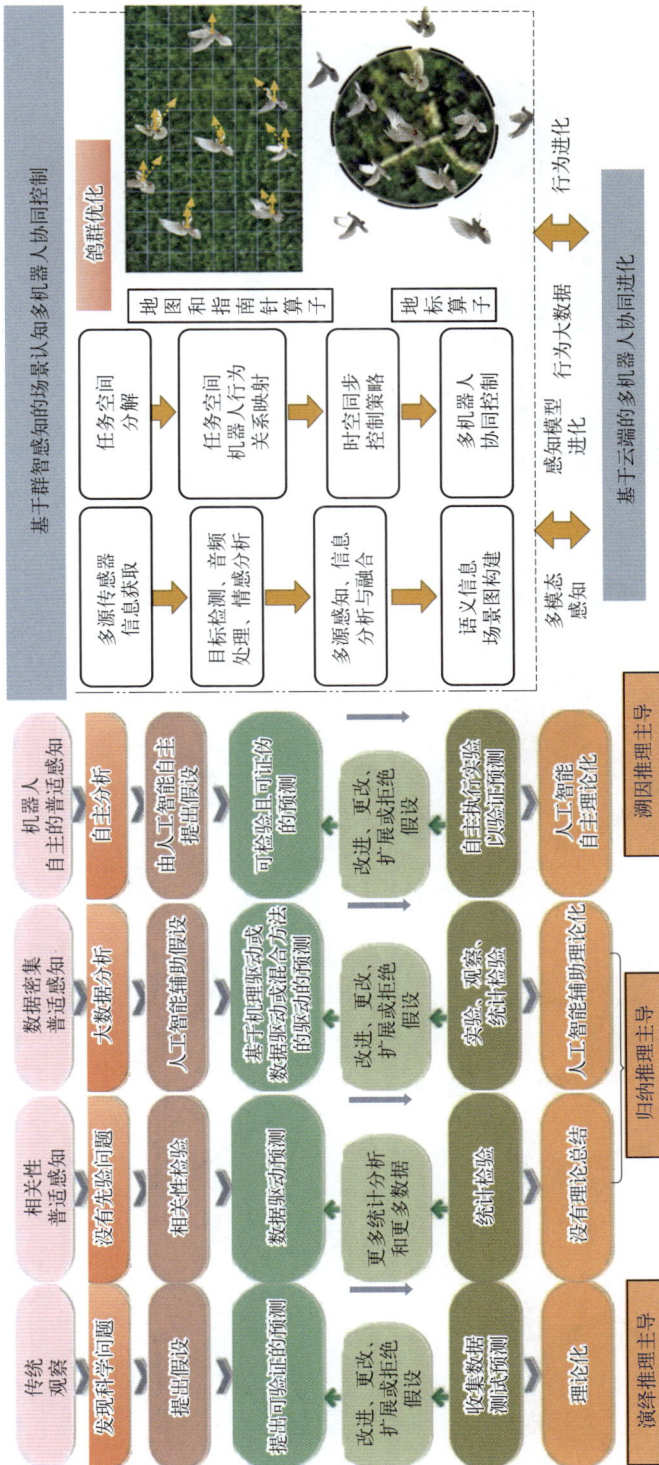

图 1.18 EAIR 的感知 - 认知架构

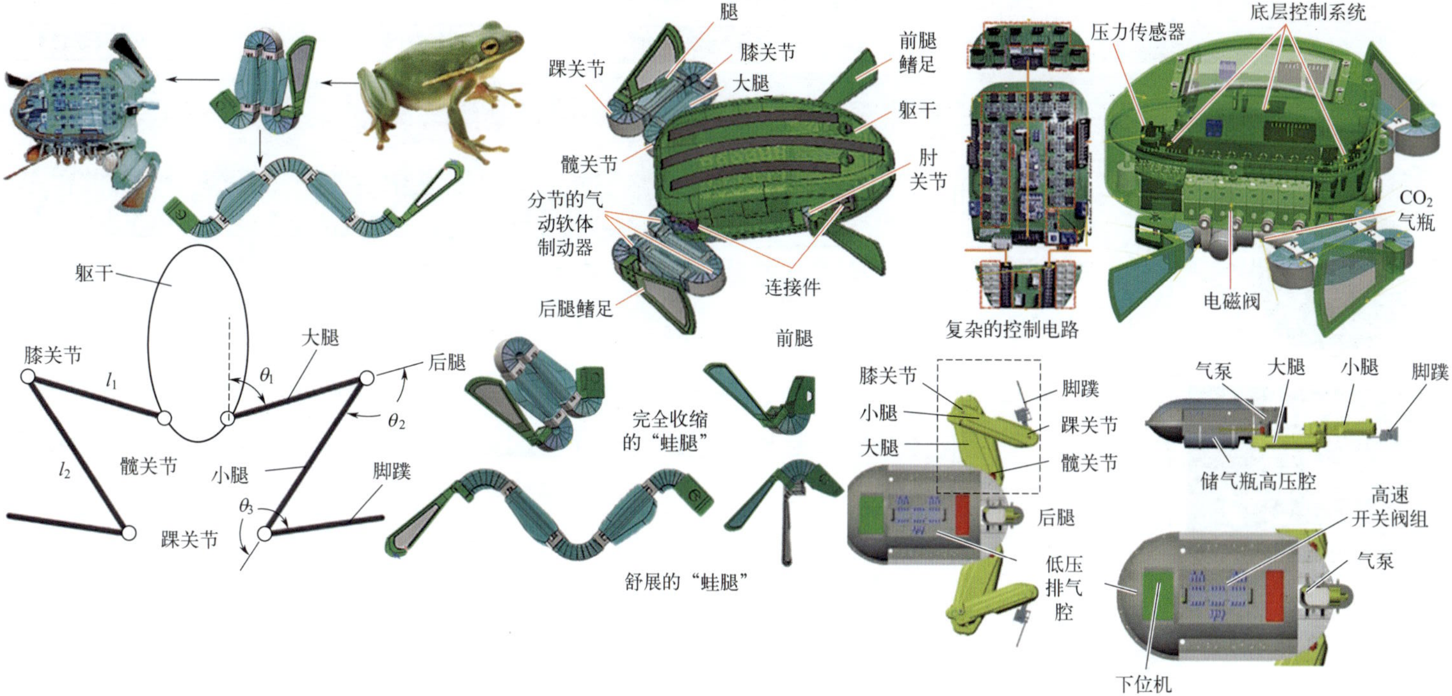

图 1.19 EAIR 的仿生结构

无人驾驶车辆认知与决策技术

专门的跑道。这使得旋翼式飞行汽车在城市环境中具有很大的优势，可在高楼林立的城市中找到合适的起降地点；但旋翼式飞行汽车需要较大的动力支持，而且续航能力会受到一定的影响。涵道式飞行汽车结构紧凑、噪声小、飞行稳定，它的升力系统采用涵道风扇，这种设计使飞行汽车在飞行过程中产生的噪声较小，不会对周围环境造成过多的干扰，同时，涵道式飞行汽车的飞行稳定性较高，能在各种复杂的气象条件下安全飞行；然而，涵道式飞行汽车的续航能力有限，且需要较大动力支持，更适合在城市环境中使用。

飞行汽车采用独特的分体式设计，分为陆行体和飞行体两部分。陆行的时候，陆行体就像一艘超级航母，把飞行体收纳在"肚子"里。通过车载自动分合机构，一键操作就能实现陆行体和飞行体的自动分离与结合。分离后展开飞行体的机臂和旋翼，可低空飞行，飞行体落地后，收拢机臂和旋翼，再通过陆行体的无人驾驶功能和自动分合机构，精准对接。飞行汽车的飞行体采用分布式电推进系统，满足单点失效安全要求，有手动和自动两种驾驶模式，支持垂直起降，在条件允许的环境下可以实现垂直起降，满足低空飞行需求。先进的智能座舱采用透明仪表盘、驾驶舱透明底盘等前沿技术，能在陆行模式和飞行模式之间自由切换，提供无缝的驾驶体验，既提升了科技感，又增强了安全性和舒适度。飞行器设计了关键系统的冗余，例如，动力有2套，飞控有3套，供电有2套，通信有2套，操控有2套，通过多重冗余来降低事故发生的可能性，给飞行汽车穿上"铠甲"，让用户安心出行。

（2）eVTOL

eVTOL不需要依赖传统的跑道，可在狭小空间内起飞和降落，如高楼林立的城市中心屋顶或专用平台。这节省了城市空间，提高了使用的灵活性。无论是在狭窄的街道旁、平坦的楼顶，还是在一些特殊场地，只要条件允许，eVTOL都能安全起降。例如，在城市中遇到紧急情况，需快速运输医疗物资或患者时，eVTOL可迅速从合适地点起飞，缩短响应时间。

eVTOL智能操作系统使其飞行更加安全可靠，可实现对低空气象环境的认知、决策，在遇到不确定情况时，可快速实现应急恢复与安全降落。为实现自动运行，飞控系统须具有更高的复杂度和更高的容错性能，这需要海量的容错逻辑链条来支持eVTOL高度自动化运行。随着计算机视觉、机器学习、边缘计算、物联网、云计算等智能技术的进步，eVTOL将成为无人智能的自学习、自诊断、自适应、自组织、持续演化的有机结合载体，具有具身-认知-决策-控制-执行等能力。eVTOL通信系统的逻辑结构如图1.20所示。eVTOL用电力驱动，具有低碳环保的特点，其不产生直接的碳排放，可减少污染，符合碳达峰、碳中和的趋势。同时，可设计并控制eVTOL起降的噪声。随着电动航空技术的发展，电机噪声相对于燃油发动机已显著降低，而气动噪声则难以降低。eVTOL 通过优化设计进一步降低噪声，使飞行更安静，减少对周围环境和居民生活的干扰，提升整体乘坐体验和接受度。

相比传统直升机，eVTOL 拥有的部件更少，更易于维护，飞行更安全且操作成本更低。目前，eVTOL 生产成本包括电池成本与复合材料制造成本等，运行成本包括能源使用、飞行和维护成本等。电池单项成本最高，轻量化、低成本复合材料、集成结构及维护也是实现量产须克服的困难。eVTOL 有效载荷直接关乎运营的效益，要开展规模化、常态化运行，要在能源使用量、维护要求、飞行时间之间，以及载荷、乘客、起飞重量和噪声之间取得平衡。

eVTOL 不能在地面行驶，只能在特定的空中航线飞行，其应用场景相对较为单一，无法满足一些需要在地面和空中频繁转换的出行需求；而飞行汽车具备地面行驶和空中飞行的双重功能，这使得它在交通出行方面具有更大的灵活性。eVTOL 由于其设计仅限于空中飞行，因此无须考虑地面行驶的问题，且 eVTOL 可以在较小的空间内垂直起降，对场地的要求相对较低；而飞行汽车需要在地面和空中两种环境下运行，这就对其起飞和降落提出了更高的要求，在起飞时需要足够的空间和合适的场地条件，以确保安全起飞，另外降落时也需要精确的控制和合适的着陆点，以避免对周围环境和人员造成危害，这就需要更大的空间和更完善的基础设施支持。两者共同发展，打破壁垒，有望成为未来主流的交通工具，为人们的出行带来更多的便利和选择。

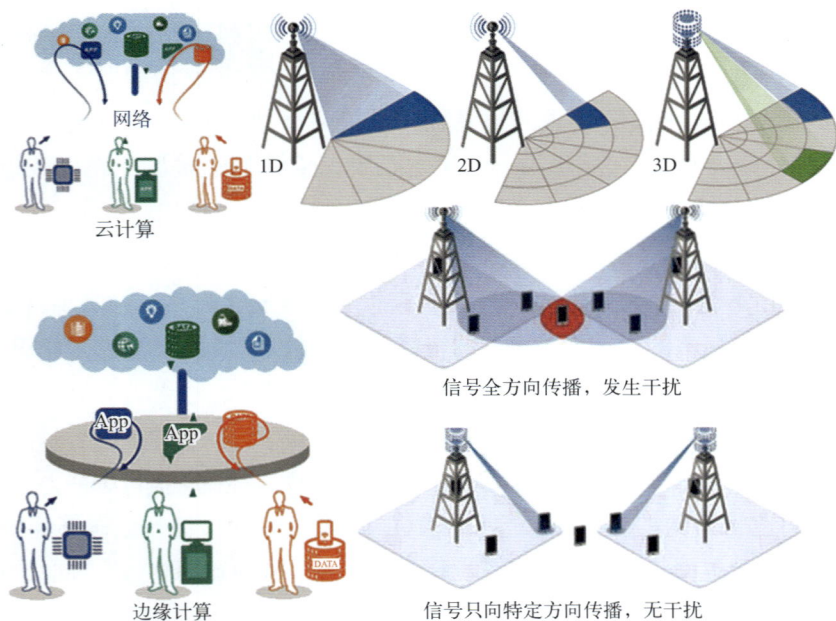

网络

云计算

边缘计算

1D   2D   3D

信号全方向传播，发生干扰

信号只向特定方向传播，无干扰

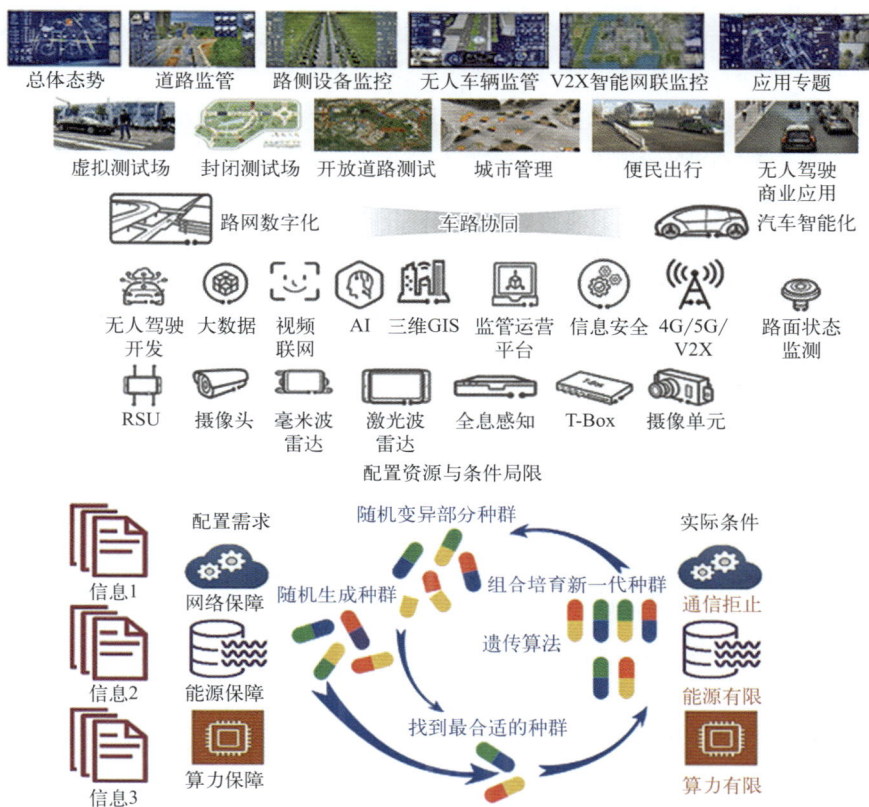

総体态势　道路监管　路侧设备监控　无人车辆监管　V2X智能网联监控　应用专题

虚拟测试场　封闭测试场　开放道路测试　城市管理　便民出行　无人驾驶商业应用

路网数字化　　　　车路协同　　　　汽车智能化

无人驾驶开发　大数据　视频联网　AI　三维GIS　监管运营平台　信息安全　4G/5G/V2X　路面状态监测

RSU　摄像头　毫米波雷达　激光波雷达　全息感知　T-Box　摄像单元

配置资源与条件局限

配置需求　随机变异部分种群　实际条件
信息1　网络保障　随机生成种群　组合培育新一代种群　通信拒止
信息2　能源保障　遗传算法　能源有限
信息3　算力保障　找到最合适的种群　算力有限

图 1.20　eVTOL 通信系统的逻辑结构

　　汽车与航空，看似是两个独立行业，但从产业发展历程来看，两者有着较强的关联度。以电动化推进技术为结合点，各汽车企业与航空企业正在相互渗透、跨界融合发展。依托汽车工业的技术基础、设计思路和供应链，将有效促进电动航空领域的技术进步，降低电动航空的制造和使用成本。飞行汽车是交通电动化技术及产业链的高端产品，对电动化技术的性能有更高的要求。以飞行汽车电动化为牵引，将有效增强汽车和航空电动化的自主创新能力及产品升级能力，促进相关产业的发展。

1.4　UGV 的重要意义与应用价值

　　UGV 可以通过与其他智能交通设备和系统的协同工作，实现更高效的交通管理和控制，减少交通拥堵，提高道路利用率。UGV 依赖大量的实时数据进行决策和优化，这些数据包括车辆的位置信息、速度、周围环境信息（如道路状况、交通信号等）和乘客需求等。通过大数据分析和 AI，可以实现更加精确和高效的交通管理，优化路线规划，减少能源消耗和排放，从而推动绿色交通和可持续发展。UGV 的研发和应用带动了整个产业链的升级和创新。从上游的芯片制造、传感器研发，到中游的车辆制造、软件开发，再到下游的出行服务、运营管理，整个产业链在向智能化、高端化和绿色化方向发展。这不仅促进了相关产业的技术进步和经济增长，也为社会创造了大量的就业机会和发展机会。UGV 通过先进的传感器和 AI，可以实时监测和分析道路环境，做出快速反应，减少人为驾驶错误带来的交通事故。UGV 的普及有望显著降低交通事故率，提升交通安全性。

UGV 通过优化路线、动态调度和车队管理，提高出行效率；可以实时分析交通状况，选择最优路线，避免交通拥堵，从而减少出行时间；可以实现全天候运行，提高车辆利用率，满足不同时段的出行需求；可以通过优化驾驶行为和路线规划，减少能源消耗和排放；采用新能源，减少对传统燃油的依赖和环境污染；可以通过共享出行模式，减少私人汽车的拥有量和使用频率，从而缓解道路拥堵和停车压力，推动绿色交通的发展。UGV 会改变人们的出行方式，提供更加灵活和便捷的出行选择。乘客可以通过手机 App 一键呼叫 UGV，无须等待和寻找停车位，享受"端到端"的出行服务。这种新型出行方式不仅方便了日常通勤，还可为不方便出行的人士提供更便利的出行服务，提升社会的整体出行质量。UGV 的普及将对城市规划和基础设施建设产生深远的影响。城市规划者可以根据 UGV 的特点，优化道路布局和交通管理，减少交通拥堵和事故发生。同时，UGV 的普及将减少部分汽车的拥有量，降低对停车场和停车位的需求，为城市腾出更多的公共空间，用于绿化、公共设施和社区服务等。UGV 的发展将带来巨大的经济效益和社会效益。

UGV 的普及将催生新的商业模式和市场需求，推动相关产业的发展和创新，带动经济增长。交通安全的提升、出行效率的提高和环境保护的推进，将为社会创造更加和谐、可持续的发展环境，提升人们的生活质量。UGV 不仅是对技术前沿的重要探索，也是对未来交通变革的前瞻性思考。UGV 将带来交通安全、出行效率、环境保护等多方面的巨大变革，推动智能交通系统的发展，创造更多的经济效益和社会效益。随着技术的不断进步和应用的逐步推广，UGV 在交通系统中扮演的角色越来越重要，为人类创造更安全、便捷和可持续的出行环境。

1.5 AI 与 UGV 的关联

AI 是使计算机系统能够感知、学习、推理、认知、决策等以解决问题的一门科学技术。在 AI 早期阶段，是模拟人类的能力，计算机能像人一样计算出 1+1 的结果是 2，但这种能力仅是固定的程序，不是今天所谓的 AI。在这个过程中，参考人类的能力分类，逐渐把 AI 的能力分成了计算、认知、处理、决策等多方面的能力。例如，ChatGPT 是融合计算、认知、处理、决策等多方面能力的产品，加上大模型的迅猛发展，在近年拓展了 AI 的概念。追溯 AI 的起源，图灵提出"图灵测试"，即若一台机器能在对话中让人类无法判断其是否为机器，则可认为该机器具有智能，这为 AI 的研究奠定了基础。如果把这个定义放到现在，可能人们并不会觉得一个可以用文字回复消息、语法比较与人相似的机器就具有智能。因为当 AI 更加普及，被大众所知之后，人类对于人和机器的辨别能力也会增强。但由于语言和形象是人类智能显著的特征，所以使用语言作为机器是否具有智能的辨别条件。早期的 AI 研究集中在基于规则的系统和逻辑推理上。例如 IBM 公司的"深蓝"击败国际象棋冠军，便是这一时期的标志性成就。AI 被研究的目的是模拟人类智能，也就是说要以接近人类的方式，完成人类的工作，例如复杂的计算。后来随着 AI 能力边界的不断扩展，研究者逐渐希望 AI 可以代替人类完成那些人类不擅长的工作，例如复杂的记忆、繁难的图像分辨 - 识别 - 分析等，这就不再是对人类智能的模拟，而是人类智能的扩展和增强。AI 的发展经历了几个明显的阶段，早期 AI 是严格依赖编程的，当向计算机输入一句话时，计算机须能查询到这一句话才能给出结果。一切都是被固定好的，没有变化，没有自由发挥，自然也就没有创意和惊喜。目前 AI 则是基于大数据和深度学习，不再需要输入大量规则，而是输入大量数据和底层技术，这样就能形成面对 UGV 问题的 AI 解决方案。

AI 可以分为细分 AI 和通用 AI 两种类型。细分 AI 是针对特定任务设计的，例如语音识别或图像分类。而通用 AI 则更像是人类智能的全面复制，它具有解决各种问题的初步能力，且能在不同的情境下学习和适应。该过程见证了从"规则为基础"的"规则驱动""数据驱动"向"认知驱动"的转变。在 AI 刚刚兴起的时候，科学家曾尝试过向程序内输入大量现实世界的规则，以求这样能使 AI 回答人类的问题，但这种做法不切实际。首先，这样的规则是近乎无限的，研究者无法把每件事和每条规则都详细地定义好并输入进去。其次，目前科学技术还在不断发展创新，有些规则尚无法转换成计算机能理解的语言。

UGV 是 AI 用于交通运输领域的前沿科技，是计算机、AI、通信、导航、定位、模式识别、机器视觉及智能控制等多门前沿学科的综合体。UGV 是智能驾驶车辆的高级模式，其利用信号处理、通信及计算机等技术，通过视觉、雷达、陀螺仪等感知获得的道路、车辆位置和障碍物信息等，做出认知分析和判断，向主控计算机发出期望决策，控制车辆的转向和速度等，从而在没有人类干预的情况下，实现 UGV 依据自身意图、具身能力和环境等进行拟人驾驶。UGV 不仅具有传统的转向、制动等功能，还有先进的认知、决策等功能，且能依靠这些先进技术，满足高质量无人驾驶行为的要求。

1.6 法律与伦理研讨

1.6.1 法律框架与监管标准

UGV 的发展需要法律法规的支持和规范。目前，各国对于 UGV 的法律框架和监管标准还在逐步制定和完善中。不同国家和地区的法律法规存在差异，跨国运营的 UGV 需要适应不同的法律环境。

UGV 需要通过严格的测试和认证程序，以确保其安全性和可靠性；需要制定相应的测试标准和认证流程，对 UGV 进行评估和审批。UGV 可能收集和处理大量数据，包括乘客信息、行驶路线、环境数据等，法律法规需要规范数据的收集、存储和使用，保护用户的隐私和数据安全。UGV 在面对某些紧急情况时，可能需要做出道德决策，如在无法避免的事故中如何平衡不同主体的安全，这些道德困境需要在算法设计中进行考虑，并且社会需要就此达成共识。

UGV 发生事故时，责任的归属问题比较复杂，涉及车辆制造商、软件开发商、车主和乘客等多方。法律需要明确各方的责任和义务，以便在事故发生后能够公平合理地处理。

1.6.2 社会接受度

UGV 的普及需要建立在用户对其安全性和可靠性的信任基础上。初期的试点项目和示范运营帮助积累用户信任，同时也需要透明的信息公开和教育，让用户了解和接受 UGV。UGV 需要提供优质的服务体验，包括准时到达、安全驾驶、舒适乘坐等，这些因素直接影响用户对 UGV 的接受度和满意度。UGV 的推广需要考虑文化差异，采取因地制宜的推广策略。UGV 的普及可能对传统行业造成冲击，特别是对司机的就业产生影响。如何平衡技术进步与就业保障，帮助司机转型，是一个需要解决的社会问题。传统公司需要面对 UGV 带来的行业变革，可能需要调整商业模式，采用新的技术和运营方式，以适应市场变化。政策支持与培训：政府可以通过政策支持和职业培训，帮助传统司机适应 UGV 的变革，提供再就业机会和技能培训，促进产业转型升级。UGV 的认可程度及影响因素如表 1.1 所示。

表 1.1 UGV 的认可程度及影响因素

影响因素类别	影响因素	影响程度	解释
驱动因素	对便捷和快速交通方式的需求不断上升	中	城市化进程加快，人们对便捷和快速交通方式的需求不断增加，UGV 出租车可以满足这一需求，因此其市场驱动力很强
	共享出行按需模式的流行	高	共享出行的按需模式正在变得越来越流行，这为 UGV 出租车提供了一个良好的市场基础，推动其发展
制约因素	监管障碍	中	尽管 UGV 出租车技术不断进步，但各国的法律法规对其推广和应用构成了障碍，需要克服这些监管障碍
	消费者信任和技术可靠性	高	消费者对 UGV 出租车的信任度和技术的可靠性是影响其普及的重要因素。技术的成熟和消费者的信任需要逐步建立
机遇	城市出行解决方案的扩展	中	可以作为城市出行解决方案的重要组成部分，为城市交通提供更多选择和灵活性，从而有很大的市场机遇
	成本降低和效率提高	高	能够通过自动化降低运营成本，并提高运输效率，这为其市场发展提供了巨大的机遇

1.7 基于 AI 与大数据深度融合的 UGV 认知技术

UGV 需要高精度的传感器和先进的 AI 算法。随着深度学习和计算机视觉技术的发展，UGV 将能够更好地理解和预测周围环境，提升安全性和可靠性。

UGV 在行驶过程中会收集大量数据，这些数据可以用于优化算法、改进服务和提升运营效率。大数据分析还可帮助 UGV 适应不同的交通环境，提升整体性能。UGV 具备更强的自学习能力，通过不断积累的行驶数据和经验，实现自我优化和适应变化的环境。这种自适应能力将大幅提升 UGV 的安全性和用户体验。

UGV 的商业化路径通常从试点项目开始，通过在城市区域内提供服务，积累运营经验和用户反馈，这些早期商业化项目为技术验证和市场推广提供了重要支持。AI 和大数据技术的进步推动无人驾驶软件发展，相关软件开发公司将迎来新的市场机遇。UGV 的普及需要完善的基础设施支持，包括充电站、车路协同系统和高精度地图等。相关服务提供商和基础设施建设公司将从中受益，推动产业链上下游协同发展。UGV 的商业化运营需要完善的法律和监管框架，包括测试与认证、数据隐私与安全、责任与保险等方面。政府和监管机构需要制定相应的法规和标准，确保 UGV 的安全性和可靠性。

UGV 在技术、法律、伦理和社会接受度等方面面临多重挑战。技术上，需要解决复杂场景下的认知与决策、系统可靠性和冗余设计问题；法律与伦理上，需要建立完善的法律框架、监管标准，并解决道德决策和责任归属问题；社会接受度方面，需要建立用户信任、提升服务质量，并应对传统行业的冲击。随着技术的进步、法律法规的完善和社会的逐步接受，UGV 有望克服这些挑战，成为未来智能交通的重要组成部分。通过试点项目和示范城市，积累丰富的技术数据和运营经验，推动 UGV 的不断完善和应用。UGV 有望在全球范围内实现规模商业化运营，为人们出行带来更多便利和新思路。UGV 路径决策规划的认知思路如图 1.21 所示。

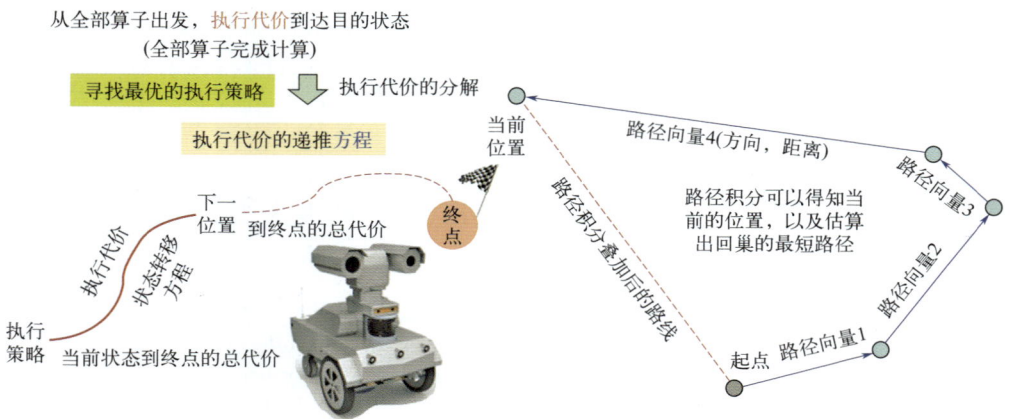

无人驾驶车辆认知与决策技术

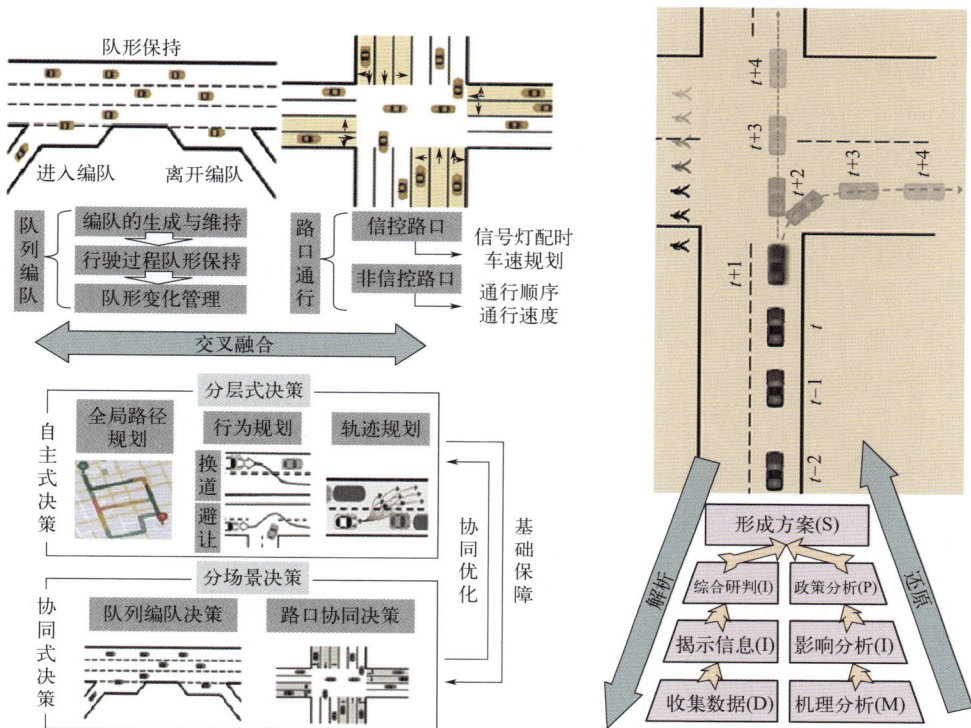

图 1.21 UGV 路径决策规划的认知思路

1.8 UGV 认知理论的决策技术

UGV 决策目标是保证车辆比人类更安全、更合理的驾驶行为，满足车辆性能，遵守交通法规等。UGV 行为决策方法主要有基于规则的行为决策方法和基于强化学习的行为决策方法。基于规则的行为决策方法，将 UGV 的运动行为进行划分，根据当前任务路线、交通环境、交通法规以及驾驶规则等建立行为知识库，对不同的环境状态进行认知、决策，并输出决策结果，同时接受决策层对当前认知情况的反馈，进行实时动态调整。在基于规则的认知决策中，有限状态机法具有实用性强、可靠性高和逻辑推理清晰等特点。有限状态机是一种离散的数学模型，研究有限个状态以及状态之间的转移，包括有限状态集合、输入集合和状态转移规则集合等。状态、转移、事件和动作是有限状态机的要素。以基于规则的超车行为决策为例，分为顶层状态机和超车顶层状态下的子状态机。在超车顶层状态机下设置了超车子状态机，对超车过程中不同驾驶阶段的转换进行逻辑建模。

超车行为决策与人类驾驶行为类似，在超车子状态机下包括左换道准备、左换道、并行超越等。左换道准备为超车子状态机的默认初始状态。在左右换向状态下，UGV将开启相应的转向信号灯，产生一定的转向偏移，以此来提示后方车辆。同时，UGV会根据其左后或右后车辆是否避让的状态来决定是否进行下一步的超车计划。并行超越主要用于车辆进行超车的阶段，指导车辆在超车过程中的速度变化、方向盘角度变化等，并指导车辆在超车完成后及时返回原来的车道，减少在整个超车过程中的安全风险。随着AI的飞速发展，各种学习算法越来越多地应用于UGV的行为决策，推动UGV的落地发展。

基于强化学习算法的行为决策方法，用各种学习算法来决策，认知周边的环境信息，传递给强化学习决策系统，此时强化学习决策系统的作用就相当于人脑，来对各类信息进行分析和处理，并结合经验对UGV做出决策。基于强化学习的行为决策方法近年来发展迅速，有马尔可夫决策、神经网络学习算法等，这些决策方法通过大量数据更易覆盖全部工况以及不同的场景。对于基于规则的行为决策来说，其具有易于搭建和调整、实时性好、应用简单等优点，但是由于其难以适应所有情况，因此需要进行针对性调整，其行为规则库易重叠而失效，有限状态机难以覆盖车辆可能遇到的所有工况而导致决策错误。对于基于强化学习的行为决策而言，由于其强大的数据训练集，减小了环境的不确定性因素带来的影响，但是它需要大量的数据来进行预处理，计算量大，实时性差。

随着科技的突飞猛进，以及近些年AI和计算机技术等的快速发展，结合上述两种方法的优势，顶层采用基于规则的决策，底层采用强化学习等算法，可发挥学习算法的优势，增强场景的遍历深度，两种方法优势互补，将成为未来UGV行为决策的发展方向。认知是UGV中的关键技术，涉及车辆为实现特定目标而做出有目的性决策的过程。在UGV的整个驾驶过程中，认知扮演着重要的角色，确保车辆能安全、高效地行驶，同时兼顾乘客的舒适性。

任务认知是认知技术的第一层次，关注的是从起点到终点的整体路径认知。任务认知需要确保车辆能够以尽量短、安全的路径从起点到达终点，这包括对道路网络、交叉口等环境进行整体的认知；还需考虑如何规避在环境感知中检测到的障碍物，确保车辆在行驶过程中不会发生碰撞或受阻。

行为认知是认知技术的第二层次，更注重车辆的局部行为和决策。行为认知需要根据当前环境和任务认知的整体路径，优化车辆的驾驶轨迹，这包括在道路上的舒适驾驶、遵循交通规则等方面的考虑；行为认知还需要确保车辆的驾驶行为符合安全标准，防范潜在的危险情况，例如紧急制动、变道等。

动作认知是认知技术的第三层次，直接控制车辆的执行动作。动作认知需要确保车辆能够准确执行，由任务认知和行为认知确定的动作包括加速、刹车、转向等；对复杂环境的适应性，动作认知要求车辆在面对复杂、多变的交通环境时能够灵活适应，保证驾驶的流畅性和安全性。

随着 AI 和计算机技术的不断发展，认知技术将更加智能化和自适应。优化算法、深度学习等技术的引入使 UGV 在认知过程中能够更好地适应各种复杂情境，提高驾驶的效率和安全性。同时，与交通基础设施的互联互通也将为认知技术带来新的可能性，实现更智能的交通管理与认知。

决策技术是 UGV 中确保车辆能够精准执行认知好的动作的核心环节。在这一层面，车辆需要依据来自更高层次认知的指令，通过各类执行单元实时调整车辆的状态，以确保驾驶的准确性、安全性和舒适性。

决策技术的实现基于复杂的系统架构，该架构包括认知和决策主要模块的协同工作。在决策层面，涉及低级别的决策单元，如电机决策、刹车系统和转向系统，以及车辆动力学的决策。决策技术的首要任务是确保车辆能够精准地执行由认知技术确定的动作，这包括但不限于：加速和刹车决策，决策系统需要实现对车辆速度的准确决策，确保车辆在不同交通场景中能够适应并确保驾驶的平稳性；转向决策，车辆的转向决策是决策技术中的关键环节，确保车辆按照认知的路径进行转向，并在需要时进行精准的转向调整；应对复杂环境的适应性，决策技术需要具备对复杂环境的适应性，包括处理不同路况、应对交叉口、超越障碍物等情境，智能决策算法的引入使车辆能够更加灵活地应对各种复杂情况；安全性和容错性，决策技术在实现精准决策的同时，必须注重安全性和容错性；系统需要能够检测和应对紧急情况，确保车辆在面临危险时能够迅速采取适当的措施，比如紧急制动或规避障碍物。实现高度自主的 UGV 需要克服一系列挑战，包括传感器误差、实时决策算法的设计和优化等。未来，随着计算能力和传感器技术的进一步提升，决策技术将更加智能化、自适应，并能够更好地适应复杂多变的交通环境，为实现更安全、高效的 UGV 提供坚实支持。

UGV 是智能车辆的一种，依靠车内的以计算机系统为主的智能驾驶仪，在没有人类主动操作的情况下达到驾驶目的。UGV 通过车载传感系统感知道路环境，并根据所获得的道路、车辆位置和障碍物信息，认知预定目标，控制车辆的转向和速度。UGV 的核心技术体系分为认知和决策层面。以前受限于硬件技术、图形处理和数据融合等关键技术发展的滞后，UGV 侧重于遥控驾驶。但随着自主车辆技术及其他相关技术的发展，出现了各种自主和半自主移动平台，当时的 UGV 在一定程度上实现了自主行驶。但由于受定位导航设备、障碍识别传感器等设备的限制，UGV 行驶速度低，环境适应能力弱。随着各项技术突破、物理计算能力的大幅度提升、动态视觉技术的快速发展和各项关键技术得到解决，UGV有了突破性进展。

UGV拥有某些优点，比如可以减少交通拥堵、空气污染和交通事故。与之对应的是，随着个人车辆拥有率的下降，部分出租车或公交车的司机可能需要转岗。虽然如此，在智能时代，智能技术的发展使得UGV有了可靠的技术支撑，这些技术可以解释或被理解等。每辆UGV都会受到训练，算法设计师确切知道UGV在各种情况下的行为表现，以及UGV在紧急情况下的反应方式。传统车辆的仪表盘一般会显示关于车辆速度和剩余燃料等信息，若采取UGV方式，仪表盘则展示的是车辆的"意图"和控制它们的逻辑等。例如，UGV会提前告诉乘客或用户，如果只有10%的超车成功可能性，为确保安全性，车辆将不会超车。

目前，UGV的远程安全员并不负责完全操控车辆，其首要任务是保证乘车人安全，其余的基本操作都尽量由车辆自身完成，包括转弯、红灯停、绿灯行、识别障碍物等。但是遇到特殊情况时，还需要由安全员操作，比如交通堵塞、道路封闭、别的行人或车辆不遵守交通规则等。如果遇到交通堵塞问题，有一位进行远程控制的安全员在后台采用智能网联技术控制UGV，该技术依靠的是车端实时回传的车辆状态和360°环视影像信息。如果遇到道路封闭、管控及其他无法处理的路况，UGV会进行有效识别，重新规划路线。如果无法规避，系统则由远程安全员或云端接管。而且在控制中心无法及时控制车辆的情况下，车辆会根据紧急程度，进行减速、靠边停车等操作，然后通过双闪、鸣笛、自动联系呼叫中心等措施来保障车上人员和周围车辆的安全。

在设计UGV之初，研究人员就从UGV、软硬件等各个层级提出一整套安全需求，并在不同场景下对硬件、软件、系统集成、整车等方面进行不同层面的测试，以此验证UGV是否满足安全需求。还在UGV中将常见危险场景输入系统，如果遇到没有收录的场景，UGV将通过激光雷达、毫米波雷达和摄像头等感知车辆周边的环境数据，并通过卷积神经网络模型（CNN）实时获取交通参与者精准的位置、类别、速度和朝向等信息，从而为决策认知控制模块提供判断依据以规避风险。UGV在设计之初不仅输入了道路交通规则，也加入了文明驾驶、礼让行人的规则等。UGV能够360°识别各类交通工具，而且在车路协同系统的助力之下，UGV不受人类视野盲区和恶劣天气能见度低的影响，能做到预先认知、预先决策，多种措施一同保障路上行人的安全。

AI正在从感知智能向认知智能转化。感知智能使机器具备视觉、听觉、触觉等感知能力，将多元数据结构化，并用人类熟悉的方式去沟通和互动。认知智能则是从类脑的研究和认知科学中汲取灵感，结合跨领域的知识图谱、因果

无人驾驶车辆认知与决策技术

推理、持续学习等，赋予机器类似人类的思维逻辑和认知能力，特别是理解、归纳和应用知识的能力。智能车辆除了应用系统感知的智能，实现对周边环境的感知和处理外，还必须通过车网协同、车路协同，甚至综合处理感知的因素，比如地理、交通、路口、信号、气象等实时信息，实现更加安全、便捷、高效的智能服务。感知智能向认知智能的快速迭代，更需要跨界协同，提升智能装备的质量和效益。重要的是要更加重视类脑科学研究，用创新的理论来指导 AI 的发展。大脑不但有极为复杂的神经网络结构，还有千变万化的动态信息。每说一段话，大脑里可能有上亿个相关神经细胞在传递电信号。头皮脑电波的信号非常微弱，科研工作者要通过传感装置监测不同活动脑电波的变化，再通过这些信息研判出人在做什么样的思考或者有什么样的意图。捕捉、破译头皮脑电信号，类似于在非常嘈杂的购物中心远远地听见、听懂一个人自言自语的呢喃。听到脑语、解读脑语、输出脑语，涉及传感、材料、算法、介质等，研究过程比较艰难。

1.9 基于智慧能源系统的 UGV 技术

解决能源危机，保护环境，采用电能系统，让 UGV 可以更快普及，从而替代传统的汽油、柴油能源消耗，减少污染气体排放。智慧能源系统是实现可持续发展的关键创新方向，它涉及可再生能源、智能电网、高效储能、车网互动、绿色氢能等关键技术，依托大数据分析和人工智能算法，精准预测能源需求并优化可再生能源的调度，保证可再生能源的稳定供应与高效利用。这一创新应用广泛覆盖电力、交通、汽车等多个领域，全面优化能源生产格局和消费模式，为构建碳中和能源新生态及可持续绿色未来奠定了坚实的基础。

随着能源互联网热潮的兴起，配电网被赋予了更多责任，逐渐向以绿色、智能、灵活、可定制等供电服务为目标的高级形态转变，在能源互联网设施中起到核心枢纽与整合的作用，配电网和交通网的深度耦合与互联就是其中的一种典型形式。车联网的耦合结构中伴随着电能流 - 交通流 - 信息流的交互，构成一个物理空间、信息空间乃至社会空间多重耦合、多层次关联，包含连续、离散动态以及随机充放电和供用能行为的多域复杂系统，呈现出不同时空尺度的复杂动态特性，人的感知和决策行为在其中处于核心地位，并通过信息流串联各要素。系统内部与外部环境之间不断进行着物质、能量和信息的交互，并在时间和空间上形成物质流、能量流、信息流和行为流的交互，可以用"流结构"来描述。通过多流协同，可探析系统决策状态变化过程，实现系统各组成要素之间及各子系统之间在决策过程中的合作、协调。

交通融合系统（distribution-transportation integrated system，DTIS）的无人架构思路如图1.22所示，包含车联网不同主体的典型"流结构"。其中，电能流对应配电网能量流；交通流对应交通网中的物质流；信息流对应车联网各主体间传递的系统状态参量、激励和调控信号等；行为流对应车联网的决策行为，如用户出行路径及充放电选择等。多流协同是车联网下DTIS可控性、可协调性的前提。要充分发挥UGV有序调度对配电、交通两大系统的"杠杆"作用，就需要综合考虑DTIS的多流协同价值，在"流视域"下开展车联网交互机理分析。车联网的耦合关系是指UGV灵活性的配电网与交通网之间的耦合关系，以UGV及其充电桩为桥梁，形成了电力-交通一体化的能源体系，特别是在中低压配电网层面，大量充电桩在不同配电节点与台区密集接入，电能流-交通流-信息流-行为流相互交织，引入了多方面的复杂性，车联网各要素均处于一个时变动态的演化过程，且相互之间存在复杂的交互影响，伴随着大量不确定性因素，即使是某环节一个参数的微小变化，也有可能带来DITS决策状态的重大改变。例如，配电网线路

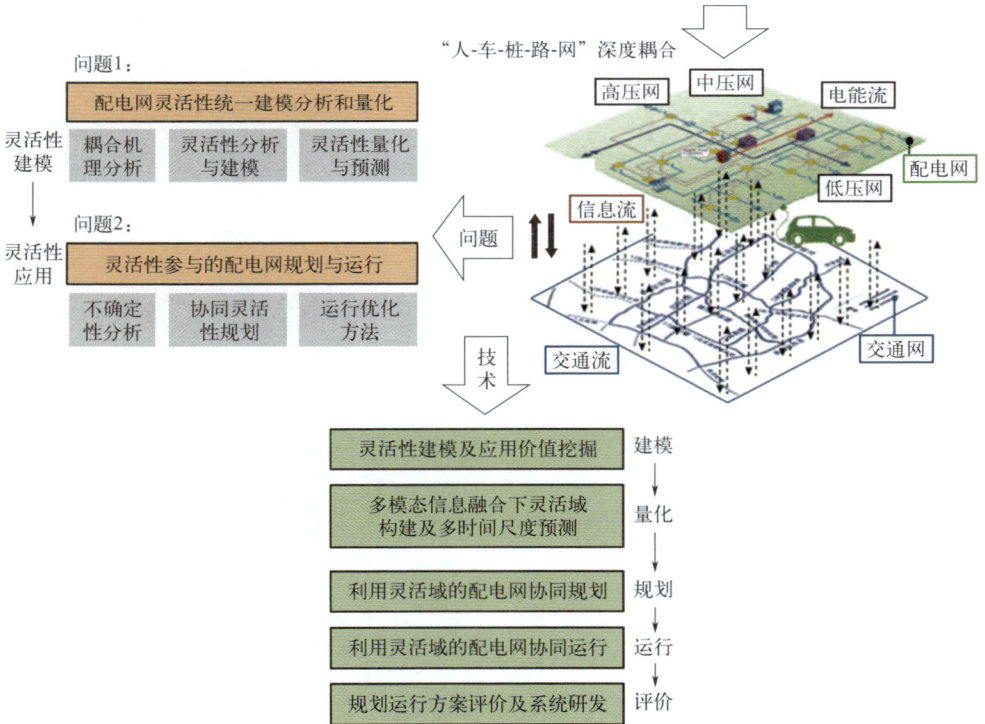

图1.22　交通融合系统的无人架构思路

的重过载会导致连带的充电桩限电，用户感知到该信息，则会转向附近的充电桩寻求电能补给，但该过程可能引发随后的车辆聚集、交通路网阻塞、充电排队等一系列问题。

UGV 的充电需求可与可再生能源系统（如太阳能、风能）相结合，减少碳足迹，推动可持续交通的发展。UGV 在安全性、效率与便利性的提升以及环境友好等方面具有显著优势。通过减少人为驾驶失误、实现全天候运行、优化交通流量和提高出行效率，UGV 不仅提升了整体出行体验，还对环境保护和可持续发展做出了重要贡献。

由于车联网各要素主体归属不同，配电网认知及决策需合理应对多利益主体的差异化诉求。仅专注于电力环节的配电网认知及决策方法，难以兼顾 UGV 交通工具和移动电力负荷双重属性所引入的行为复杂性与不确定性。但从另一个角度看，鉴于 UGV 充放电具有在"时 - 空 - 量"三个维度上的可调节性，车联网的深度耦合也给配电网认知及决策引入了一定的灵活性。在配电网及车联网深度耦合下，配电网认知与决策关键技术架构点空间，该灵活性可定义为通过优化调整节点接入 UGV 群体的充放电控制策略所获得的调节该节点自身净负荷的能力。显然，该灵活性受用户交通出行时空特征参数（起讫点、路径选择、充电站选择、出发时刻、期望在站时长）以及电量特征参数（入网时长、入网电量、期望离网电量、充放电功率、电池容量）的影响。同时，配电网 - 交通网的物理属性不同，其灵活性潜力不仅来源于 UGV 的充放电效应，还表现为交通流相较于电能流的时移与延迟特性所带来的电能存储效应。可以看出，车联网深度耦合引入灵活性的统一建模需要综合考虑电能流 - 交通流 - 信息流 - 行为流的交互机理，以及"人 - 车 - 桩 - 路网"各主体内部的静 / 动态安全性约束，从而进行统一标准化建模。车联网耦合下的灵活性会随着时间的推移、应用场景的变化、配电网和交通网自身状态以及影响用户行为的随机因素的改变而改变，难以量化。一种可行的思路是基于"域"的方法从不同角度定性和量化灵活性的大小，如图 1.23 所示。车联网涉及不同主体，由此产生的灵活性需充分考虑各主体不同的利益诉求，如 UGV 用户（人）的交通出行和充电需求、UGV 动力电池（车）的约束、充电桩（桩）的运营及收益、交通网（路）的顺畅性以及配电（网）决策的安全性和经济性等。因此，在构建灵活域时，需要综合考虑车联网的多重约束，由车联网各要素自身优化可行域交集所组成的闭包区域构成。考虑 UGV 的决策行为在"智 - 云 - 网 - 边 - 端"的协同优化中至关重要，挖掘 UGV 充放电灵活性时，不能影响用户的交通出行及充电需求，故将其作为重要约束条件。

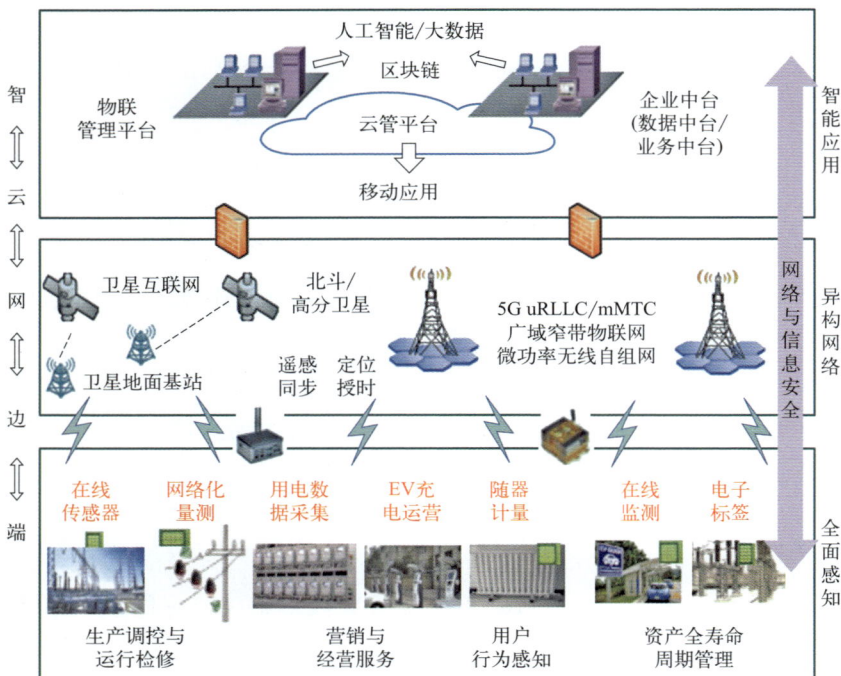

图 1.23　人 - 车 - 桩 - 路 - 网的无人架构思路

　　车路协同需要多网融合，如图 1.24 所示。道路网：既是物理形态的，也是数字化、结构化的道路网，甚至需要车道级的信息，用于与车辆在微观层面交互的控制。传感网："固定传感 + 移动传感"相结合，未来固定传感慢慢会被移动传感取代，每辆车如果都是一个移动传感器的话，就会变成群体协同的移动认知。控制网：交通运输管理部门一直想推动新一代交通技术，但该网是基于场景和需求的，暂时无法实现全路网，完全是后台计算好的优化控制，未来可能实现协调统一，但现阶段肯定需要控制网。能源网：车辆的电动化已经成为一种趋势，现在大家注意到太阳能公路，注意到 UGV 在路网上运行，如何实现高效、便捷的能源利用和补充是设施的重要内容，设施中也离不开能源网的概念，如图 1.25 所示。宏观级的管理数据基础平台：在这个平台上需要考虑多模式通信和信息安全，它从基础设施到接入层、支撑层、应用层会逐步地发生变化，应用层级上针对安全、效率、服务三类应用，很快会从应用角度驱动这些变化，如从公交角度来说，相信很快就会从专区、专线维度率先开展。

　　基础平台需要大数据、AI 和移动互联的技术来构建车路协同的新环境，依靠道路设施通信网络，包括智能车辆以及云控平台来支撑发展。车联网耦合下的灵活域无序或低效的 UGV 引导和充电策略，很难实现 UGV 灵活性的高效挖掘和最

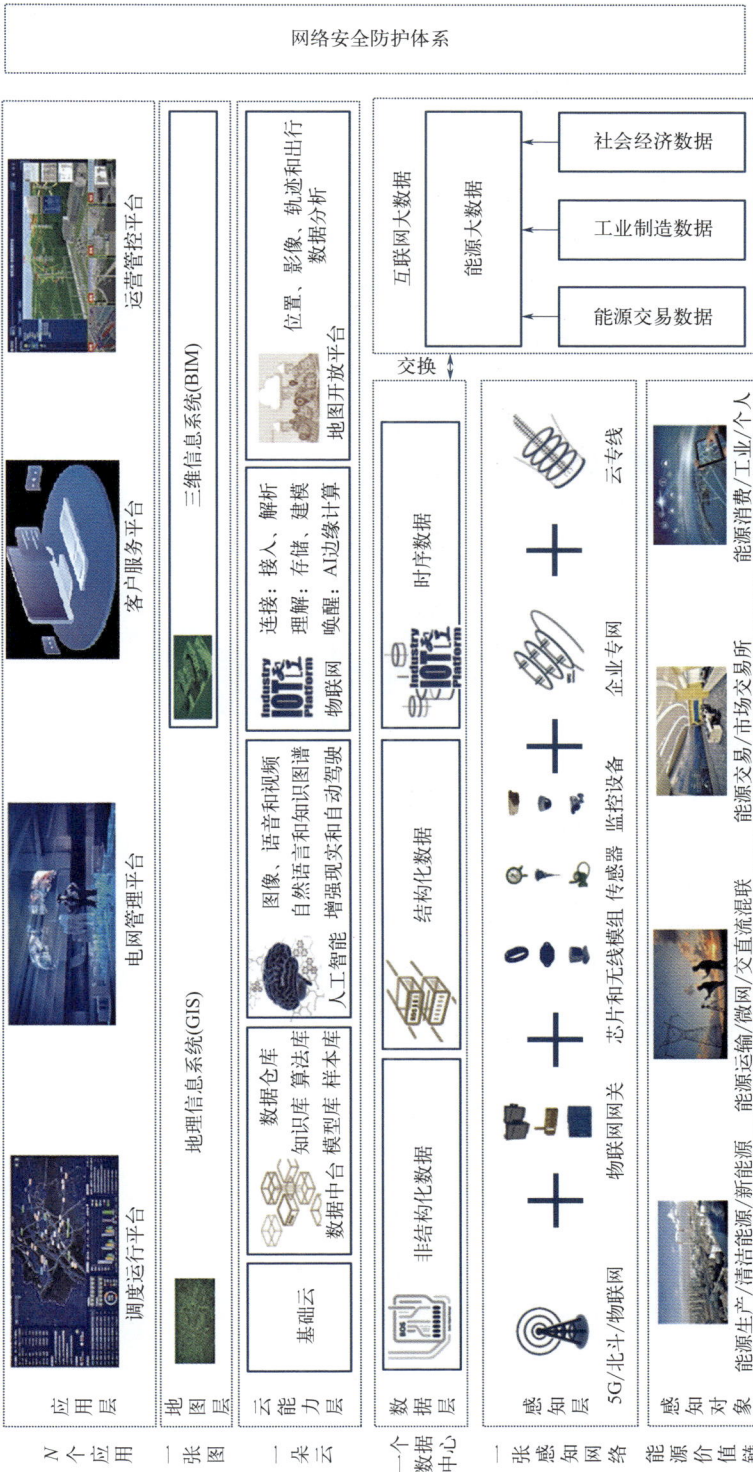

图1.24 UGV车路协同的多网融合架构

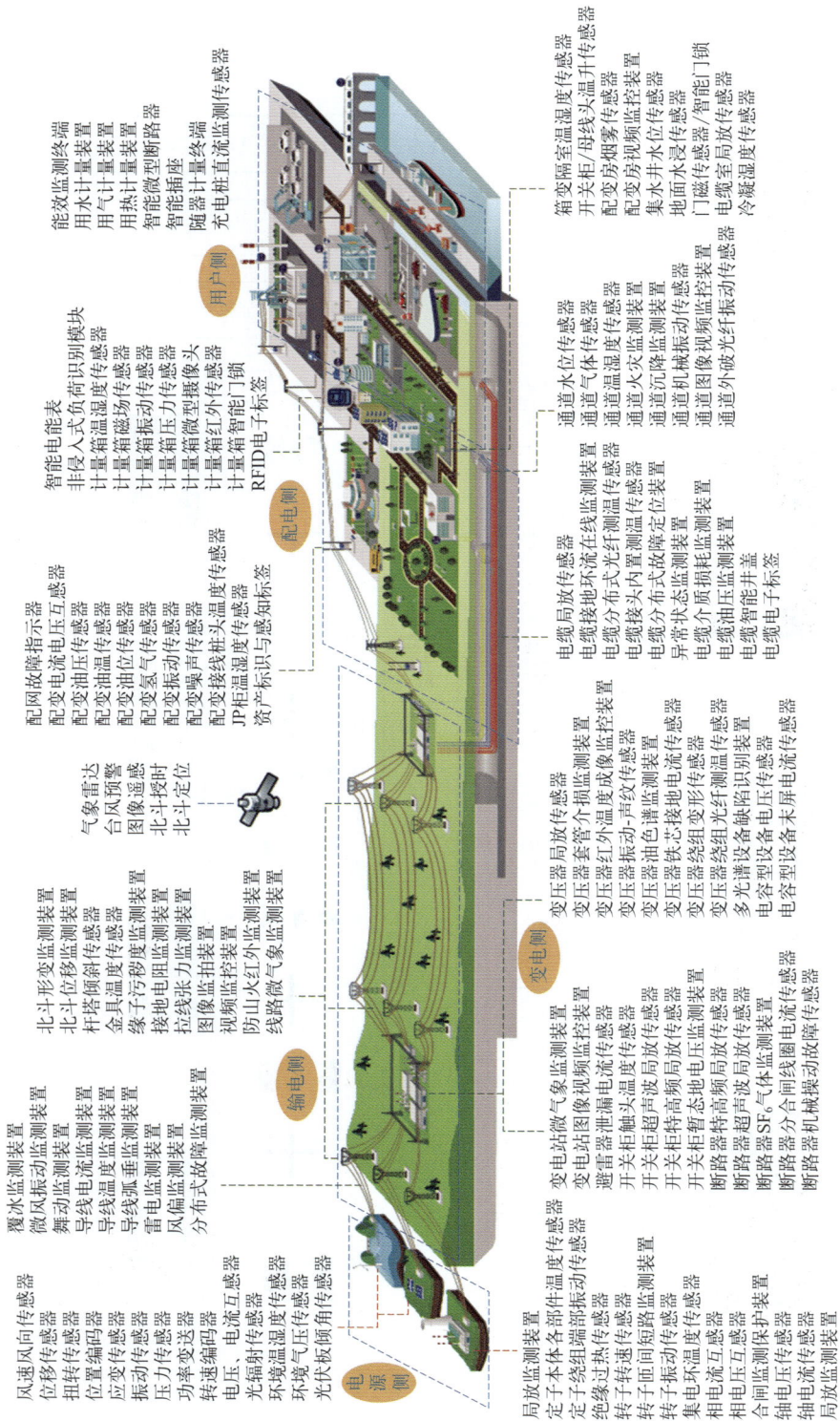

图1.25 基于UGV技术的能源智能网联的应用布局

这是一个复杂的技术插图，包含大量的标签文字。我需要提取所有可见的文本标签。

用户侧

能效监测终端
用水计量装置
用气计量装置
用热计量装置
智能微型断路器
随器计量终端
智能插座
充电桩直流温度传感器

箱变隔室温度湿度传感器
开关柜/母线头温升温度传感器
配变房烟雾传感器
配变箱温度视频监控装置
集水井水位传感器
地面水浸传感器
门磁图像监控传感器
电缆室局放光纤振动传感器
冷凝湿度传感器

计量侧

智能电能表
非侵入式负荷识别模块
计量箱温湿度传感器
计量箱磁场传感器
计量箱振动传感器
计量箱氢气传感器
计量箱微型摄像头
计量箱红外传感器
计量箱智能门锁
RFID电子标签

通道水位传感器
通道气体传感器
通道温度湿度监测装置
通道大风沉降监测装置
通道机械振动监测装置
通道图像视频监控装置
通道电破光纤振动传感器
通道智能井盖
电缆电子标签

配电侧

配网故障指示器
配变电流电压互感器
配变油压传感器
配变油温位传感器
配变氢气传感器
配变噪声振动传感器
配变微型摄像头
配变接线桩头温度传感器
JP柜温湿度传感器
资产标识与感知标签

电缆局放传感器
电缆接地环流在线监测传感器
电缆分布式光纤测温温度传感器
电缆接头内置温定位装置
异常状态监测装置
电缆分布式故障监测装置
电缆井质损耗监测装置
电缆油压传感器
电缆智能井盖
电缆电子标签

输电侧

覆冰监测装置
微风振动监测装置
舞动监测装置
导线温度监测装置
导线弧垂监测装置
雷击监测装置
风偏监测装置
分布式故障监测装置

北斗形变监测装置
北斗位移监测装置
杆塔倾斜传感器
金具温度监测传感器
绝缘子污移度监测传感器
接地电阻监测传感器
拉线张力传感器
图像监控装置
视频监控装置
线路微气象监测装置

气象雷达
台风遥感
图像遥感
北斗授时
北斗定位

变电侧

局放监测装置
定子本体各部件温度传感器
定子绕组端部振动传感器
绝缘过热监测装置
转子面间短路监测装置
转子振动传感器
集电环温度传感器
相电流互感器
相电压互感器
轴电流互感器
轴电压互感器
局放监测装置

变电站微气象监测装置
变电站图像视频监控装置
避雷器泄漏电流传感器
开关柜触头温度传感器
开关柜特高频局放传感器
开关柜超声波局放传感器
开关柜智态特高频局放传感器
断路器超声波局放传感器
断路器分合闸线圈电流传感器
断路器SF₆气体监测装置
断路器分合闸机械操动故障传感器

变压器局放传感器
变压器套管介损监测装置
变压器红外温度成像监控装置
变压器振动-声纹传感器
变压器油色谱监测温度传感器
变压器绕组光纤测温传感器
变压器绕组变形监测装置
多光谱气体缺陷识别传感器
电容型设备末屏电压传感器
电容型设备末屏电流传感器

电源侧

风速风向传感器
位移传感器
扭转传感器
位置编码器
应变传感器
振动传感器
压力传感器
功率变送器
转速编码器
电压、
光辐射传感器
环境温湿度传感器
环境气压传感器
光伏板倾角传感器

相电流互感器、
相电压监测保护装置
轴电流传感器
轴电压传感器
局放监测装置

042 无人驾驶车辆认知与决策技术

大化利用，此时的灵活域会收缩甚至消失。然而，若能面向配电网不同场景需求，采用价格等激励手段制定高效的充放电引导和有序充放电控制策略，可从空间（配电网节点）和时间（峰谷时段、光伏大发时段等）两个层面优化充电负荷时空分布，扩大配电网不同节点可调节功率的范围，如图 1.26 所示。灵活域越大，配电网认知及决策问题可行域的范围就越广，趋于更优目标解的能力也就越强。此时，配电网灵活域可呈现出收缩或扩张的演化过程。

图 1.26　基于 UGV 技术的能源智能网联的运营模式

第 2 章
UGV 类脑认知与决策理论

2.1 UGV 类脑认知理论

对 UGV 智能认知理论及类脑认知原理等，因为理论相对繁难且复杂，其研究进展不如 UGV 感知那么迅猛。因为 UGV 感知的目的是感知系统，其进步较易看到。相比而言，认知是盘根错节的繁难系统，是复杂类脑动力学行为，由于缺乏精准数学工具与类脑方法等，因此脑动力学行为 - 类脑计算的编程框架（图 2.1）相对复杂繁难，发展得比较缓慢，但也在逐步促成认知智能的形成和发展。

在某些生物中，尽管个体智能有限，但由众多个体组成的群体却能涌现出一定的认知（群体认知）。例如，鱼群能结队行进，防御捕食者，提高觅食成功率；蚂蚁搬运食物时往往走的是最短路径等，每只蚂蚁在它走过的路径上都会留下信息，并尽可能沿着信息功能浓度梯度高的路径前进，而信息功能浓度梯度会随时间逐步挥发，于是最短路径上信息功能浓度梯度更高。借鉴这种群体认知现象，人们创造了蚁群和粒子群优化等算法，使得认知理论在 UGV、UAV 编队以及多智能体互动中得到充分的关注和思考。

在宏观层面，认知的共识主动性不仅出现在动物群体中，UGV 在交通活动中也会通过共识主动性机制，与其他交通参与者进行交互，尤其在 AI 时代，UGV 对于 AI 环境可造成直接干预，从而可能对其他交通参与者造成或多或少的影响。在微观层面，UGV 智能可看作功能相对单一的大量神经元涌现出的群体认知，同鸟群和鱼群类似，邻近的神经元之间存在直接交流，信息通过这种局部的交互也能够传遍大脑并进行计算加工。神经元的生长发育、突触的建立可能也体现共识主动性，神经元通过释放神经递质、代谢产物等改变其附近微环境，人们考虑在神经网络中加入 UGV 共识主动性机制。

大脑具有特定功能的模块，当知觉输入或任务需求激发了某些模块的响应之后，这些响应会相互竞争，通过选择性注意机制，某些信息会进入全局工作空间，在不同模块之间进行广播，以此完成不同模块之间的信息交流，并合作完成不同的任务。而当信息进入全局工作空间并分发到其他模块时，认知就此产生。例如在"认知剧场"中，选择性注意像聚光灯一样照亮了舞台上的一个区域，这个亮点揭示了认知的内容：演员们进行表演、演讲或者相互交流。导演、编剧、场景设计师等工作人员藏在幕后，塑造了舞台上的可见活动，但其本身是不可见的。舞台中正在上演的内容也被播送给同样处在台下的观众（即大脑的其他部分）。这样使得一些局部的、专用的、模块化的皮层区域构成了一个单独的认知空间，各个模块可能具有各自的层级结构，但不同部分可以并行、分布式处理特定的信息，如运动、记忆等。第二个认知空间由一些广泛分布的兴奋性神经元和具有长程连接的轴突组成，通过下行连接选择性地调动或抑制特定模块传入的信息。

分布式的神经元群体具有自下而上接收信息并将自上而下的信息传输给任何一个处理器的能力，从而选择和广播信息。这种大范围广播允许不同的认知模块都能够接收到信息，被认为有助于解决未知问题，例如通过调动不同的信息处理模块进行竞争或合作，从而更容易找到解决问题的路径。当神经元被外部刺激所触发，或者受正在执行任务相关脑区的触发，甚至可能在休息时，神经元都会自发随机产生回忆内容。某群神经元的激活能够抑制其余的神经元，如果某个模块的信息激活了全局的活动模式，其他模块的信息将无法进入全局工作空间，因此全局工作空间只能串行处理信息，且不同子系统之间会存在竞争。这种机制符合认知的特征，例如状态单一、顺次发生，也能解释容量有限等认知现象。

认知系统如同分布式路由器，同各个脑区的无数神经元存在关联，可放大、维持信息，并提供给各信息处理模块和丘脑皮层环路使用。大脑的前额叶皮层、背外侧前额叶皮层、下顶叶皮层、前颞叶皮层、前后扣带回皮层、楔前叶等脑区，各自有其独特的功能和连接模式，但相互之间存在广泛的连接，任何区域获取的信息都可以迅速提供给其他脑区，如图 2.2 所示。这些脑区之间密切的双向连接为认知创造条件，能触发突然的、集体的协同活动在全脑广播。

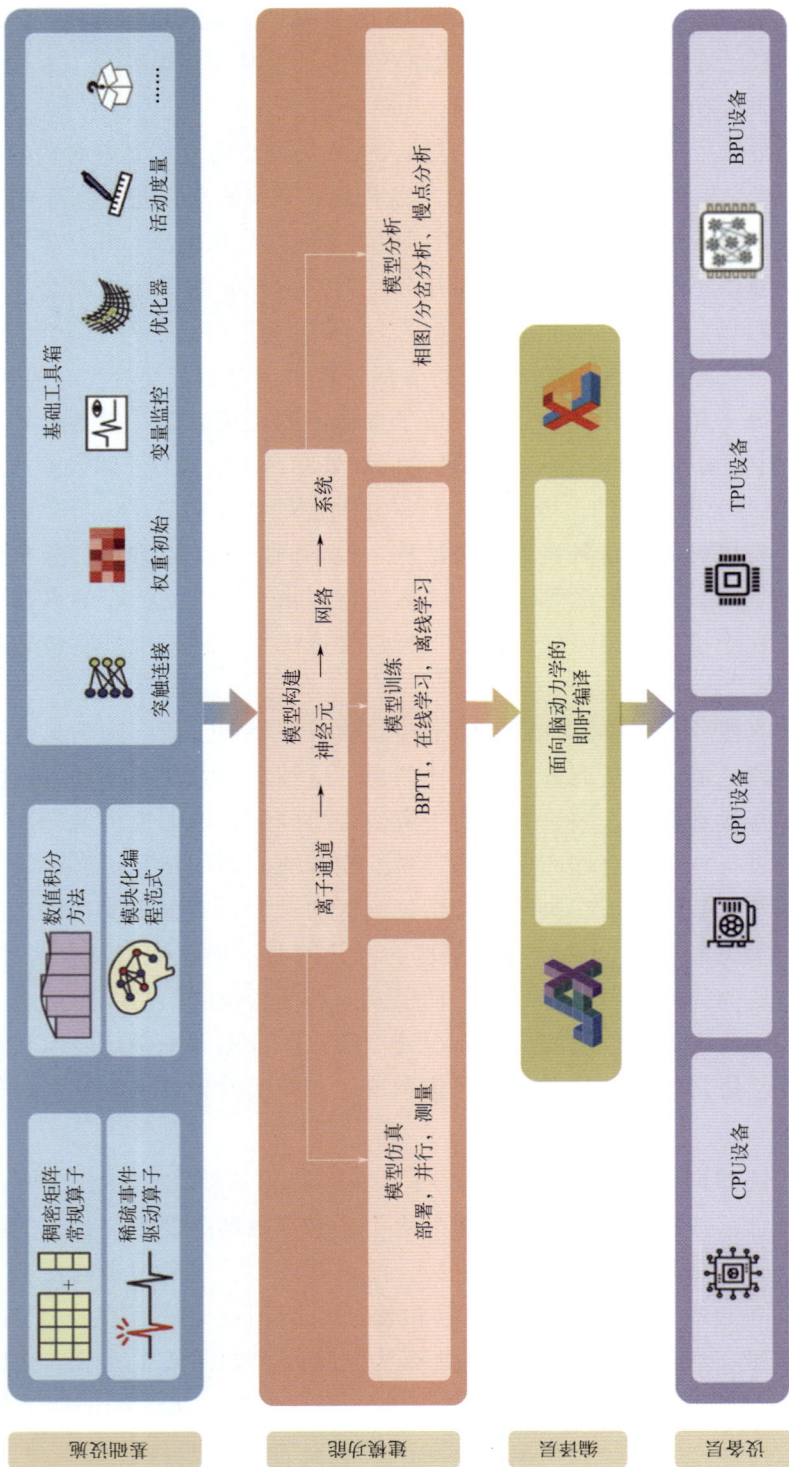

图 2.1 脑动力学行为 - 类脑计算编程框架

基础工具箱

突触连接　权重初始　变量监控　优化器　活动度量　……

稠密矩阵常规算子　数值积分方法　模块化编程范式　稀疏事件驱动算子

模型构建
神经元 → 网络 → 系统
离子通道

模型训练
BPTT，在线学习，离线学习

模型分析
相图/分岔分析，慢点分析

模型仿真
部署，并行，测量

面向脑动力学的即时编译

CPU设备　GPU设备　TPU设备　BPU设备

无人驾驶车辆认知与决策技术

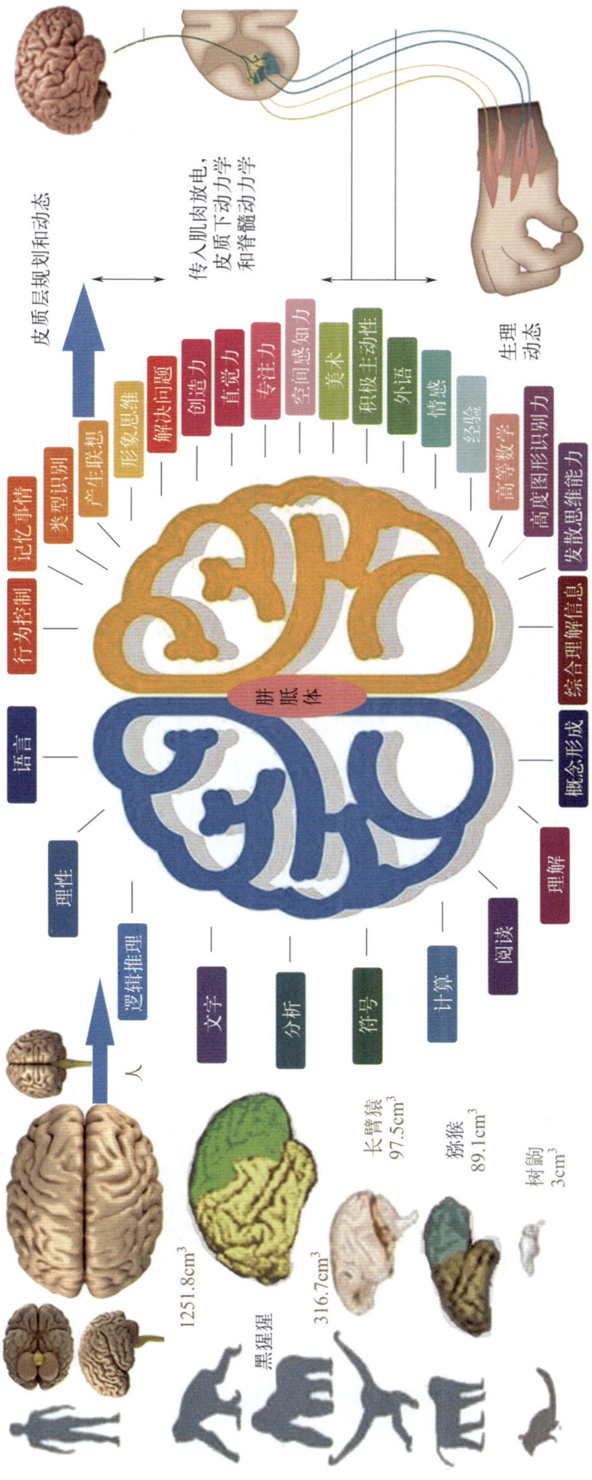

图 2.2　大脑皮质层胼胝体模块的动态相互作用

在每个类脑认知周期中，UGV 的驾驶脑，通过更新其对环境外部和内部特征的表示，尽可能好地理解其当前的状况，通过竞争，UGV 驾驶脑决定哪些信息需要注意，需要学习，并将这些信息进行广播和考虑，使其成为当前认知内容，于是，驾驶脑选择适当的行为去决策。

2.2　UGV 类脑记忆原理

认知循环中的各模块并不与大脑中的功能模块直接对应，其更多的是思维或心智意义上的功能模块。虽然模块在图中用明显的边界表示，但其有非常丰富的交互，可能很难清晰地拆分开。有认知的信息需要进一步处理时，不同的驾驶脑功能模块都可获取。例如，对于"司机认知到燃油指示灯亮起来"这一场景，"燃油指示灯亮起来"这个信息可以被记忆、回想、被谈论，还可用于规划接下来的行动等。这可以看作是解决信息共享问题的信息处理架构，无认知计算模块的信息被整合、筛选，进入认知的全局工作空间，从而可以在不同模块之间进行分享。另外，还存在第二种意义的认知，即记忆，如图 2.3 所示，反映其具有访问外部信息的能力，并通过其表征自己的能力来体现，这是一种能监控自己的信息加工过程，并获得其状态和信息的能力，从而将记忆拓展为认知神经科学中的"元认知"。元认知，即"对认知的认知"，指的是个人对自己认知活动的认识（监控）与调节（控制）过程，而认知是元认知监控的过程。大脑在做出任何决定的时候，都会同时评估该决策的可信度，于是人类对自己的选择或多或少会感到一定的自信。自信程度是元认知中需要被主动汇报的行为指标，类似的概念在学习、记忆等任务中都存在，例如对所学知识的信任程度、记忆是否可靠等。记忆是智能之母，是认知 UGV 的核心。记忆系统里有瞬时记忆、工作记忆和长期记忆等。神经元细胞是记忆的基本单元，其会发生持久的物理、化学变化，在细胞水平上留下记忆的印迹、痕迹、残迹，体现神经元细胞和突触的可塑性。

元认知与前额叶脑区关系密切，并且具有通用性，不同范畴的客体水平认知加工都可以引发元认知系统的响应，并且元认知系统能够利用统一的方式表征元认知信号，同时还能够进行区分，进行特定的元认知控制。在深度学习中，隐空间指的是经过训练，神经网络中形成的用于编码输入空间关键特征的层。神经网络通过它进行高级的概念表征，例如物体的特征、词义、动作序列等。这些模块可以是经过预训练的网络，用于进行自然语言处理、长期记忆、强化学习、运动控制等，模块的能力决定了全局工作空间系统的能力和能够执行的任务范围。在大脑中，注意决定了哪些信息被有意识地认知，哪些被忽略；在原始的框架中，选择性注意也是信息进入全局工作空间的途径。注意同样是深度学习中大家所关注的焦点，例如在 UGV 视觉中广泛使用的神经网络算法架构便基于注意机制，虽然该"注意"与神经科学中的注意并不相同，但可以借鉴神经网络算法的注意机制，通过密钥查询匹配过程选择哪些信息作为输入。

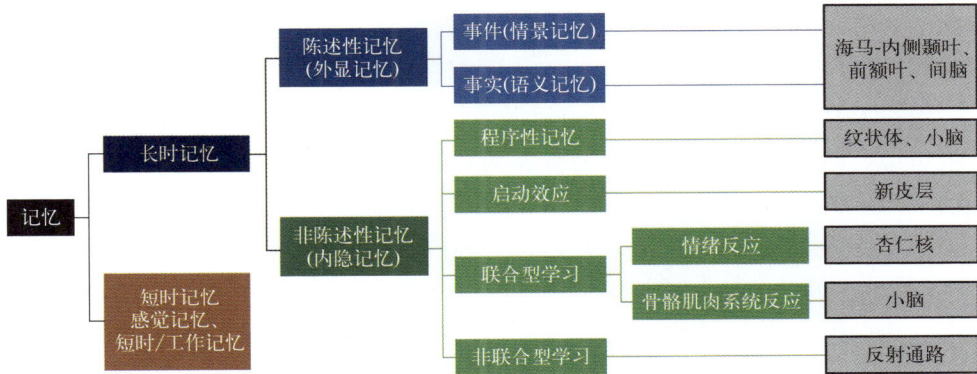

图 2.3　记忆的分类及与其相关的脑结构

彩色框代表记忆的类型，灰色框代表相关脑区

大脑对物理世界的编码是依托于大脑内这些表达特定信息的细胞而实现的。相比于编码明确的位置细胞类型，网格细胞与位置细胞不同的是，网格细胞拥有多个放电场，这些放电场布满空间且呈现规则的网格状分布。网格的形态并不受大鼠的运动速度和方向的影响，而仅由环境本身决定。这表示网格细胞的网格结构与环境中的距离和方向有关，因而网格细胞对空间的表征具有重要作用。但是，这种类似网格细胞的规则结构活动，不仅出现在内侧颞叶的内嗅皮层，而且是有选择地分布于全脑，这包括内侧前额叶、后扣带回皮质、楔前叶、外侧颞叶皮层等脑区。网格细胞组成脑功能网络，包括记忆、认知、评估与决策等。

2.3　UGV 类脑视觉原理

相比于需要大脑腹侧脑区编码的客体与嗅觉空间，由大脑背侧编码的眼球运动也可以诱发网格细胞的活动，说明其实际参与用眼睛观察外部环境的认知过程。网格细胞对视觉、嗅觉、记忆等多维度的认知过程都有所涉及，展现出其具有超越单一维度的属性。脑神经元的机制不仅局限于单一维度，而且展现了较强的可泛化性与通用性。涉及其通用性的特征可概括为，网格细胞被发现参与编码了和物理空间无关的抽象信息，支持了大脑创建并利用多客体空间协调物体间关系的假说；即使排除物理空间和抽象空间等信息的影响，网格细胞仍可通过眼球运动被激活，这证明其参与了大脑对视觉信息的表征；在排除了基于生物体这一媒介后，网格细胞仍在深度神经网络的隐藏层中被发现，说明神经元对信息的编码在自然界中存在相似性，即基于生物的神经元和基于 UGV 的神经元之间存在基于自然的通用性。因此，期待未来的研究继续对神经元的普适性表征机制进行探索，这对解码人脑智能的本质以及对 UGV 驾驶脑的实现具有重要意义。

借鉴大脑网格细胞与位置细胞自组织集群放电机制，采用神经网络等技术，实现位置信息与环境信息的记忆存储及认知的构建。基于神经网络模型，通过网格模型可从视觉输入信息构建大型和复杂区域的认知，如图 2.4 所示。在局部场景细胞中，每个单元表示一个不同的视觉环境，当有新的视觉场景出现时，创建一个新的视觉单元网格。当 UGV 再次看到某个视角的视图时，视觉单元格再次被激活，并建立与网格细胞的关联，网格细胞组成神经元网络，通过兴奋性连接建立与附近细胞的联系，这种联系是三维的，在同层级建立位置上的联系，在不同层级建立认知上的联系。

在 UGV 驾驶脑模拟导航任务中，利用网络训练速度和航向信息，仅训练速度和航向信息输出标定位置，如图 2.5 所示，这是模拟仿生系统在不熟悉环境中运动定位所用到的信息。通过隐藏层的可视化发现关键节点也呈现出网格细胞的放电模式，从而实现类脑导航训练。

基于神经网络的认知模型的设计可能存在容量小、记忆变化快的问题。基于显示认知地图构建的推理模型，将环境记忆为一张显示格栅地图形式的认知地图，从视觉图像中获取认知地图后，根据动作的调整来更新。基于显示认知地图构建的推理模型可以将推理过程可视化，更容易认知和解释推理结果，可存储大量的知识和经验，并在推理过程中高效地搜索和利用这些知识，还可以根据环境变化和实际需求动态调整认知地图的结构和内容。因此，基于显示认知地图构建的推理模型具有更高的透明性、稳定性和灵活性。

把神经元的群体活动状态描述成一个向量，该向量中的每一个分量代表一个神经元的活动。想象一个高维坐标系，其中一个向量代表一个点。在这个高维的状态空间中，每一个轴代表一个神经元的放电活动。如果有神经元参与该刺激的编码，则对应的坐标系代表一个神经活动空间。大脑将外部信息编码为高维神经活动空间内的低维流形。神经元群体编码受到两方面的约束：一方面来自外部刺激；另一方面来自神经元连接结构。对于给定的外部刺激，神经元群体编码的维

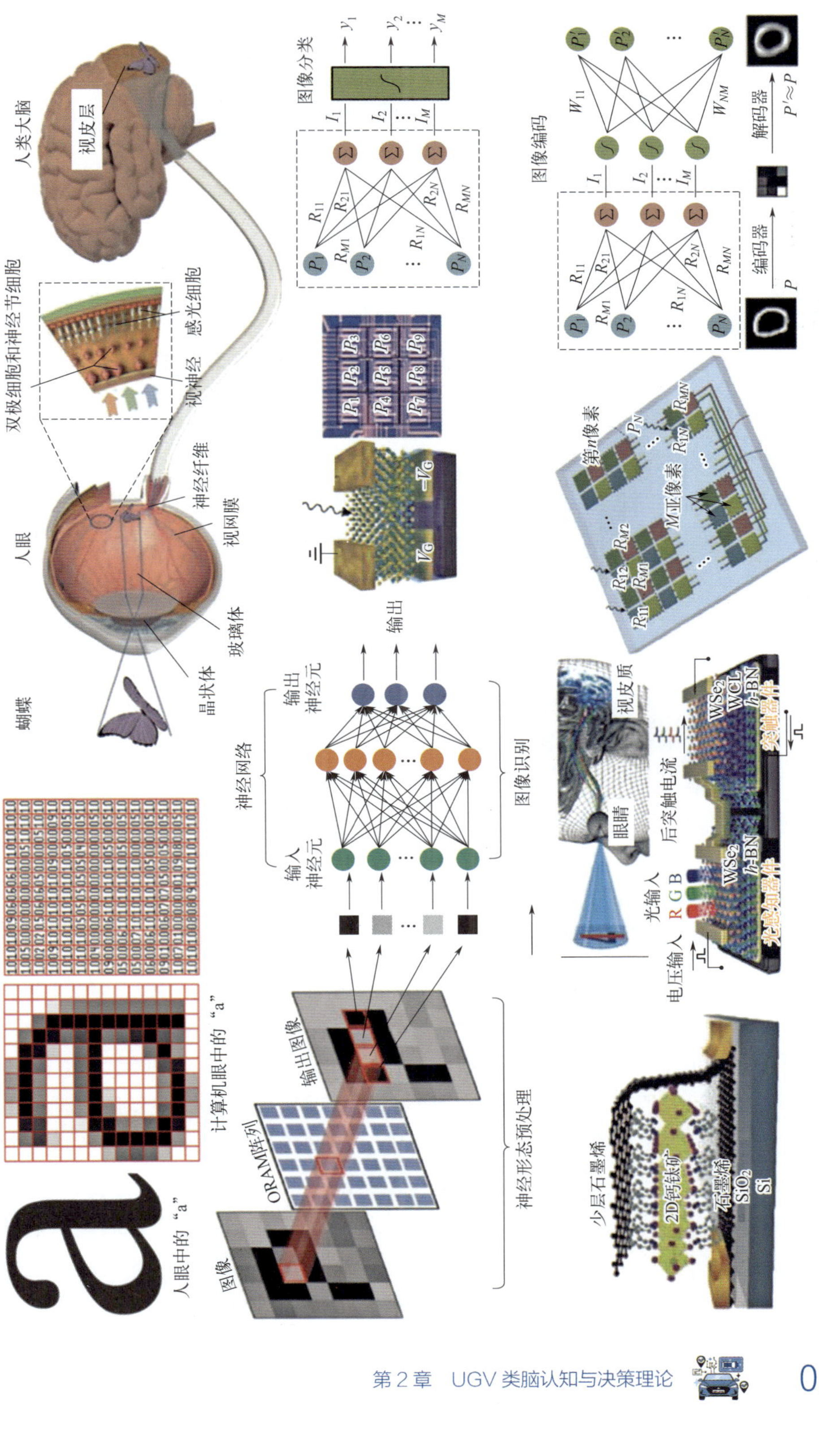

图 2.4 基于神经网络模型的类脑视觉技术

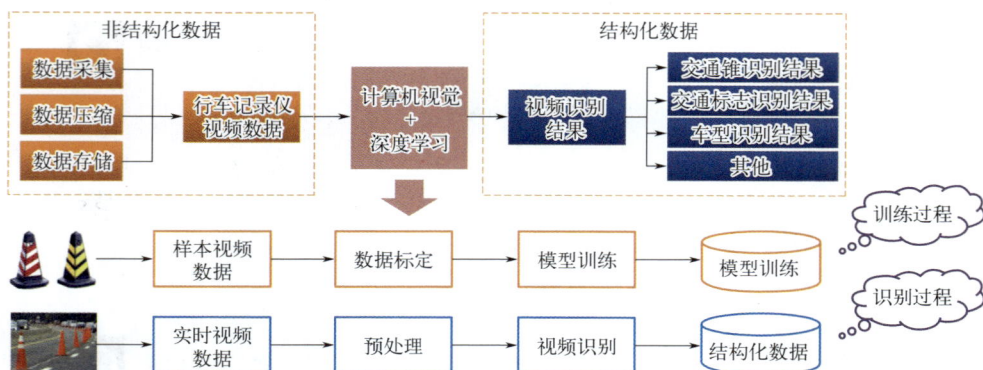

图 2.5　基于计算机视觉数据的 UGV 的类脑训练及识别框架

度低于神经活动空间的维度。假设外部刺激处于某一状态，并且被观测的所有神经元的放电活动达到稳定状态，那么该刺激状态近似地对应于某一个神经编码向量，即神经活动空间内的某一个点。当外部刺激从一种状态变化到另一种状态的时候，神经活动空间内的点也从一个位置变化到另一个位置。同一任务中刺激状态的变化远比高维空间中的点的位置变化受到更多的约束，比如在图像识别任务中，如果同一图像绕中心旋转，该刺激改变的状态只是一个旋转角度，与之对应的应该是高维神经活动空间内点的位置沿一条曲线的变化。该类刺激在神经活动空间中的编码是一条曲线。以此类推，如果同类外部刺激有两种不同的状态改变，那么该类刺激的编码是一个曲面；如果外部刺激有更多种状态改变，比如 m 种，那么该刺激的编码是一个 m 维"曲面"，或更准确地称为 m 维流形。假设外界刺激的变量数 m 远小于大脑神经元的数量 N，外部刺激的神经编码是嵌在高维神经活动空间的一个低维流形。神经元群体编码的维度也受限于大脑内部的连接结构，例如当神经流形编码运动和抽象知识时，虽然这些表征不直接依赖外部刺激，但其神经计算依赖特定神经元的相互连接来实现，因此产生的群体活动受到神经网络中功能与结构连接的限制。这样的约束也可能导致神经元群体活动被限制在一个低维流形上。

类脑视觉计算架构，以深度卷积神经网络为代表的计算机视觉或 UGV 视觉在许多视觉任务中取得成功。深度卷积神经网络通过模拟生物视觉腹侧通路的前馈和分层结构，在图像分类等任务中获得较高的准确性。然而，取得的成就基本上是以高昂的功耗、计算以及数据成本为基础的。近年来，受生物大脑计算原语启发的神经形态计算在连续数据流处理上的可伸缩性、低功耗等方面具有潜在优势，有望解决目前计算机视觉的高功耗、复杂计算量、低泛化性等问题。类脑视觉，即所谓的大脑启发的计算机视觉，仍然是加快计算机视觉发展的一种有前途

无人驾驶车辆认知与决策技术

且有效的方式。生物启发的计算机视觉旨在学习生物视觉系统以开发先进的图像处理技术，致力于基于生物视觉机理实现高能效类脑视觉处理架构，以解决目前计算机视觉面临的复杂度、能效等瓶颈问题。

从采集信号开始，与当前 UGV 视觉主要处理静态图像相比，生物视觉的一大特征是加工时空动态信息。从视网膜开始，生物神经系统接收的输入就是动态光流。这些光流信号在视网膜内被转化为脉冲序列信号，然后通过层级加工被传输到大脑视觉皮层；大脑各功能区域的信息加工以及区域之间的信息传递也是通过神经元集群所产生的脉冲序列来完成的。生物视觉系统加工的信息都是以神经脉冲序列为表达形式的时空动态信息。为仿真生物视觉，有必要在信号源上抓住生物视觉时空动态输入的特点。需要发展模拟视网膜更多计算特性的类脑器件。比如，近似模拟视网膜的外周信息处理，而脉冲摄像头记录细节纹理信息，近似模拟视网膜的中央凹信息处理。将两者信息融合，可更好地模拟生物大脑的视网膜功能。

真实生物视觉系统具有更丰富的结构和计算功能，比如视觉信息可以通过多通路并行加工，视觉认知由全局到局部，先验知识通过反馈连接来影响人们对外部输入的感知等。借鉴这些生物视觉系统的结构特点，发展更优、更丰富的类脑视觉计算模型。此外，还可以借鉴 UGV 学习的训练方法，从数据和功能出发，优化类脑计算模型。由于生物视觉系统的存在是为了使生命体更好地适应自然环境，其计算优势也体现在与周围环境的高效动态交互上，因此，为体现类脑视觉的优点，需要界定合适的类脑视觉应用场景，而不是简单应用于深度学习所擅长的计算任务。

2.4 UGV 类脑芯片技术

类脑芯片，针对当前人工神经网络（artificial neural network，ANN）在功耗、运算量、泛化性等方面面临的瓶颈问题和发展局限，致力于面向下一代类脑神经网络，研究大规模脉冲神经网络（spiking neural network，SNN）的高仿生建模、高效学习、高性能芯片架构，研制支持在线学习的类脑芯片，结合新一代 AI 及半导体技术的发展，实现高性能神经形态计算，构建类脑在线学习支撑体系及其应用生态，推动通用 UGV 长远目标的实现。架构方面，总体目标是设计面向在线学习的低功耗、可塑性事件型处理架构。具体地，针对边缘计算设备的多样性以及性能、场景对于类脑芯片架构的多元化需求，开展边缘场景的抽象化统一模型的研究，设计具有数据 - 指令融合的分布并行流驱动处理、事件触发计算、弹性多模态运算引擎、众核协同自适应功耗分配等特点的新型类脑计算芯片架构。在计算核心方面，研究基于弹性多模态计算引擎的可重构计算核心，兼容多种神经元模型状态更新和发放特性，突破固定计算核心所导致的计算能力局限性，实现灵活高效的神经元计算核心设计。在片上网络路由器方面，研究低时延、低功耗片上互联的共享资源路由架构，为神经元的多模式信息传递需求提供有力保障。在通信互联方面，研究类脑芯片架构的异步通信方式，适应类脑神经网络结构中的高效异步通信特点，满足高效异步通信的扩展需求。在流驱动处理、事件触发计算方面，研究数据 - 指令融合的流驱动计算模型，适应类脑神经网络分区并行计算特性，满足大规模类脑神经网络的高效计算需求，如图 2.6 所示。

对于类脑计算核心，为提升计算核心的计算速度，需设计固定结构计算核心，实现针对特定算子的运算加速；另外，为提升计算核心的通用计算能力，突破传统固有结构计算限制，又需设计可编程通用计算核心，能够兼容多种神经元模型或自定义算子，实现可重构的计算核心，最终设计出可编程软核、固定结构加速核混合的众核架构。定制化加速硬核为 ANN-SNN 计算引擎，可通过指令简单配置为 ANN 或 SNN 计算模式，仍保留了一定的通用性；软核为流水线的 RISC-V处理器。通用 ANN-SNN 硬核能够配置为执行 SNN 或 ANN 计算，对应参与计算的数据为特征图或脉冲数据。除通用 ANN-SNN 硬核与 RISC-V 软核之外，通用计算引擎还包含用于数据包编解码的功能模块、指令内存池以及权重或激活数据内存池。

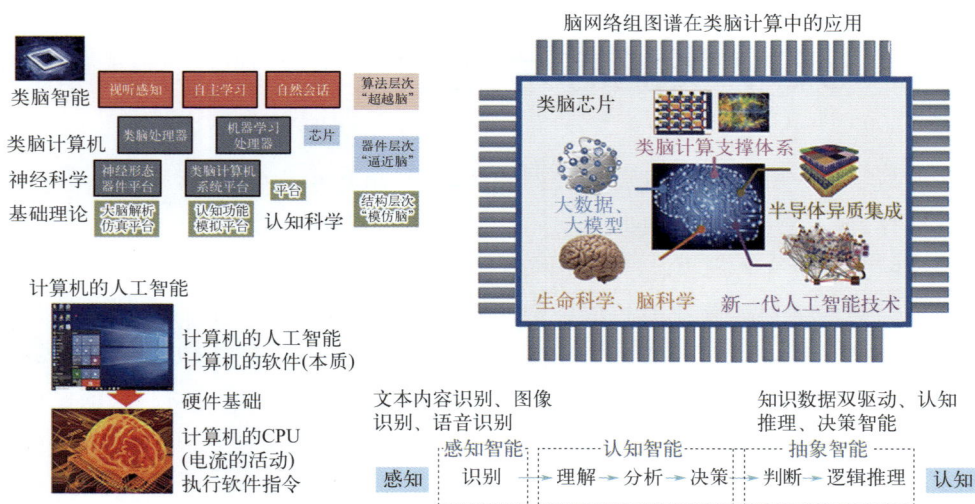

脑网络组图谱在类脑计算中的应用

类脑智能　视听感知　自主学习　自然会话　算法层次"超越脑"
类脑计算机　类脑处理器　机器学习处理器　芯片
神经科学　神经形态器件平台　类脑计算机系统平台　平台　器件层次"逼近脑"
基础理论　大脑解析仿真平台　认知功能模拟平台　认知科学　结构层次"模仿脑"

计算机的人工智能
计算机的人工智能
计算机的软件(本质)
硬件基础
计算机的CPU
(电流的活动)
执行软件指令

类脑芯片　类脑计算支撑体系
大数据、大模型　半导体异质集成
生命科学、脑科学　新一代人工智能技术

文本内容识别、图像识别、语音识别
知识数据双驱动、认知推理、决策智能

感知智能　认知智能　抽象智能
感知　识别　理解　分析　决策　判断　逻辑推理　认知

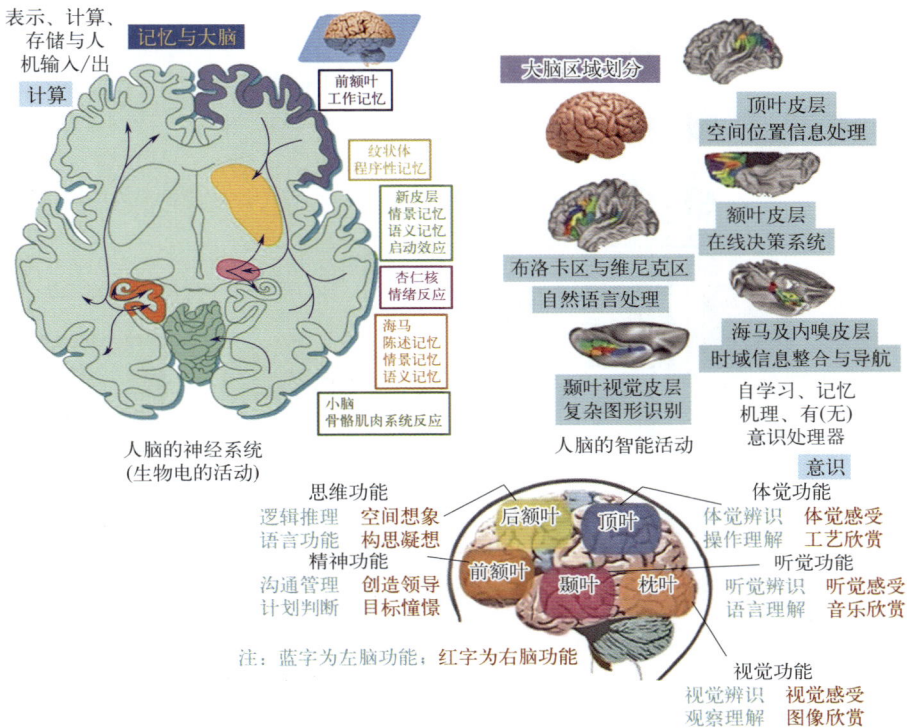

图 2.6 类脑智能芯片的编译器架构

在软件部署方面，类脑芯片软件部署工具链实现应用模型到类脑芯片的配置、映射、调试、编译，并最终实现在类脑芯片上训练和推理。构建算法级、算子级和芯片行为级仿真平台，实现各个级别不同组件的协同仿真以及软硬件的相互验证，实现算法到芯片的联合优化，支撑自动化和高效率的硬件架构评估和算法验证，保障类脑算法的高性能部署。

类脑芯片编译器的编译过程是将高级编程语言编写的类脑应用模型转换成类脑芯片可识别的二进制指令。类脑芯片前端编译器架构包含但不限于深度学习框架、对接深度学习、计算图算子优化、计算图优化、算子部署（算子到众核物理单元的映射）、UGV 指令（芯片硬件指令集）。动态规划法，将状态定义为当前完成的算子组合，将动作定义为基于当前状态下一个能够执行的算子的集合，将执行代价定义为运算时间、执行能耗、通信代价、缓存代价等，终止状态对应所有算子被执行完成。复杂度的扩展包括并行计算条件下的状态图、任务分配、时间不同步等。通过建立执行代价方程，可以寻找最优的执行策略，如图 2.7 所示。

類脑导航训练框架　循环神经网络　　　输出

速度　　　航向　　　　　　　　　　　X位置　　Y位置

类别	网格细胞	条纹细胞	边界细胞
生理实验观察			
类脑导航训练			

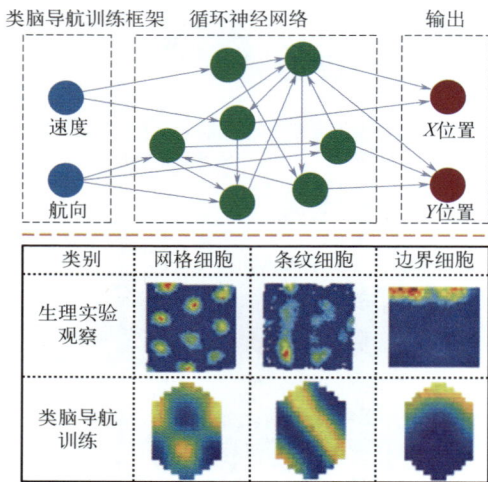

类脑计算
融合生物脑科学原理和计算机科学发展的
新型计算系统

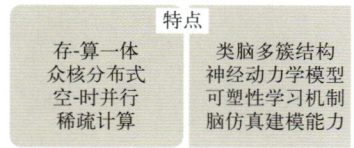

特点

存-算一体
众核分布式
空-时并行
稀疏计算

类脑多簇结构
神经动力学模型
可塑性学习机制
脑仿真建模能力

低功耗并行计算架构　类人脑的学习能力
1000亿神经元规模的智能系统
人脑约20W　　　CPU超算　　　约200万瓦

类脑计算芯片及系统

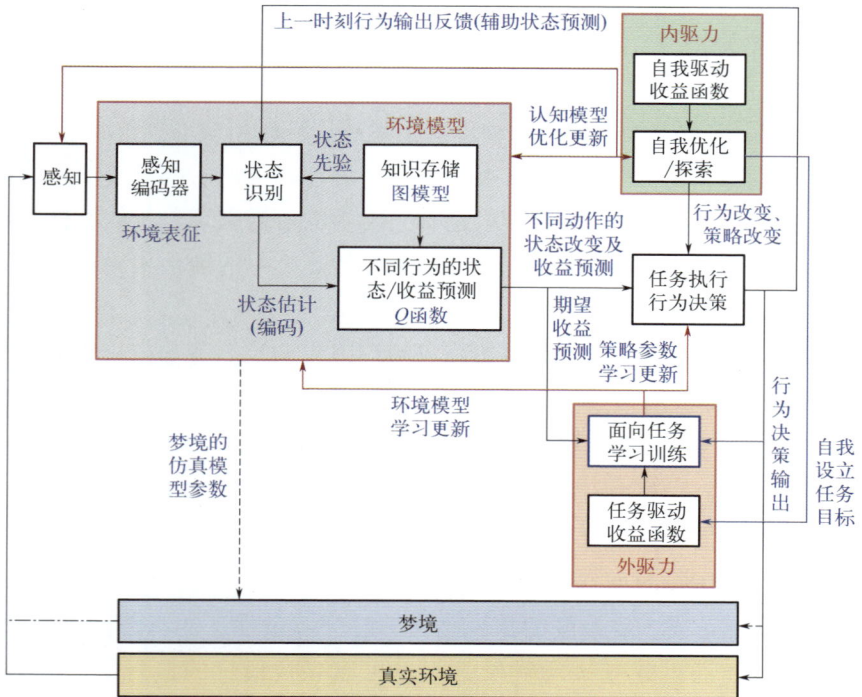

图 2.7　基于 UGV 的类脑计算芯片架构

以往人们认为强大的人脑是一个低功耗系统，这是认识错位。用 AI 的术语来说，人脑的低功耗是"推理"过程低功耗，而不是"训练"过程低功耗。人脑是亿万年进化的产物，进化就是一种训练过程，大自然训练出人脑这个复杂网络，消耗了巨量太阳能，这就是 AI 离不开脑科学的原因。以"UGV 学习＋大数据 /复杂环境＋大算力"模式训练大规模智能模型，确实可以解决不少问题，但天下没有免费的午餐，强大的智能是以巨大训练成本为前提的，训练人脑花费了"天价"。因此，借鉴生物大脑这个已经训练成功的"蓝本"，模拟生物大脑的精细神经结构和信息加工机理等，可能是实现更强大、更通用、更安全 AI 的路径。

2.5　脑机接口技术与其在 UGV 中的应用

脑机接口技术包含脑机接口、脑机交互和脑机融合等，目前正由脑机接口向脑机交互发展过渡，并将从目前脑机单向接口进化为脑机双向"交互"，有望实现脑机智能"融合"。某些生物体要么没有中央大脑，要么大脑容量相对较小，那么其采用的脑结构可能是分层的分布式系统（hierarchical distributed systems）。大脑控制架构表现为分层分布系统，处理和学习就可以分布在遍布全身的多个神经元网络中，每个神经元网络内部的连通性都很高，但网络之间的连通性却相对稀疏，这种分散的非冯·诺依曼架构已开始在 AI 和分布式控制领域的人工神经网络中得到应用。利用这种分层分布式架构，生物系统能降低每层输入和输出的维度，加快学习速度。中枢神经系统是典型的"中枢模式发生器"，能自主应对扰动，完成复杂运动。身体的形态特性和约束条件决定了控制器可以利用的可行的低级动态。皮层下的低级传感组织和反馈回路（如肌肉、脑干和小脑）介导与环境互动，而高级皮层大脑只需对其进行规划、选择和调整，这就通过限制输入／输出的复杂性提高了资源利用率，并允许在特定层级快速学习而不影响其他层级。因此，学习和控制被分配到整个系统的子任务中。这种分层和分布式方法使动物能够在传感器嘈杂、执行器（即肌肉）迟缓和信号延迟的情况下仍能达到令人羡慕的性能水平。现在有一种新的共识认为，这得益于大脑与身体共同进化出的分层分布式神经回路，该回路能够进行有效的感官处理和肌肉控制。研究人员可能绘制出这种广泛分布的生物回路，从而了解它们是如何促进任务分解和检测任务重叠的。

脑中神经网络的活动是人类感觉、认知、决策和执行的物质基础。自然进化塑造了视、听、触等感官以及运动、语言等作为脑与环境进行信息交互的自然接口，新兴的脑机接口则是通过对于脑活动信息的检测和调控，在脑与外部世界间建立直接的信息通信接口。为了获得高质量的脑电信号或精准地刺激大脑神经元，有效的方式就是通过电极阵列与目标脑区的神经元细胞直接接触。然而，这种方式侵入性较高，具有损伤大脑组织的风险，且需要线缆进行信息传输，所以在安全性和便捷性方面面临诸多挑战。随着柔性电极技术、植入式芯片以及植入技术的发展，植入式脑机接口技术逐渐向着无线化、便携化方向发展，其安全性也大大提高，有望开启脑机接口研究的一个新纪元。在应用上，随着技术的快速发展，脑机接口逐渐被应用到人类受试者身上，其功能也覆盖到运动、触觉、语言、视觉等多个方面，并向着"脑控"与"控脑"的双向信息闭环发展。

侵入式脑机接口可粗略分为有线和无线两种，如图 2.8 所示。有线方式通过线缆将采集到的神经信号传输到外部处理平台，通过外部处理平台进行信号的预处理、放大和其他处理，这种方式容易引发感染，并且也非常不方便。无线方式通过植入式脑机接口芯片集成了神经信号的记录、预处理等功能，并通过芯片上的无线模块进行数据传输，进一步在双向脑机接口中甚至能够输出可调节的神经电刺激信号。目前，脑机接口芯片在技术上主要面临两大需求：一个是高通量、低功耗，即扩大采集通道数量以记录更多神经元的活动，这样才能更精确地获取用户意图，进一步实现神经活动的调控以及外部控制，同时为了实现长期稳定的安全植入，芯片的体积需要足够小，功耗尽量低；另一个是无线化，这是针对通信和供电而言的，相对于笨重的有线电缆和电池，无线链路可以降低感染风险，改善外观并且方便用户使用。

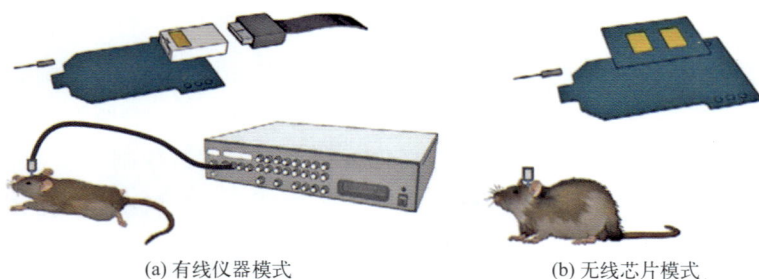

(a) 有线仪器模式　　　　　　　　(b) 无线芯片模式

图 2.8　脑机接口

神经发生是指在中枢神经系统中产生新神经元的过程。尽管在早期发育阶段最为活跃，但这一过程贯穿整个生命周期。在成年个体中，神经发生在海马体的齿状回和侧脑室的室管膜下区。一个众所周知的成年神经发生例子可以在小鼠的室管膜下区观察到，在这里产生嗅觉中间神经元，随后它们迁移到嗅球。如图 2.9（a）所示，小鼠头部显示大脑的位置和迁徙流（RMS）（红色），新生成的神经母细胞沿着这条迁徙流从侧脑室（LV）的室下区迁徙到嗅球（OB）；如图 2.9（b）所示，新生成的神经母细胞从侧脑室开始迁徙，沿着 RMS 继续迁徙，到达嗅球，在这里生成成熟的中间神经元集群。成年小鼠接触到更丰富多样的环境，其神经发生率会更高。这表明自主调节的神经发生在增加可编码和存储的新记忆数量方面起到了作用，并且不会灾难性地遗忘已经巩固的记忆。神经发生在婴儿发育期间也起到重要作用，从而容纳新信息和技能而需要生长和重组。昆虫发育周期中发生的神经发生和突触形成是动态结构及生物体适应新任务与新功能的极端例子。当现有结构发展到成熟状态时，会对其进行增强和重新利用，以满足日益增长的处理需求。尽管其体型和构造发生了巨大变化，但学习到的反应却能在变态过程中得以保留（例如，从毛毛虫到飞蛾的转变过程）。

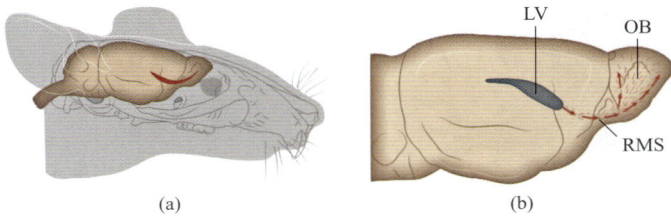

图 2.9　神经形成

2.6　基于热力学第二定律的 UGV 类脑认知系统的熵方法

图灵和冯·诺依曼都是数学家和物理学家，他们发明的计算结构可实现计算任务，但他们不是生命科学家。同样，获得诺贝尔物理学奖的物理学家薛定谔不是生命科学家，但他对生物学领域产生了重要影响。生命科学中发现 DNA 双螺旋结构的学者获诺贝尔生理学或医学奖，他们受到薛定谔的启发，因此诞生了一个有价值的交叉学科——生物物理学。以认知为突破口，用热力学第二定律和孤立熵增原理的负熵来解释 UGV 是如何被激活的，以及 UGV 是如何进行思维认知的，即认知热力学。用认知来耦合类脑和 UGV 之间的思考，丰富类脑认知和 UGV 认知之间、类脑智能和 UGV 智能之间的联系。一个孤立系统总的无序程度即"熵"，在自然过程中只会增加。当熵达到最大值时，系统会出现严重混乱，走向终结。要使 UGV 维持秩序，而 UGV 擅长应用简单重复的基本操作，进行轮回或循环，克服熵增，维持秩序，呈现规律，如图 2.10 所示。

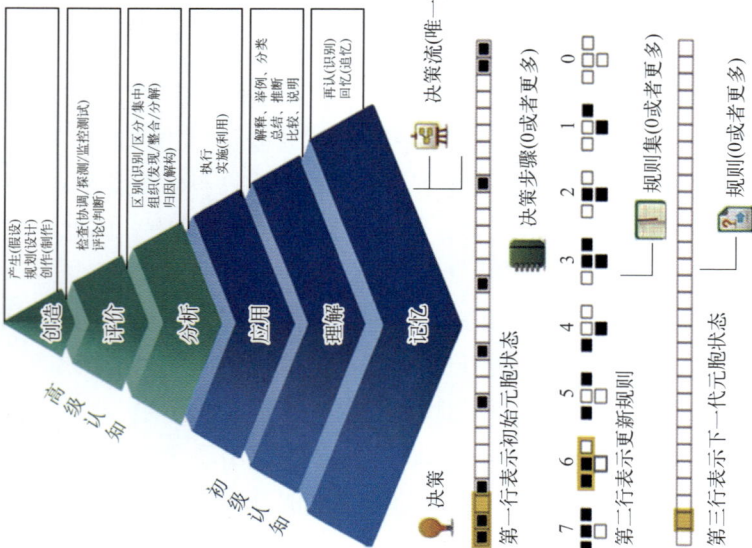

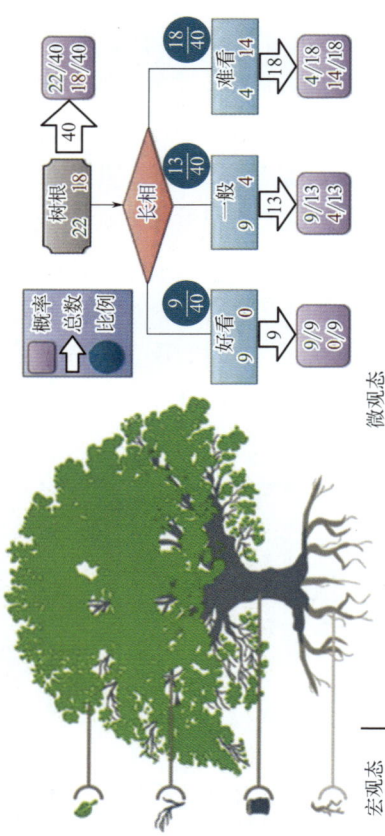

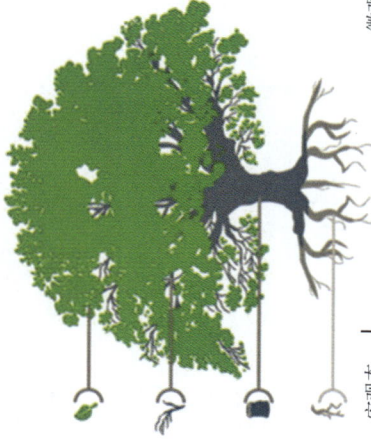

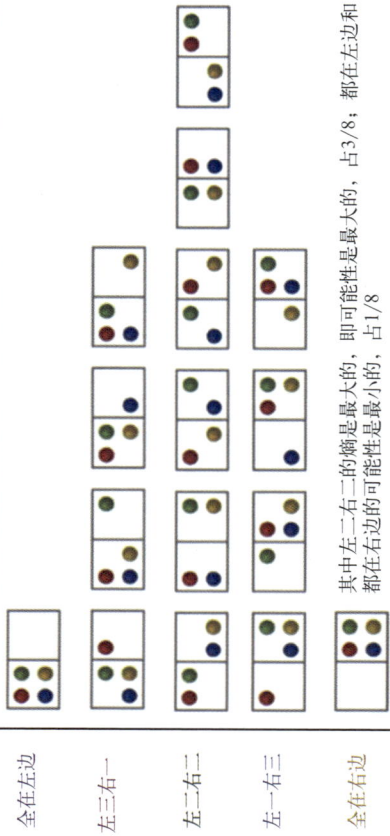

·图 2.10 基于热力学第二定律的 UGV 类脑认知系统的熵方法

无人驾驶车辆认知与决策技术

UGV 认知中的熵增循环现象比比皆是。在讨论认知形式化的时候，认知中的一个重要的循环活动是迭代，用这次迭代的结果作为下一次迭代的初值，不断递推，累积发展。另一个重要的循环活动形式是递归，但递归与迭代不同。迭代是往前走，例如 UGV 中的知识，从少到多，就是自主复用、迭代成长的；又例如 UGV 的科学和技术，特别是 UGV 逐步的批量生产，也是迭代发展的。而递归是往回找，例如认知 UGV 中的具身智能是通过硬核结构中的 UGV 指令递归执行的。递归和迭代对于认知的自引导、自成长尤其重要。UGV 的合理合规发展，应该遵循热力学第二定律，即依赖负熵为生。可从 UGV 认知的角度理解 UGV 如何依靠能量形成秩序，如何通过和外界交互产生负熵，进而理解 UGV 是如何进行思维认知的。

UGV 驾驶脑的突出优点是始终保持注意力，专注车辆行为过程中当前路权和驾驶态势图的自生成，这是会疲劳、有情绪的人类驾驶员无法做到的，UGV 是技术发展的必然趋势。教 UGV 开车，培训 UGV 驾驶脑接替标杆驾驶员的工作，循序渐进。首先是标杆驾驶员操作、UGV 驾驶脑学习，这是指导学习；其次是驾驶脑自作业、标杆驾驶员干预，这是半指导学习；然后是 UGV 自操控、自学习，这是自主学习。如图 2.11 所示，从后往前的反馈是多次的，带有不确定性，有时回到指导学习，有时回到半指导学习。指导学习包含先入为主、赋予任务、引导、释疑、解惑、交互认知、监督等，而自主学习是把指导学习的结果转化为长期记忆的重要环节。只有 UGV 自学习，不断地迭代，才能实现认知的自成长。驾驶脑还可以灵活外挂记忆棒，如典型情境应对库、事故防范库、泊车库等，能够在指导学习和强化学习，特别是自主学习的过程中把越来越多的驾驶未知变为已知，让注意力始终盯住当前路权的变化，自纠错，用具身图灵测试的常态化实现驾驶认知的自成长，这是 UGV 的出路。

UGV 的交互通过跨模态感知，实现行为的外循环。驾驶脑中有异构、并行的瞬时、短时和长期记忆，它们之间的协同构建记忆智能。目前的驾驶脑中，瞬时记忆和短时记忆，根据系统需求可以采用数据处理器（DPU）、图形处理器（GPU）、张量处理单元（TPU）、现场可编程逻辑门阵列（FPGA）等并行处理器和电路，而计算则可采用中央处理器（CPU）、GPU 等处理器实现。未来的驾驶脑，有可能采用效率更高的 3D 存算一体化等新架构系统芯片。UGV 在学习和作业中，与调控 UGV 的操作员交互，实现使命对齐，如图 2.11 所示。软构体通过固体结构在物理世界获得反馈，充分利用预测和控制，形成感知—思维—行为的循环回路，得以证实，才能形成越来越正确的认知。UGV 多层次的嵌套执行，有具身行为的反馈回路，有注意力的反馈回路，有传感器感知环境的反馈回路，在各层级间进行合理分配；有长期记忆、瞬时记忆、工作记忆的转换，有搜索相关事实和知识的引擎，有行为的决策，更有对记忆的修改和对记忆的快速提取。

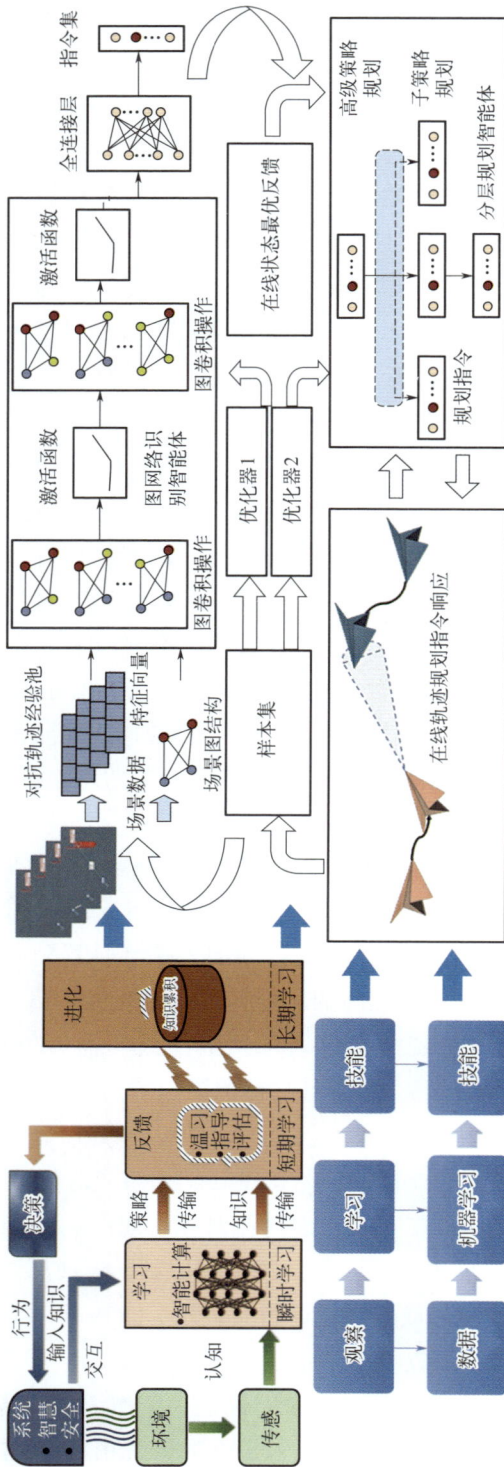

图2.11 基于UGV学习和UGV自作业中的驾驶脑交互和协同架构

2.7 类脑导航——构建 UGV "导航神经中枢"

导航是用于引导 UGV 从一个地点到达另一个地点的技术。UGV 的导航过程是通过监视周围的环境，控制自身的速度，通过与目标点比对确定位置，进而引导自身到达指定地点。按照 UGV 是否依赖外部设备可分为自主导航、非自主导航和组合导航。自主导航作为移动 UGV 的基础能力，一直是 UGV 科学和 AI 的重大挑战。自主导航技术要求 UGV 在不依赖外部支持的情况下，仅利用自身携带的测量设备实时确定自身位置、姿态和速度，以此来引导自身完成导航任务。过去的十几年，基于精确结构化、几何建模的传统方法产出了许多实用成果。传统的自主导航技术需要利用视觉、惯性、GPS 等传感器，建立基于结构化、几何的地图，通过精确计算完成导航任务。然而，这种导航方法缺失学习能力和认知能力，无法自主地应对复杂、未知的环境；而且导航与感知、控制模块分离，导致导航信息的决策控制指令无法及时生成，使其无法快速响应环境。但未来 UGV 的控制将朝着更深层次的自主性、智能化方向发展，对 UGV 各类指标有更高要求，需发展自主、智能的新型导航系统。类脑系统与生物系统显示出强大的路径导航能力，如图 2.12 所示。例如，小型鸣禽能在5000km 或更长的迁徙距离中以极高的精度导航。该现象引起了研究者对动物导航行为的探索。

随着脑科学与认知神经科学的不断发展，研究者揭示了昆虫和哺乳动物群体大脑的导航机理。哺乳动物的导航能力以大脑嗅皮层——海马体中大量导航细胞的集群放电活动为基础，通过导航细胞形成的神经回路进行导航和定位计算等，如图 2.13 所示。根据目前脑神经科学及生命科学等的相关研究进展，生物体（如小鼠）首先根据身体上的器官感受自己的运动信息，激活头朝向细胞放电，估计自身的方位和前向速度，并传输给网格细胞；然后网格细胞根据这些信息进行积分，建立空间环境中的六边形结构放电特征，建立紧凑的空间尺度地图；位置细胞根据身体器官接收到的环境信息联合编码，将整个环境表示为认知地图；当身体有了导航目标之后，大脑激活了多巴胺神经元，促使神经元分泌多巴胺，并且神经元将多巴胺奖励给动作细胞，然后输出动作指令，最后控制身体向目标移动。

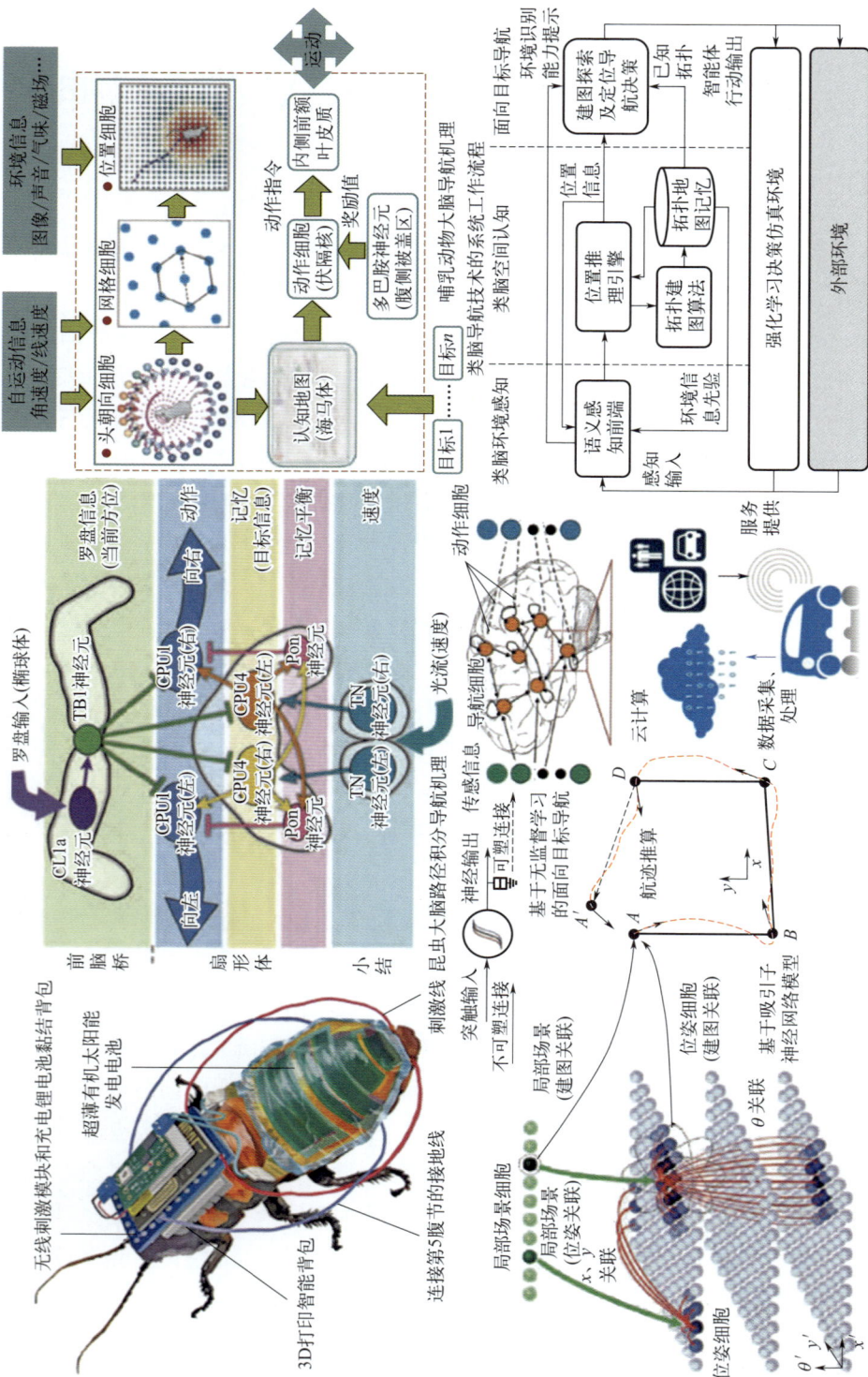

图 2.12 仿生类脑导航的 UGV 逻辑架构

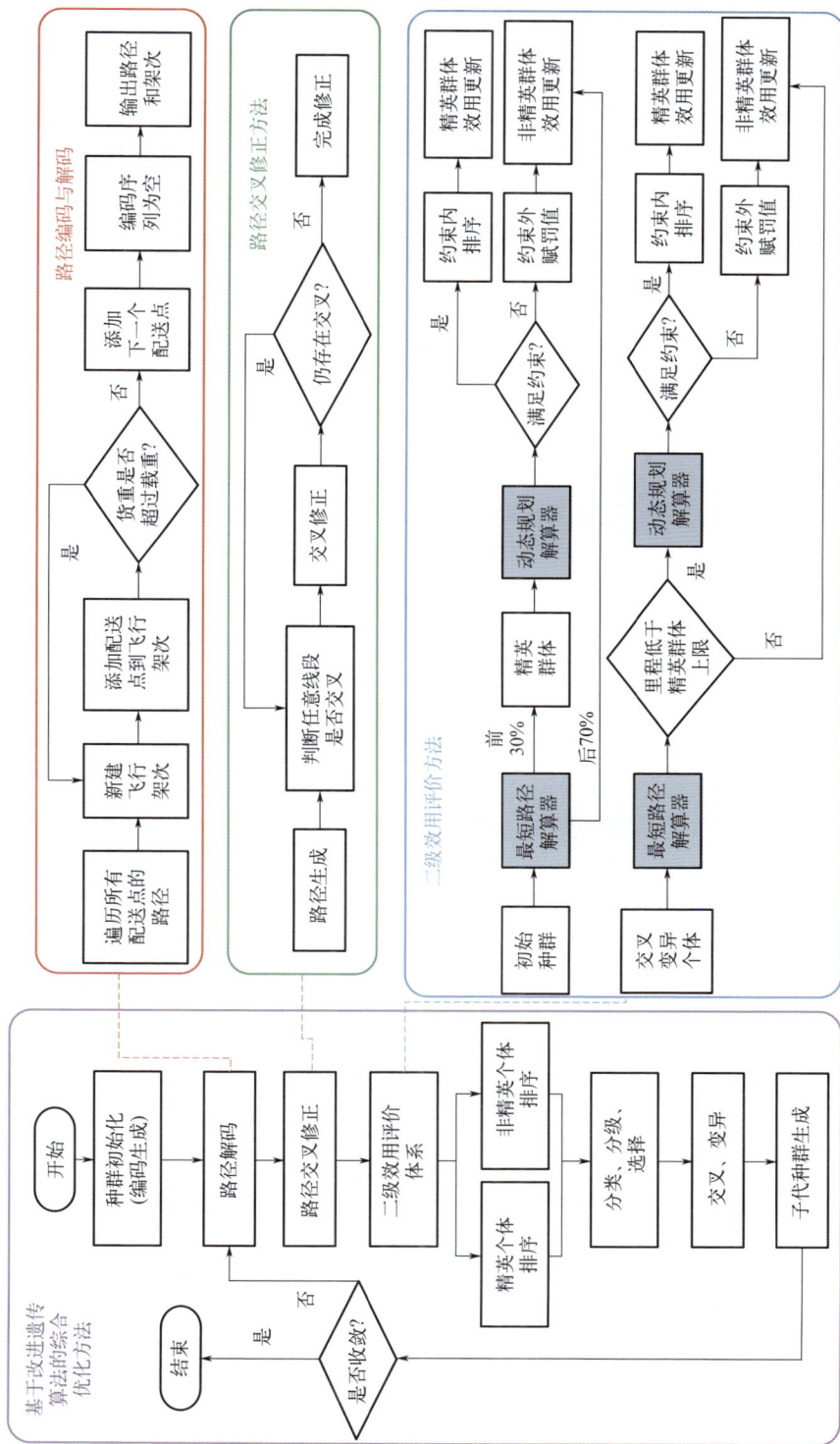

图 2.13 昆虫群体飞行的精英群体规划导航法

头朝向细胞：将视觉等信息转化为角速度输入，特定的头朝向细胞放电激活，以此来表示方位，对应传感器测量。网格细胞：对自运动信息积分，对空间进行不同分辨率和方向的度量，形成高效紧凑的空间尺度地图。位置细胞：联合编码整个环境，通过融合外部信息和路径积分信息生成准确、可靠的认知地图，与网格细胞对应进行定位与建图。多巴胺神经元：建立奖励预测误差，融合空间认知信息产生一系列动作指令，对应基于强化学习的导航。受该导航机理启发，以及AI所能依赖的智能算法、计算能力的发展，新型仿生导航技术"类脑导航"得到启示，展现出自主环境-空间认知、面向目标导航一体化的智能计算能力，在自主智能 UGV 系统中具有较大的应用潜力。

类脑导航技术是通过模仿生物对环境的认知和定位导航能力的新型仿生导航技术。类脑导航技术使得 UGV 能够通过构建基于大脑对抽象知识编码和空间位置表示的认知地图，实现对陌生环境中不同尺度位置的快速探索和认知，从而高效率、高鲁棒性地完成导航任务。因此类脑导航技术的特点为：鲁棒性高，利用神经网络模拟生物导航能力，无须对环境精确建模；自主性高，通过学习与环境的交互，实时生成导航决策行为；适应性强，能够在陌生环境中自主导航。类脑导航技术以自运动内源性、视觉等外源性信息为输入，借鉴动物感知、认知和信息处理机制，采用 AI 实现从原始感知信息输入到导航行为决策的直接输出。根据哺乳动物大脑细胞的集群功能区分，将类脑导航系统分为三个部分：类脑环境感知、类脑空间认知、面向目标导航。借鉴动物利用认知地图导航时多巴胺神经元与动作细胞连接激活机制，采用强化学习等技术，实现面向目标位置的路径规划与动作决策。导航技术的思路可分为基于监督学习、基于强化学习和基于深度强化学习三个方面。

基于监督学习机制可分为无监督学习和有监督学习。基于无监督学习的导航技术的思路是让 UGV 主动探索，加强特定导航细胞与动作细胞的突出连接强度，最终形成稳定的连接模式。采用网格细胞模型对当前位置分别进行多尺度空间编码，通过竞争学习建立当前和目标差异的特定连接。基于强化学习的导航思路是通过端到端学习建立最大化策略函数，快速实现原始图像到导航行为决策的输出。基于深度强化学习的导航，通过设置奖励机制完成导航，这样更接近动物面向目标导航的思维方式，不像基于监督学习的导航方法那样需要反复学习。高度集成多种类型传感器的智能体是十分脆弱的，真实环境中测试类脑导航算法时，可能会由于算法的不稳定导致智能体偏离正常轨迹，甚至发生意外。因此，可编辑的、高度接近真实场景的仿真环境，是发展类脑导航技术的重要工具，如

图 2.14 所示。

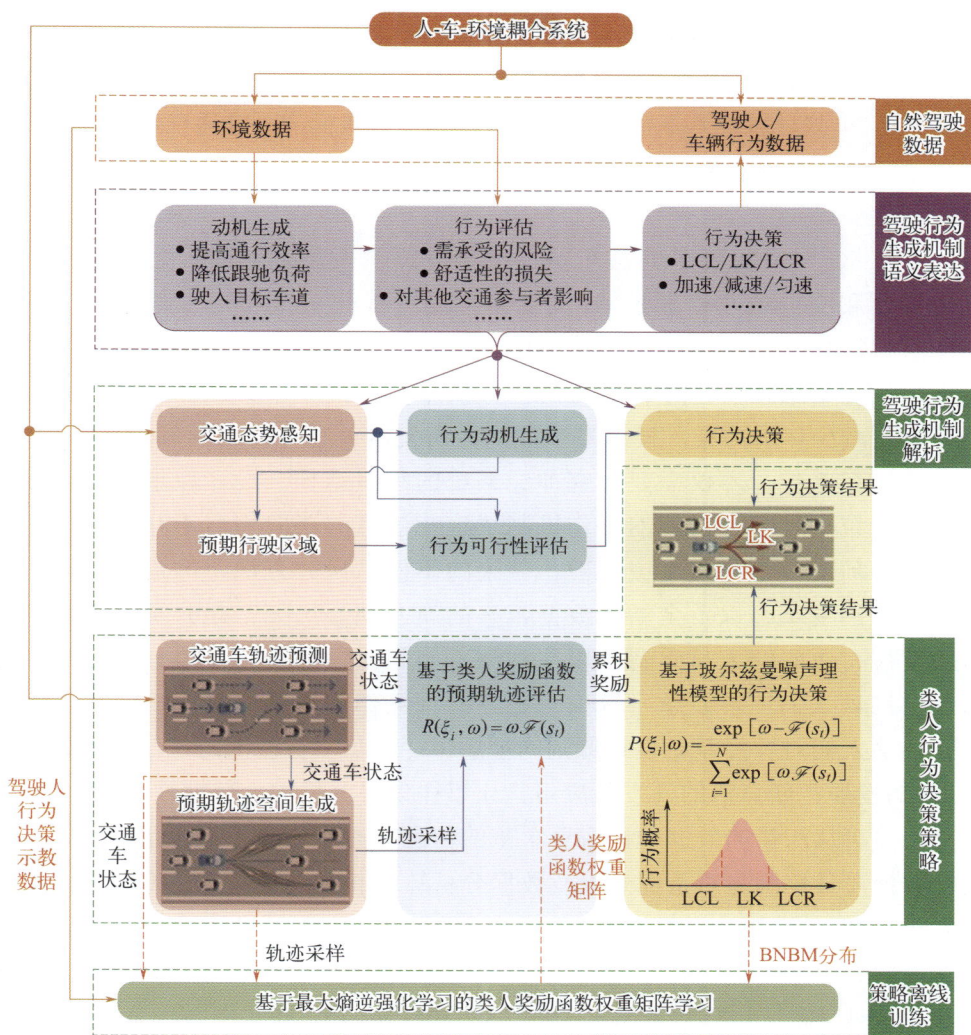

图 2.14　基于熵生成机制的 UGV 类脑行为决策逻辑架构

现阶段的类脑导航研究是从自主运动信息、视觉、触觉信息源模拟动物大脑导航，忽略了记忆、推理等其他机制的作用。未来，将类脑导航与记忆、推理、知识空间或语义空间等更多智能行为耦合，主动与环境交互，产生更为强大的类脑导航系统。当前类脑导航算法实验过程存在模型复杂、计算量大、实时性差、功耗高等弊端。应分析如何借助基于脉冲神经网络（SNN）的神经形态技术，将软件智能与硬件两者的优势有机结合，从结构层次上模仿大脑，建立更强大的类脑导航系统，实现类脑导航软硬件一体化。自然界中协同工作的蚁群和蜂群、结队巡游的鱼群的自组织行为，为实现类脑导航从个体智能到群体智能导航提供了很好的生物模型。以哺乳动物大脑海马体细胞集群放电活动为例，引出了受动物大脑导航机理启发，以及基于 AI 智能算法和计算能力的仿生导航技术——"类脑导航"。类脑导航技术不依赖精确的测量和几何建模，而是通过建立对环境的认知进行导航规划。类脑导航技术的系统框架包含类脑环境感知和类脑空间认知等。

通过 5G 网络实现车辆与车辆、车辆与路侧设施的实时信息交互，提高行车安全和交通效率；通过 AI 实现车辆的智能化决策和自主驾驶，提高驾驶体验和行车效率。UGV 的推广应用将为社会带来诸多价值：可有效减少交通事故，提高道路安全性；可提高出行效率，缓解城市交通拥堵；可实现节能减排，减少环境污染。技术进步推动科研发展，在神经科学领域亦是如此。要了解神经系统，不仅需要研究神经系统的组织结构、设计原理，还需要探索神经系统实现各种功能的工作机制。这些信息的获取均离不开各项技术的支持。每项新技术的产生或突破，带来的不仅是研究方法上的进步，还有分析视角上的变革，以及全新的数据带来的新发现。比如，超分辨显微成像技术的发展，让研究人员看到了以往观察不到的生命细节；多组分标记技术的发展，推动人们理解复杂系统中各组分的相互作用机制；电镜成像技术的发展，推动人们对神经系统设计原则的理解，探索功能行使的组织结构基础。随着 AI 的发展，新算法的开发与应用，让以往无法分析的大数据被高速化处理，研究人员可从海量的数据中提取更丰富的信息。高通量的、高泛用性的数据采集，数据质量控制与质量提升以及数据分析算法将极大地提升生命科学，尤其是神经科学、认知科学对结果的分析速度与深度，加速人们对本领域知识的开拓与理解。

神经科学和认知科学不但是人类认知自我的途径，也担负着为 AI 提供原理性依据的任务。因此，UGV 学习与 AI 新技术对上述领域的推动终将"反哺"自身，两者相辅相成的发展将产生创造性成就。认知神经科学可以树立智能的基准并检验当前的 AI 算法。考虑 AI 算法旨在模拟、拓展并最终超越自然智能所能达成的功能，描述并探索生物智能的认知神经科学便为智能提供了行之有效的量化基准。此外，新一代 AI 的最新进展大多源自数理模型的更迭与硬件算力的飞跃。在此基础上，进一步探寻现有智能算法在认知神经科学范畴的映射研究，能从更多角度增强检验 AI 算法的可靠性。另外，认知神经科学为 AI 算法提供了可行且有效的潜在优化方案。尽管当前 AI 算法在各个领域都取得了长足进步，然而如何在能耗限制的情况下实现同等优秀的性能是实际应用中 AI 算法面临的重大挑战。在平衡算力与能耗的问题上，科学家可采用认知神经科学的研究手段，识别出类脑计算算法，以启发优化 AI 算法。更为重要的是，认知科学的研究可为构建 AI 的新型算法和架构提供丰富的灵感来源。当前的 AI 算法，比如卷积神经网络等，其核心架构皆可以追溯到认知神经框架下的视觉层级加工、注意与工作记忆等。

第 3 章
基于数据－场景的 UGV 认知理论

3.1 UGV 测试与复杂环境的场景设计

　　UGV 是适应 AI 的演进趋势、正在发展的产业集群。UGV 感知智能正在向认知智能转化，并在交通领域不断显现，但如何通过数据场景、产业协同、系统集成等，构建精密、庞大、统一的智能网络，使得每辆 UGV 都能获得具备认知智能的系统支撑，是当前亟待攻克的难题。作为未来汽车产业发展的战略制高点之一，UGV 产业已取得显著成效，目前的重点是从关键技术创新、基础设施建设、标准法规完善、商业模式探索等方面协同发力，加快形成产业竞争优势。提高 UGV 的测试效率，降低测试成本，保障测试的有效性，是当前 UGV 迫切需要解决的难题。目前在 UGV 测试方面仍存在问题：缺少科学系统、多维度 UGV 测试评价理论体系，测试场景数据库还不够完善，场景数据结构与自主重构技术亟待突破，柔性测试工具链和自适应加速测试技术不完善，封闭测试场景构建方法和场地测试技术以及核心测试装备有待突破，如图 3.1 ～图 3.3 所示，还需完善系统级或者整车级测试评价标准体系。

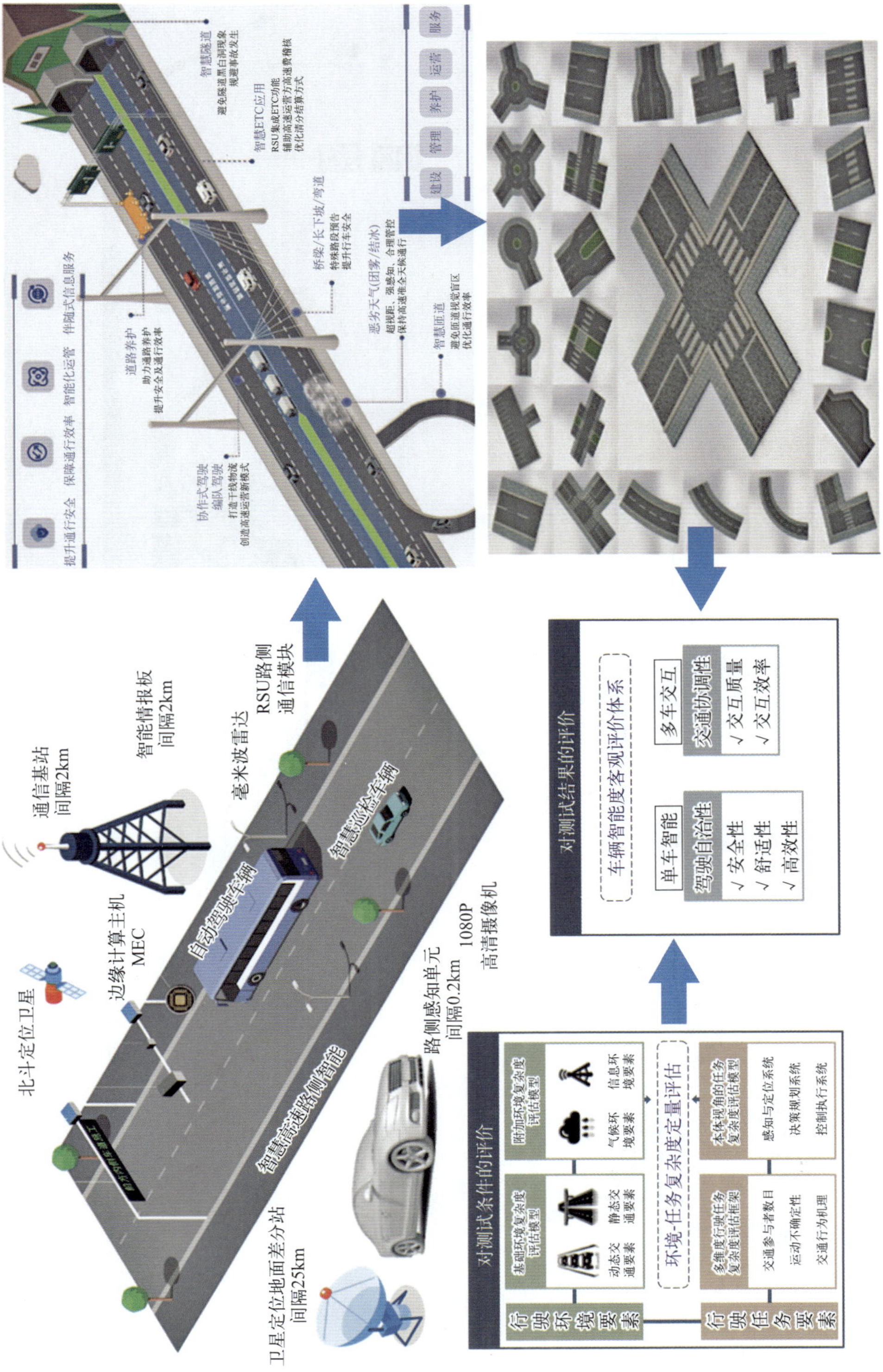

图 3.1 UGV 复杂场景测试评估环境设计

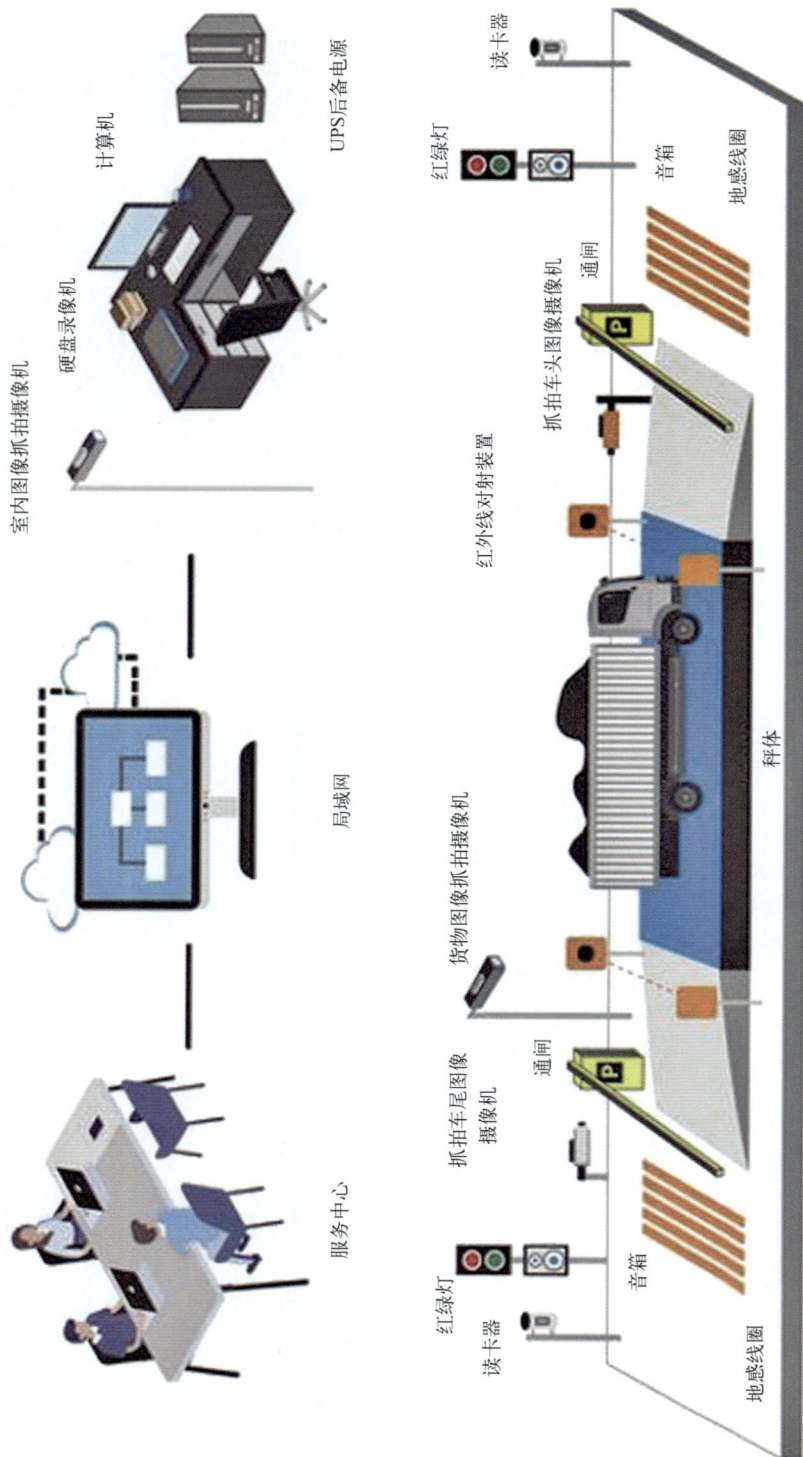

图 3.2 无人驾驶测试和称重的复杂场景测试与评估环境设计

室内图像抓拍摄像机

计算机

硬盘录像机

UPS后备电源

局域网

服务中心

红绿灯

读卡器

抓拍车尾图像摄像机

通闸

红外线对射装置

货物图像抓拍摄像机

红绿灯

读卡器

音箱

地感线圈

音箱

抓拍车头图像摄像机

通闸

地感线圈

秤体

无人驾驶车辆认知与决策技术

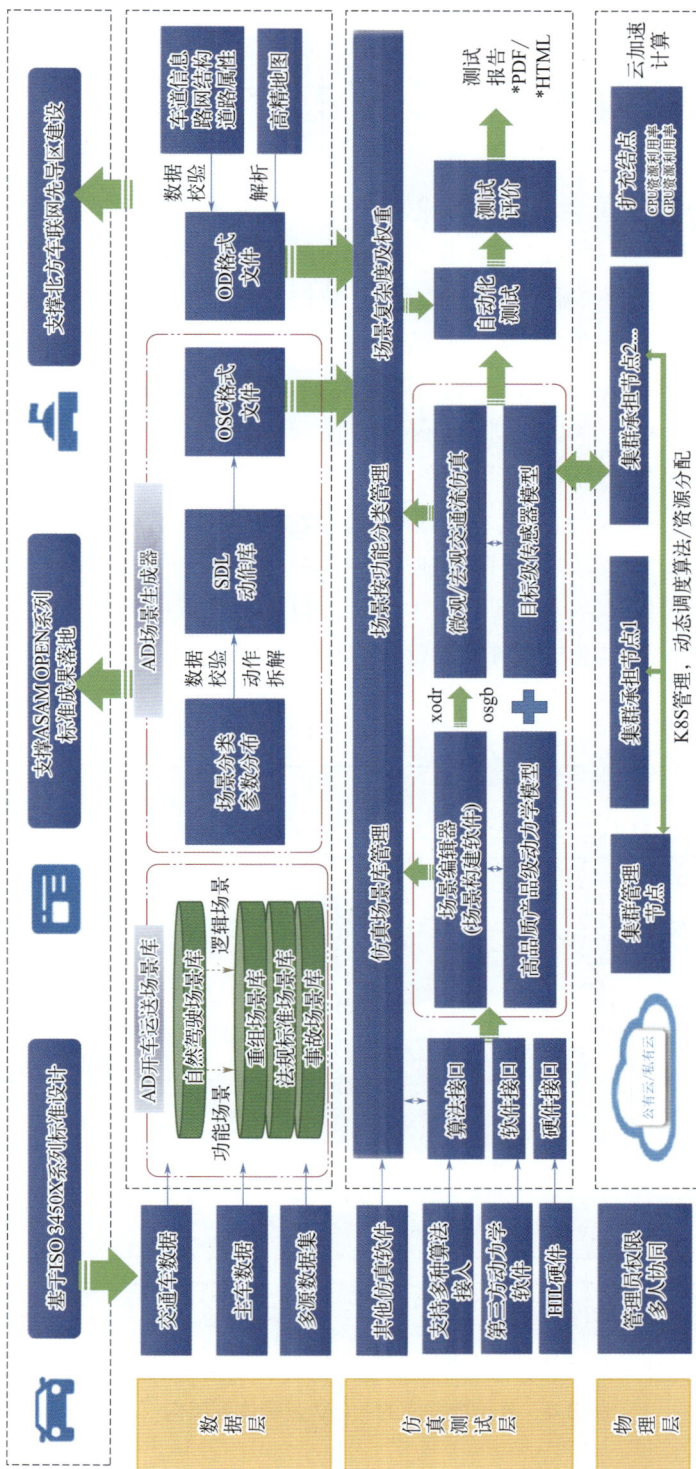

图 3.3　基于场景复杂的 UGV 评价体系的逻辑架构

3.2 基于数据的 UGV 技术载体

AI 时代，数据地位全面提升，成为承载 UGV 硬件及软件的"锚"。这里的数据是指 UGV 拥有或控制的、以电子形式存在的资料、知识、知识图谱及知识库等。数据特性包含但不限于：可编程性，数据可以通过智能合约等编程方式进行操作，确保交易的透明和安全，如图 3.4 所示；不可篡改性，利用区块链技术，数据一旦记录，就无法被篡改，保证数据的真实性和完整性，如图 3.5 所示；去中心化，数据不受单一中心控制，交易和存储分散在相关网络中，提高安全性和去中心化程度，如图 3.6 所示；可交易性，数据可在全球范围内进行交易和流通，具有高度的流动性和市场接受度；应用场景，数据在 UGV 应用场景等领域有广泛应用，如图 3.7 所示。例如，数据凭证用于 UGV 身份验证和交易确认等，数据文档用于合同管理和信息存储。随着技术进步，数据应用范围将进一步扩大，包括无人驾驶、车联网等领域。同时，监管政策和法律框架的完善也将推动数据的规范化发展。

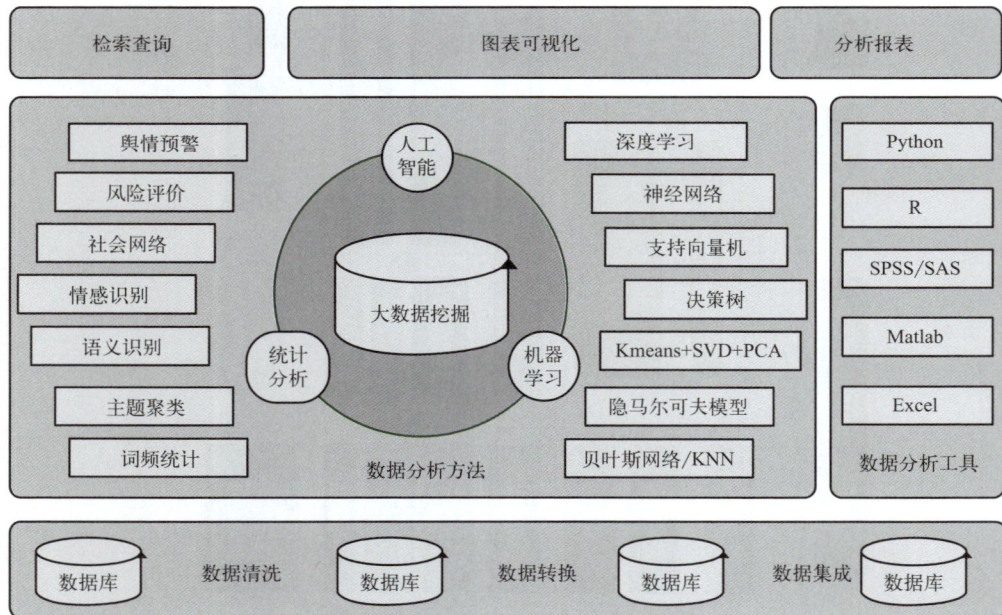

图 3.4 基于数据库的 UGV 逻辑体系架构

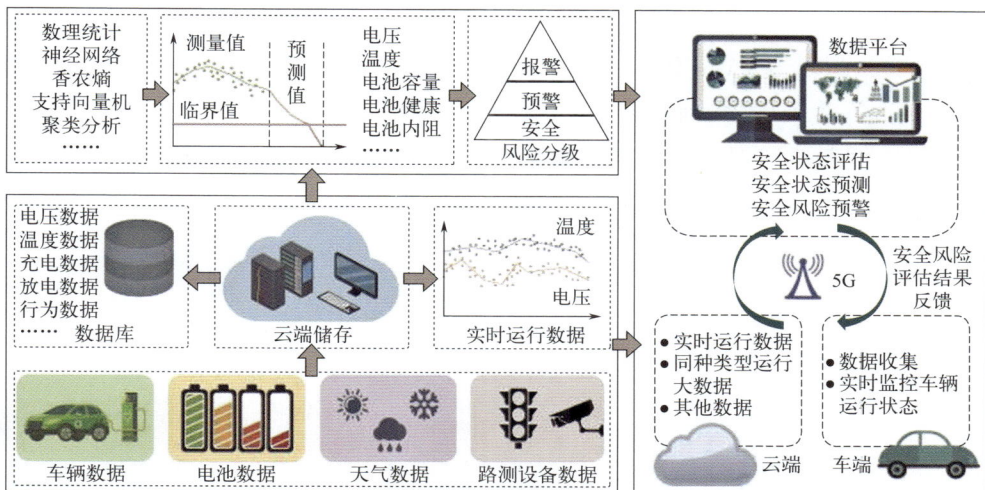

图 3.5　基于数据的 UGV 运行体系架构

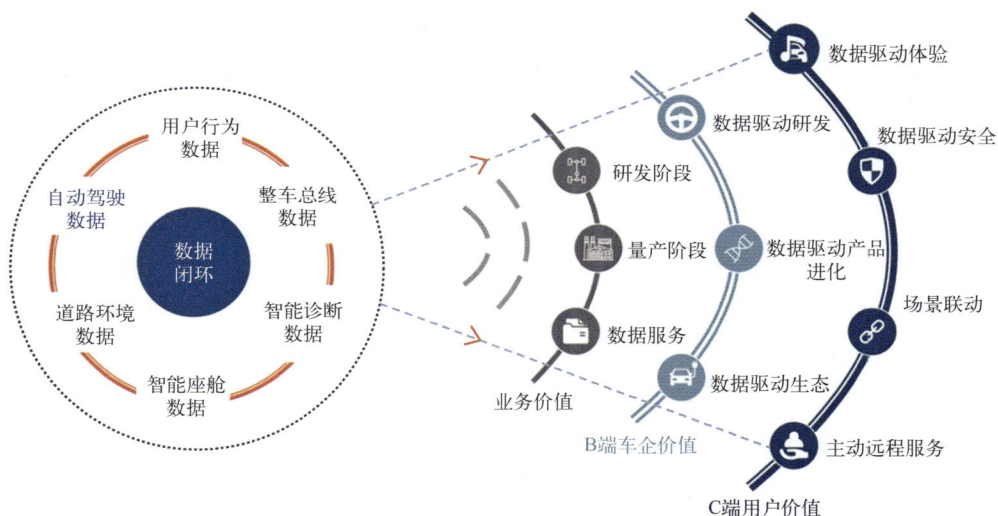

图 3.6　基于数据驱动的 UGV 数据服务架构

　　UGV 行为数据是随着 UGV 运行生成的数据，包括 UGV 在线上和线下平台的车位、行驶、能源、消费等数据，通过这些数据的采集、清洗、挖掘和利用等，能产生具体的价值。UGV 自然数据是 UGV 认知的自然运行生成的习惯认知数据，包括认知自然气候、海洋潮汐、地质运动及山川河流等，这些是 UGV 运行的自然物质基础。通过遥感信息、地震监测、气候预测等技术，进行持续的自然数据收集和分析，有助于对自然规律的掌握，对自然地理灾害的应急反应。UGV 数据底座是 UGV 的认知、记忆、经验、决策等技术的支撑，包括数据库、知识库、知识图谱等，以满足 UGV 的决策需求。UGV 持续的数据和内容开发的需求，对 UGV 企业产生吸引力，而具有数据特色和根植性的 UGV 数据资产投资、建设和运营，代表端到端，与客户对话，发生价值交换。UGV 数据资料会产生收益和溢价，不断放大数据库，并靠数据库的价值开采来不断实现收益，如图 3.8 所示。

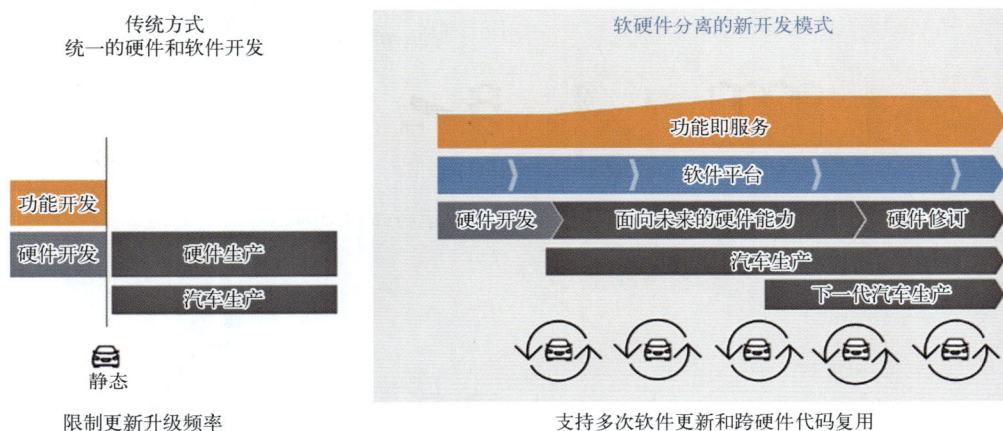

图 3.7　基于软硬件分离的 UGV 开发模式

　　UGV 数据的建设和运营，包括智慧的交通、车辆及城市等，提高管理效率，增进民生便利，将交通管理领域中分散在各部门的数据化投入变成数据资产，遵循交通运行数据采集、清洗、提炼规则，进行数据交换和价值挖掘，持续运营，如图 3.9 所示。进行数据资产积累，为建设 UGV 数据财富提供宝贵经验。通过工业互联网形成 UGV 经验数据资产，通过产业互联网形成交易数据资产，通过消费互联网形成产品数据资产，如图 3.10 所示。基于工业互联网的经验数据资产的投资运营和引导，推动 UGV 企业与数据技术企业合作，进行智能化生产和数据化运营，进行经验数据积累和再利用，如图 3.11 所示。基于产业互联网的交易数据资产的投资运营，围绕特色和主导产业集群，进行数据资产的投资运营；围绕 UGV 特色消费品，打造 UGV 产品供应链；围绕需求市场，着眼于建立有市场竞争力的数据融合链，如图 3.12 所示。

　　通过泊车数据形成数据资产，将 UGV 现实状态和类脑理论通过数据化技术提炼。泊车数据化有两条发展路径：着眼于 UGV 泊车资源的数据化开发，将当地的泊车、服务数据等建立全过程数据服务体系，吸引企业和人才来开发数据，建

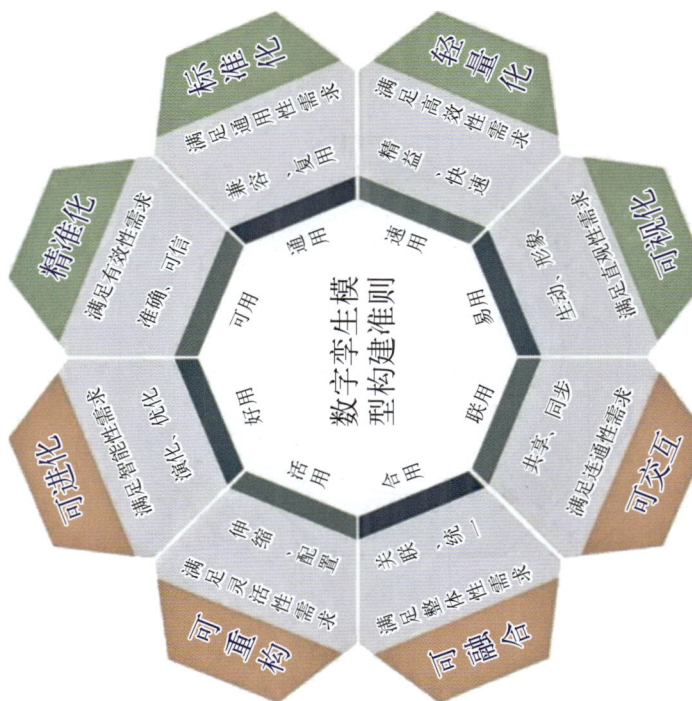

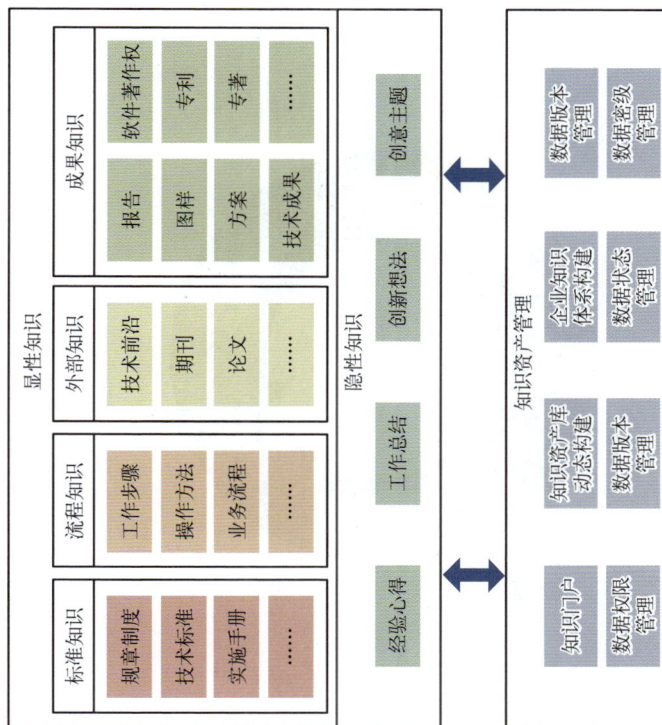

图 3.8

数字孪生模型构建准则

标准化 — 满足通用性需求 — 兼容·复用 — 通用
精准化 — 满足有效性需求 — 准确·可信 — 可用
轻量化 — 满足高效性需求 — 精益·快速 — 选用
可视化 — 满足直观性需求 — 生动·形象 — 易用
可交互 — 满足连通性需求 — 共享·同步 — 联用
可融合 — 满足整体性需求 — 关联·统一 — 合用
可重构 — 满足灵活性需求 — 伸缩·配置 — 活用
可进化 — 满足智能性需求 — 演化·优化 — 好用

显性知识

标准知识: 规章制度、技术标准、实施手册、……
流程知识: 工作步骤、操作方法、业务流程、……
外部知识: 技术前沿、期刊、论文、……
成果知识: 报告、图样、方案、技术成果、软件著作权、专利、专著、……

隐性知识: 经验心得、工作总结、创新想法、创意主题

知识资产管理: 知识门户管理、数据权限管理、知识资产动态构建、数据版本管理、企业知识体系构建、数据状态管理、数据版本管理、数据密级管理

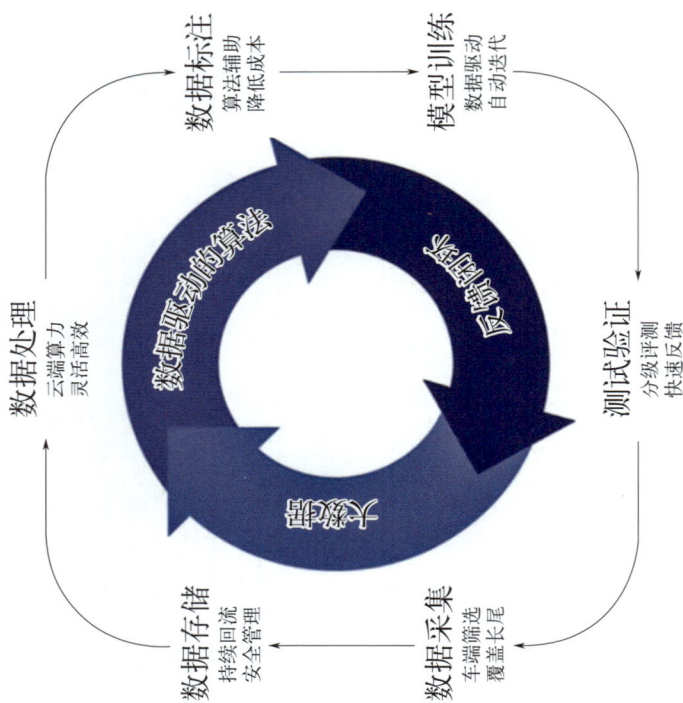

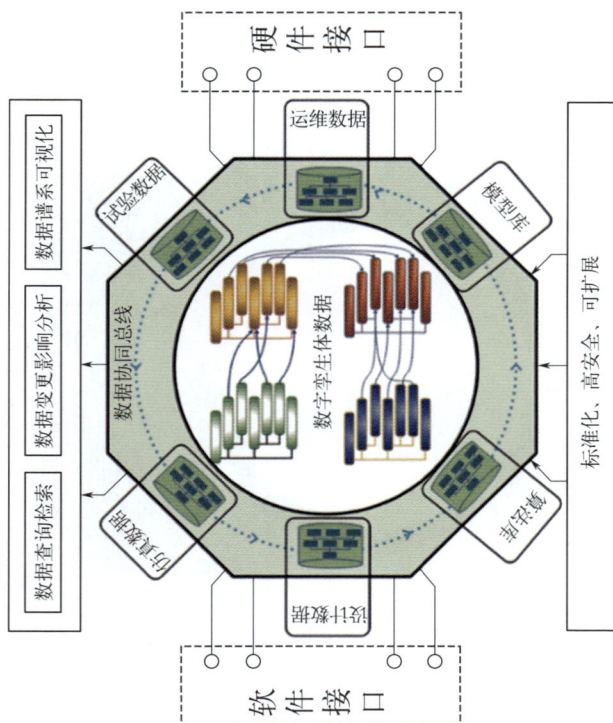

图 3.8 基于数据孪生的 UGV 数据驱动架构

无人驾驶车辆认知与决策技术

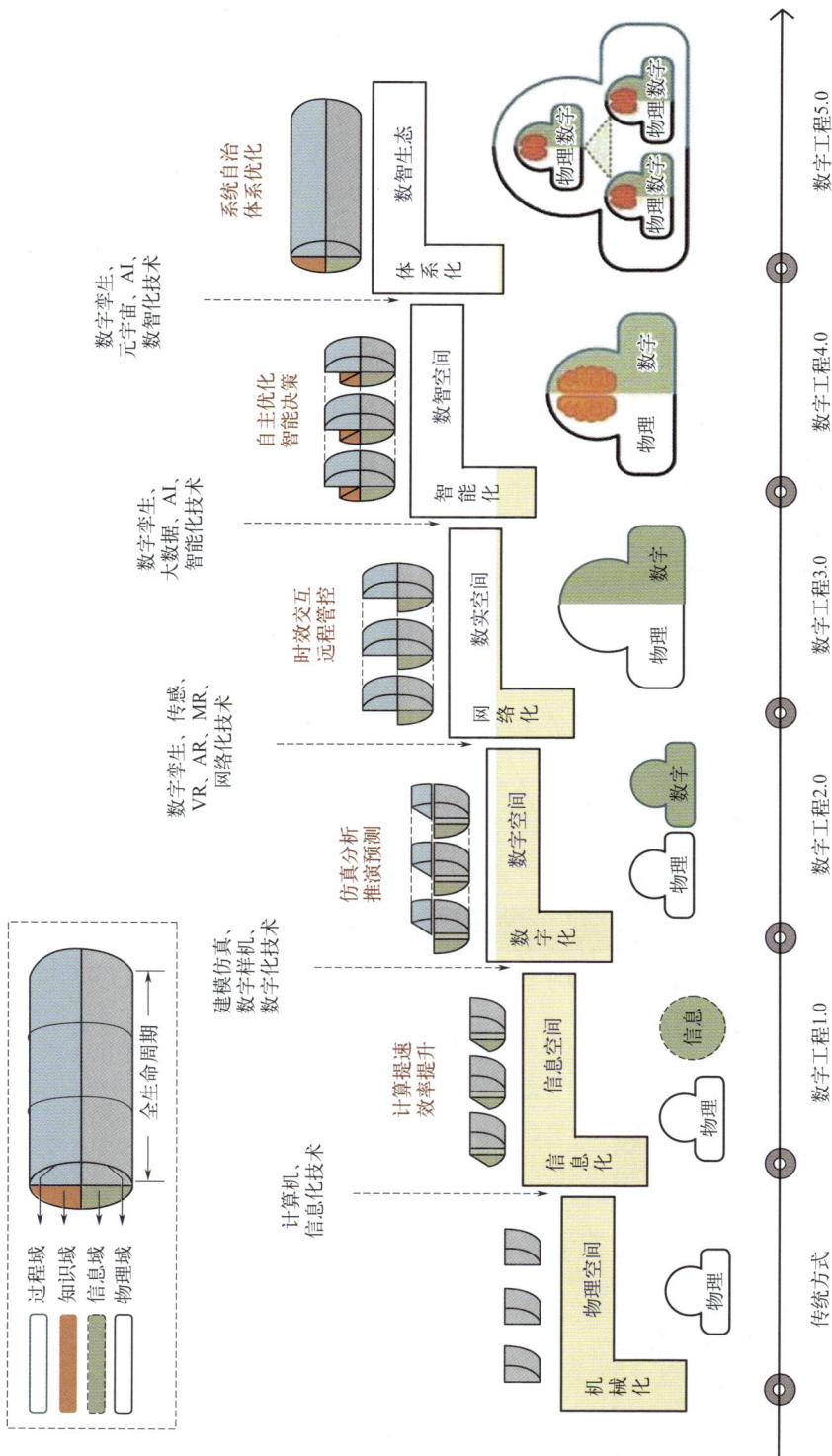

图 3.9　基于数字知识域的 UGV 数字工程沿革

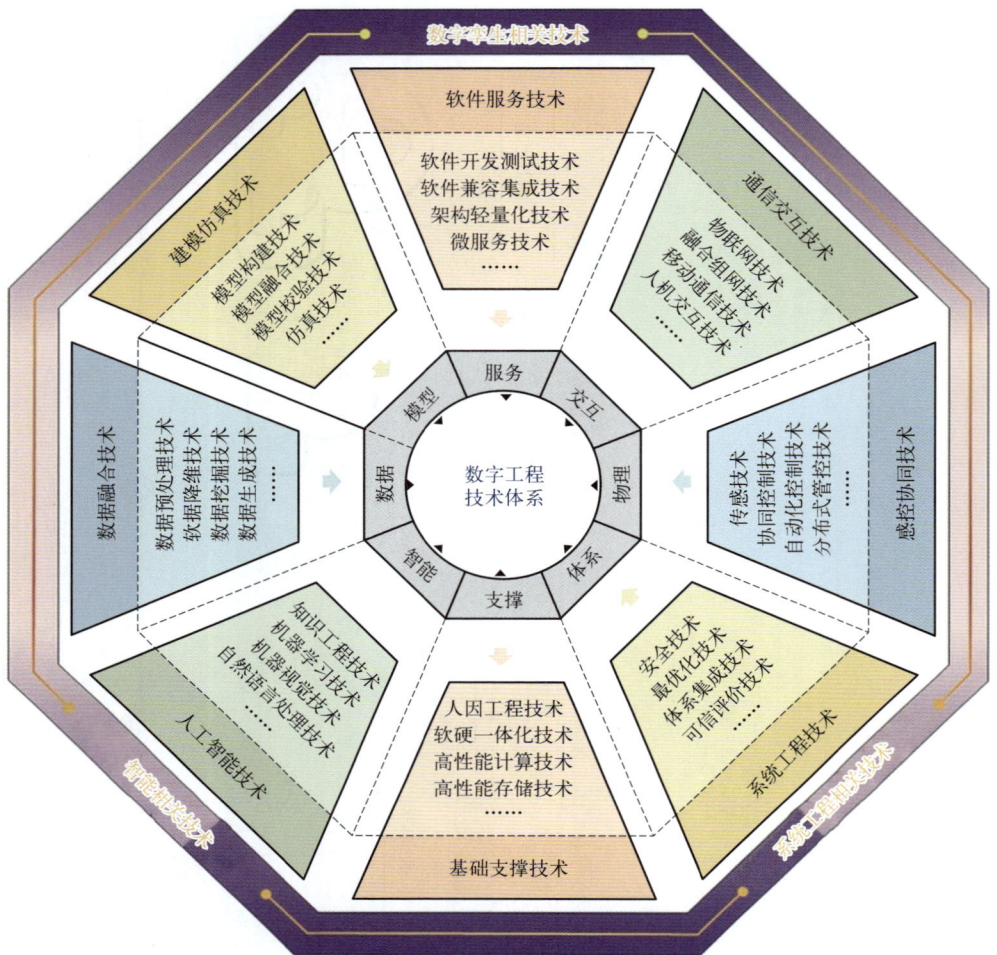

图 3.10　基于数字孪生的 UGV 数字工程技术体系

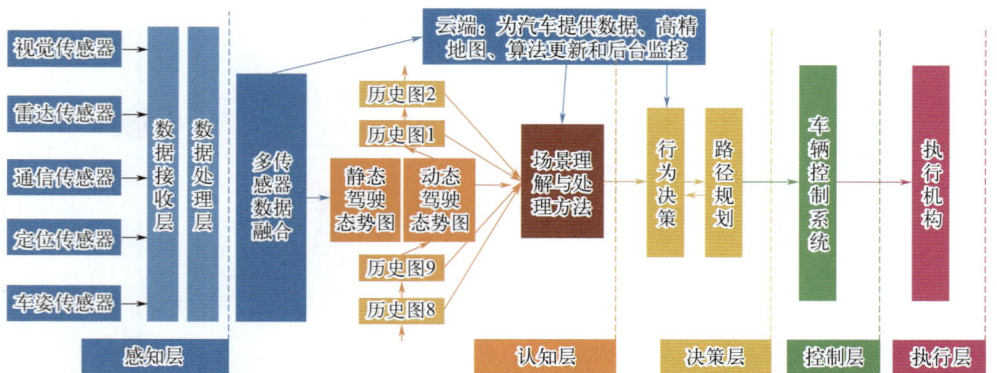

图 3.11　基于 UGV 的认知 - 决策耦合架构

无人驾驶车辆认知与决策技术

软件定义UGV认知技术

无人驾驶

感知
• 硬件：激光雷达4D、毫米波雷达、高清摄像头等
认知：融合算法

决策
• 硬件：计算平台/芯片
• 软件：无人驾驶算法、算力、数据

控制
• 线控技术

③ 应用软件及生态平台(基于SOA)　　④ 软硬件迭代技术

② 功能硬件软硬解耦
① 平台架构
软件：原子服务
SOA软件架构(核心)
基础软件平台　• 中间件　• OS内核
硬件平台(基础)
EE架构、域控制器、算力：计算平台、芯片
硬件：标准化、抽象化

软件升级技术
• FOTA
• SOTA
• 从云端下载脚本

硬件可插拔

智能座舱

人机交互
• 语音交互、智能音效
• 触摸屏技术
• 显示：AR/VR/HUD
• 生物识别与IMS
• 多模交互
• 人机交接/人机共驾

座舱部件电子化、智能化

设备互联
• 手机车机、车家互联

无人驾驶车辆数据融合技术

基础支撑技术　| 数据处理技术 AI训练 | 数字孪生车辆 云端仿真、算法 在线升级 | 云 / 5G | V2X 车边云协同、车路协同、V2V、V2P | 高精地图、定位 / 信息安全

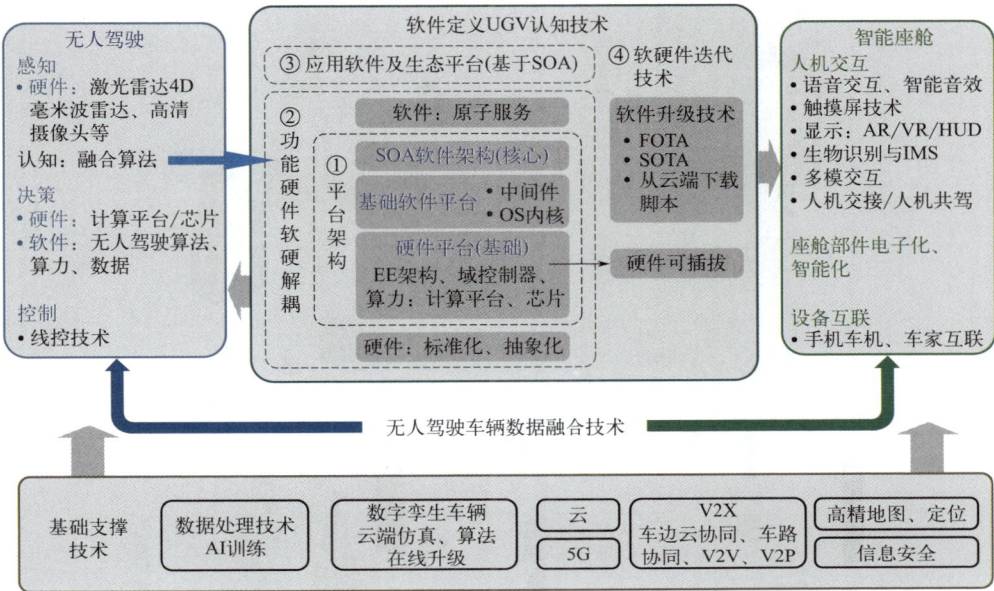

图 3.12　基于认知驱动的 UGV 数据融合架构

立 UGV 泊车数据资产；在电力和人力资源情况下，着眼于泊车资源产业化运营，为泊车数据化提供算力服务，将泊车数据资产的生产和存储，形成特色数据库，如图 3.13 所示。数据要素核心竞争力的构建将成为 UGV 的资产。随着 AI 的发展，数据已成为 AI 的基础资源之一，这是不可避免的趋势。数据不仅改变了工具层面，还对物理世界进行了重新定义与安排；数据市场处于快速发展期，数据的市场化运作已造福人类，如图 3.14 所示；数据推动物理、认知、决策的融合变革。UGV 决策被抽象化地表述为数据资源，数据资源涵盖组织内外所有可利用的要素，不仅是投入生产领域的生产要素。数据资源是 UGV 关注的核心问题，随着市场不断成熟，越来越多的 UGV 企业开始从内部寻找驱动发展的动力，聚焦在数据资源、能力和核心竞争力上。数据资源、能力和核心竞争力已成为成熟市场竞争优势的根本来源，企业需要以更长远的视野来布局数据资源和能力，构建核心竞争力。数据与其他资源的作用机制和组织性资源类似，可以通过"学习累进""驱动迭代"参与竞争力构建；然而，因其具有协同性，又有独特之处，面向需求场景、安全治理成为数据加持竞争力的要求，如图 3.14 所示。这些要求让人们明白，基于 AI 来构建 UGV 认知数据的竞争力仍处于主导地位，这既振奋人心，又让人倍感任重道远。

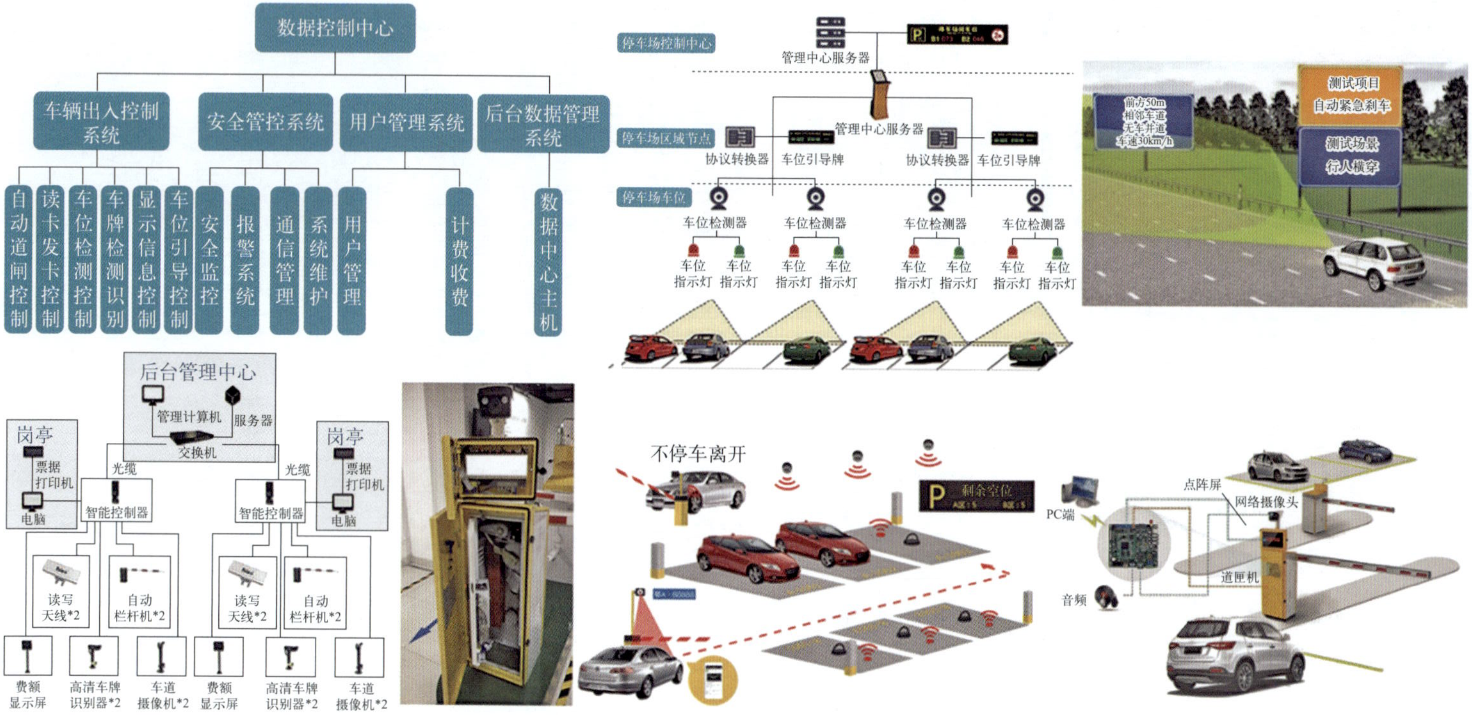

图 3.13 基于认知驱动的 UGV 泊车架构

无人驾驶车辆认知与决策技术

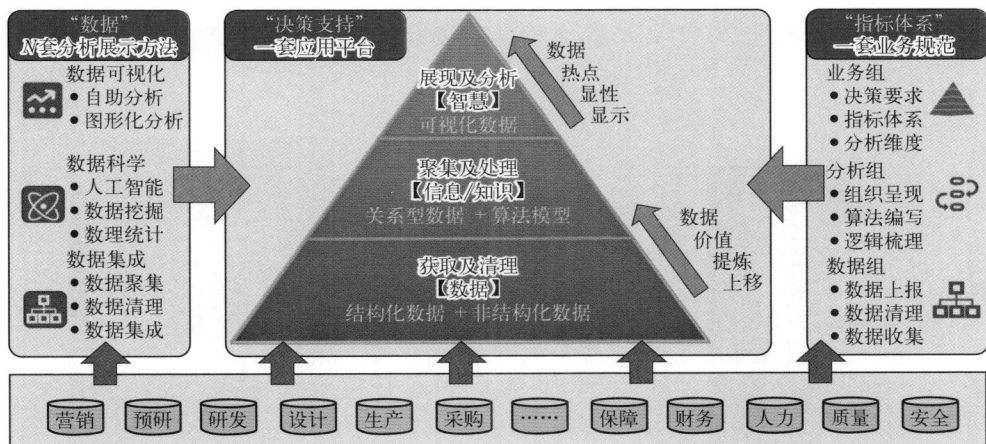

图 3.14 基于认知驱动的 UGV 数据融合架构

伴随区块链、AI 和数字孪生等技术的创新和发展，以及数据产品升级和模式变革，数据应用趋势呈现多样化和创新性，应用范围更广泛，将催生跨机构、跨行业、跨市场等 UGV 融合场景，引领该行业持续发展。消费行业未来应用，数据丰富的玩法和便捷的流通机制将为未来消费行业带来多种应用场景，其潜在价值以增加用户黏性和建立成熟的用户会员管理体系为主。在传统消费行业中，以电商广告、微信群等方式增加品牌的用户黏性。未来，随着数据的普及与应用，可能出现商家给用户提供功能性数据，拉近 UGV 与用户的距离，通过数据形式将企业理念传达给用户。具体而言，数据带来新的消费模式，数据结合文创版权产出数据商品，例如数据文创、艺术等。这些数据商品以独特的方式与消费者互动，例如搭载近场通信（near field communication，NFC）、射频功率放大（power amplifier，PA）等芯片的 UGV 在实物资产转移的同时，虚拟世界的数据将跟随实物资产，把实物很好地融合到虚拟数据世界中。在未来的元宇宙及数据场景中，虚实商品互促将起到重要作用。基于认知驱动的 UGV 数据融合架构如图 3.15 所示。

数据和实体商品的结合能创造更丰富的消费体验。例如，利用 AR 技术，消费者可在线上远程观察实体商品，方便消费者更好地筛选商品，或参与虚拟试用和体验活动。这种虚实结合的方式可以增加产品的吸引力和交互性。UGV 品牌可以创立与消费者共建的数据社区，与消费者建立更深入的联系。这些社区可通过区块链技术确保透明和信任，让消费者更深入地参与品牌的文化和决策过程。数据所含的品牌权益可作为社区的一部分，激励用户积极参与品牌共建。数据记录和追踪 UGV 用户的行为、偏好和购买历史，提供有关消费者的深入洞察。通过区块

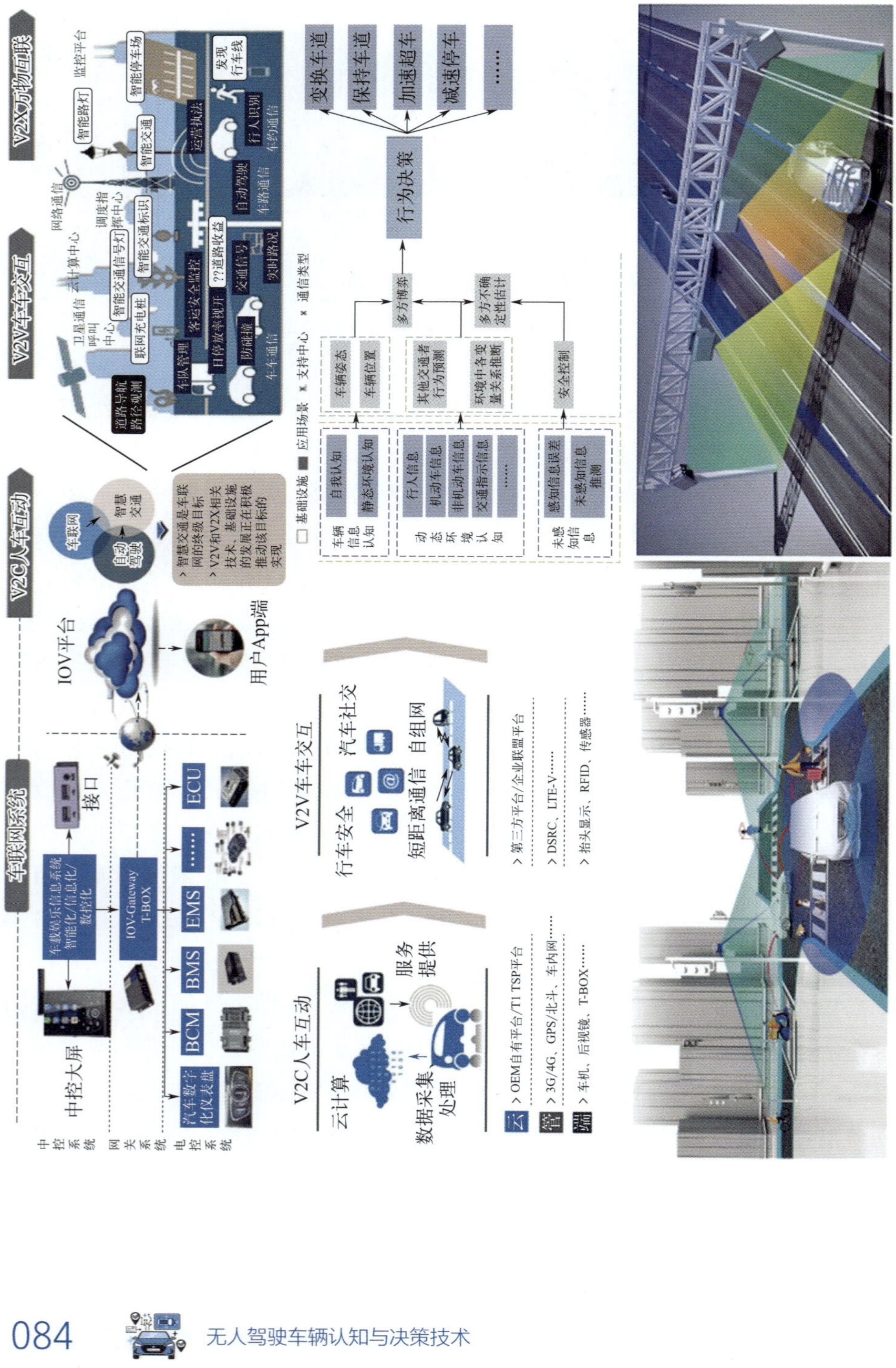

图 3.15 基于认知驱动的 UGV 数据融合架构

无人驾驶车辆认知与决策技术

链技术，品牌更安全高效，在保护用户隐私的情况下，与其他相关企业分享这些数据，以改进产品、市场营销和供应链管理。通过区块链和智能合约，数据共享更安全、高效，为消费者提供更个性化的产品和服务。通过数据实现 UGV 会员成长体系及升级，用户在不同等级享受不同权益。同时，数据会员作为数据身份的象征，为消费者提供个性化的数据体验和社交互动，提升用户的参与度和体验感。此外，拥有数据会员权益的用户，不仅能在品牌生态内享受权益，还能实现基于同一条区块链上的跨生态的权益互通互认，打破传统消费权益的限制，形成更大范围的价值流动。UGV 数据技术的不可篡改性、全生命周期溯源、隐私保密性、公开透明性有助于保障消费者权益。例如，UGV 商品添加数据标识验证商品真实性，数据记录和追踪产品整个生命周期，实现供应链透明度，确保产品质量和安全，数据加密技术保护个人隐私，提升消费者与商家交互的保密性等。

3.3　UGV 在智能座舱中的应用

　　智能座舱作为数据驱动的应用场景，可催生新的商业模式。数据文化产品实现跨媒体、跨平台、跨语种的传播和推广，通过虚拟现实（含增强现实、混合现实）等技术，打造沉浸式体验，结合数据版权业务平台模式，开展数据业务，通过明确权属和价值，提高智能座舱资源配置效率，使数据文化产品进入各类投资市场，吸引资金资源投入，实现跨界合作和市场拓展，进而激发智能座舱整体创新和创业活力。未来，数据在 UGV 智能座舱中可发挥全网可查、全流程溯源、不可篡改的存证优势，探索应用场景如下。

　　（1）数据创作

　　以区块链技术为支撑的数据平台使创作者能够将其数据作品转化为唯一的、不可替代的数据，并在区块链上进行销售。这为创作者提供了新的创作和收入机会，同时也使智能座舱各类产品的产权更加透明和安全。

　　（2）知识产权保护

　　通过将 IP 版权品在区块链系统上生成数据凭证，每个凭证对应特定知识产权权利和权益，如版权授权、版权服务（如会员账号、体验式消费、培训等）、版权商品（如图书、手办、游戏道具等），集成收藏、权益、转让等功能，使其具备资产价值，并支持在合规平台上发行和挂牌交易等。同时，将区块链系统存证备案链条向前延伸，把 IP 确权和许可授权的过程也一并记录，构建完整授权链条，完成数据铸造前的确权过程，为数据知识产权的生产、保护、交易全流程赋能，使得该类数据更加可信。

（3）软件产品交易和投资

针对传统的软件产品，数据记录软件产品的溯源信息，包括作者、创作年代、流通历史等，使交易更加透明和可信。在当前新兴的数据市场基础上，建设或接入登记、交易、确权等数据服务平台，降低交易成本，提高流转效率，促进市场的发展。

（4）数据保护和虚拟互动

用于数据化文化遗产的收集和保存，同时在数据化世界中提供虚拟展览，使更多人参观和探索这些宝贵的文化遗产，还将 UGV 数据与文化相结合，为消费者提供更直接的互动和参与渠道，形成新的智能座舱，焕发新生机。

3.4　UGV 在服务行业中的应用

随着服务行业数据化发展，数据将以票务、UGV 形式成为服务行业必备的基础应用，并进一步提升产业的生产数量和效率，创新服务产品的形态和体验方式。

（1）个性化服务体验

通过数据的方式制作个性化的数据纪念票，用户可将其留存纪念，也可进行观赏。数据用于记录和传播服务信息，用户可获得准确、全面且实时的服务信息，并根据自己的兴趣和需求定制个性化的服务体验。通过数据相关技术，用户打卡特色地标可作为特别的数据纪念，记录服务的回忆并与朋友、家人分享经历，增强互动性和纪念意义。

（2）虚拟服务体验

服务行业通过元宇宙打造虚拟沉浸式体验已经逐渐成为趋势。数据用于创建逼真的虚拟服务体验，让用户体验在现实中无法到达的地方。通过虚拟现实（含增强现实、混合现实）等技术实现，提供身临其境的感觉，吸引更多用户。

（3）服务消费权益串联与激励

通过 UGV 数据将景区内的餐饮、住宿、景点门票等以数据权益的方式串联起来，构建服务数据社区，并通过积分、特殊权益等形式满足不同用户需求，推出不同的 UGV 服务数据产品。

（4）UGV 安全与可信保障

UGV 的数据身份通过区块链技术得到加密和验证，以确保服务者在订票、酒店入住、租车等环节的身份和交易安全。同理，景点、酒店等通过数据技术验证，以确保其合法性和真实性，减少风险。随着数据市场的快速增长和不断成熟，在遵守相关政策法规的前提下，数据将带来更多投资机遇和金融服务。

数据化可提高 UGV 资产的流动性和可交易性。数据可以用于资产数据化，将实物资产转化为数据资产。例如，数据可以表征一辆 UGV 的数字孪生资产，也可以用于 UGV 金融衍生品的数据化处理，使得这些资产在数据世界中进行买卖和交易具备可行性，并有助于增强其安全性和可信度，同时可以提高其交易效率和流动性。

3.5 UGV 在智能制造中的应用

在 UGV 制造行业中，通过在制造流程及产品中赋码的方式打造数据，帮助企业更好地管理产品生命周期和市场需求，提高生产效率和质量。通过数据锚定碳排放等指标，进行碳资产开发与应用，降低制造过程中的减排成本，繁荣碳交易、碳金融市场，提升碳资产相关的数据交易市场功能，进而强化碳市场的有效性。具体应用包括但不限于以下三点。

① 产品追溯，为每件商品创建"一物一码"，并具有赋码、采集、建立商品包装关联联系的功能。赋码之后将作为数据，利用区块链技术安全性和分散性的特点，消费者可以通过标识解析系统查询到商品的原料、生产、加工、碳排放等信息，追溯供应链、销售渠道。

② 设备全生命周期管理，在原料、半成品、成品生产和出入库的各个环节将相关信息生成工业互联网标识，并利用标识解析数据，通过数据赋能整体环节的流通速度，并让每个流通环节都有迹可循。

③ 供应链协同，通过数据的唯一凭证优化扫码识货、仓储管理、防伪管理、碳排放管理、防窜管理流程，构建智能供应链管理平台，替代容易出错且低效的人工协同方式。基于隐私计算，在充分保护数据隐私的前提下，在上下游之间共享供应链信息、互证各种追溯信息、验证可持续发展过程及指标、开展质量溯源等，确保相关数据加密后，只有被授权方才能解密，如图 3.16 所示。

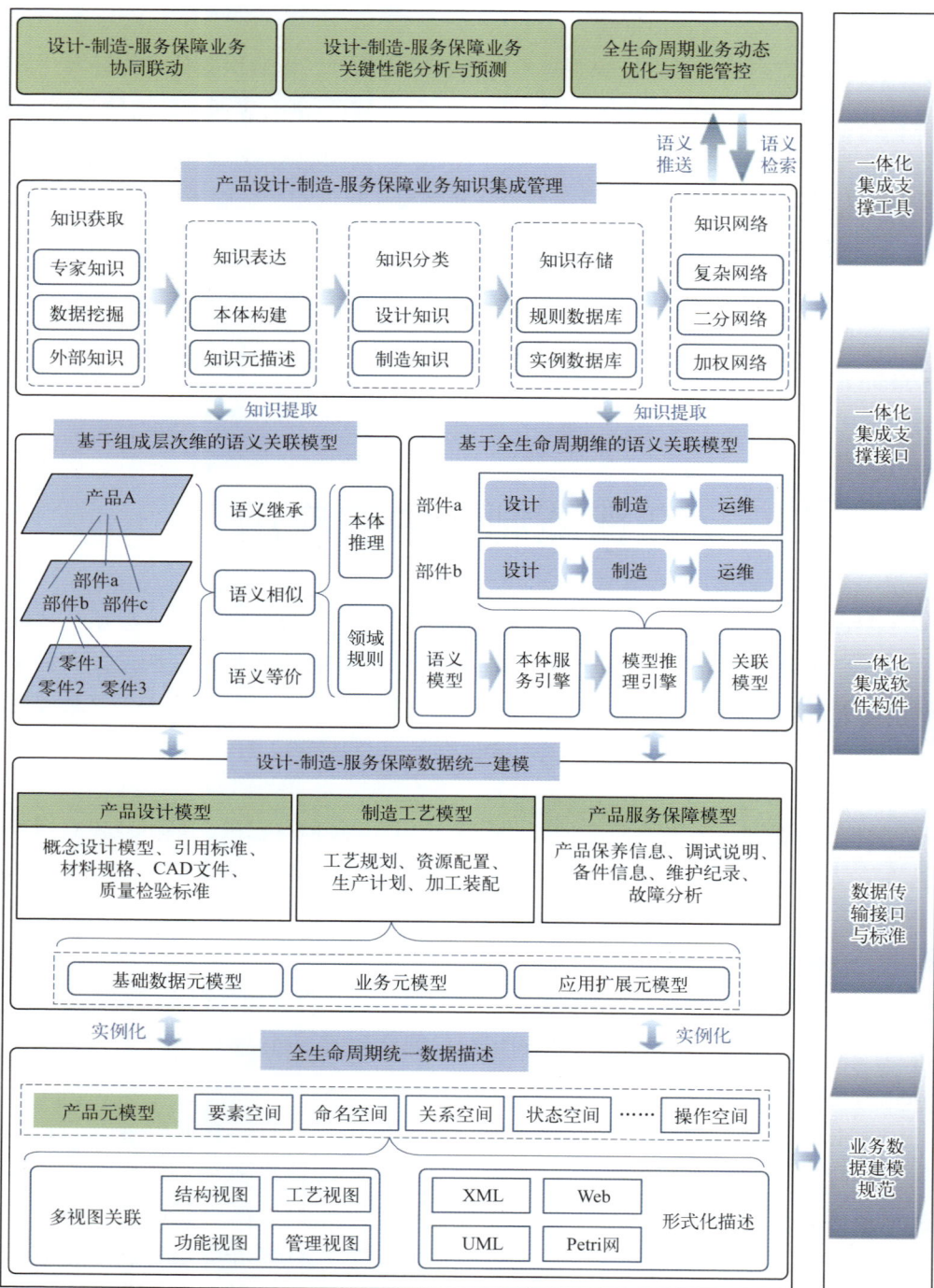

图 3.16　基于数据认知驱动的 UGV 智能制造架构

无人驾驶车辆认知与决策技术

3.6　UGV 在数字场景中的应用

　　近年，在数字技术的推动下，UGV 数据场景迅速升温。数字场景是指以数据形式存在于数据空间中，具有真实外貌、行为和特点等的场景。数据身份为数据的发行、交易和使用等提供了基础支撑和保障，数据本身也可被赋予数据身份，对应到某个自然场景或机构的可信数据身份上。数据身份包括用户所持有的各种凭证，可将其视为一种特殊的数据资产，使得其存储和使用快捷方便，避免丢失或损坏，并可打造差异化优势，带给用户信息安全、科技赋能、数智体验等特色服务。UGV 数字场景的形象、声音和算法涉及知识产权等，具备越来越高的价值，因此数据场景在数据空间中的物品都可归属于数据账户中的数据，需要通过著作权、商标权和专利权等多种途径保护其合法价值，并可在用户同意授权的前提下流通，如图 3.17 ～图 3.21所示。

图 3.17　基于认知驱动的 UGV 交通数字场景

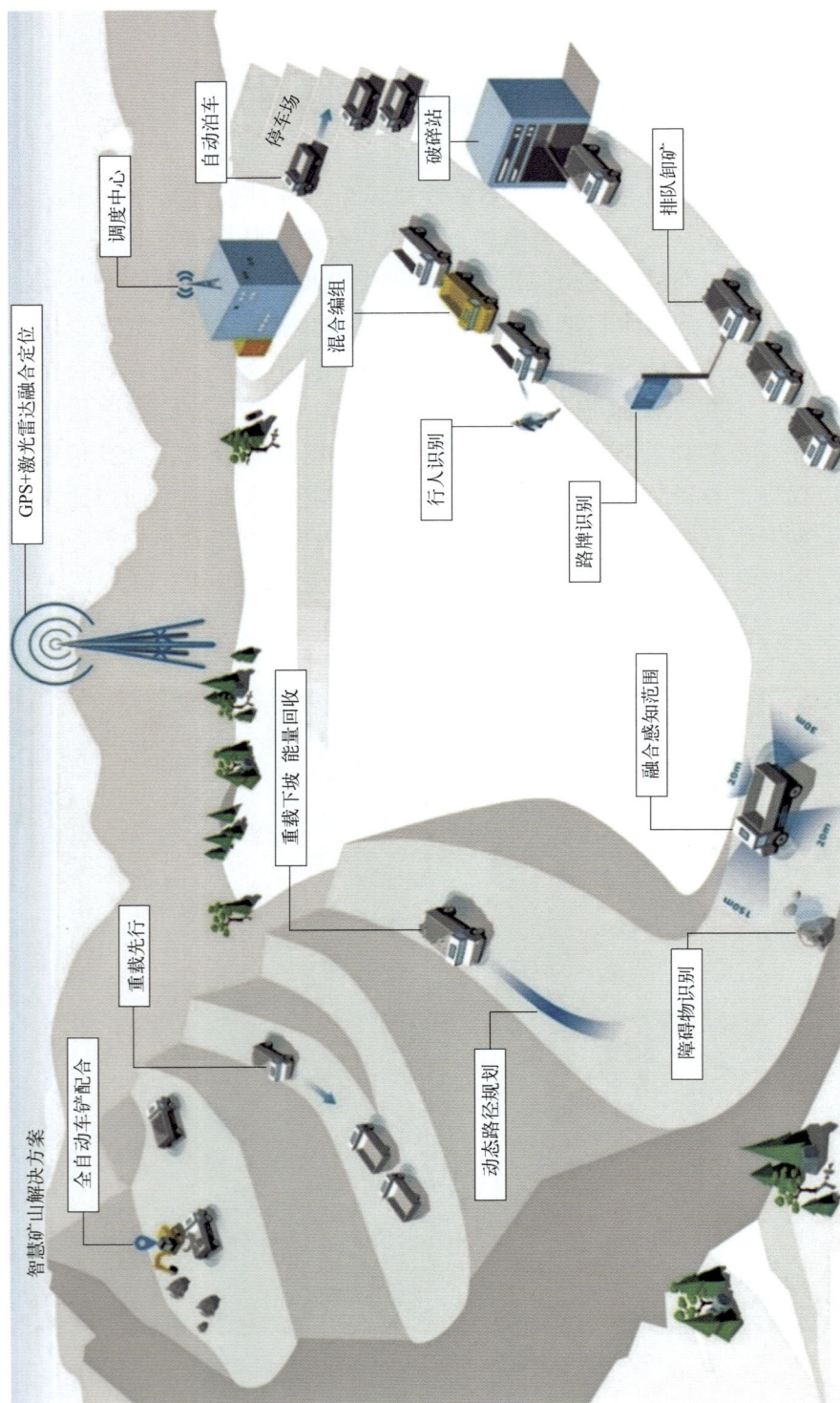

图 3.18 基于认知驱动的 UGV 无人矿山数字场景

智慧矿山解决方案

GPS+激光雷达融合定位

全自动车铲配合

重载先行

重载下坡 能量回收

调度中心

自动泊车

停车场

破碎站

排队卸矿

混合编组

行人识别

路牌识别

融合感知范围

障碍物识别

动态路径规划

无人驾驶车辆认知与决策技术

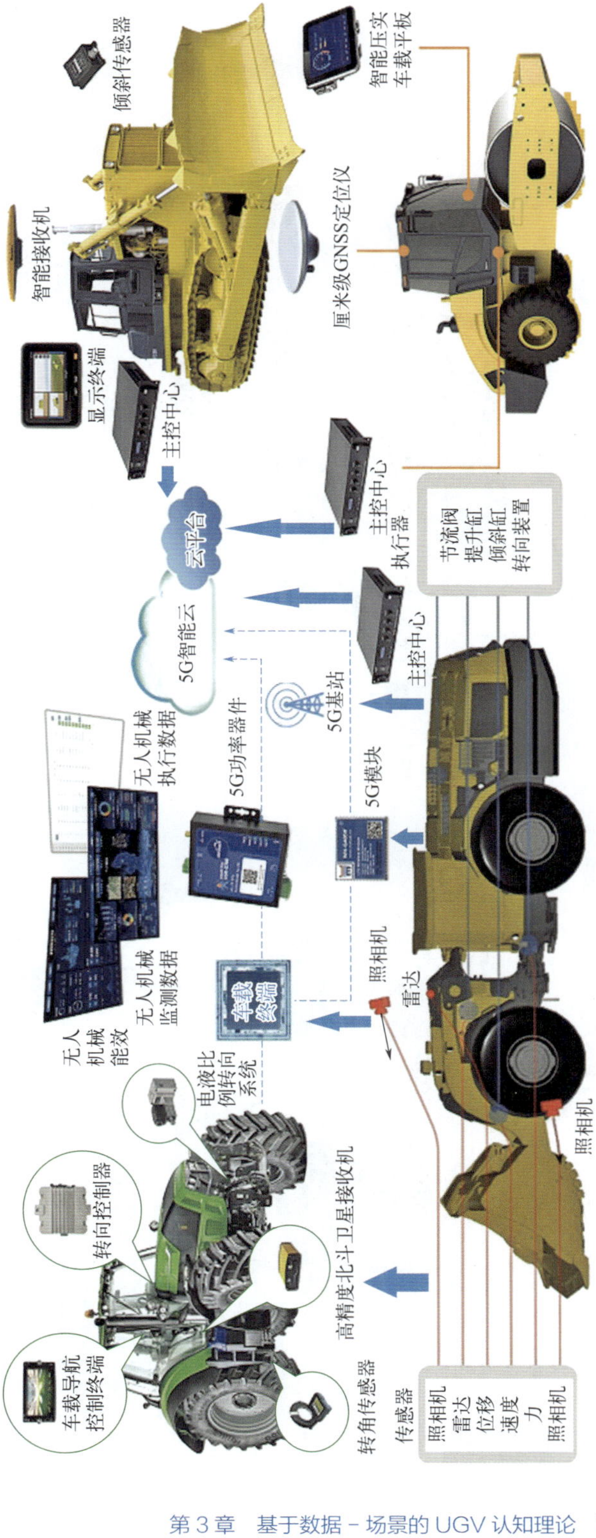

图 3.19　基于认知驱动的无人驾驶工程机械数字场景应用

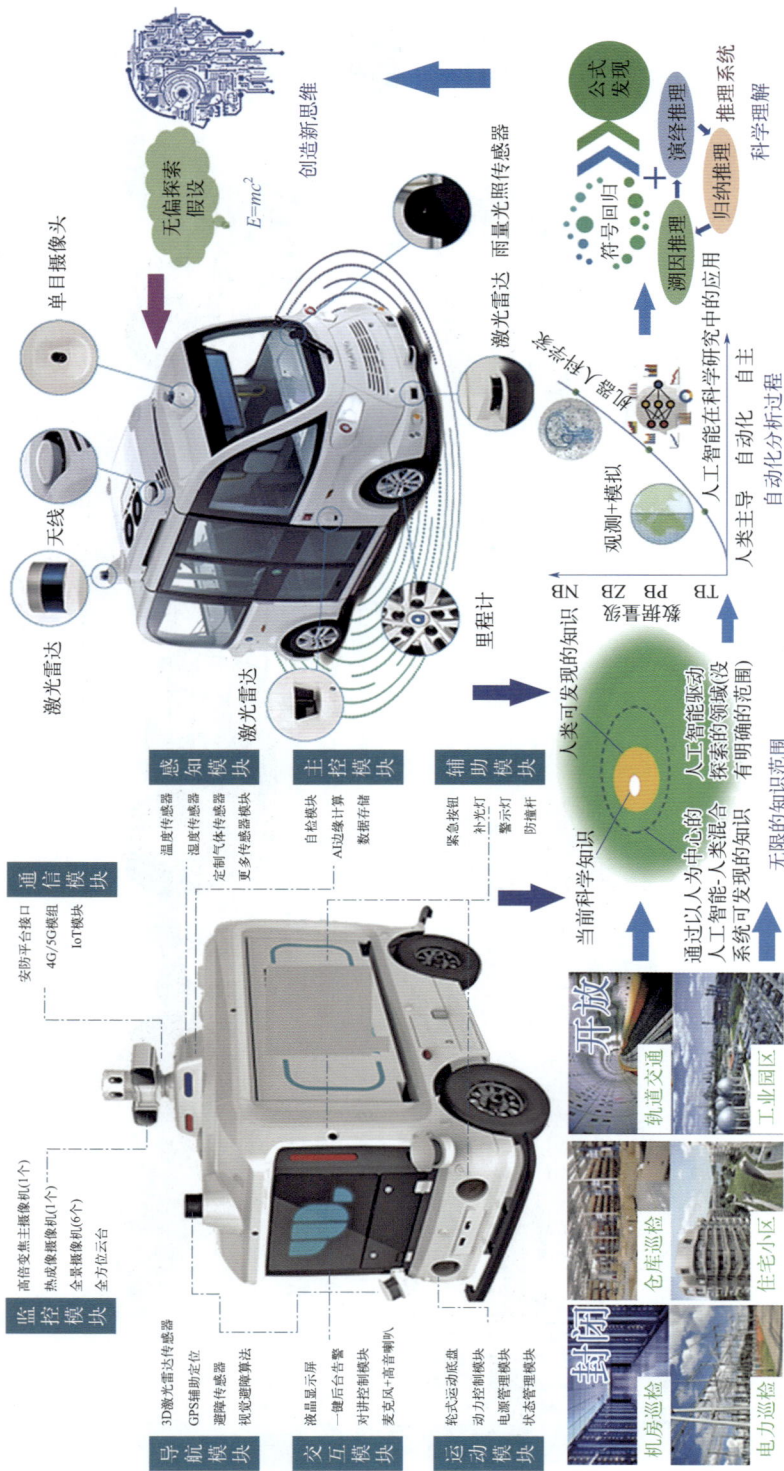

图 3.20 基于认知驱动的 UGV 数字场景架构

无人驾驶车辆认知与决策技术

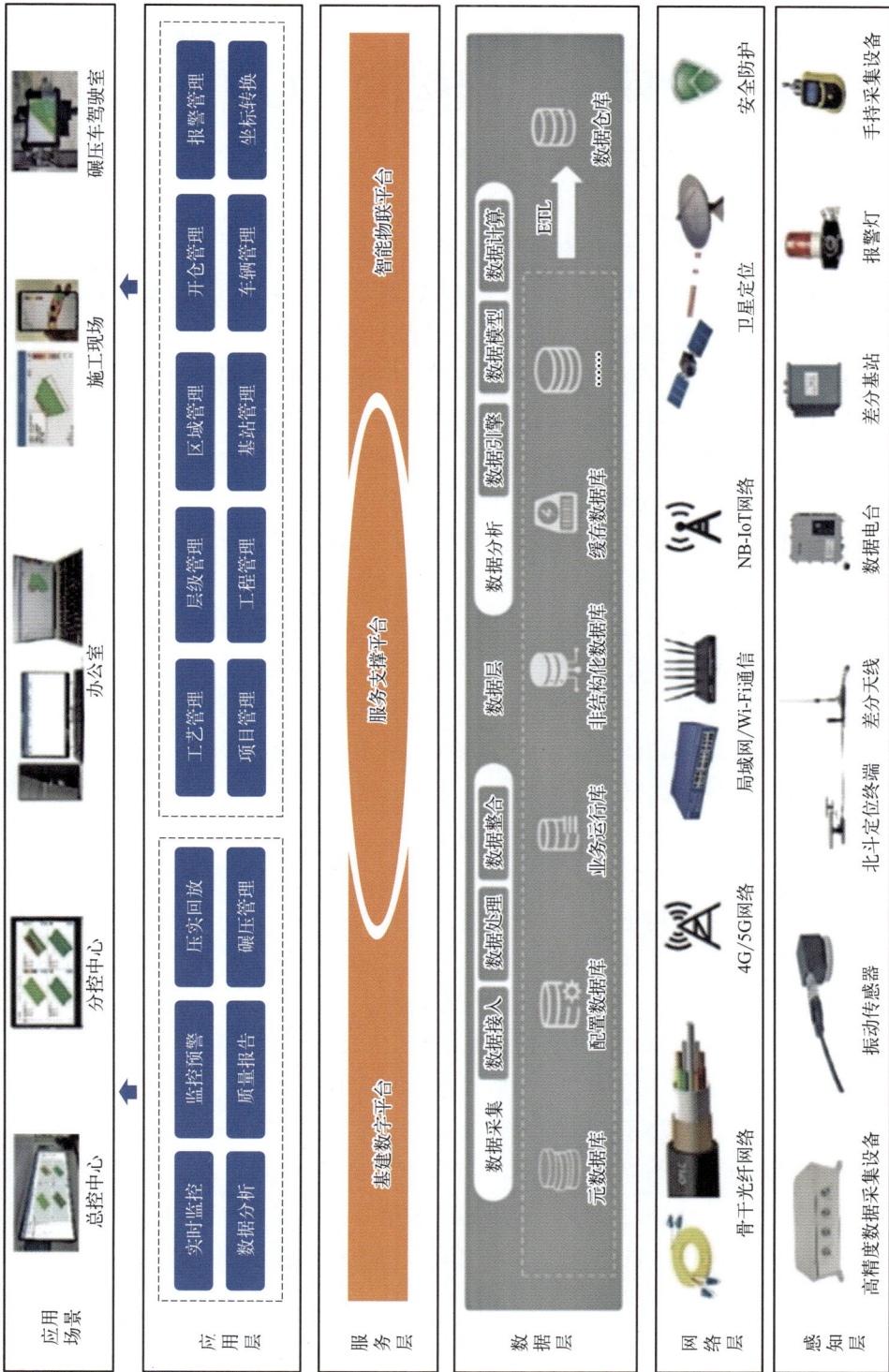

图 3.21 基于认知驱动的 UGV 数字场景的融合架构

3.7 基于联网系统架构的 UGV 场景认知与自主决策

UGV 联网技术通过移动设备远程控制汽车、监控 UGV 的安全性，因此 UGV 联网平台及用户 App 端等组成完整的 UGV 联网系统。UGV 是 AI 领域的热点和前沿，其广泛应用将颠覆未来的出行模式，让出行更加安全、绿色、共享，并能节省大量停车位。UGV 自主智能通过多传感器的融合感知和鲁棒优化的自主决策使车辆能够适应交通场景。UGV 网联智能通过车和车之间、车和交通设施之间的联网与通信，实现无人驾驶。UGV 形成从认知到决策的闭环须解决两个问题：一是场景认知；二是自主决策。场景认知就是将多个传感器的场景感知数据转化为认知运动的自主决策依据。自主决策就是在场景认知的基础上做行为决策、局部认知规划，然后通过反馈控制使车辆自主决策运动。

实现自主决策需要经过认知规划、行为决策、认知规划和自主决策等，UGV 认知规划是指在一定的环境模型基础上，给定 UGV 起始点和目标点后，按照性能指标规划出一条无碰撞、能安全到达目标点的有效路径。认知规划包含建立障碍区域与自由区域的环境地图，以及在环境地图中选择合适的路径搜索算法，快速实时地搜索可行驶路径。认知规划结果对车辆行驶起着导航作用，能引导车辆从当前位置行驶到目标位置。根据不同的表示形式，环境地图表示方法分为度量地图表示法和拓扑地图表示法等。

度量地图表示法采用坐标系中的格栅是否被障碍物占据的方式来描述环境特征，分为几何表示法和空间分解法。几何表示法利用包括点、线、多边形在内的几何元素来表示环境信息。相比于其他环境地图表示方式，几何特征地图更为紧凑，有利于位置估计和目标识别，缺点是环境几何特征提取困难。几何特征地图适合从环境已知的室内环境中提取一些简单的几何特征，而室外环境中的几何特征较难提取。空间分解法是把环境分解为类似于格栅的局部单元，根据它们是否被障碍物占据来进行状态描述。如果格栅单元被障碍物占据，则该格栅为障碍格栅；反之，则为自由格栅。空间分解法通常采用基于格栅大小的均匀分解法和递阶分解法。均匀分解法中的格栅大小均匀分布，占据格栅用数值表示。均匀分解法能够快速直观地融合传感器信息，但是均匀分解法采用大小相同的格栅会导致存储空间巨大，大规模环境下认知规划计算复杂度高。为了克服均匀分解法中存储空间巨大的问题，递阶分解法把环境空间分解为大小不同的矩形区域，从而减少模型所占用的内存空间。

在度量地图认知规划中使用均匀格栅地图，能把环境分解为一系列离散的格栅节点。所有格栅节点大小统一，均匀分布。格栅用值占据方式来表示障碍物信息。例如，使用最简单的二值表示方法：1 表示障碍格栅，不可通行；0 表示自由格栅。当用均匀格栅地图表示环境信息后，格栅节点之间只有建立一定的连接关系才能保证从起点搜索到目标点的有效路径。

对于拓扑地图表示法，拓扑地图模型选用节点表示道路上的特定位置，并用节点与节点间的关系表示道路间的联系。这种地图表示方法具有结构简单、存储方便、全局连贯性好、规划效率高、鲁棒性强等特点，适合大规模环境下的道路规划，但其包含的信息量少，需借助其他传感器来对道路环境做进一步描述。

基于采样的认知规划算法包括概率图算法和快速随机扩展树算法等。概率图算法是在规划空间内随机选取 N 个节点，之后连接各节点，并去除与障碍物接触的连线，由此得到一条可行路径。显然，当采样点太少或者分布不合理时，概率图算法是不完备的，但可以增加采样点使该算法达到完备，所以概率图算法是概率完备的，但不是最优的。快速随机扩展树法主要用于解决含有运动学约束的认知规划问题。由于其在状态空间中采用随机采样确定扩展节点，不需要预处理，搜索速度快，因此这种算法作为一种快速搜索算法，在认知规划问题中获得应用。

基于搜索的认知规划算法包括但不限于典型的广度优先搜索算法等，是一个按路径长度递增次序产生最短路径的方法，是求解最短路径的经典算法之一。该算法在每一步都选择局部最优解，以产生一个全局最优解，这会导致该算法的时间复杂度较高。在图的规模较大时，该算法的计算速度慢，很难满足认知规划实时性的要求。其特点就是在搜索过程中增加了启发函数，通过给定启发函数来减少搜索节点，提高路径搜索效率。搜索得到的路径能够同时满足实时性和最优性要求。

现实环境远比这要复杂，良好的规划必须建立在对周边环境的深刻认知上，另外还需要建立大量的数学方程，需要考虑障碍物、车道线、路径曲率、曲率变化率以及车辆速度、加速度等多种因素的影响。沿给定的路线行驶时要左转、右转还是保持车道，这是行为决策。确定行为决策以后，让车辆沿着规划的路径或者轨迹来运动，这是局部的认知规划。最后就是实现反馈控制，通过控制方向盘和油门踏板使车辆沿着预期规划好的路径行驶。

UGV 场景认知是分析处理多传感器的场景数据，提取信息：一是几何度量信息，也就是车辆所在的位置和车道线与道路边界，以及和其他车辆之间的相对位置关系到底是什么；二是要根据周围车辆和行人的运动意图推测将来一段时间内UGV该如何实现安全行驶。把场景计算与认知的任务分成三个层面：一是获得场景的三维信息和运动信息，并在这个基础上形成对场景的拓扑结构表示，即回答现在周围有几辆车、所在车道在哪里、道路边界在哪里等多个问题；二是认识交通标志和遵守交通规则；三是需做推理和给出判断，当前要保持车道还是要换道、前方路口要左转还是右转。场景认知实现从几何度量到推理预测的转变。场景认知可分解成静态和动态两个方面。静态认知只考虑场景的静态部分，不考虑运动的车辆和行人，从几何拓扑结构层面考察，比如道路边界在哪里？这条路有多宽？有几条车道？车道线在哪里？车道线到底是黄线、虚线还是实线？要解决这些问题，需要把地图和感知数据结合起来，形成场景中交通要素的几何度量，并且要把其拓扑结构提取出来。

动态场景认知考虑交通参与者，比如车辆、行人所占据的车道和空间，其运动轨迹，以及对其将来一段时间的运动预测。动态场景认知必须把交通规则和障碍物的检测跟踪结合起来。由于认知规划是对将来运动的规划，所以要基于当前的感知推测将来的运动。认知静态场景的第一个目标就是满足自主决策的定位需求。用GPS+地图，但GPS并非每个时刻都有，而且现有的地图都是给人看的，其分辨率及对场景的描述能力并不能直接用于UGV。例如，对于UGV来讲，要实现车道保持，定位精度要高，因此就引出了高精度地图构建的问题。在高精度地图中嵌入数据可提高分辨率和对场景的描述能力。这种离线创建的地图实际上是把视觉数据和激光数据的结构化信息放到地图中，提高地图的表征能力。

地图创建与定位本身就是一对耦合问题，位置本身就测不准，地图创建又要依赖位置信息。当UGV从地下车库开出来时，其先离线，并自动创建了一个地下车库的地图，然后用基于地图感知数据的定位，并做认知规划，实现UGV自动从这个地下车库开出来。地下车库是一个典型的非结构化场景。在结构化场景里，需要把车道线和道路边界信息一起放到地图中，这里要解决的问题是多源传感数据的时空对齐。例如，不能单纯靠视觉，要通过激光和视觉融合来构建场景地图，并要解决配准问题，因为多传感器的采集频率不一样、尺度不一样，如图3.22所示。如图3.23所示的是度量测试-拓扑结构化混合的两层场景。

有度量地图以后，环境感知对于路口的车道引导、对于特定区域（如收费站）的认知以及对交通信号灯的识别就变得非常可靠。大家都觉得交通灯的识别在计算机视觉领域里面非常简单，但是在实际应用中会发现这个交通灯的识别单纯靠图像识别很难做到非常可靠。在地图里面加入交通灯位置信息，就可以根据当前车辆位置预测交通灯出现在图像的什么地方，缩小搜索范围，虚警率会降低很多。

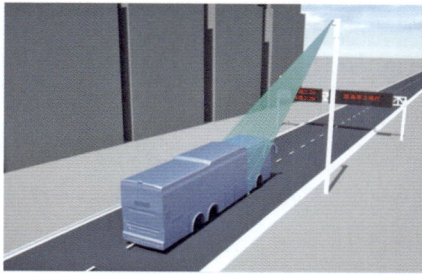
(a) 方案一：立柱安装

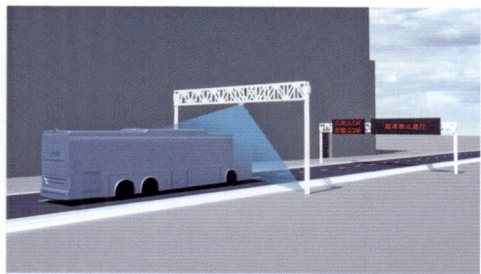
(b) 方案二：龙门架安装

图 3.22　车道线场景地图创建的多源数据时空配准

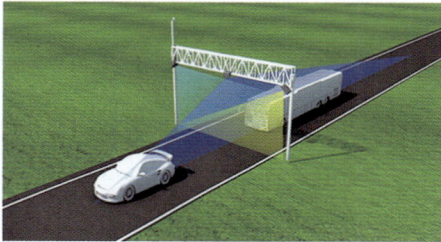
(a) 单向单车道

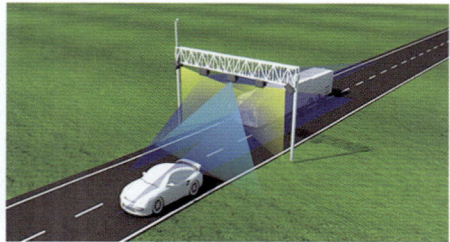
(b) 单向两车道

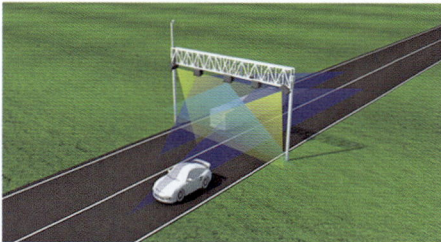

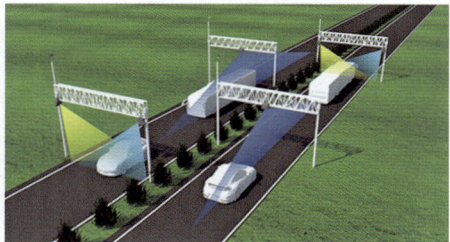
(c) 双向单车道

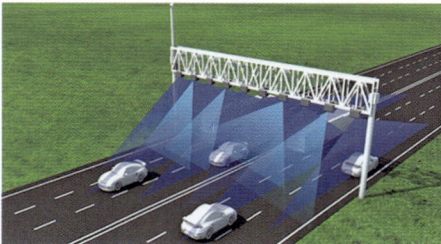

(d) 双向三车道

图 3.23　度量测试 - 拓扑结构化混合的两层场景

对动态场景而言，要在障碍物（如行人和车辆）检测及跟踪的基础上，解决行人和车辆的运动意图预测问题。运动意图的预测必须结合交通视觉知识，怎么实现视觉知识表示与学习，就要用到机器学习方法。要标注场景的数据，通过检测和跟踪得到位置序列，对位置序列进行学习以预测其运动意图。这里面的难点就是鲁棒可靠的检测与跟踪，如图 3.24 所示，重点是学习路口区域的车辆和行人通行的行为模式。以往对障碍物的检测、跟踪与识别研究都是分开去做，但在实际应用里面其实这三个问题耦合在一起，应该看作一个问题来解决。认知规划单靠传感器是不行的，例如在视觉目标检测中的行人检测、车辆检测，目前只能做到部分检测率，所以需要把激光和相机融合起来，这里面要解决的一个问题就是传感器之间的标定。把激光数据映射到图像里面去，如图 3.25 所示，比如把六十四线三维的激光数据映射到图像里面。因为激光相对来说是比较可靠的，所以可以提供很多先验知识，有利于提高检测、跟踪和识别的准确率。相机与激光雷达的标定误差会随距离发生非线性变化，对于车辆往往要求检测范围在 100m 左右，这时误差变得非常大，需要把图像里的几何结构与激光的几何结构对应，用深度边缘和图像边缘来对应，将三维激光点云数据映射到图像上，实现可靠的障碍物检测和识别。这里的视觉检测框架就是一种很好的深度神经网络，在视觉检测结果上用三维点云再去做一次校验，可有效降低虚警率，如图 3.24 所示。用于 UGV 的视觉主导的场景计算框架（图 3.25 和图 3.26）能解决多传感器信息跨尺度的时空配准问题，构建场景集成计算框架。在 UGV 上进行真实交通环境的实地验证一直在改进。

交通场景认知框架不仅把多传感器的信息对齐配准，而且把地图的信息也放进来，实现实时的定位和行驶移动的认知，能满足 UGV 自主决策的需要。有了交通场景的结构化描述以后，UGV 如何实现自主决策？从认知到决策的闭环是 UGV 自主决策的基础，同时考虑场景认知和自主决策中的不确定性，比如场景认知的定位会有误差，UGV 的自主决策也存在误差。例如，希望控制车速为 40km/h，但实际车速可能为 39.5km/h。这两方面的不确定性在车辆认知规划的时候须同时考虑（图 3.27）。

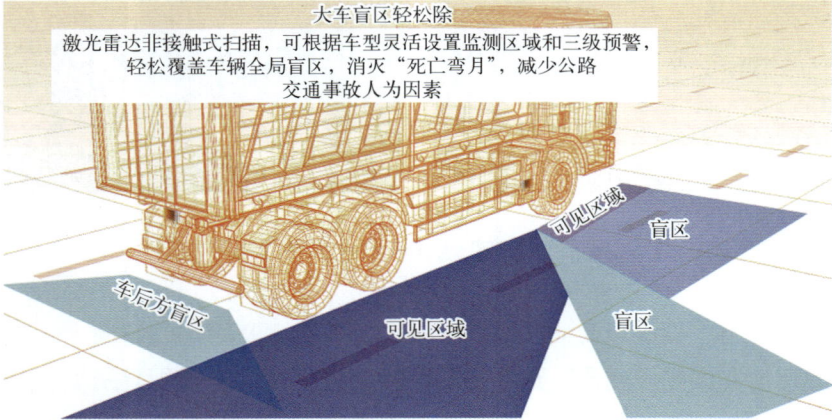

图 3.24 融合 3D 激光点云的视觉行人的检测

无人驾驶车辆认知与决策技术

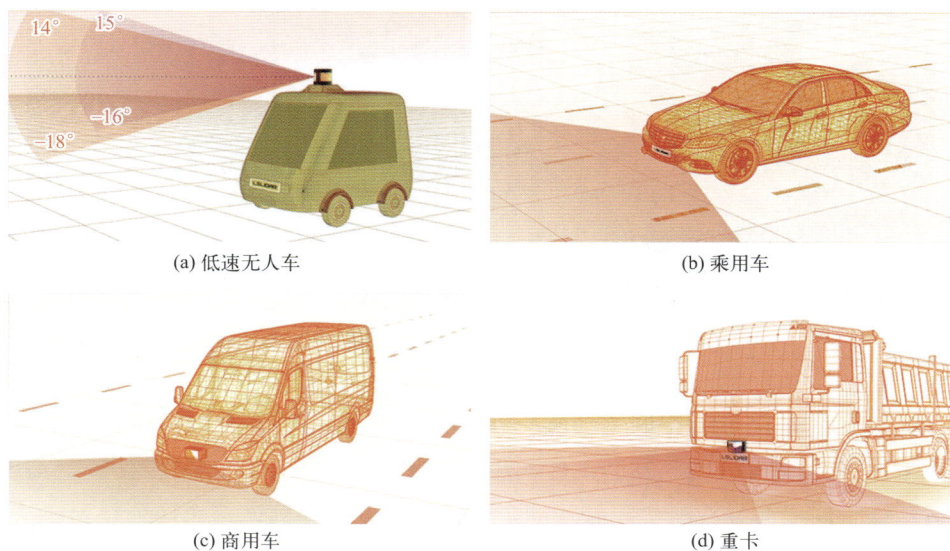

(a) 低速无人车   (b) 乘用车

(c) 商用车   (d) 重卡

图 3.25　融合 3D 激光点云的视觉障碍物检测

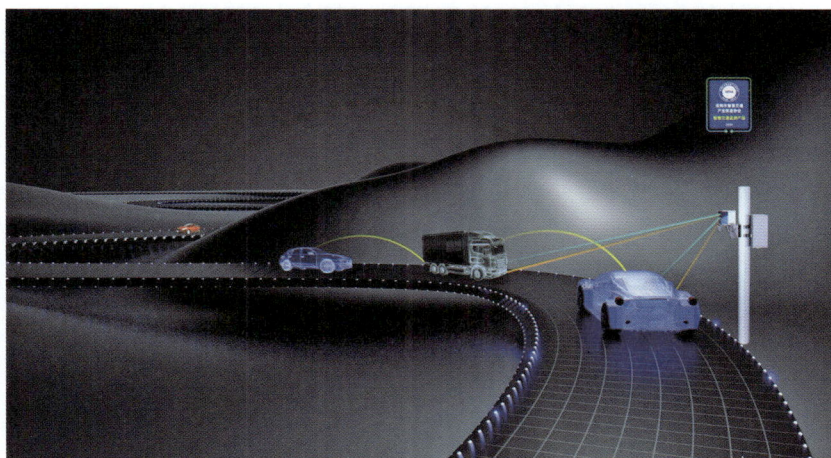

图 3.26　视觉主导的场景计算框架

图 3.27　基于实时交通场景认知的精准路况信息识别

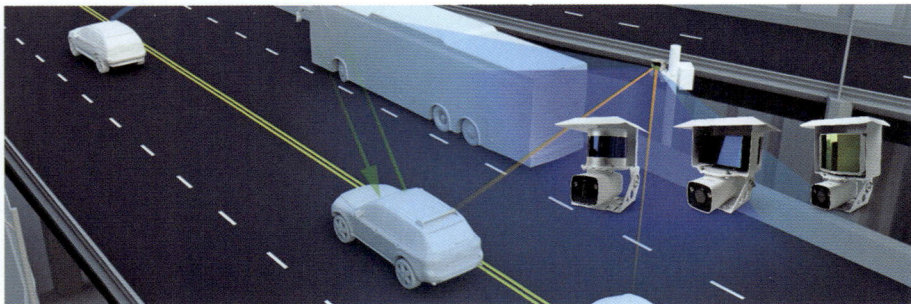

图 3.28　UGV 认知规划的位形空间

　　认知规划是在位形空间中搜索最优路径，就是把场景的结构化信息映射到 UGV 的位形空间里（图 3.28）。UGV 的位姿描述有六维，即 XYZ 和其三个角度，在这六维空间里面寻找一个无碰撞的车辆位置和姿态序列，这个序列是自主决策的期望输入。这里是解决优化问题，即形成的位姿序列应该是光滑的，应该能够适应车辆的运动约束。车辆的运动不像机器人那样能实现 360° 转动，车辆受非完整性约束，比如有转弯半径，有速度极限，怎么在满足这个约束的情况下得到最优的路径，这就是认知规划的问题。认知规划输出的路径是几何描述，输出的轨迹是在几何信息基础上增加时间信息，即每个时刻对车辆不仅有位置约束，而且对其速度也有约束。交通场景是由结构化场景和非结构化场景混杂在一起的，对于结构化场景来讲，认知规划可用几何曲线，比如车道保持，只需要行驶在车道中间。要换道就是从这个车道中间换到另外一个车道中间，对于路口和收费站等非结构化场景要用随机搜索算法。但是怎么寻求一种能同时用于结构化和非结构化环境的认知规划算法？把非结构化环境的认知规划算法——快速探索随机树（RRT）算法进行扩展，使其能够同时适应结构化的认知规划问题。在场景认知的研究中已经有大量深度学习技术，在 UGV 自主决策方面，机器学习也大有用武之地。比如可以用强化学习，通过车辆与环境的交互来学会自主驾驶。输入场景图像序列，得到自主决策序列，这叫端对端的学习。从场景认知到自主决策有很长的技术链路，端对端的学习希望输入感知数据，输出车辆的方向盘转动量、油门踏板的控制量，目前有很多人在做这方面的研究，基本思路就是把深度神经网络和强化学习结合起来，实现端对端的自主驾驶学习策略，如图 3.29 所示。

　　展望 UGV 技术的未来发展趋势：UGV 的场景计算和自主决策都可以基于"深度学习 +GPU"实现，深度学习在场景图像的语义标注上取得了很好的结果，对每个像素到底属于天空、道路，是行人还是车辆都可标注出来。这种场景语义对于车辆做更智能的决策和规划也会起到支撑作用。基于 UGV 的云端安全性测试

　　无人驾驶车辆认知与决策技术

如图 3.30 所示，安全性测试实际上是要解决一个小概率事件问题。在实验室里面能够想到的交通场景是有限的，真实的交通场景变化是无穷的，不可能穷尽所有，因此真实环境的 UGV 测试和实验室的仿真测试都必不可少。"实地测试 + 仿真 + 云端"是车辆行驶过程中的数据都会上传到云端，云端基于数据改进与更新算法，然后再升级 UGV 性能，这是目前走向实际应用的可行途径。

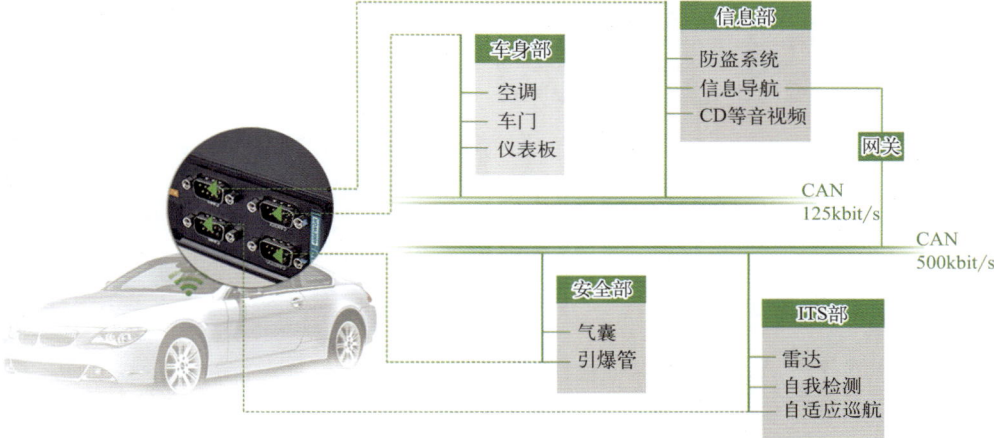

图 3.29　基于 UGV 的端对端的自主驾驶策略学习

图 3.30　基于 UGV 的云端安全性测试

第 4 章
基于认知 – 决策理论的 UGV 芯片技术

4.1 UGV 决策方法

决策方法解决的 UGV 问题不局限于对物理规律的决策，更重要的是结合物体和周边环境等，以及积累的经验数据知识，对环境、场景及物体做出更宏观的行为决策。例如，在行为决策宏观层面，UGV 需要在某种场景中进行决策，是保持直行还是右转通过路口。UGV 行为决策的轨迹既包括 UGV 在将来一段时间内运动学的规律等，还体现其在动力学中的规律变化，如图 4.1 所示。

UGV 转弯的时候，会先减速后加速，而加减速的快慢取决于弯道的弧度和长短。在实际的 UGV 系统中，将宏观层面的行为决策和轨迹生成抽象成两个问题来解决。宏观层面的行为决策问题，可抽象成 UGV 的学习问题，且可用基于大数据的深度学习技术来解决。随着计算机技术和 AI 的发展，无人化、智能化逐渐成为交通的演变趋势，思维迭代，螺旋上升，揭示 UGV 认知的步骤。例如，将 AI 在 UGV 中的应用分解为 UGV 的特点、应用及分析等。收集 UGV 的数据资料及实践案例，分析所得数据；揭示其中蕴含的 UGV 体系结构及功能设计等，分析其优势和当前应用存在的短板，研究 UGV 的角色与作用。

AI 的技术原理以及应用条件，思考如何使之与 UGV 结合，分析 AI 应用于 UGV 可能产生的影响，包括增益和局限两个方面，对于其局限性，还应考虑可能产生的后果，分析在 UGV 中应用 AI 的可行性，处理文本、图像、声音、视频等多种模态的数据，并生成具有逻辑性和连贯性的新内容。在 UGV 中，AI 相较于其

车辆注册

预调轴距

车辆到位？ 否

是

车辆低速运行，精调轴距，摆正方向

锁死台架，安装安全保护装置

车型阻力模型标定　　转向轮转角关系标定

确定测试项目，初始化虚拟场景

虚拟显示测试车辆与测试路况

车辆动作

计算车辆位姿　　采集车速、轮速、转向角等

虚拟场景更新：调整天气、路况、环境及交通事件；虚拟自动驾驶汽车及其他车辆执行动作；输出设备显示虚拟场景的测试过程

模拟俯仰、侧倾、航向角、路面附着系数等道路环境　　虚拟传感器感知交通环境并传至车载传感器

智能决策单元做出最优决策，执行相关动作

平台实时接收、处理、分析测试数据

否　　测试结束？

是

计算测试指标、拟合参数曲线、显示测试结果、评价自动驾驶测试指标性能

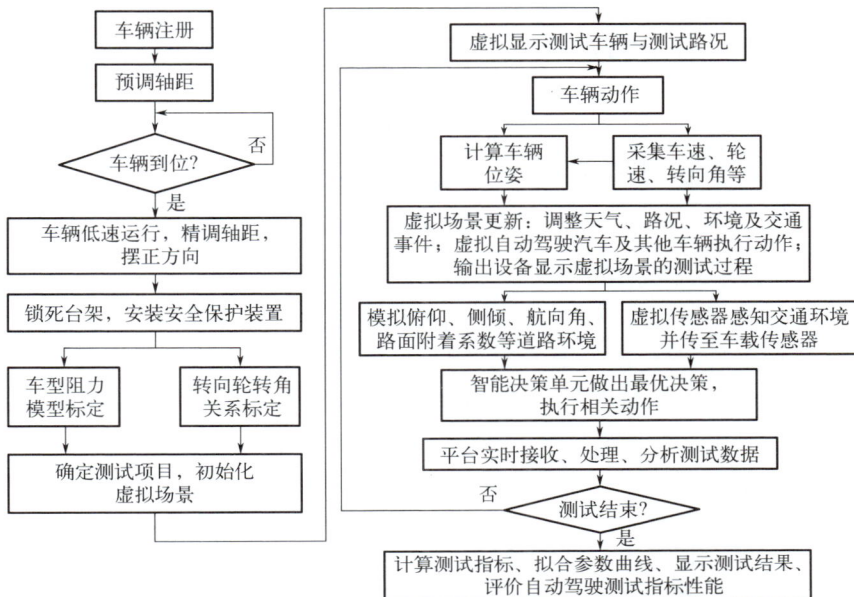

图 4.1　基于驾驶脑结构的 UGV 决策框架

他技术具有显著的应用优势，体现为：一是数据生成能力，AI 能基于学习到的数据分布生成新的、多样化的数据样本，在 UGV 的研发和测试中，有助于扩展训练数据集，提高模型泛化能力和鲁棒性，显著减少对数据标注的依赖，降低研发成本；二是自适应和学习能力，AI 能不断学习和优化模型，以适应不断变化的环境和任务需求，这种自适应和学习能力使 UGV 能在复杂多变的环境中保持高效稳定运行。

部署 AI 模型需要可处理大量数据和复杂算法的强大计算平台，其算力配置和能源要求是目前末端 UGV 无法满足的。理想的解决方案是利用嵌入式技术，将经过裁剪的定制版轻量化设计 AI 模型部署在具有特定任务参数的 UGV 边缘计算系统中，其实现将会为 UGV 带来革新。AI 在应用场景方面也存在局限。目前，AI 的原理仍是面向概率应用的统计数据拟合，存在生成内容逻辑性弱、可解释性差、推理性不强、易受数据偏见影响等问题，且暂时不具备概念认知和推演能力。因此，AI 在用户信任方面与所要求的内容仍有一定差距。现阶段的 AI 仅能适用于一些对规则要求较低的场景，如辅助决策、态势分析等。同时，AI 模型部署在云端进行云计算，需要较大的数据通信带宽，并确保网络的高度稳定，对数据传输的安全性和实时性也有着严格要求。AI 的准确性和有效性高度依赖于输入数据的质量，如果环境复杂多变，芯片数据可能存在噪声、缺失或不一致，影响 AI 的决策判断。决策环节需要根据判断结果制订计划和策略。AI 在特定任务上表现优异，但其泛化能力可能不足，导致无法做出有效决策。在决策过程中，AI 可能还涉及伦理和道德问题。执行环节需要确保计划的顺利实施，并对执行过程进行监控和调整。AI 在控制无人装备执行复杂任务时，需要确保高精度和稳定性。UGV 队列控制的目标是使队列中

车辆保持等间距匀速行驶，且要求相邻两车不能发生碰撞。然而，通信拓扑结构的改变以及通信延时或丢包的存在可能导致队列中车辆速度振荡，从而引起队列不稳定。

4.2 UGV 计算体系结构的局限性

在 UGV 的计算体系结构层面，随着类脑计算的蓬勃发展，从物理学的角度理解，认知已经成为当今 AI 面临的核心难题。当今的计算机本质上是机械的、电子的、非生命的计算装置，是能实证的，可用逻辑学的方法证明或者计算，如数值计算、优化计算、符号逻辑、定理证明、概率计算等。早期的冯·诺依曼计算机由 CPU（控制单元和运算单元）、内存、外存和输入设备、输出设备等组成。计算机体系结构强调构成计算机系统的各组件的内部结构及其相互关系，以及计算机系统软硬件之间的接口关系，包括指令集体系结构和微体系结构等层面。指令集体系结构是思维和物质之间的界面，用于定义处理器可执行的指令集（复杂指令集或者精简指令集）、数据类型、寄存器、内存访问方式、输入输出机制等。微体系结构是处理器内部的物理实现，得益于固体物理学成果，尤其是半导体芯片和集成电路，结构包括 CPU 内部的寄存器、数据路径、控制单元、缓存等组件。计算机体系结构涉及支持多核处理、基于 GPU 的异构处理单元等。

UGV 认知类似于类脑认知，存在记忆驱动的经验模式、知识驱动的推理模式、联想驱动的创造模式及假说驱动的发现模式。认知依赖记忆，记忆是难以计算的智能，先于计算、约束计算。当前情境下发生的动态的、不确定的记忆提取，体现选择性注意。但受图灵"智能的本质就是计算"的局限，传统 AI 只能是计算机智能，体系结构中只有简单的存储，缺少记忆的生成、调控和提取的组织结构。冯·诺依曼架构的计算机，核心是算力和算法，通过程序实现算法，利用算力完成运算，但不可能执行任何未预先编程的活动。而 UGV 认知是依靠记忆，计算机中的存储远不能覆盖记忆的丰富内涵，认知 UGV 需要模拟类脑的数百亿个神经元和突触组成的记忆网络才行。若把互联网看成超级记忆网络，无论是根据语法、语义、语境或者语用进行搜索，云计算及 AI 都是类脑动态不确定性的记忆网络修剪和提取过程，不同记忆就是不同尺度抽象的网络拓扑和表达，是复杂网络的数据挖掘而已。要把记忆的形成、调控和提取机制引入 UGV 认知架构。

传统计算机是开环设计。根据特定的输入，计算机通过程序运行完成计算，给出输出结果。今年计算、明年计算，在这里计算、在那里计算，结果都一样，不具有空间定位在内的认知能力，不具有时空决策智能，也没有具身行为动作的存在，只有启动状态和目标状态。达到目标状态的解决方案就是行动序列，确保 UGV 能从启动状态达到目标状态。如果在解决计算问题的过程中用户需要干预，则可通过预设的人机交互界面，用鼠标、键盘甚至语音等手段"填入"预设规格的相关内容。当然，这类交互技术进步很快，越来越趋于自然。在计算机科技领域，输入和输出司空见惯，人机交互耳熟能详，但把持久地与外界环境交互作为一种认知手段，作为 UGV 的具身智能却不多见。然而，若 UGV 有认知和决策能力，能学习、创作、成长，其在物理空间表现出的具身交互智能将成为新型认知 - 决策系统。

4.3　UGV 的细观架构

　　细观尺度是指一种介于宏观尺度与微观尺度之间的系统结构尺度。宏观尺度可以指对宏观场景、环境及道路等感知及认知的结构尺度；微观尺度可以指对微观芯片、微观机电结构及芯片管理系统等进行监测与控制的结构尺度；细观尺度就可以指嵌入式系统、类脑认知系统等结构尺度，是连接与沟通宏细观的桥梁。不从化学的原子水平或者物理学的分子水平的微观角度，也不从脑组织功能分区的宏观角度，而是在神经元细胞与神经元网络水平的尺度上研究脑认知及其模拟。细观角度的 UGV 由认知、决策等部件组成，其中的认知与决策都是双向互动的。认知系统里有定时定位定姿、语音文字、图形图像等多种部件，承担与外界环境的交互，而具身交互是反馈自调节的过程。从与时俱进的、不同抽象尺度的记忆网络中，挖掘出网络节点的层次结构、认知地图、概念树、知识点、知识图和网格随时间变化的知识谱。UGV 认知架构利用自学习，形成、修饰并巩固认知。认知也需要决策智能来帮忙，以提高认知的反馈和可解释性。认知和决策互相依赖，互相促进，已有的认知是决策的基础，新的认知又是决策的结果，反映了认知的重塑和驾驶决策的自成长过程。UGV 驾驶脑的认知结构如图 4.2 所示，有驾驶脑的 UGV 各不相同；其机械、电气及结构差异大，导致动力学与运动学特性不相同；规则类型、决策模型、特性、数量等也不相同，导致处理模块不相同，由此构成的 UGV 模块的数量、接口不相同。作为移动认知决策平台的 UGV，其芯片数量少则上百个，多则上千甚至上万个，芯片种类也从数十种上升至数百种。

　　驾驶脑包含物理空间的芯片信息处理模块，完成跨模态感知融合，特别是雷达、相机和 UGV 所在位置地图的融合；认知空间的思维决策模块，完成驾驶态势认知并形成决策，要关注车辆实时拥有的路权；物理空间对 UGV 具身的运动控制模块，通过对底盘的控制，给出对方向盘转角、油门（电机的转速和转矩）和制动的控制量。对这些信息进行跨模态的交互融合，形成当前的驾驶态势图，然后送入工作记忆。在长期记忆里，有驾驶地图、交通规则、各类典型场景记忆棒和事故记忆棒等。还要有人机交互完成路径规划，要通过学习、思维完成自主决策，通过 UGV 控制平台中的交互总线、决策总线和控制总线来完成 UGV 具身运动学和动力学行为，形成认知、决策和再认知、再决策的反馈闭环结构，探索从碳基智能转变到硅基 UGV 智能的物理通道，如图 4.3 和图 4.4 所示。

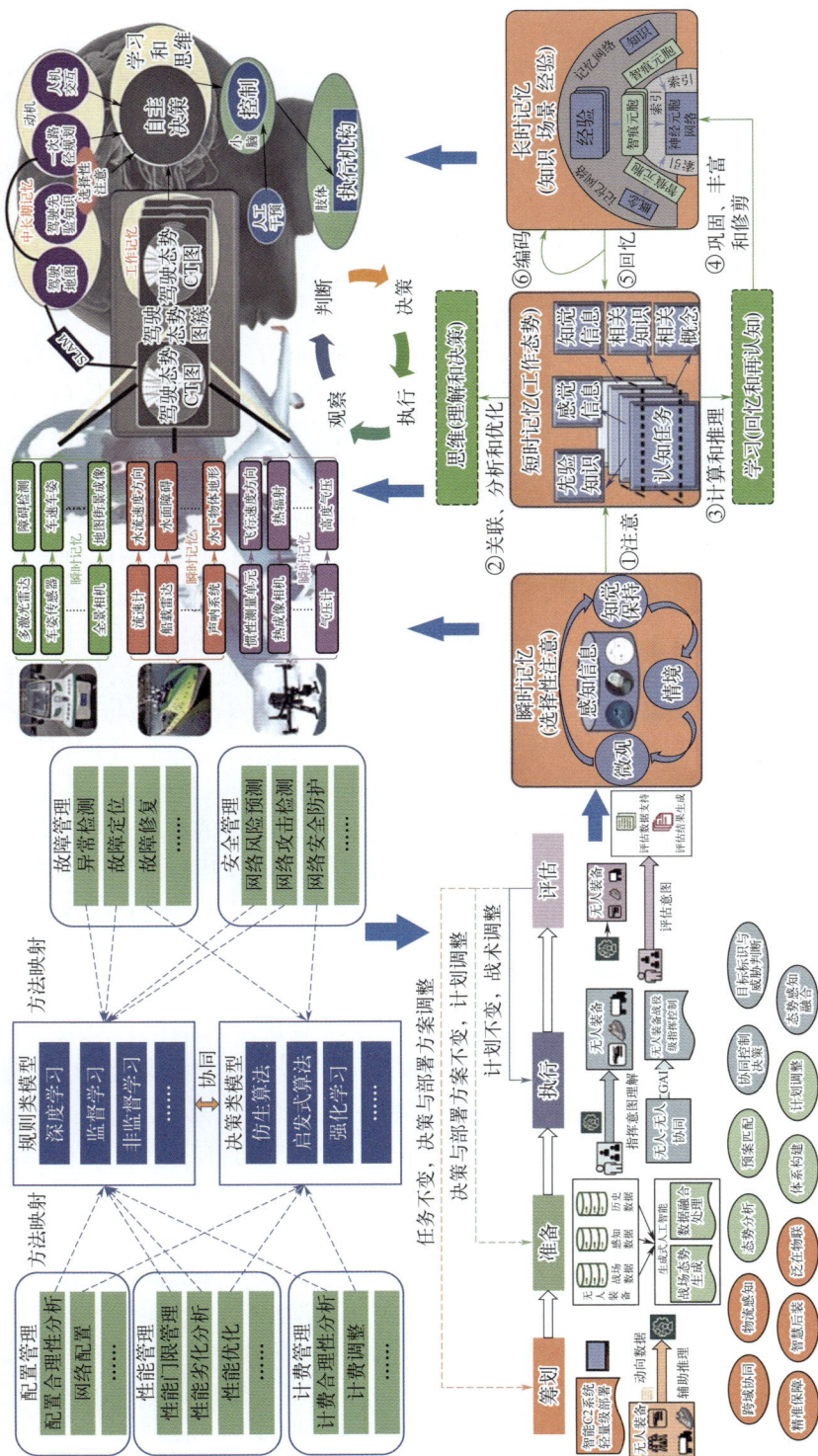

图 4.2 UGV 驾驶脑的认知结构

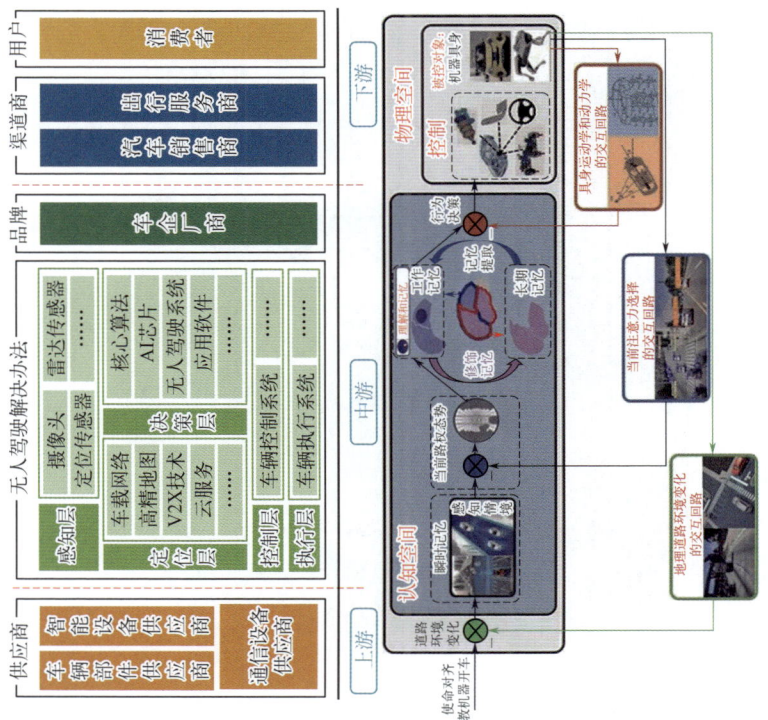

图 4.3 UGV 驾驶脑

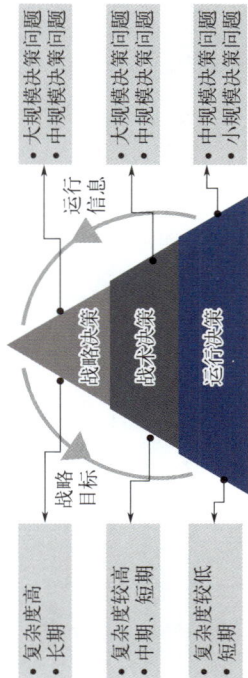

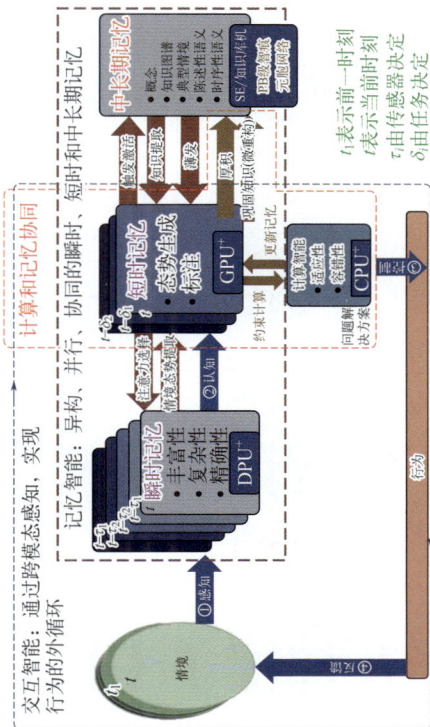

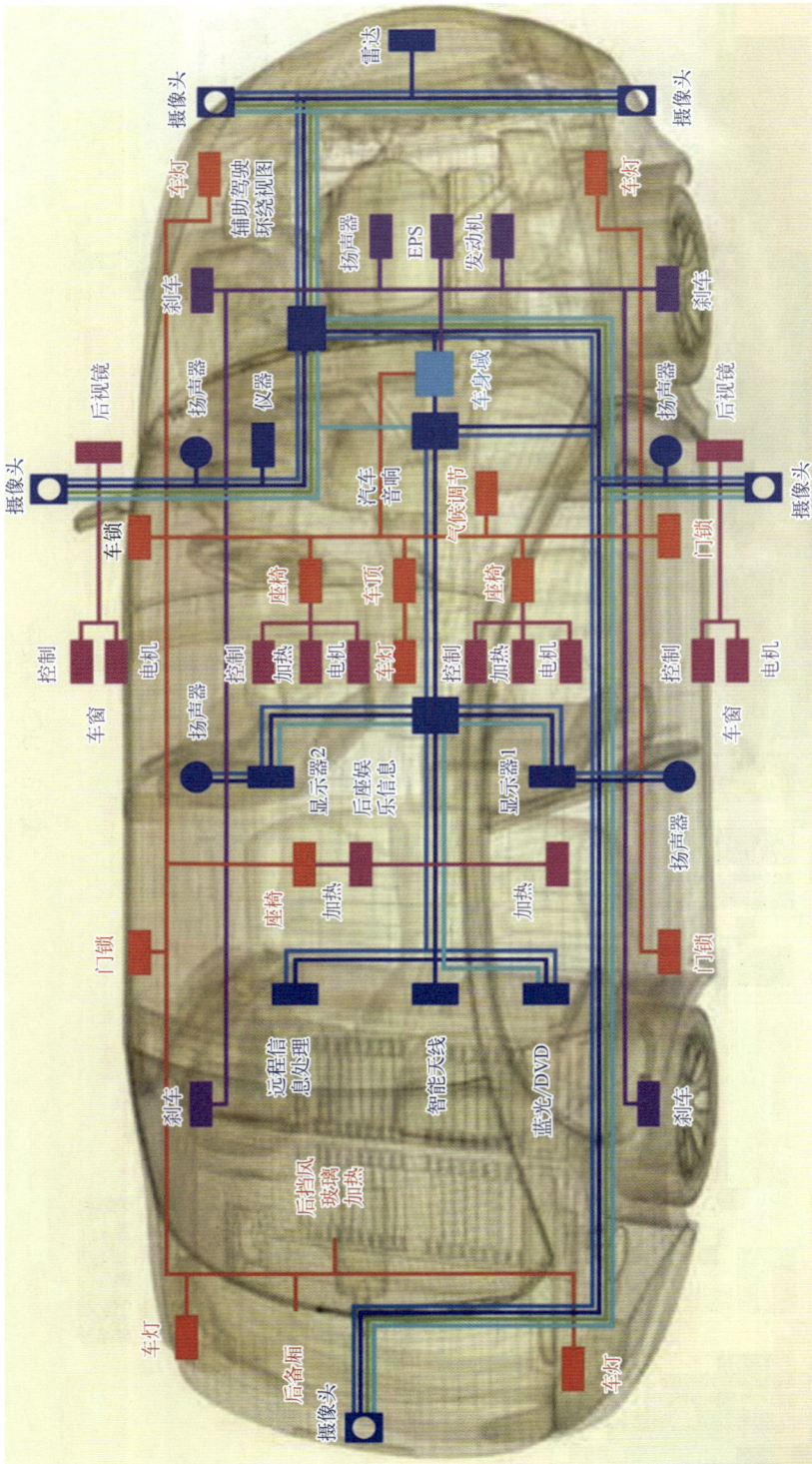

图 4.4　UGV 驾驶脑结构的功能布局

无人驾驶车辆认知与决策技术

4.4　UGV 认知的芯片结构

UGV 将物理世界当作认知对象，解释、解决交通发展过程中遇到的现实问题。芯片是 UGV 认知能力突破的关键。从成本和安全性方面考虑，单芯片方案更有优势。单芯片处理器支持多屏操作，显著降低系统复杂度，保障行车安全。从成本角度来看，单处理器的总成本也低于多处理器。车控操作系统分为与安全相关和与用户体验相关的两部分。集中式电子电气架构以及域控制器的引入，可减少线束的使用量。分布式电子电气架构（E/EA）的电子控制单元（ECU）时代，计算和控制的核心是微控制单元（MCU）芯片，传输的基础核心是基于 CAN、LIN 和 FlexRay 等的总线系统。随着 ECU 的不断增多，智能驾驶模块 / 域控制器调用左转向功能测试。驾驶域控制器向车身控制器、电机控制器及转向控制器发送车辆减速及向左转向的报文。传统 CAN 总线架构下，执行单元分别为车身控制器、电机控制器及转向控制器，UGV 决策模块将 CAN 报文发送至各执行器，由其完成具体功能；服务导向架构（SOA）下，执行器为车身域控制器（BDC）、动力总成域控制器下的 MCU 与底盘域控制器下的电动助力转向系统（EPS）单元，整个转向功能被定义为软件服务及多个子服务。传统车辆的电子电气架构采用分布式，其控制中枢由 ECU 通过 CAN 和 LIN 总线连接，在芯片、电源及通信芯片、执行器等零部件的配合下，实现对车辆状态与功能的操控。每个控制系统都采用单独的 ECU，不同的电控系统功能保持独立性，每增加一个功能就需要增加一个 ECU，因此传统车辆智能功能的增加和升级主要依赖 ECU 和芯片数量的累加。

随着智能化和网联化的渗透与升级，电子电气零部件占比也逐渐提高。每辆车需要的芯片数量都不一样，少则可能有几十个到上百个，多则可能有上千个甚至是几千个。随着车辆智能化的发展，UGV 芯片种类也从数十种上升至数百种。大脑大约有 1000 亿个神经元，大约有 100 万亿个突触，平均突触连接的长度为 $10 \sim 1000\mu m$。假设 $1\mu m$ 连接与 1 个微分方程近似，粗略估算，人类大脑具有 1000 万亿～ 10 亿亿个参数（该参数可能被低估）。

UGV 芯片按功能可分为控制芯片、计算芯片、传感芯片、认知芯片、决策芯片、通信芯片、存储芯片、安全芯片、功率芯片、驱动芯片、电源管理芯片等。例如，控制芯片（MCU）、系统级芯片（SoC），ECU 是嵌入式计算机，用于控制车辆的各系统，而车载 MCU 是车辆 ECU 的运算大脑，负责各种信息运算处理。计算芯片 CPU、GPU 为 SoC 芯片上的控制中心，起到调度、管理、协调等作用。但目前的 CPU、GPU 的计算单元较少，根本无法满足大量并行的类脑运算任务。因此，UGV 的 SoC 芯片上需要大量集成，例如一个芯片，除 CPU 之外，还需要一个或多个 XPU、GPU 来完成 AI 运算。功率芯片：IGBT、碳化硅、功率 MOSFET 半导体芯片等，在车辆电子装置中起到电能转换与电路控制等作用，用于改变电子装置中电压和频率、直流和交流转换等。通信芯片：蜂窝、WLAN、LIN、直连 V2X、UWB、CAN、卫星定位、NFC、蓝牙、ETC、以太网等，可分为有线通信和无线通信。有线通信，用于车内设备之间的各种数据传输。无线通信，实现车与车、车与人、车与设备、车与周边环境互联等。存储芯片：DRAM、NOR FLASH、EEPROM、SRAM、NAND FLASH，是车辆的存储芯片，用于存储车辆的各种程序和数据。电源 / 模拟芯片：SBC、模拟前端、DC/DC、数字隔离、DC/AC，模拟芯片是连接物理现实世界和数字世界的桥梁，指由电阻、电容、晶体管等组成的模拟电路，集成处理连续函数形式模拟信号（如声音、光线、温度等）的集成电路。驱动芯片：高边驱动、低边驱动、LED/ 显示、桥接、其他驱动等。在车辆电子系统中，负载的驱动包含低边驱动、高边驱动等，高边驱动用于座椅、照明和风扇等，低边驱动用于电机、加热器等。传感芯片：超声波、图像、语音、激光、惯导、毫米波、指纹、红外、电压、温度、电流、湿度、位置、压力，车辆芯片包含车身芯片和环境感知芯片等。在车辆运行中，车辆芯片采集车身状态（如温度、压力、位置、转速等）和环境信息，并将采集到的信息转换为电信号，传输至车辆的中央控制单元。安全芯片：T-Box/V2X 安全芯片等，车辆安全芯片是内部集成密码算法，并具备物理防攻击设计的集成电路。随着车辆智能化的发展，车辆中的电子设备数量不可避免地增加，与之相伴的就是芯片数量的增长。UGV 就像轮子上的巨型计算机。

软件定义车辆的本质，是车辆内的硬件与软件更大程度地解耦，犹如功能手机向智能手机的转变——上层应用的个性化也因此有了更大的发挥空间，而下层的硬件和各种中间件趋于标准化。实现软件定义车辆的下层基础就是车辆电子电气架构从过去的分布式 ECU 到 DCU，再到更中心化的构成方式。存储芯片也叫存储器，是用于存储程序和各种数据信息的记忆部件。根据断电后数据是否被保存，存储芯片可分为 ROM（非易失性存储芯片）和 RAM（易失性存储芯片），即闪存和内存，其中闪存包括 NAND Flash 和 NOR Flash，内存主要为 DRAM。整车的电子电气架构从传统的分布式到域控制器式，再到中央处理器式，逐步发展。从各个模块相互独立，到功能集成、域控制，到域控制融合，再到整车融合中央处理，最终到达云计算。目前，基于 NOR 闪存架构的存算一体 AI 芯片，其主要应用领域就是对成本和运算效率（特别是功耗）敏感的应用，如边缘侧的低功耗、低成本语音识别等。而随着智能驾驶和车联网的发展，其还可拓展更多应用场景。

芯片算力是 AI 要素之一。存算一体是将存储器和处理器合并为一体。人类在思考时，为了提高效率、速度及质量，存储和计算是一起进行的。传统冯·诺依曼经典计算机架构，为了考虑二进制与编程等特色，处理存储和计算是分开的，存储有计算机的硬盘，就像书柜，计算有计算机的内存，就像书桌。但这需要反复调阅硬盘与内存，即需要反复翻越存储墙与功耗墙。而类脑计算架构，充分考虑人脑的思维习惯与特色，将存算一体化设计，更合理，且更有效率。存储墙：冯·诺依曼架构的存算分离会导致外部存储器运行速度远小于处理器的运算速度，系统整体会受到传输带宽瓶颈的限制，导致算力远低于处理器标定的理论算力。功耗墙：冯·诺依曼架构中，数据在处理器和外部存储器中频繁高速传递，会导致系统功耗很高。同时，摩尔定律触碰 1nm，芯片特征尺寸已进入量子效应显著范围，引起一系列物理效应，包括栅隧穿泄漏、载流子界面散射、电阻占比增大等，导致功耗密度快速上升。当打破两堵墙后，数据就不用来回搬运处理，也不会"交通堵塞"，此时整体功耗就更低。

忆阻器全称是记忆电阻器（memristor），由 memory 和 resistor 两个单词组成，在电路的基本变量电流 I、电压 U、电荷量 q 和磁通量 φ 中，前三者分别对应电阻器、电容器和电感器，而磁通量 φ 表征磁通量与电荷之间的关系，即忆阻器特性，忆阻器特性可记忆流经其的电荷量。根据材料物理机制，忆阻器可分为阻变随机存储器（RRAM）、相变存储器（PCRAM）、磁随机存储器（MRAM）和铁电随机存储器（FeRAM）等。量子芯片探索量子边界，引领计算技术新突破，是量子计算的载体，用超导材料表现出的独特量子特性，构建和操作量子结构。这些量子结构通过精细设计的超导电路进行控制，不仅操作速度快，而且具有较长的相干时间，从而增强量子计算的准确性与可靠性。超导量子芯片的可扩展性使其能够集成众多量子结构，为执行复杂的量子算法提供依据，展现出应用潜力，推动量子技术发展，如图 4.5 所示。

无论是存算一体还是忆阻器，都与类脑芯片或者神经形态计算相关联，已经模仿了类脑功能。类脑芯片就是从算法、架构上模仿类脑计算的"突触可塑性"，这是类脑认知和决策的重要基础，其允许突触根据其活动增强或减弱，并由突触上的神经递质受体控制。用忆阻器实现的类脑芯片高能效、低功耗，降低功耗就意味着设备拥有更多算力。从技术上来看，存算一体器件特性难以满足全部需求，存算一体的形态多，但每种器件的侧重点又不同，不一定能满足全部应用需求；阵列存在设计电容电阻问题；现有集成电路设计与集成技术难以满足需求，存算

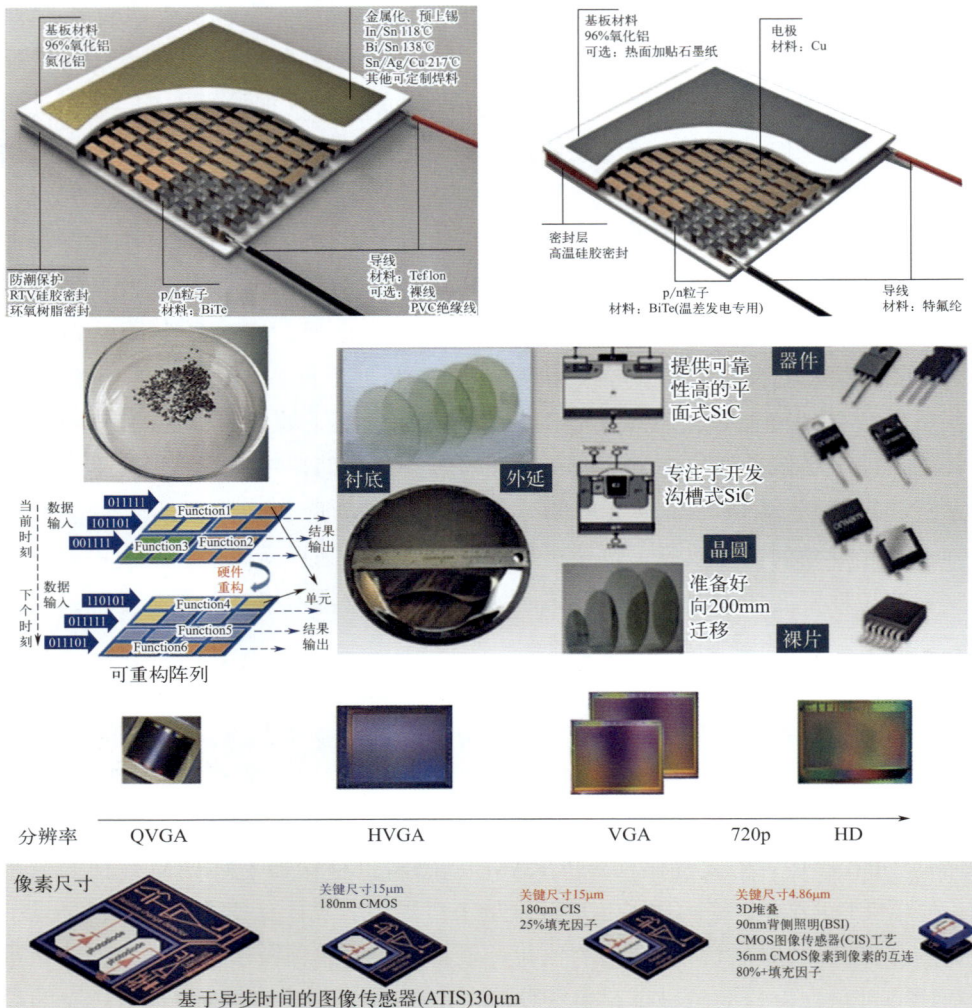

图 4.5　UGV 的车规功率半导体芯片结构

一体是低功耗，但外围控制辅助电路的面积和功耗都很高，会减少存算一体的部分收益，同时存在工艺差距，若统一工艺，会增加硬件成本。动力域控制器是智能化的动力总成管理单元，借助 CAN/FlexRay 实现变速器管理、发动机管理、电池监控、交流发电机调节。其优势在于为多种动力系统单元（氢发动机、电动机/发电机、电池、变速器）计算和分配转矩，通过预判驾驶策略实现减排、通信网关等，用于动力总成优化与控制，同时兼具电气智能故障诊断、智能节电、总线通信等功能。系统包括：①智能动力域控制器软硬件平台，对动力域内子控制器进行功能整合，集成 ECU 的基本功能；②以安全等级为目标，具备信息安全、通信管理等功能；③支持的通信类型包括 CAN/CAN-FD、以太网等，并对通信提供加密算法支持；④面向 CPU/GPU 发展，实时智能协调及监控动力输出，提升驾控性能及安全性。同时保护电池安全，根据系统需求，同步优化能量分配，增加续航里程。域控制器负责具体的车辆行驶控制，包括电动助力转向系统（EPS）、车身稳定系统（ESC）、电动制动助力器及空气悬架等。底盘域控制系统具备较高的安全等级要求，需要符合安全等级要求。底盘域具备较高的行业门槛，目前某些底盘域控制器仍处于实验室阶段，如表 4.1 所示。

表 4.1　UGV 电子电气架构比较

类别	优点	缺点
分布式电子电气架构	各模块间功能划分明确，独立性强，软硬件强耦合，各模块可独立开发	各模块间芯片算力无法协同，且相互冗余，分布式架构需要大量内部通信，增加线束成本；功能更新需各模块供应商负责，研发与推送效率低，且供应链管理难度极大
（跨）域集中式电子电气架构	将分散的 ECU 集中到动力、底盘、座舱、驾驶、车身等几大域控制器中，减少内部通信需求与线束成本；软硬件逐步解耦，硬件超前设计，软件自研，通过 OTA 灵活更新	域分布式计算下大算力 SoC 芯片成本较高，算力存在冗余且单车算力存在物理上限

高边驱动应用场景相比于传统的机械控制系统，芯片系统采用了完全不同的控制方式，有着机械控制系统无可比拟的优点：①车辆更轻便，采用芯片系统之后，舍去了传统的机械控制装置，一方面减轻车辆的整备质量，降低了车辆的能源消耗，也减少了车辆的噪声和振动，另一方面，传统机械装置的去除以及电线布置的灵活性也节省空间，提高了乘客的乘坐舒适性，也有利于实现模块化的底盘设计；②控制更为精确，由于采用芯片实时收集车辆的各项参数，UGV 动作的行程需要调节的程度也可通过芯片准确地记录，控制精度得以提升；③控制策略更丰富，可实现对底盘多个子系统的协调控制，以提高车辆的性能；④制造也更简单，芯片技术在车辆上的发展，可简化生产、装配和调试，节约生产成本和开发周期，也有利于车辆生产企业根据用户需求的不同进行个性化的定制；⑤安全性得到提升，例如，若 UGV 舍去传统转向轴，当车辆发生撞击时，可减少机械部件对乘客的伤害。

4.5 芯片技术的应用现状及未来发展

芯片技术并非近年才出现，该技术已存在 20 余年，但之前因为技术上的不成熟，导致消费者使用感受不佳，且芯片技术是由行车电脑对于转向、加速等行为进行调节控制，责任归属方面很难理清，种种因素阻碍了其在市场上的普及推广。而近年 UGV 的快速发展，为其带来了新生机，同时良好的市场前景引发了企业及相关机构的竞相投入，用可靠的全电子系统代替传统的控制系统。随着电子产品成本的降低，UGV 技术的逐步完善，UGV 开发的节能、环保和安全要求也日益提高。芯片技术在 UGV 领域的应用将越来越广，成为 UGV 落地不可替代的关键技术。芯片系统工作效率提高，车辆内部各种信息都通过电信号传输，可提高信息传递的效率，控制更加迅速，响应更加灵敏，UGV 对实时性的严格要求至关重要。连接 UGV 芯片 ECU 的总线结构如图 4.6 所示。

随着整车发展，车身控制器越来越多，为了降低控制器成本，降低整车重量，从集成化角度出发，需要把所有功能器件，从车头部分、车中间部分和车尾部分（如后制动灯、后位置灯、尾门锁、双撑杆）连接到总控制器里面。车身域控制器从分散化的功能组合，逐渐过渡到集成车身电子的基础驱动、钥匙功能、车灯、车门、车窗等控制器。车身域控制系统综合灯光、雨刮洗涤、中控门锁、车窗控制、智能钥匙（PEPS）、低频天线、低频天线驱动、电子转向柱锁、天线、网关CAN、可扩展 FlexRay、LIN、以太网接口等进行总体开发设计。从通信角度来看，存在传统架构 - 混合架构的演变过程，车身域电子系统尚处于成长期。智驾域控制器承担 UGV 所需要的数据处理运算及判断能力，包括对毫米波雷达、摄像头、激光雷达、GPS、惯性导航等设备的数据处理工作。域控制器能够使车辆具备多芯片融合、定位、路径认知、决策控制的能力，需外接摄像头、毫米波雷达、激光雷达等，完成图像识别、数据处理等功能。无须搭载工控机、控制板等硬件，需匹配高运算力处理器，为 UGV 提供不同等级的算力支持，目标是满足算力需求，提高系统集成度。如图 4.7（a）所示，可编程光子电路的技术架构即可编程光子集成电路的功能层，光子芯片具有连接到控制电子器件、光纤、高速调制器和探测器的光学和微波域之间转换光门的可编程网格。如图 4.7（b）所示，考虑热和机械的约束以及密封性和电磁兼容性（electromagnetic compatibility，EMC）的要求，光子芯片与模拟和数字驱动的电子元件一起封装。图 4.7（c）展示了软件算法和编程层给予用户访问光子功能的权限。

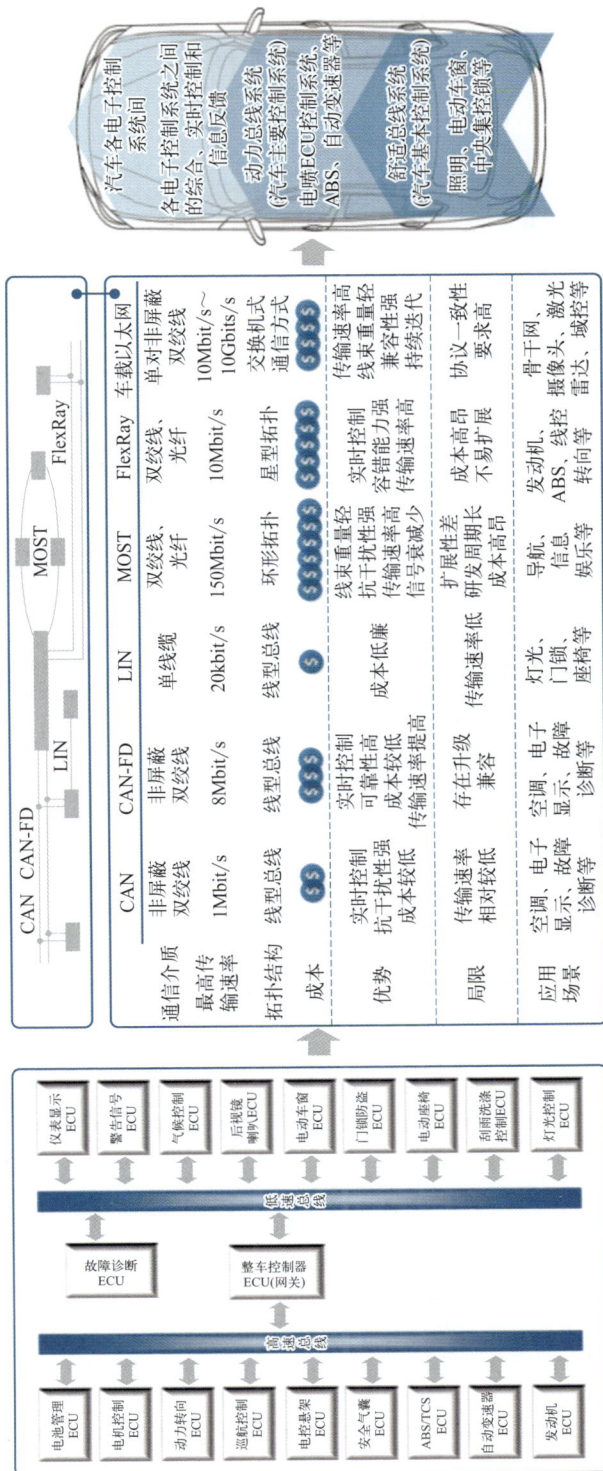

图 4.6　连接 UGV 芯片 ECU 的总线结构

	CAN	CAN-FD	LIN	MOST	FlexRay	车载以太网
通信介质	非屏蔽双绞线	非屏蔽双绞线	单线缆	双绞线、光纤	双绞线、光纤	单对非屏蔽双绞线
最高传输速率	1Mbit/s	8Mbit/s	20kbit/s	150Mbit/s	10Mbit/s	10Mbit/s~10Gbit/s
拓扑结构	线型总线	线型总线	线型总线	环形拓扑	星型拓扑	交换机式通信方式
成本	$$	$$$	$	$$$$$	$$$$$	$$$$$
优势	实时控制抗干扰性强成本较低	实时控制可靠性高成本较低传输速率提高	成本低廉	线束重量轻抗干扰性强传输速率高信号衰减小	实时控制容错能力强传输速率高	传输速率高线束重量轻兼容性强持续替代
局限	传输速率相对较低	存在升级兼容	传输速率低	扩展性差研发周期长成本高昂	成本高昂不易扩展	协议一致性要求高
应用场景	空调、电子显示、故障诊断等	空调、电子显示、故障诊断等	灯光、门锁、座椅等	导航、信息娱乐等	发动机、ABS、线控转向等	骨干网、摄像头、激光雷达、域控等

汽车各电子控制系统间

各电子控制系统之间的综合、实时控制和信息反馈

动力总线系统（汽车主要控制系统）电喷ECU控制系统、ABS、自动变速器等

舒适总线系统（汽车基本控制系统）照明、电动车窗、中央集控锁等

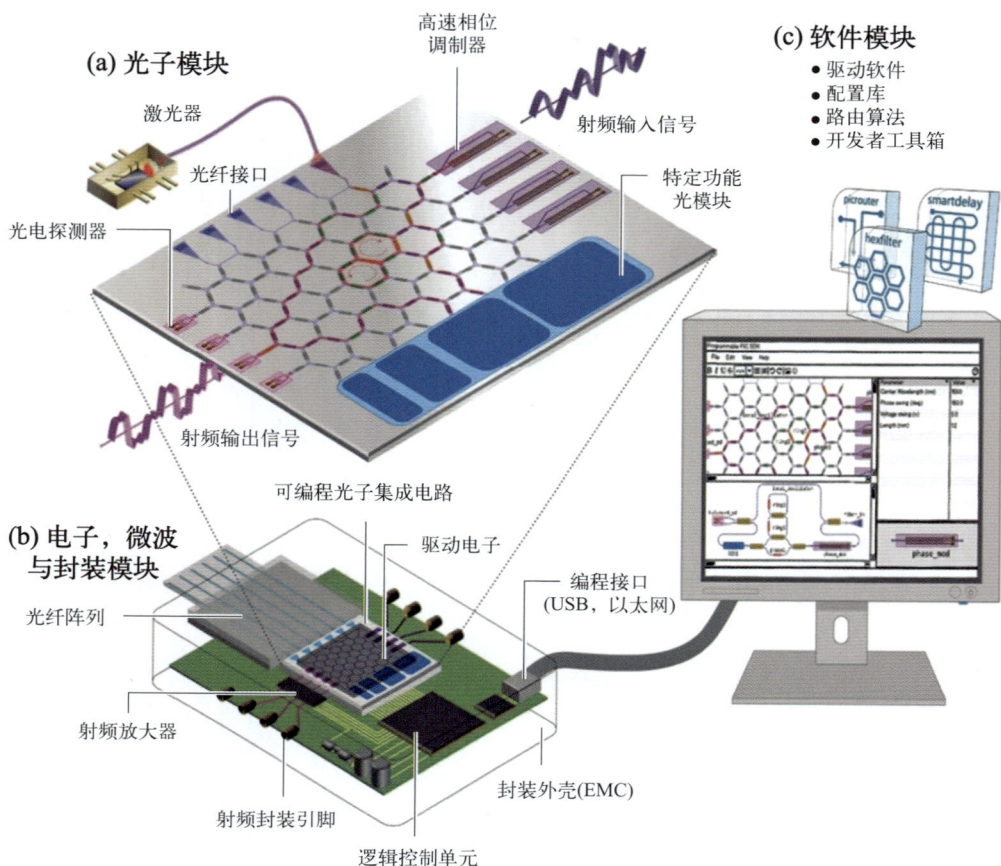

图 4.7　UGV 的光子芯片技术框架

　　光子芯片在基本操作和可有效执行的功能方面与电子芯片是不同的。人们期望这两种类型的芯片是互补的，不期望将光子电路仅用于电子学擅长的数字计算，而是期望光子芯片能在通信、传感和宽带模拟信号处理领域发挥作用。可编程光子芯片自然比定制设计的电路更通用和灵活。当然，当这些芯片可以在多个应用中使用时，这种可编程性才有用。光子芯片的发展是由高速通信（电信和数据中心）推动的，但是其他应用，例如感应和信息处理，正在探索中，期望可编程的光子芯片将以不同的模式融入生态系统。如图 4.8 所示为 UGV 在可编程光子电路中的应用，微波信号通过调制转换后可以在光纤上传输，并在光学领域进行处理，应用于 x 数字用户线（xDSL）和 5G 中。光学芯片系统可用于建筑、车辆、安全和医疗环境，如光学相干层析成像（OCT）或调频连续波（FMCW）激光雷达。

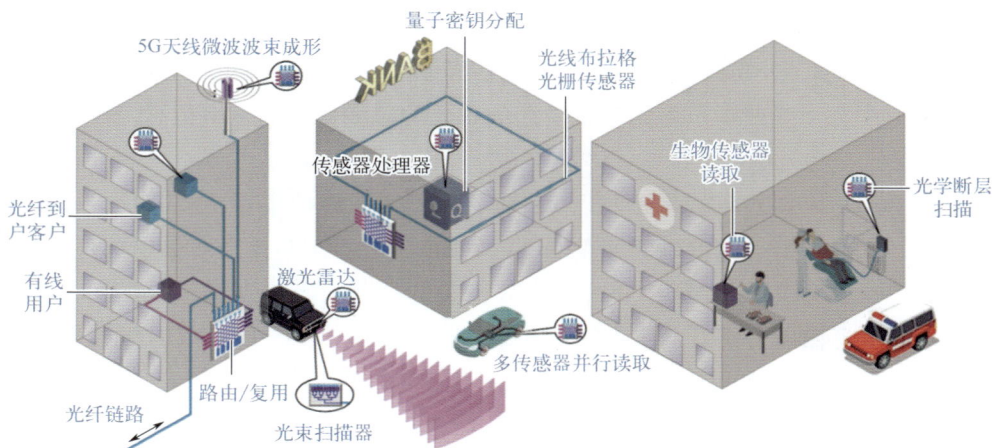

图 4.8　UGV 在可编程光子电路中的应用

4.6　无人驾驶车辆联网系统的通信

　　UGV 作为独立个体连入通信联网系统当中，UGV 的中控系统、网关系统以及电控系统是 UGV 联网的重要硬件基础。中控系统的组成为空调控制系统、车载娱乐信息系统、车载导航定位系统；网关系统的组成为 T-Box（主要包括 GPS/AGPS、SIM，部分自带电源的低功耗 GPS）；电控系统的组成为数字化仪表、车身控制模块（BCM）、电池管理系统（BMS）、行车电脑（ECU）、发动机管理系统（EMS）等。

　　车联网平台的功能有车辆信息管理、车辆监控、车辆控制以及车辆数据统计分析等。信息管理包括车型、T-Box、电池、芯片、SIM 卡等；车辆监控包括位置、故障、CAN 数据等；车辆控制包括车锁、车门、车灯、车窗等控制；数据统计包括车速、电量、里程、故障等。用户 App 可以直接与车联网平台数据交互，或者通过第三方业务平台中转数据至车联网平台。用户 App 的主要功能是车辆控制，如对车锁、车门、车灯、车窗等车身系统进行控制。UGV 设备控制器与车载 T-Box 组成局域网络，而车载 T-Box 可以访问互联网，因此车载设备、车联网平台、用户手机 App 可以进行相互之间的数据交互。

　　（1）T-Box 与车辆通信

　　① CAN 总线。高速 CAN 总线：速率可达到 500kbit/s，传递信息量较大、速度快，用于驱动系统，连接发动机控制单元、ABS 控制单元、安全气囊控制单元、组合仪表等行车系统。低速 CAN 总线：速率为 100kbit/s，用于车身系统，连接

中控锁、电动门窗、后视镜、车内照明灯等对数据传输速率要求不高的车身系统。目前汽车上的 CAN 总线连接方式主要包括高速、低速 CAN 总线两种，此外中高级轿车上还有一些如娱乐系统或智能通信系统的总线，传输速率更高，可以超过 1Mbit/s。

② OBD。OBD 能监测发动机、催化转化器、颗粒捕集器、氧芯片、排放控制系统、燃油系统、EGR 等系统和部件。OBD 通过各种与排放有关的部件信息，连接到 ECU，ECU 能检测和分析与排放相关的故障；当出现排放故障时，ECU 记录故障信息和相关代码，并通过故障灯发出警告，告知 UGV；ECU 通过数据接口，保证对故障信息的访问和处理。

③ I/O 硬件。I/O 硬件是通过继电器的闭合来控制车辆的部分系统，用于改装车辆。由于车辆主机厂的 CAN 协议无法获取，只能通过改装，采用 T-Box 直接与某些系统相连，中间通过继电器的闭合控制。

（2）UGV 与 UGV 联网平台通信

UGV 与 UGV 联网平台通过在 T-Box 上安装的网卡，将车载 T-Box 连入互联网，将车辆实时的状态数据以报文的形式上报给车联网平台，车联网平台也主动下发指令给 T-Box 控制车辆。

① 车辆上报给车联网平台的上行数据包括车辆状态（车辆状态、运行模式、车速、里程、挡位、加速踏板行程值、制动踏板状态）、定位数据（经度、纬度、速度等）、BCM 状态（中控锁、后备厢、车窗、车灯、喇叭、车门等车身部件状态）、EAS 状态（空调状态、AC 状态、PTC、循环、风向、风量挡位等）。上报数据的方式主要有：周期性上报，每隔一段时间 T-Box 主动上报车辆的状态数据；触发式上报，当车辆某些状态数据发生变化时，T-Box 上报车辆数据，如车辆启动时；即时召读，车联网平台主动查询数据，下发获取数据指令，T-Box 即时反馈车辆状态数据；反馈上报，通过车联网平台下发控制指令后，反馈指令执行结果。

② UGV 联网平台下发给车辆的下行指令包括车辆控制（车门、车窗、空调、中控、车灯、后备厢、电机等开关控制）、空调控制（开关、风速、冷热、风向、风量等），分为以下三个步骤：车联网平台下发指令至 T-Box；T-Box 下发指令至车辆系统；执行结果反馈给车联网平台，如图 4.9 所示。

（3）UGV 联网平台与用户 App 通信

目前，用户可直接通过手机 App 与 UGV 联网平台交互，或者先与独立的业务平台交互，再由业务平台与车联网平台交互，此种方式多用于分时租赁。用户可发送对车辆的控制指令以及想获取的车辆状态数据。

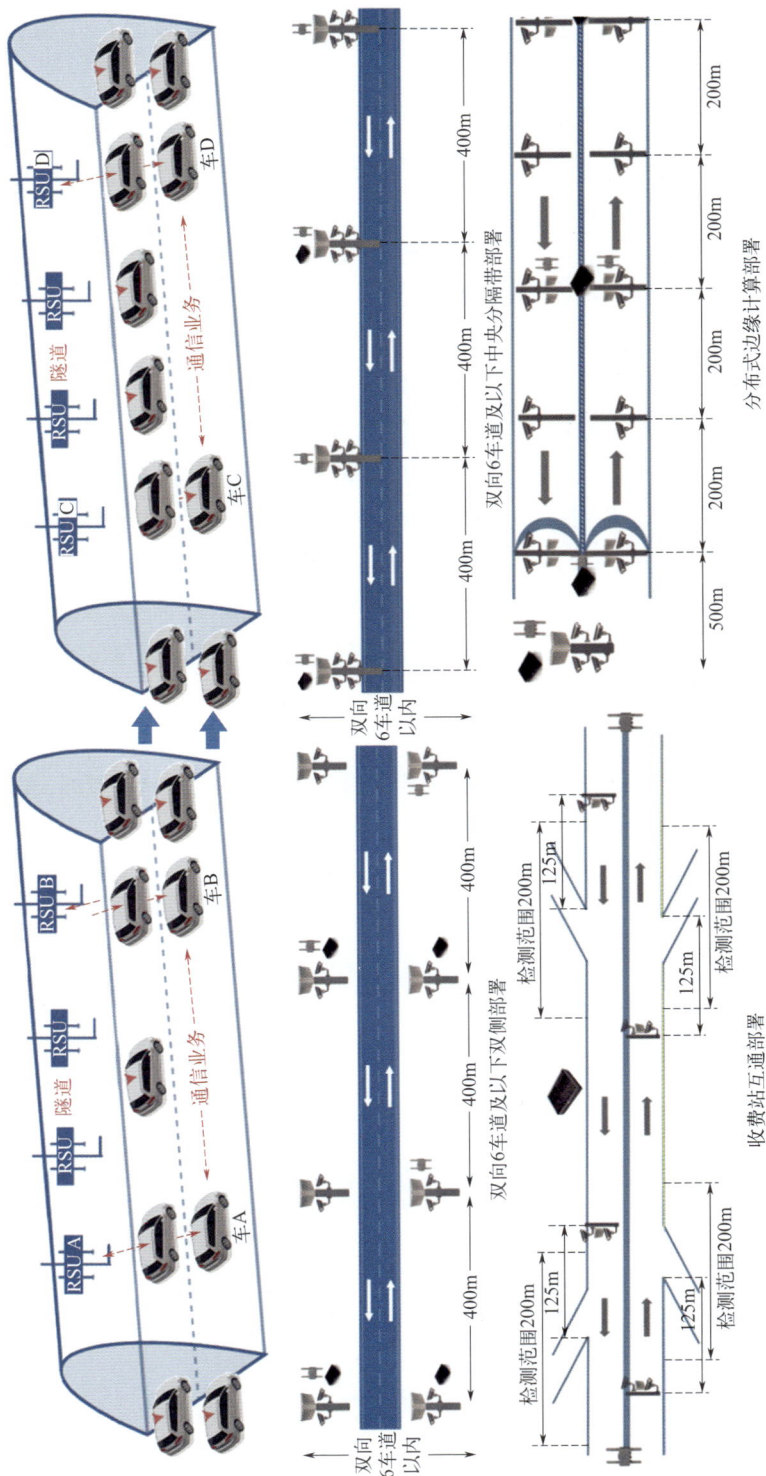

图 4.9　基于 UGV 通信的车联网结构

① 控制指令：用户通过 App 控制车辆，主要是车锁、车门、车窗、后备厢、空调的控制。

② 状态数据：用户需要获取车辆的状态数据，主要是车锁、车门、车窗、后备厢、空调的实时状态以及下发控制指令的结果反馈信息。

（4）UGV 与手机 App 直接通信

UGV 与手机蓝牙通信，主要防止 UGV 在无信号场景下无法通过网络实现手机对 UGV 的控制，因此 UGV 与手机的蓝牙通信主要实现车辆的门锁控制、启动授权。

① 静态绑定适用于私家车的使用场景，手机和车辆一对一长期绑定。在车联网平台录入车辆信息时录入手机的蓝牙信息以及 MAC 地址，将信息下发至车载 T-Box，将车载蓝牙信息下发至手机，完成车辆与手机蓝牙的绑定。

② 动态绑定有车载 SIM 卡有信号和无信号两种方式。车载 SIM 卡有信号，手机申请绑定车载蓝牙，发送蓝牙信息、MAC 地址至车联网平台，再由车联网平台转发至车辆 T-Box 中，将提前录入车联网平台的车载蓝牙信息发送至手机，完成手机与车辆蓝牙的绑定。车载 SIM 卡无信号，手机申请绑定车载蓝牙，发送手机蓝牙信息、MAC 地址至车联网平台，由车联网平台转发至车辆 T-Box 中但无法接收，此时可将存储在车联网平台中上次用车完成车辆生成的蓝牙配对信息下发至用户手机，完成手机与车载蓝牙的绑定。此种方式下，每次使用完该蓝牙配对信息后，便自主生成新的配对信息，来持续完成任务。

第 5 章
UGV 电驱决策技术

5.1 UGV 电驱决策博弈 – 礼让等耦合方法

基于博弈论的决策方法认为，UGV 与环境中的交互物体等存在博弈 - 礼让等耦合关系，UGV 决策建模方式将存在交互行为的所有决策个体视为博弈 - 礼让中的参与者，各方的状态改变依赖 UGV 博弈 - 礼让耦合决策方法，以此构建博弈 - 礼让耦合矩阵，作为博弈 - 礼让耦合驾驶决策组合。目前，博弈参与者的收益由 UGV 的安全性、效率以及舒适性等指标构成。在 UGV 之间运用博弈论方法，可以解决如高速公路匝道口汇入的困难场景问题。通过对路口场景的 UGV 进行建模，运用蒙特卡洛树优化搜索。引入 UGV 的运动学、动力学模型，通过递归方式，减少搜索空间，优化 UGV 的决策能力与信息动态博弈，博弈双方根据相关决策，达到决策均衡。对于环境中的参与者，UGV 系统通过迭代改进等，将决策方法计算量减少，实现运算的加速。博弈论融入决策方法中，考虑建立在环境中的决策参与者均为理性决策者。当 UGV 在真实场景中遇到非理性决策者时，该方法可能会做出错误的决策。如何为理性决策者和非理性决策者进行建模分析，如何增强博弈决策算法的稳定性，是基于博弈论的决策方法需要面临的挑战。

与博弈形式有所不同，礼让形式的决策方法更倾向于采用对环境造成影响较小的优化决策。将环境 UGV 的驾驶行为建模为朴素贝叶斯的形式，基于此模型，聚焦交通的汇入车流场景，设计出礼让形式的决策方案。UGV 对不同的决策所带来的代价函数进行计算，然后选择最佳决策。用粒子滤波器来估计环境中智能

UGV 模型的行为参数，例如期望加速度、期望速度、间隔距离等，根据认知推演未来空间内的 UGV 状态，获得优化决策。将环境中的障碍物等信息以语义序列的方式提取出来，然后通过优化目标函数进行决策。

采用礼让形式的决策方法，可理解为与环境的交互，此类型的决策方法，基于对经验数据中信息的提取，根据对场景的推演，生成 UGV 当前帧的决策以达到最优目标函数。该类方法较依赖数据，且缺乏对环境的主动交互，在长时域内对环境 UGV 的驾驶行为以及运动轨迹的预测不足，在短时域内可能会陷入局部最优，从而对决策方法的稳定性带来挑战。礼让形式下的决策方法在交互场景中更倾向于选择保守决策，该特性虽可有效地提高 UGV 的安全性，但在车流量较高的复杂场景中，决策可能举步不前，效率不高。

5.2　基于人工智能的 UGV 决策方法

根据 UGV 状态分解以及连接逻辑，将其分为串联式、并联式、混联式等体系架构。当 UGV 处于不同的决策场景中时，通过计算 UGV 状态，在决策树中检索具体的行为决策，该决策框架包括微型场景信息模型和基于多属性决策的车道变更行为的决策模型，其拥有清晰的决策意图，具备较强的可解释性，但难以涵盖 UGV 真实行驶环境中的边缘场景，难以保证决策方法在真实复杂多变的驾驶环境中的稳定性。基于学习的决策方法，随着车载单元计算能力的增强，愈发得到学术界与工业界的关注。

考虑基于深度监督学习的决策方法，UGV 可以从大量的标签驾驶行为的数据中学习环境信息，然后将这些信息映射到 UGV 决策的有效关系中去。由于深度监督学习已经在图像等领域得到应用与验证，该类型在学习类方法中率先被应用于 UGV 的决策方法。基于长短时记忆神经网络和条件随机场模型的类脑决策算法，用端到端的决策模块提高 UGV 换道决策的成功率，实现对 UGV 的横向控制与纵向控制，决策模块计算出方向盘的期望偏角，以实现对路径的跟踪，从图像时间序列中获取油门与刹车的控制量。该方法依赖数据集的质量，可在特定场景下，通过对已有专家数据的学习，做出精准、高效的决策。然而此方法仍存在不足，例如当训练数据出现不均衡的情况或者数据集缺少样本时，决策方法可能难以做出合理决策。同时，其模型的可解释性较低。

强化学习与监督学习不同，监督学习中的决策方法从数据集中获得正负样本的标签，而强化学习模型须通过反复试错，才能获得最优模型。将三维点云以及

无人驾驶车辆认知与决策技术

摄像等作为决策模块的输入，实现 UGV 在场景下的决策。随着场景的逐渐复杂，强化学习过程可能会加长，甚至不收敛，在训练时不需要标注数据集，从而降低标注的成本。例如，其学习与训练的目标依赖人为设计的奖励函数，该奖励函数将决定强化学习决策方法的性能。逆强化学习通过从专家系统中学到未知的奖励函数来解决该问题。在数字孪生中学习不同驾驶风格，加入未知奖励函数的马尔可夫决策过程在 UGV 行为决策中具有优势。基于逆强化学习的决策方法弥补了强化学习方法中人为设计奖励函数的缺陷，将专家知识与算法的自我学习能力相结合，进一步提高算法的性能。然而和强化学习类方法相似，逆强化学习类方法对仿真器的环境重现性能有较高要求。

5.3 UGV 评估方法与数据集

如何评估 UGV 决策方法的优越性是算法研究中的关键。在决策方法的相关成果中，决策方法包括自建仿真场景与基于数据集的评估方法等。对于自建仿真场景，设计 UGV 模仿环境参与者以进行决策方法的评估是目前的评估方法。搭建仿真环境，并定义具体的指标来衡量算法的优越性，例如安全、效率及舒适的量化指标，是否会发生碰撞及碰撞发生的最少时间等，设计延长碰撞时间和动态预测距离分布，并在自建的仿真平台上进行决策方法的评估与验证。设计路口仿真器，通过对比碰撞率以及通过时间来评估其决策方法。采用自建仿真场景评估，随着技术的不断提高，用 UGV 在现实环境中创建仿真场景，对决策方法进行测试。

基于已有的数据对决策方法进行评估。在运用数据集对 UGV 决策方法进行评估时，其特点是数据中的 UGV 轨迹是既定的，将数据中的目标 UGV（例如正在或即将进行换道、汇流的 UGV）替换为采用目标决策方法的 UGV，随后根据该 UGV 能否安全顺利完成指定目标进行评估。同时，在模拟评估过程中，UGV 的碰撞率、平稳性、安全距离等指标也将作为评价函数的子属性对决策方法进行评估。UGV 决策模块是 UGV 安全性、舒适性与高效性的决定因素之一，而 UGV 行驶环境的高度动态性与复杂性对决策方法的研究提出了挑战，数据不均衡问题尚未解决。

决策方法的设计与验证离不开数据，然而目前 UGV 决策方法研究中所用的真实数据存在不均衡问题。例如，UGV 在可能行驶状况下，直道多于弯道，简单场景的决策多于复杂危险场景的决策。在训练模型时，不平衡数据反馈的梯度分布也会失衡，从而使模型的能力偏向数据分布较大的数据，而对分布少的数据，估计、预测能力较差，导致可解释、稳定性的决策方法尚未完全精准实现。

目前，学习类方法在决策方法中得到应用。为提高决策方法的可解释性，并建立用户与决策模型之间的信任关系，消除模型在实际部署应用中的不稳定性，近年来学术界和工业界已在可解释性上取得一定进展，然而该方向的研究还处于初级阶段，依然存在问题尚待解决。

决策模块中的伦理问题尚未得到深入探讨，学者对如何做出符合伦理的决策产生持续的讨论。UGV 的决策模块由于其功能的特殊性，也受到伦理问题的挑战。例如在博弈环节中，如何设置遵循伦理的目标函数，如何在路权被侵犯时合理地与环境及场景进行交互等。在噪声、不完全可观测场景下，决策方法的稳定性需要提高。环境认知信息对 UGV 的决策生成至关重要。但当车流密度较大时，认知信息中存在噪声，且由于环境复杂及场景遮挡等，不完全客观的环境问题难以避免。以上问题对决策方法的稳定性提出了挑战。实际应用场景中的 UGV 决策实验急需开展，目前的 UGV 决策方法研究仍然以实验室环境验证为主，缺乏复杂实际应用场景的整体验证。

随着 UGV 研究工作的展开，现阶段的决策方法逐渐聚焦于解决边缘场景、困难场景下的决策生成问题。因此，设计应对训练数据不均衡，解决现实中不常见场景下的决策问题，将会成为 UGV 决策方法研究的方向之一。同时，由于当前数据缺乏对危险、冲突场景等边缘场景的数据采集，设计具有针对性的数据亦将成为未来研究的方向之一。

目前，决策方法难以兼顾解释性与稳定性，原因在于当下的学习类决策方法较多地依赖数据驱动，忽略了专家的知识信息。未来 UGV 决策方法的研究将会把数据驱动与知识驱动结合起来，通过同时利用知识、数据、算法及算力等实现决策。

决策是否遵循伦理道德，将会影响在 UGV 遇险等场景下的责任追究与法律判定；决策是否符合伦理规范，将会影响用户等对决策模型的信任，进而影响 UGV 在社会范围内大规模推广的进程。因此，将伦理问题量化，并为决策模块中的伦理问题设计合适的代价函数，亦成为未来决策方法的研究方向之一。随着通信技术的进步以及路侧基础设施的普及，以路侧认知信息和车间通信信息作为输入的决策方法，将有效解决认知噪声干扰和不完全可观测场景下的决策问题。结合实际的 UGV 场景，如开放、拥堵场景下的 UGV 变道行为、汇流场景下的 UGV 博弈行为、路口场景中的 UGV 礼让行为、UGV 与行人等多种交通复杂场景下的决策行为等展开实验。

5.4　UGV 决策技术的结构体系

决策技术是 UGV 自主驾驶智能性的直接体现，对 UGV 的行驶安全性和整车性能起着决定性作用。决策结构有分层递阶式、反应式以及混合式等。分层递阶式结构是串联结构，在该结构中，UGV 系统的各模块之间次序分明，上一个模块的输出即为下一个模块的输入，因此又称为"认知 - 决策"结构。当给定目标和约束条件后，规划决策就根据即时建立的局部环境模型和已有的全局环境模型决定下一步行动，进而依次完成整个任务。由于该结构对任务进行了自上而下的分解，从而使得每个模块的工作范围逐层缩小，对问题的求解精度也就相应地逐层提高，具备良好的规划推理能力，容易实现高层次的智能控制。但是该结构也存在缺点：其对全局环境模型的要求较理想化，全局环境模型是根据地图数据库信息和传感器模型的实时信息，所以其对传感器提出很高的要求，与此同时，存在的计算瓶颈问题也不容忽视，从认知模块到决策模块，中间存在着延迟，缺乏实时性和灵活性；分层递阶式结构的可靠性不高，一旦其中某个模块出现软件或硬件上的故障，信息流和控制流的传递通道就受到了影响，整个系统很有可能发生崩溃，处于瘫痪状态。

反应式结构采用并联结构，如图 5.1 所示，每个控制层可直接基于传感器的输入进行决策，因而其所产生的动作是数据直接作用的结果，可突出"认知 - 决策"的特点，易于适应完全陌生的环境，存在着多个并行的控制回路，针对各个局部目标设计对应行为，这些行为通过协调配合后作用于驱动装置，产生有目的的动作，形成各种不同层次的能力。

将反应式结构中的许多行为设计成简单任务，认知与规划等紧密集成，占用的存储空间不大，因而可产生快速的响应，实时性强。每层只需负责系统的某个行为，整个系统可方便灵活地实现过渡，而且如若其中一层的模块出现了预料之外的故障，剩下的层次仍能产生有意义的动作，系统的鲁棒性得到提高。但在设计方面存在难点：由于系统执行动作的灵活性，需要特定的协调机制，以解决各控制回路的冲突。随着任务复杂程度以及行为之间交互作用的增加，预测整体行为的难度将会增大，缺乏复杂智能。

将分层递阶式结构和反应式结构有效结合，在全局规划层次上，可生成面向目标定义的分层递阶式行为；在局部规划层次上，可生成面向目标搜索的反应式体系的行为。UGV 决策是实现自主驾驶的核心，包含数据融合、任务决策、轨迹规划和异常处理等。信息融合，完成数据关联和融合，建立周边环境模型；任务决策，完成 UGV 的全局路径规划任务；轨迹规划，在不同的局部环境下，进行 UGV 的运动轨迹状态规划；异常处理，负责 UGV 的故障预警和预留安全机制。任务决策规划对智能和实时性的要求较高。

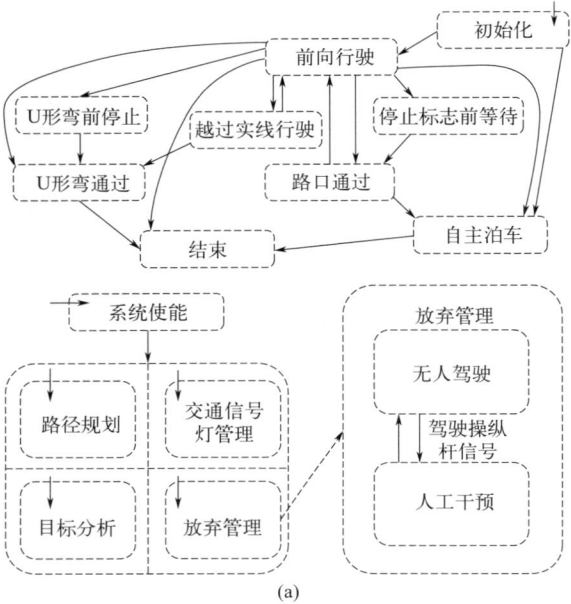

(a)

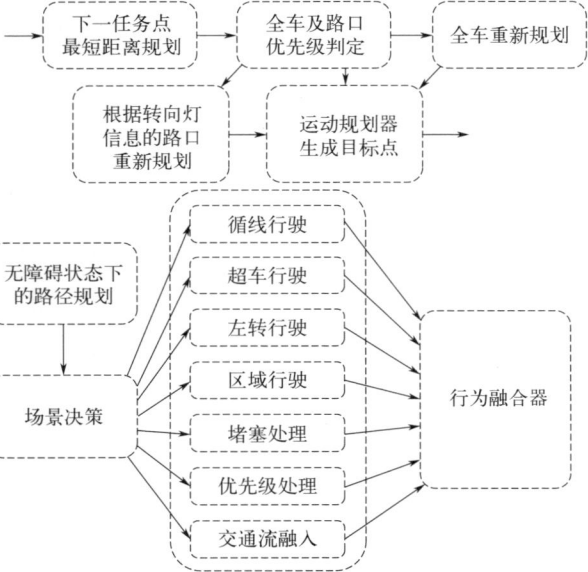

(b)

无人驾驶车辆认知与决策技术

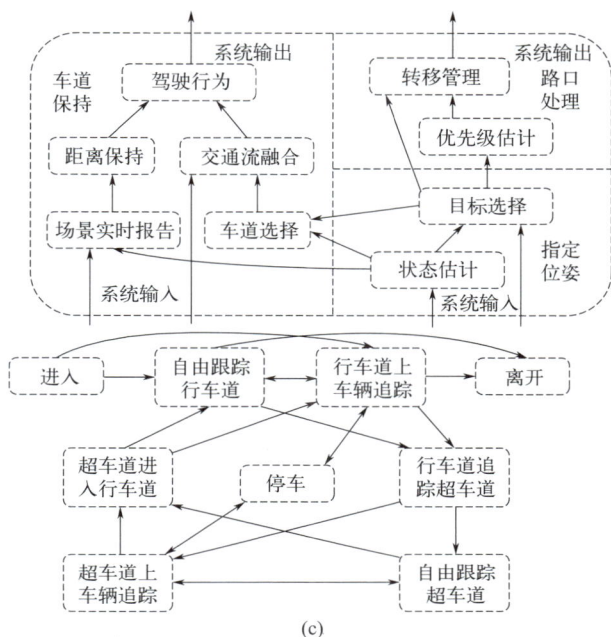

图 5.1 UGV 的决策

数据融合被认为是解决问题的工具，包括对融合单元的理解以及对融合架构的设计等。融合单元是指每次数据处理到输出给决策层的整个部分，而融合架构则是进行数据融合的框架与模式。数据融合技术包括数据转换、数据关联、融合计算等，数据转换、数据关联在融合架构的实现中已经体现，而数据融合的核心是融合计算，例如加权平均、卡尔曼滤波、贝叶斯估计、统计决策理论、熵理论、模糊推理及神经网络等。

任务决策作为 UGV 的智能核心，接收认知融合信息，通过智能算法学习外界场景信息，从全局的角度规划具体行驶任务，实现 UGV 拟人化控制融入整个交通流。UGV 中任务规划结构描述了道路、车道和行驶三级任务分工，在道路级上，进行全局的任务规划；在车道级上，根据周边交通状况规划运动轨迹；在行驶级上，根据前后车进行运动智能控制。交通流的复杂度借助信息传递，影响规划任务的复杂程度，进而决定 UGV 动作。不断实时地监督运动状态和周围环境信息，当探测到当前道路阻塞时，要求重新规划任务，并做分解调整。轨迹规划是根据局部环境信息、上层决策任务和车身实时位姿信息，在满足运动学约束下，为提升 UGV 安全、高效和舒适性能，UGV 先规划局部空间及时间内容，然后再决策 UGV 期望的运动轨迹，包括行驶轨迹、速度、方向和状态等。

异常处理作为预留的 UGV 系统安全保障机制，一方面是在遇到不平及复杂路面易造成 UGV 机械部件松动、传感部件失效等问题时，通过预警和容错控制维持 UGV 安全运行；另一方面是决策过程中某些算法参数设置不合理、推理规则不完备等原因导致 UGV 在行为动作中重复出现某些错误时，能建立错误修复机制使 UGV 自主地跳出错误死循环，朝着完成既定任务的方向继续前进，以减少人工干预来解决问题，提高 UGV 智能化水平。

5.5　UGV 决策应对不确定因素

基于传统强化学习的决策模型属于确定性的推理模型，只能适用于环境状态完全已知的驾驶环境。在真实的交通场景中，由于电机噪声、范围受限、受遮挡以及其他交通参与者意图未知等因素的存在，导致 UGV 无法准确得到全部的环境信息。确定性推理模型忽略了这些不确定因素的潜在影响，可能会导致决策系统做出错误的决定，并引发严重的后果。因此，UGV 的决策系统要在不确定条件下给出合理的行为决策，并保证行车安全。基于电机可观测的马尔可夫决策过程（Markov decision process，MDP）是不确定性的序贯决策模型，假设系统的状态信息无法直接观测得到，而是部分可知的。MDP 引入电机状态空间的概念，根据环境状态的观测值推理出环境状态有可能的真实值及其发生的概率。以精确算法为基础开发出多种高效的算法，将 MDP 模型引入 UGV 的决策系统中，用于规避不确定因素可能会给决策带来的风险。驾驶场景下存在的不确定因素，如交通参与者的速度、位置、角度等信息，会因为电机噪声的存在而无法准确测量，确定性的推理模型基于不准确的信息做出的决策可能会导致危险的情况发生，如图 5.2 和图 5.3 所示。在电机噪声的条件下完成跟车行驶的行为决策方法，将电机噪声带来的不确定因素纳入考虑之中，使用信念空间表示当前真实状态的概率分布，在尽可能减少认知置信度的情况下，表现出不同程度的保守性，规避行车中存在的风险，保证安全。

在电机噪声的条件下进行 UGV 的换道决策方法。该方法使用两个信号处理网络对 MDP 模型的信念状态空间进行处理，得到状态空间。提出带有不确定因素的驾驶场景建模为连续空间模型，并用贝叶斯模型结合值迭代算法来求解决策。不确定因素是其他交通参与者的意图，UGV 要与其他交通参与者共同在道路上行

无人驾驶车辆认知与决策技术

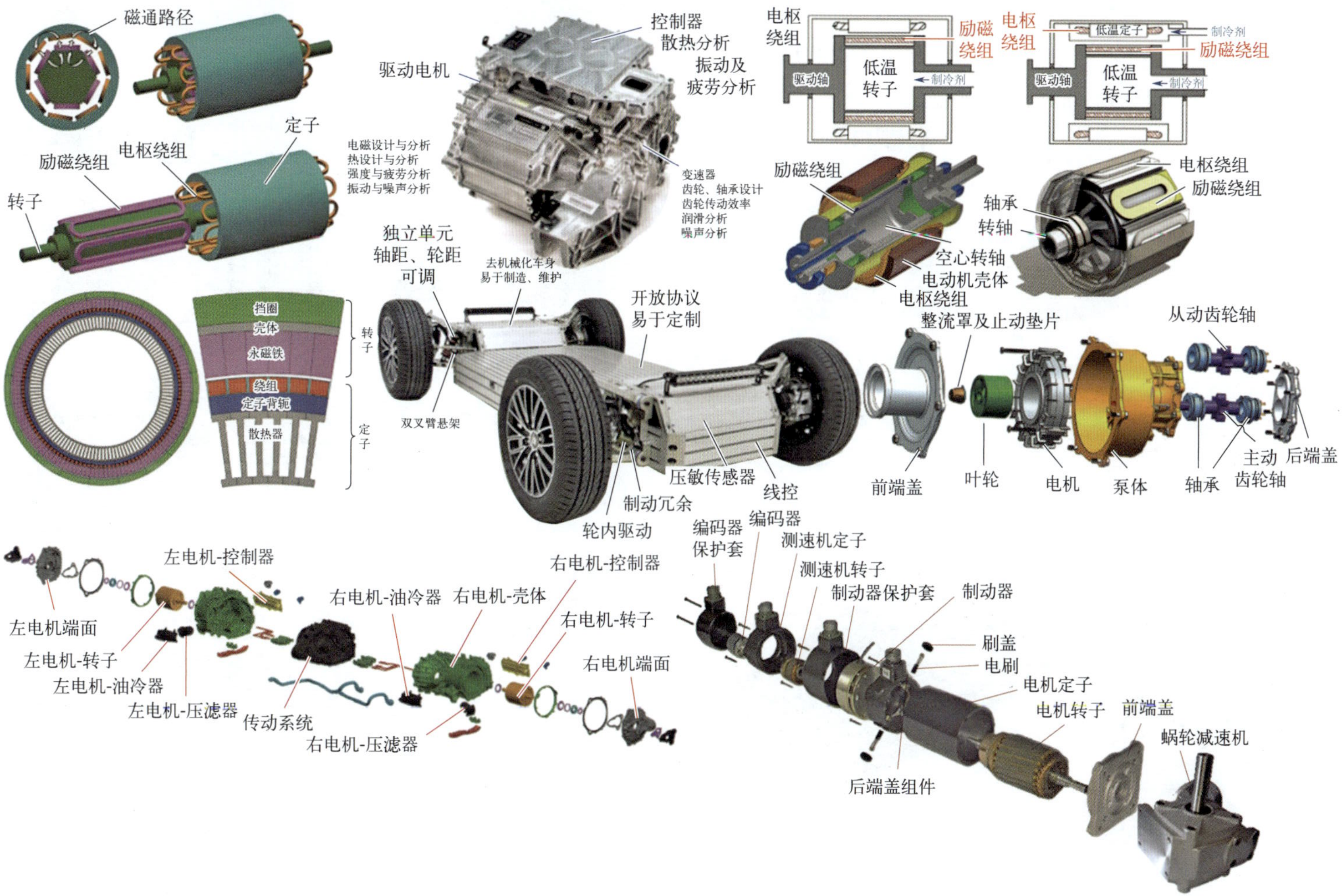

图 5.2 基于 UGV 电机噪声的模型结构设计

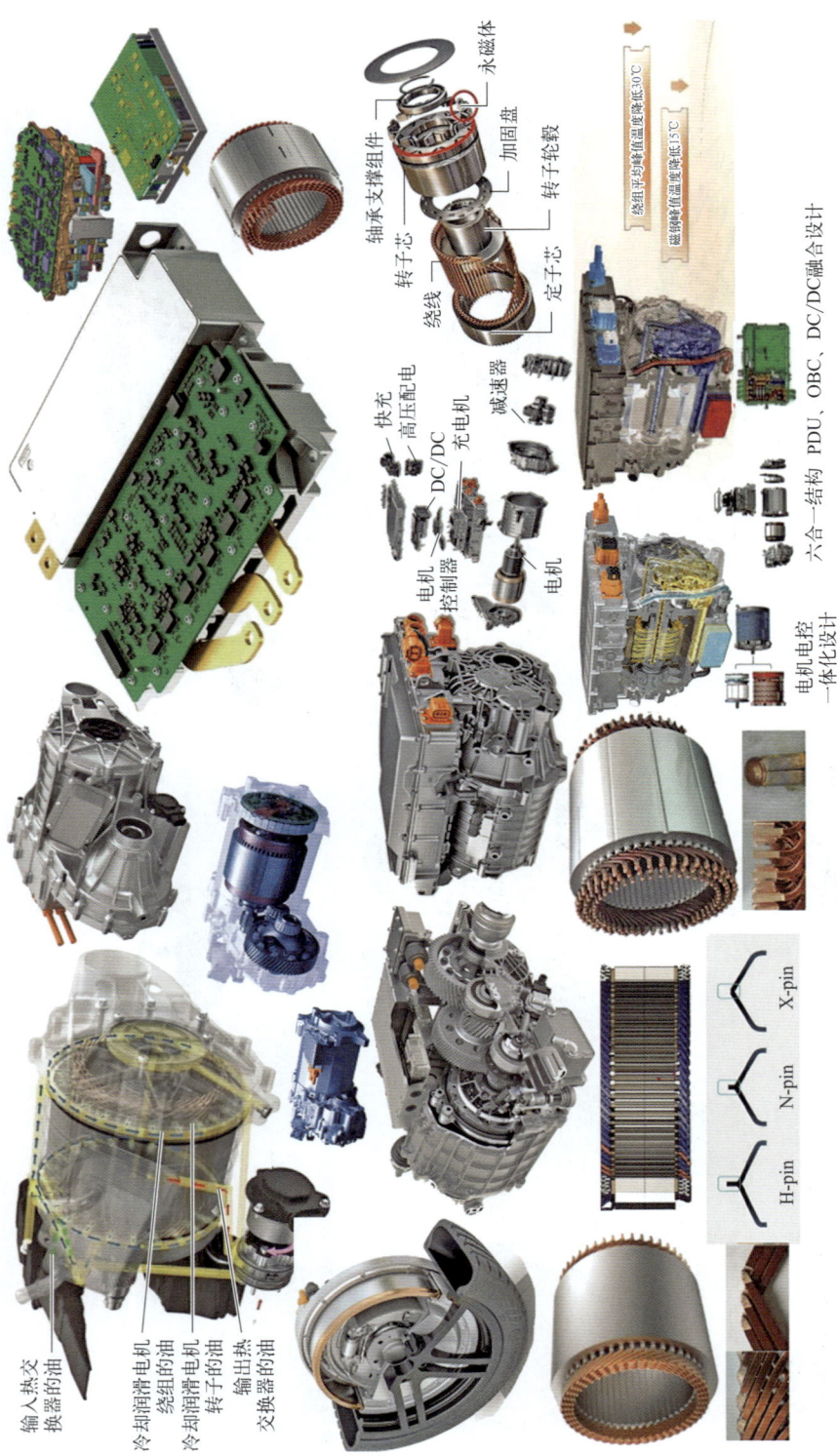

图 5.3 基于 UGV 电机噪声的轻量化设计

永磁体

加固盘

转子轮毂

轴承支撑组件

转子芯

定子芯

绕线

绕组平均峰值温度降低30℃

磁钢峰值温度降低15℃

六合一结构 PDU、OBC、DC/DC融合设计

快充

高压配电

DC/DC

充电机

减速器

电机控制器

电机

电机电控一体化设计

X-pin

N-pin

H-pin

输入热交换器的油

冷却润滑电机绕组的油

冷却润滑电机转子的油

输出热交换器的油

无人驾驶车辆认知与决策技术

驶，不同交通参与者的意图不同。通过认知其他交通参与者当前的意图，以及在该意图下有可能产生的运动，能够提高行车安全。但是，由于人类行为的多样性和微妙性，以及没有测量意图的仪器，所以了解其他交通参与者的意图往往比较困难。假设利用有限个未知意图集合来构造实际模型，该方法为集合中的每个意图构造一个运动模型；然后将这些模型与其他环境信息一起，组合成一个混合、可观测的马尔可夫决策过程；采用相应的强化学习算法为模型求解最优决策。该方法具有较强的识别意图和有效利用环境信息进行决策的能力。UGV 的运动意图是通过 UGV 的反应推断出来的，即观察到的 UGV 状态与道路环境代表的参考 UGV 状态的偏差。这种意图模型具有更强的通用性，能够帮助UGV 安全高效地通过交叉路口。决策模型能提升 UGV 在具有不确定因素的环境中行车的安全性。但是这种方法计算复杂度高，难以在复杂空间场景中应用，因此，需要开发高效简洁的决策算法。另外，开发出更加精确的意图模型也是有意义的。

基于深度强化学习、分层强化学习、决策模型已经在相应的方向上取得了突破性的进展，但是依旧面临着许多问题：深度强化学习可以提高决策模型的精度，但同时增加了模型的训练复杂度，导致模型难以收敛；分层强化学习可以提升决策模型处理复杂任务的能力，但模型求解复杂度太高，也限制着其在复杂场景中的应用。基于强化学习的行为决策方法集中为：①通过分层强化学习等方法提升深度强化学习的训练效率，加快模型收敛速度；②使用监督学习帮助分层强化学习自主学习合理的任务分解方式，避免人工分解的麻烦；③在已有算法的基础上继续开发更加高效的求解算法，降低计算复杂度。

5.6 端到端卷积神经网络的 UGV 决策

端到端卷积神经网络进行决策的 UGV 系统架构采用端到端的处理方法，使决策过程大幅简化。系统直接输入由相机获得的各帧图像，经由神经网络决策后，直接输出 UGV 目标转向盘转角，该系统框架模型如图 5.4 所示，图像输入卷积神经网络（convolutional neural network，CNN）计算转向控制命令，将预测的转向控制命令与理想的控制命令相比较，然后调整 CNN 模型的权值，使得预测值尽可能接近理想值。训练完成后，模型可以利用中心的摄像数据生成转向控制命令。卷积神经网络决策的 UGV 架构如图 5.5 所示，结构层包括归一化层、卷积层和全连接层等。输入图像被映射到 YUV 颜色空间，然后传入网络。其神经网络能完整地学习保持车道驾驶的任务，而不需要人工将任务分解为车道检测、语义识别、路径规划和 UGV 控制等。

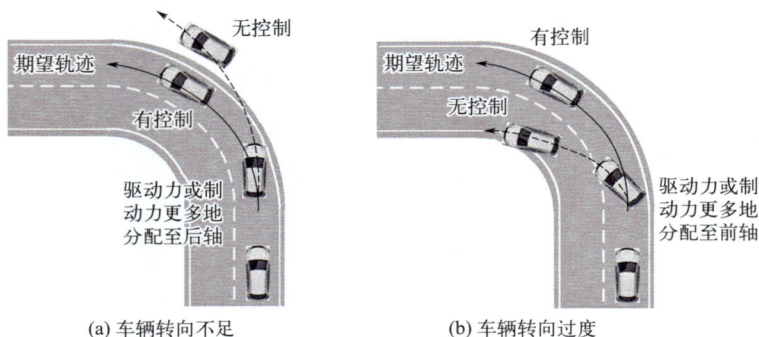

(a) 车辆转向不足　　　　　　　　(b) 车辆转向过度

图 5.4　端到端卷积神经网络的 UGV 决策模型

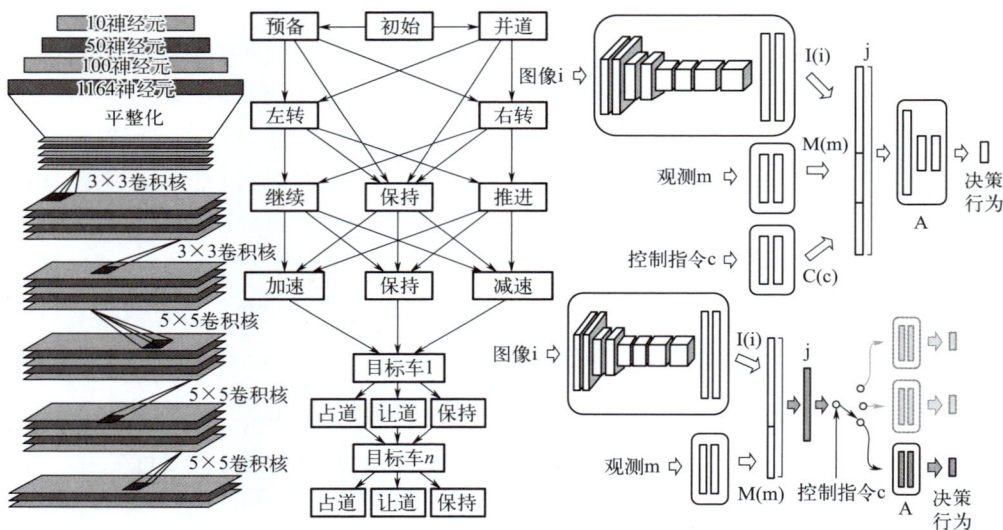

图 5.5　卷积神经网络决策的 UGV 架构

　　CNN 模型可从稀疏的训练信号（只有转向控制命令）中学到有意义的道路特征，训练数据可完成在各种条件下操控 UGV 的任务。端到端系统能实现对 UGV 的纵向和横向控制，纵向控制采用堆叠卷积长短期记忆（long short term memory，LSTM）深度学习模型，提取帧序列图像中的时空特征信息，实现特征到纵向控制指令的映射；横向控制采用 CNN 深度学习模型，从图像中计算出横向控制的曲率。模型关注视觉特征的提取、时序规律的发现、行为的映射等。

5.7 UGV 决策的发展趋势

UGV 决策研究水平的衡量标准体现在实车应用性、实现功能的复杂程度、应用场景的复杂程度、决策结果正确性与系统复杂性。UGV 的实车应用是对其决策的基本要求。作为基于规则的代表方法与基于学习算法的决策算法，如深度学习相关方法、决策树法、粗糙集理论等学习算法近年来发展迅速，亦具有很多相关应用实例并取得很好的效果。在功能复杂程度上，现阶段的有限状态机决策技术除实现简单的循线行驶、车道保持、紧急避障等功能外，也可实现较为复杂的组合功能，如路口处理、自主泊车，乃至一定工况范围内的长距离自主驾驶，可并行遍历多个场景，且擅长在特定场景内对任务进行拆分决策。而现阶段学习算法的功能应用依赖训练集的丰富程度，在指定工况与任务下效果较好，但多场景与多任务协调能力仍相对较差。在决策结果的正确性上，学习算法与规则算法各有优势，在实现较高的功能复杂度和适应较高的场景复杂度的基础上，两种算法均能够保证决策的正确性，完成相应的行驶任务。但对于复杂工况，规则算法面临状态划分界限确定问题，学习算法需要遍历程度高的数据作为支持。在系统复杂性上，基于学习的算法舍弃了规则算法的层级架构，更加简洁直接，简化了决策结构。规则算法面临复杂工况，不可避免因遍历工况、完善逻辑而导致算法规模冗杂，且对复杂工况下算法性能的提高问题，规则算法因其逻辑结构问题难以提升，存在瓶颈。

基于规则和基于学习算法的决策技术各自具有较为鲜明的优缺点。基于规则的决策，其优点是：算法逻辑清晰，可解释性强，稳定性强，便于建模；系统运行对处理器性能要求不高；模型可调整性强；可拓展性强，通过状态机的分层可以实现较为复杂的组合功能；在功能场景的广度遍历上存在优势。其缺点是：由于状态切割划分条件导致 UGV 行为不连贯；行为规则库触发条件易重叠从而造成系统失效；有限状态机难以完全覆盖 UGV 可能遇到的所有工况，通常会忽略可能导致决策错误的环境细节；场景深度遍历不足导致系统决策正确率难以提升，对复杂工况处理及算法性能的提升存在瓶颈。基于学习算法的决策，其优点是：具备场景遍历深度的优势，针对某细分场景，通过大数据系统更容易覆盖全部工况；利用网络结构可简化决策算法规模；部分机器具备自学习性能，能够自行提炼环境特征和决策属性，便于系统优化迭代；不必遍历各种工况，通过数据的训练完善模型，模型的正确率会随着数据的完备得以提升。其缺点是：算法决策结果可解释性差，模型修正难度大；学习算法不具备场景遍历广度优势，不同场景所需采用的学习模型可能完全不同；机器学习需要大量试验数据作为学习样本；决策效果依赖数据质量，样本不足、数据质量差、网络结构不合理等会导致过学习、欠学习等问题。根据上述决策的优缺点，提出现阶段决策需要解决的具体技术难点：基于有限状态机决策模型的状态划分问题。有限状态机的状态划分需要依据明确的边界条件。但在实际驾驶过程中，驾驶行为间存在某些瓶颈，即同一场景下可能有不同的合理的驾驶行为选择，使驾驶状态存在冲突。对于决策而言，一方面要避免冲突状态强行划分而造成 UGV 行为不连贯，另一方面要能够判断处于瓶颈的 UGV 不同行为的最优性。通过在决策中引入其他决策理论，如决策仲裁机制、博弈论法、状态机与学习算法结合等方法，可帮助解决该问题。基于有限状态机决策模型的复杂场景遍历问题，有限状态机需要人工设定规则库以泛化 UGV 行驶状态，这种模式使得有限状态机具有广度遍历优势。但随着环境场景的增多与复杂，有限状态机的规模也不断扩大，使得算法变得臃肿。对于基于学习算法的决策，一方面要收集大量可靠、高质量的数据，另一方面要选择合适的学习算法，配置合理的试验参数，调整网络结构，以提高训练结果。

随着计算机科学的迅猛发展，近年来掀起了机器学习技术的研究浪潮，学习算法越来越多地运用于 UGV 决策，计算机硬件平台的发展也为深度学习网络训练提供了强有力的支持。对 UGV 特性与乘坐舒适性考虑较少。在保证安全与效率的基础上，可通过加入对 UGV 动力学特性的考量，选取更合理的驾驶数据等方式，对决策进行优化。

5.8 UGV 决策技术的智能电机结构设计

目前，UGV 已从实验室步入量产化筹备及应用阶段，在此过程中，智能技术因其重要性和必要性正逐步引起关注。智能技术起源于飞机的电传操纵系统，飞机不再通过传统机械回路或液压回路来控制飞行姿态，而是通过安装在操纵稳定杆上的传感器，检测飞行员施加在其上的力和位移，并将其转换为电信号，在ECU 中将信号进行处理，传递到执行机构，实现飞机控制，这项技术逐步迁移到UGV 上面。智能技术就是将驾驶员的操纵动作，通过传感器转变为电信号，再通过电缆传输到执行机构的系统。目前，UGV 智能技术有智能转向、智能油门、智能制动、智能悬架及智能换挡等，通过分布在各处的传感器，实时获取 UGV 操作意图和行驶过程中的参数信息，传递给控制器，控制器将这些信息进行分析和处理，将得到合适的控制参数传递给各个执行机构，从而实现对 UGV 的控制，提高

UGV 的转向性、动力性、制动性和平顺性。

目前，智能技术包括智能换挡、智能制动、智能悬架、智能驱动及智能转向等。而在未来 UGV 上，转向杆、刹车踏板和加速踏板等可能都不会再保留，UGV 智能单元通过线束将指令传递给系统，实现对 UGV 的操控。智能转向取消了方向盘与车轮之间的机械连接，用传感器获得方向盘的转角数据，然后 ECU 将其折算为具体的驱动力数据，用电机推动转向机转动车轮，智能转向安全性更高、反应更快、更灵活。智能制动结构紧凑、改善制动效能、控制方便可靠、制动噪声减小、不需要真空装置、提供更好的踏板感觉，制动力矩是通过安装在轮胎上的电机驱动执行机构产生的，相应地取消了制动主缸、液压管路等，随着制动液的取消，可减少污染。对于 UGV 而言，一方面减轻了 UGV 的整备质量，降低了 UGV 的能源消耗，也减少了 UGV 的噪声和振动；另一方面，传统机械装置的去除以及电线布置的灵活性也节省了大量的空间，从而提高了乘客的乘坐舒适性，有利于实现模块化的底盘设计。控制更为精确，需要调节的程度可准确记录，控制精度提升。控制的决策方法更丰富，可实现对底盘多个子系统的协调控制，以提高各项性能。简化生产、装配和调试过程，节约成本和开发周期，也有利于 UGV 企业根据用户的不同需求进行个性化定制。当 UGV 发生撞击时，该系统能减少机械部件对驾驶员的伤害。内部各种信息都是通过电信号进行传输的，提高了信息传递的效率，控制更迅速，响应更灵敏，而这对 UGV 是至关重要的。

UGV 智能电机由智能控制器、转子、定子、轴承、绕组、端盖、润滑系统、冷却系统及减振系统等组成。作为电机中静止的组成部分，定子由定子铁芯和绕组两大部分构成。定子铁芯一般由层叠的硅钢片打造，这样做旨在降低涡流损耗并增强磁导性。而定子绕组则是将绝缘铜线按照特定模式缠绕在铁芯的槽中，构成三相绕组。当三相交流电被引入这三个对称的绕组时，依据电磁感应定律，变化的磁通将在定子绕组中产生，如图 5.6 所示。与之配套的电源系统及 UGV 电机的测试系统如图 5.7 和图 5.8 所示。由于三相电流在时间上存在相位差异，以及绕组在空间上的排列差异，这些磁通相互影响，进而在定子和转子之间的空间内形成一个以同步速度旋转的旋转磁场。烧结钕铁硼（NdFeB）作为电机中采用的高性能材料，虽然因其卓越的磁性能受到青睐，但其物理特性也引发了一系列挑战。这种材料在抗压性能上表现良好，但在抗拉强度上相对较差，特别是在高速旋转条件下，转子上的永磁体会受到极大的离心力作用。为了保障电机的可靠运行，必须采取有效的固定措施来满足转子的结构强度和动力学需求。在转子设计中，存在内嵌式、表贴式等。在电机的测试设计中，根据所使用的转子、定子及护套材料，可将其进一步分类。例如，转子可为非导磁合金钢护套转子和碳纤维复合材料护套转子等。保护措施包括使用碳纤维来绑定，以及在外层添加高强度的非导磁合金保护套，如图 5.9 所示。

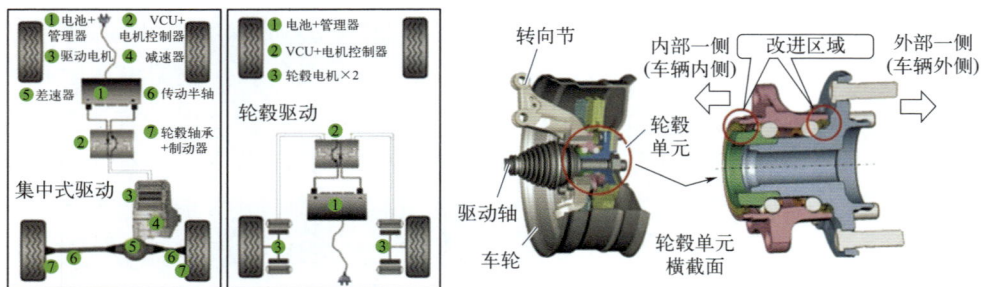

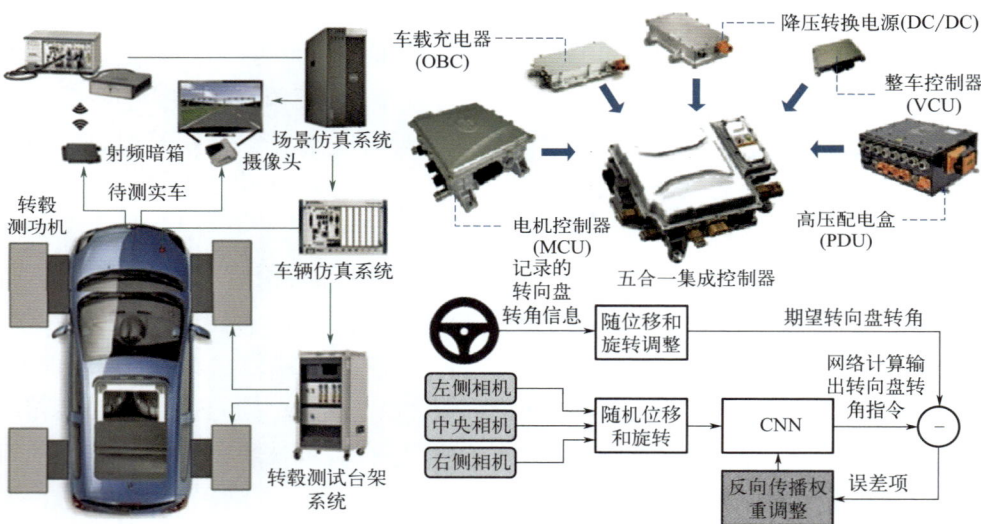

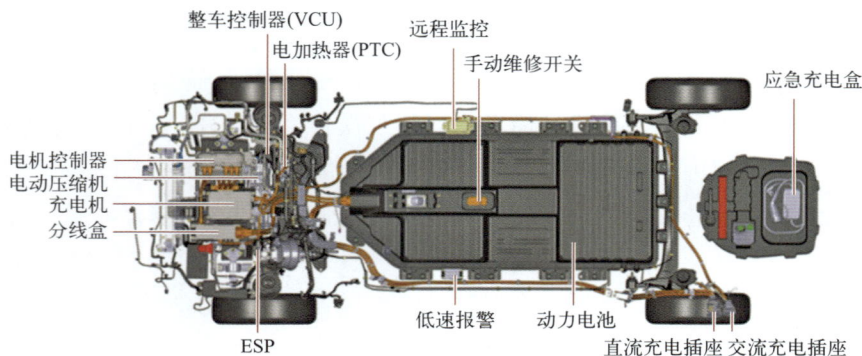

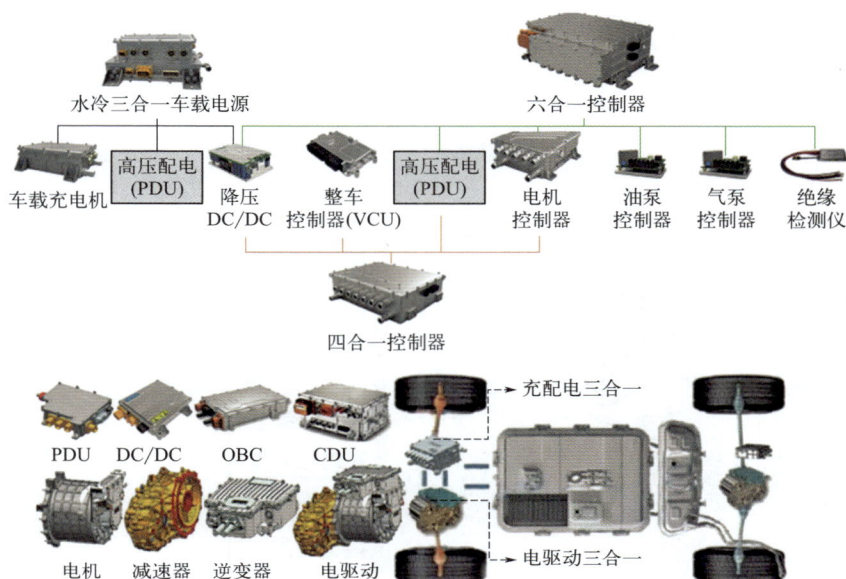

图 5.6　UGV 卷积神经网络（CNN）的电机及电驱动系统结构设计

　　根据绕组的布局，电机分为分布式和集中式等。在 UGV 的设计中倾向于选择分布式绕组电机而非集中式，原因包括：分布式绕组电机通过精确的极槽配合，能够优化电磁力波的分布，减少谐波的产生，有效提升 NVH（噪声、振动和粗糙度等）性能，这与新能源 UGV 的应用需求高度契合。分布式绕组电机的定子结构避免了凸出的极掌设计，而是由一个或多个线圈按照特定规律布置形成线圈组。这种设计为电机转子的多样化设计提供了灵活性，使其能够满足多样化的工作条件，如图 5.10 所示。转子由多片硅钢片叠加并固定，这些硅钢片不仅构成了转子的主要结构，还有助于降低涡流损耗，从而提升电机的效率，如图 5.11 所示。在转子内部，设计有多个槽位，各自承担不同的功能。位于外侧的槽，也被称作 V 槽，用于稳固永磁体，保证其在电机高速运转时的稳定性。槽位的设计还兼顾了转子的轻量化需求。在确保足够的结构强度的同时，通过精心设计的槽位和材料选择，减轻了转子的重量，降低了转动惯量，进而提升了电机的响应速度，如图 5.11 所示。在 UGV 电机的设计中，电机结构是关键要素之一，其不仅要确保在安装永磁体后，即使在高速工况下也能保持稳定性，防止变形，同时转子的结构还需充分考虑为永磁体提供足够的空间，以便能够容纳更多或更大尺寸的永磁体，从而增强电机的性能。此外，电机结构尺寸还需要易于优化，以适应不同车型和性能需求，如图 5.12 所示。当电机不进行斜极设计时，其几乎不会产生轴向电磁力。但是，随着转子线性移位斜极分段的增加，轴向电磁力会逐渐增强。这是因为增加的分段数导致转子的总移位角度增加，进而导致更多的磁漏。电机错极技术包括正交、V 形和交叉错极等，它们的作用是减少谐波、改善齿槽转矩以及降低转矩波动，从而有效减少由径向电磁力引起的振动和噪声，如图 5.13 所示。

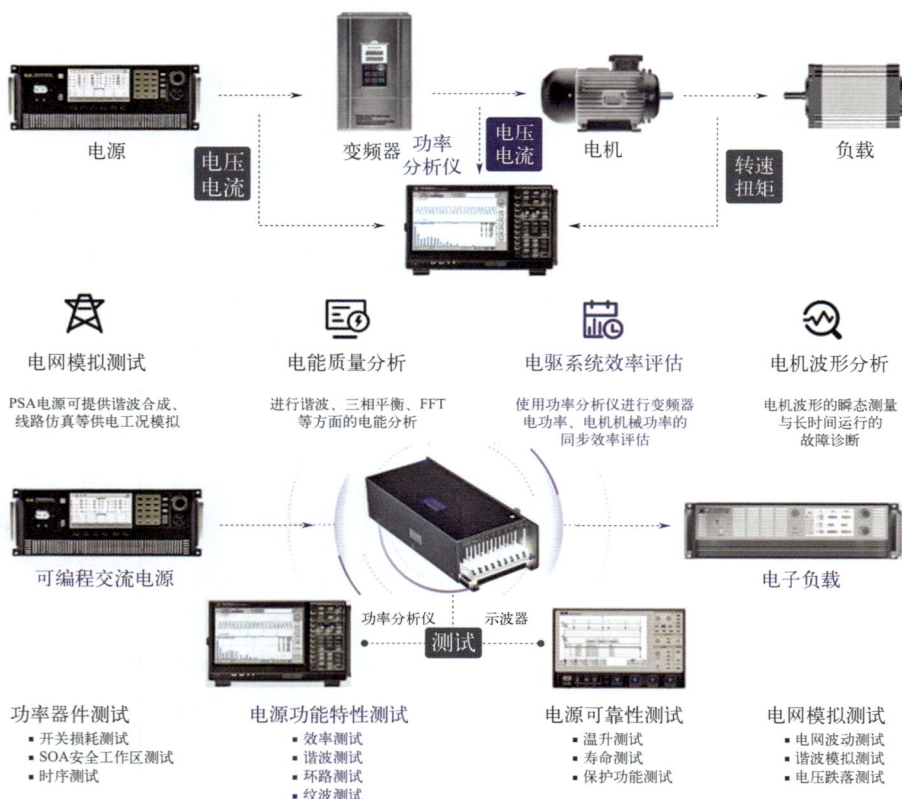

图 5.7　UGV 智能电机的电源测试逻辑架构

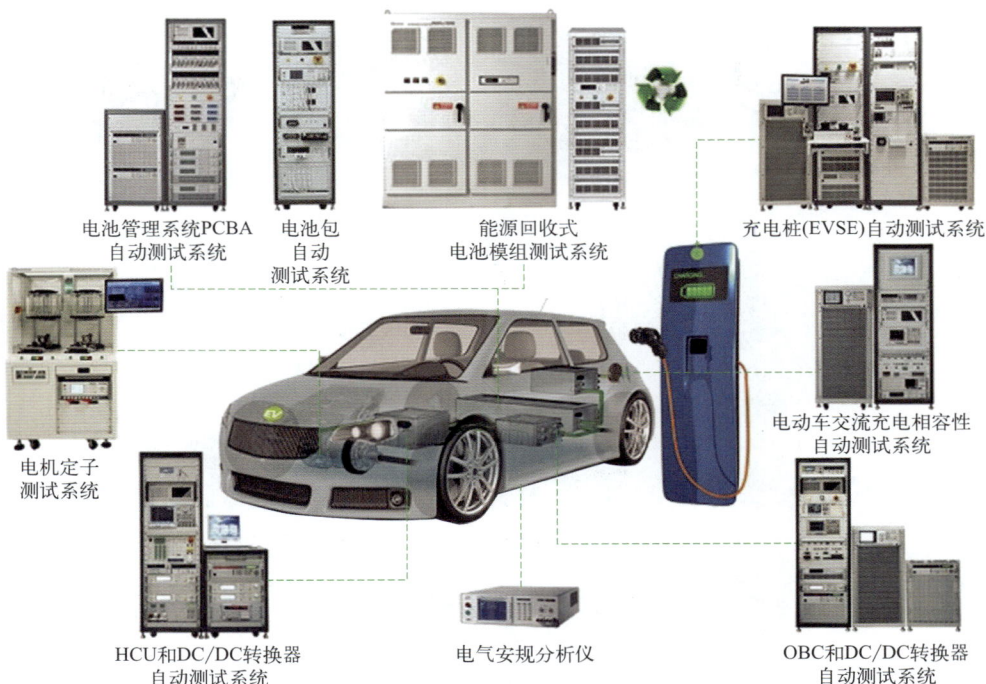

电池管理系统PCBA
自动测试系统

电池包
自动
测试系统

能源回收式
电池模组测试系统

充电桩(EVSE)自动测试系统

电机定子
测试系统

电动车交流充电相容性
自动测试系统

HCU和DC/DC转换器
自动测试系统

电气安规分析仪

OBC和DC/DC转换器
自动测试系统

图 5.8　UGV 的整体研发测试架构

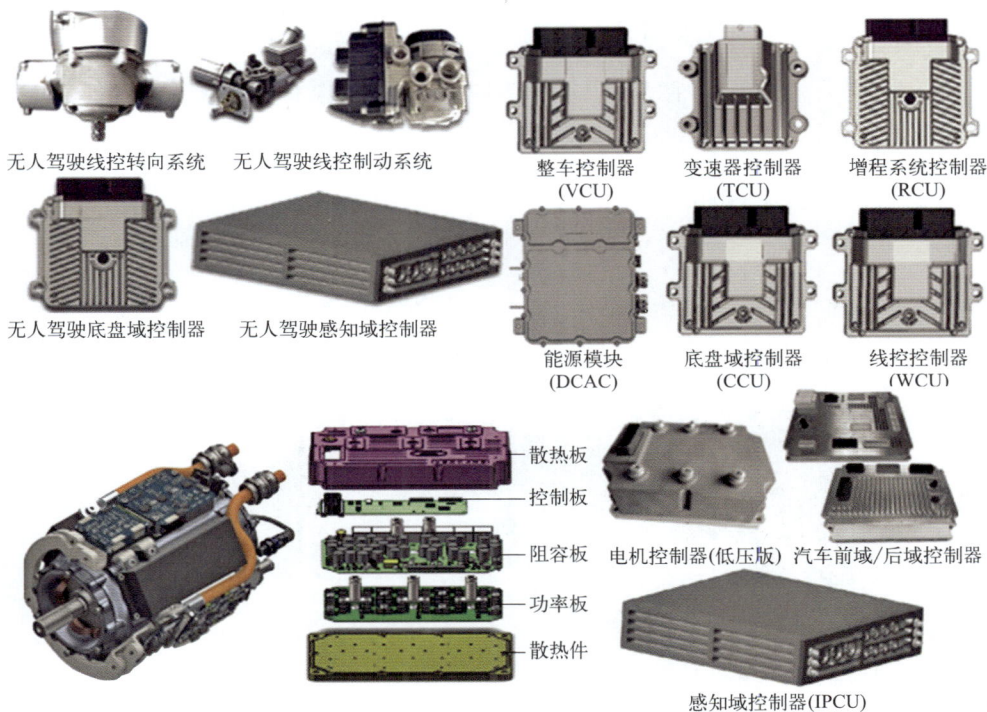

无人驾驶线控转向系统　　无人驾驶线控制动系统

整车控制器
(VCU)

变速器控制器
(TCU)

增程系统控制器
(RCU)

无人驾驶底盘域控制器　　无人驾驶感知域控制器

能源模块
(DCAC)

底盘域控制器
(CCU)

线控控制器
(WCU)

散热板

控制板

阻容板

功率板

散热件

电机控制器(低压版)　汽车前域/后域控制器

感知域控制器(IPCU)

图 5.9

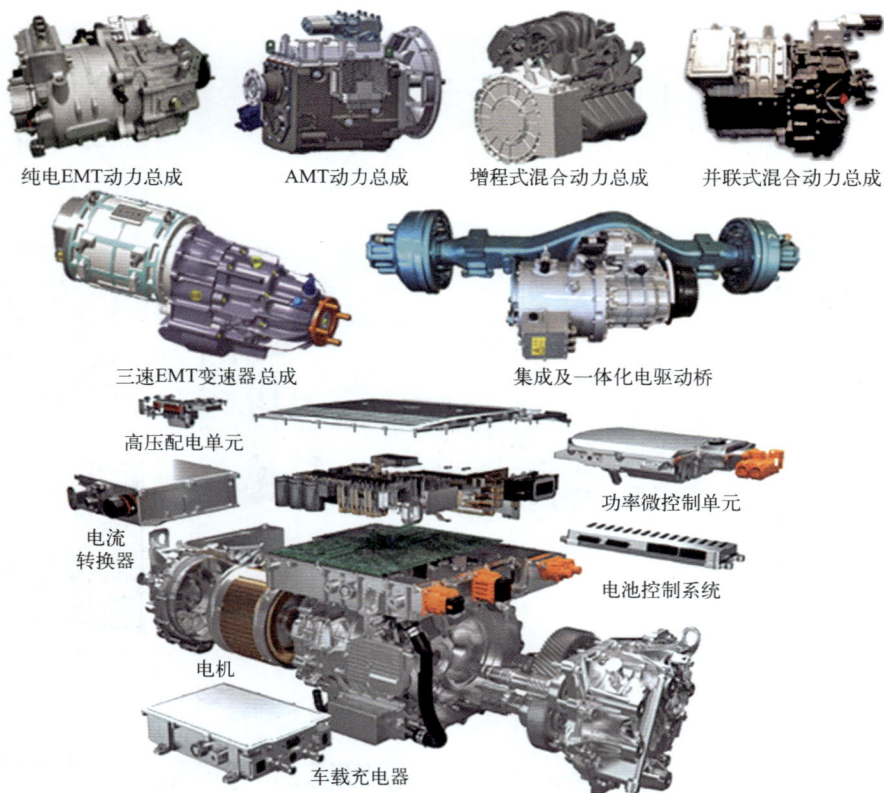

纯电EMT动力总成　　AMT动力总成　　增程式混合动力总成　　并联式混合动力总成

三速EMT变速器总成　　　　　　集成及一体化电驱动桥

高压配电单元

电流
转换器

功率微控制单元

电池控制系统

电机

车载充电器

图 5.9　UGV 智能电驱技术的架构

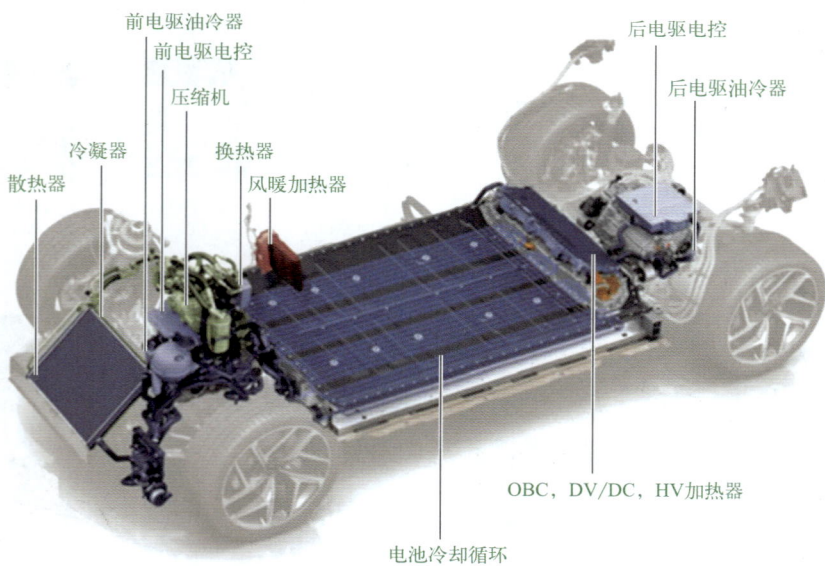

前电驱油冷器

前电驱电控

压缩机

冷凝器

换热器

散热器

风暖加热器

后电驱电控

后电驱油冷器

OBC，DV/DC，HV加热器

电池冷却循环

　　无人驾驶车辆认知与决策技术

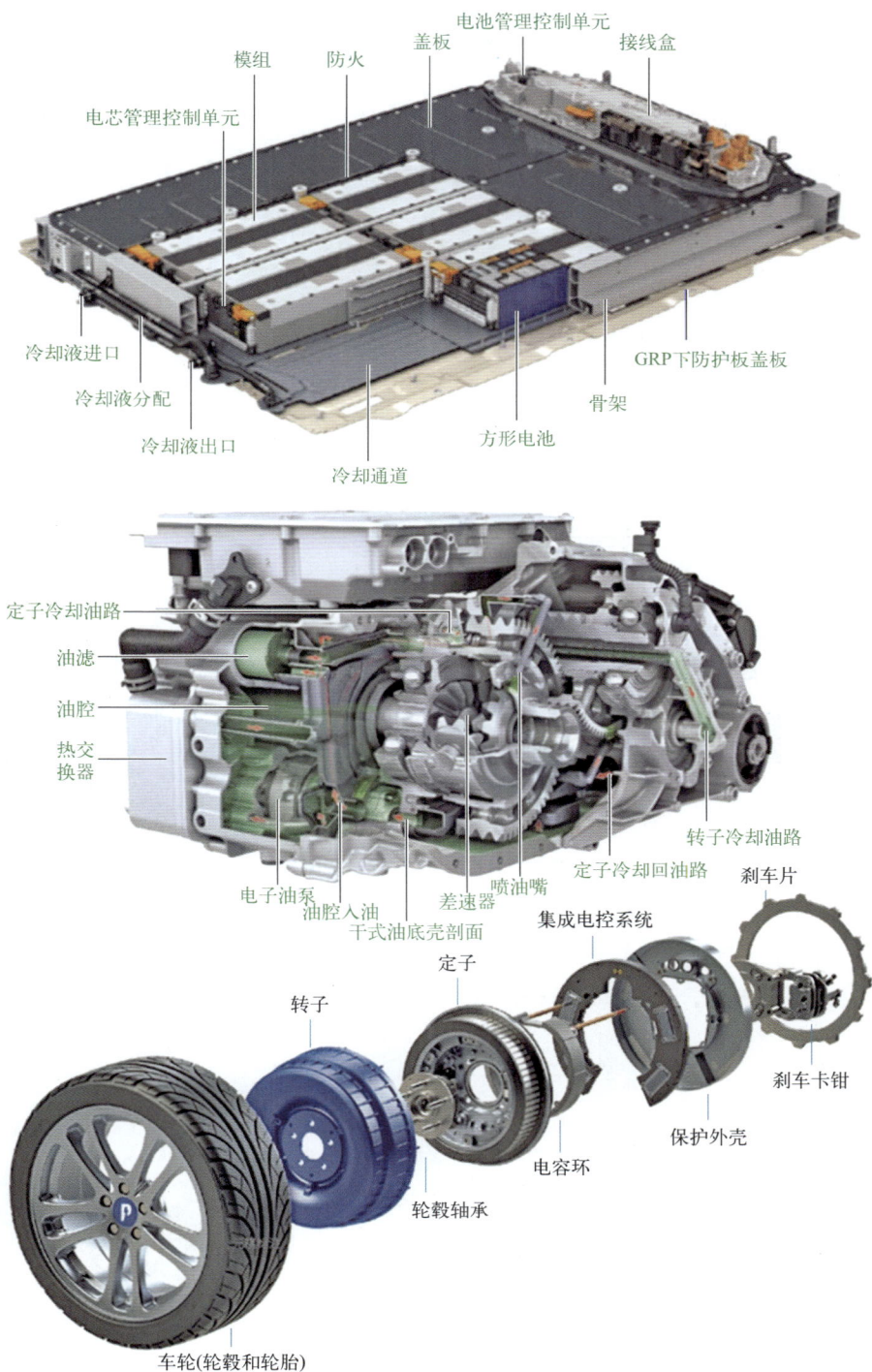

图 5.10　智能电驱系统的结构设计

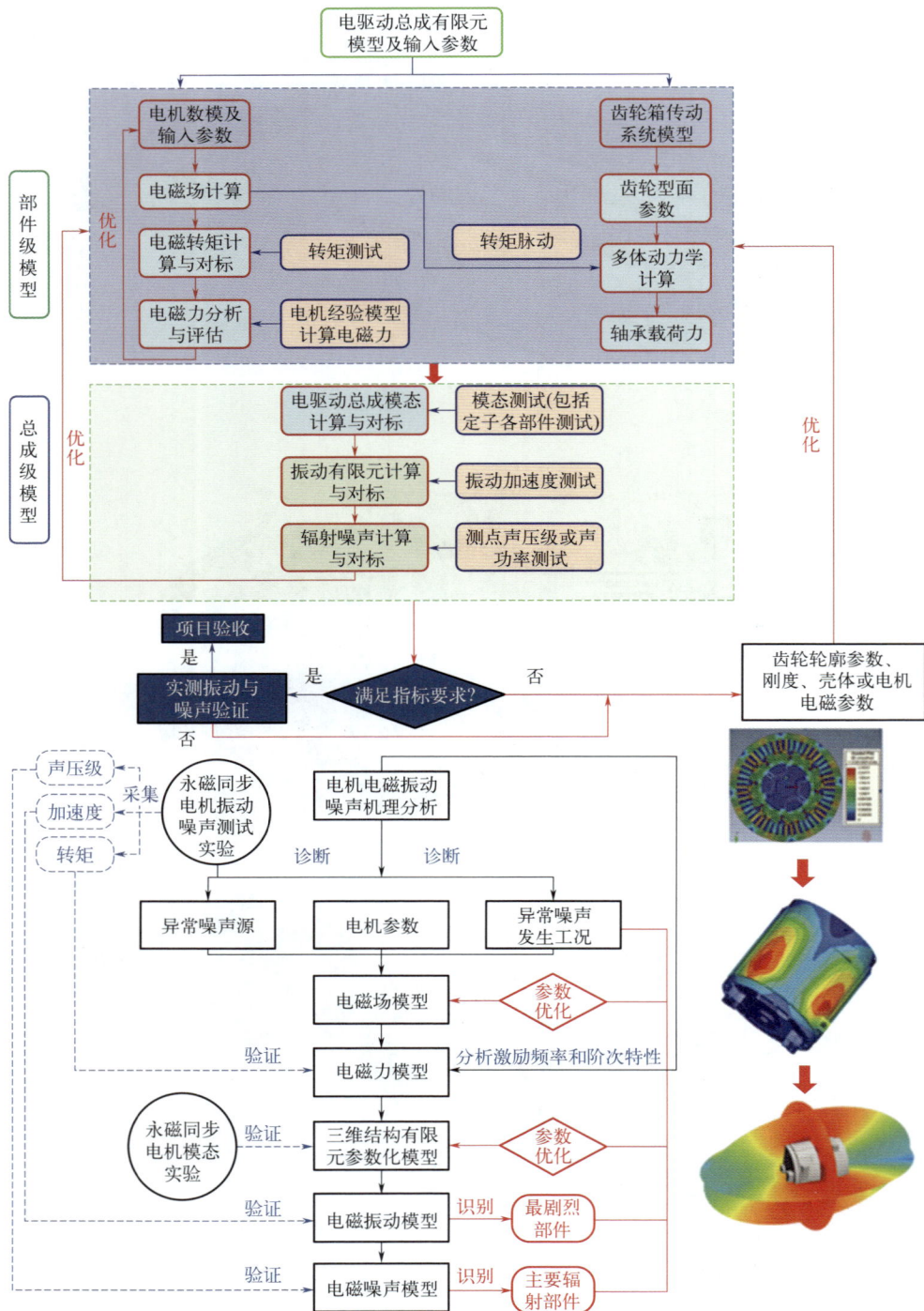

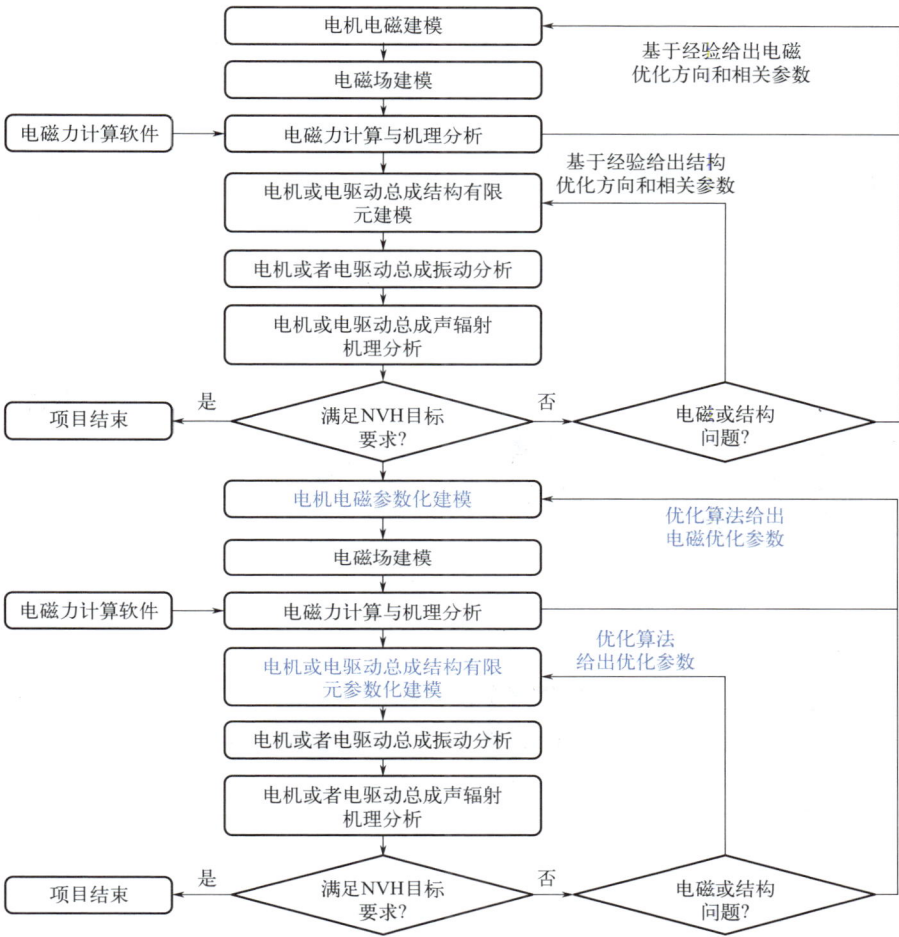

图 5.11　基于智能电驱系统的决策逻辑架构

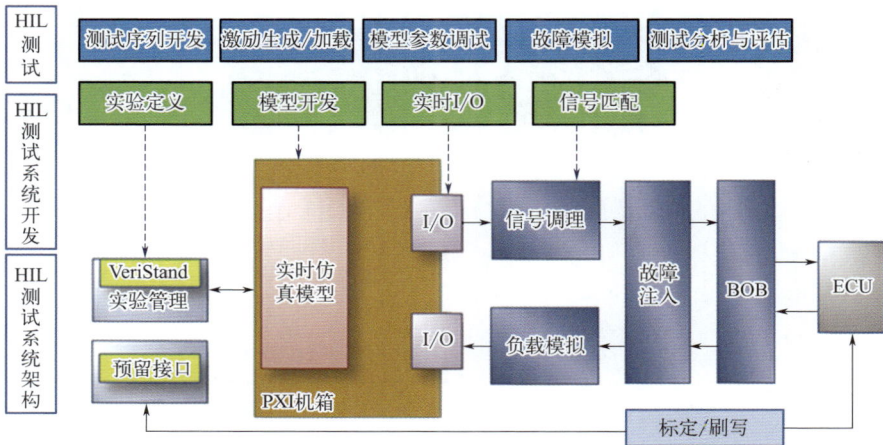

图 5.12

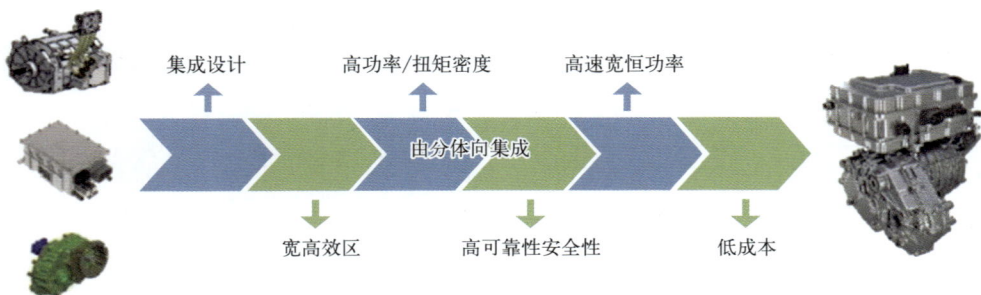

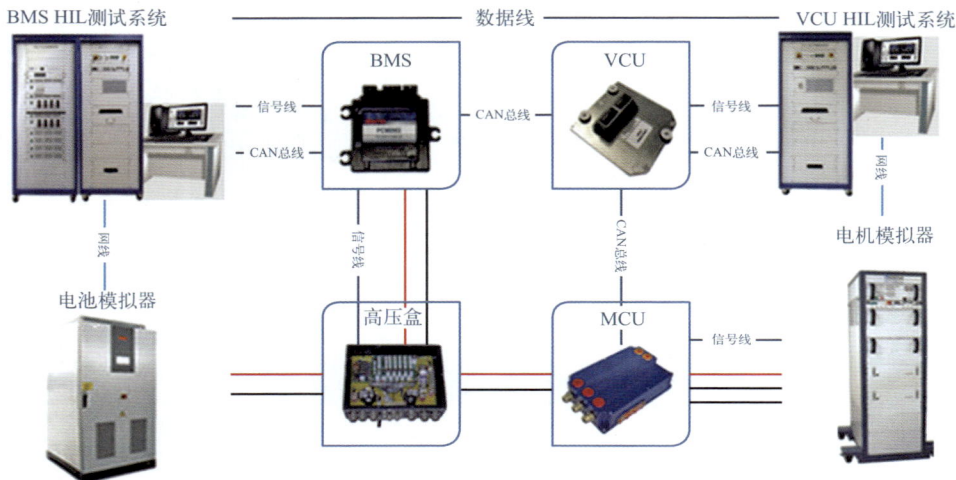

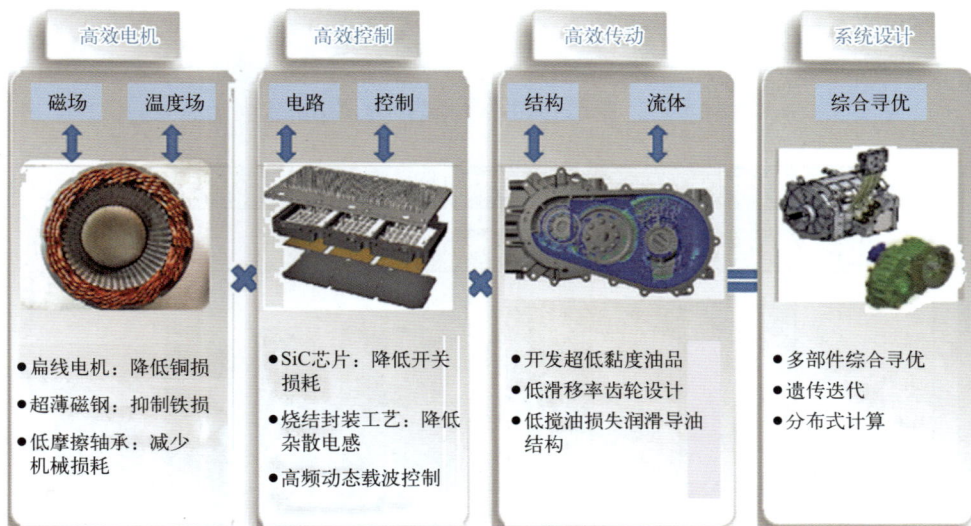

图 5.12　电机结构轻量化设计及仿真测试架构

无人驾驶车辆认知与决策技术

系统组件		功能介绍
电机控制器	电机控制器是电驱动系统的核心控制单元，将来自动力电池的直流电转换成交流电，根据整车控制指令来控制驱动电机的运转
驱动电机	驱动电机是新能源汽车的重要部件，其主要功能是将动力电池的电能转化为机械能，为新能源汽车提供动力
减速器	减速器也被称为传动系统，主要功能是降低输出转速，提高输出扭矩
车载充电机(OBC)	车载充电机是指固定安装在新能源汽车上的充电机，实现为新能源汽车动力电池充电。车载充电机主要应用于交流电充电方式的场景中，即通过交流电源给新能源汽车充电
DC/DC转换器	车载DC/DC转换器是电压变换装置，主要是将动力电池高电压侧能量转换为低电压侧能量，给全车低压用电设备及低压蓄电池供电
高压配电单元(PDU)	高压配电单元负责新能源车高压系统解决方案中的电源分配与管理。通过母线及线束将高压元器件进行电连接，为整车提供充放电控制、高压部件上电控制、电路过载保护、短路保护、高压采样、低压控制等功能

"大三电"
驱动总成

"小三电"
电源总成

四合一

OBC   DC/DC   PDU   电机控制器

OBC+DC/DC
二合一

二合一+PDU
三合一

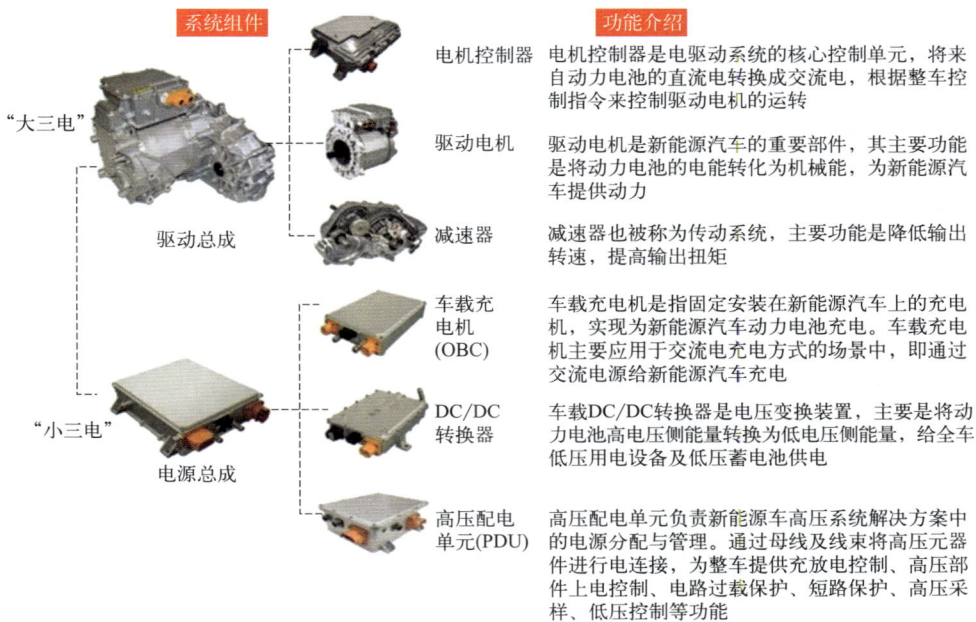

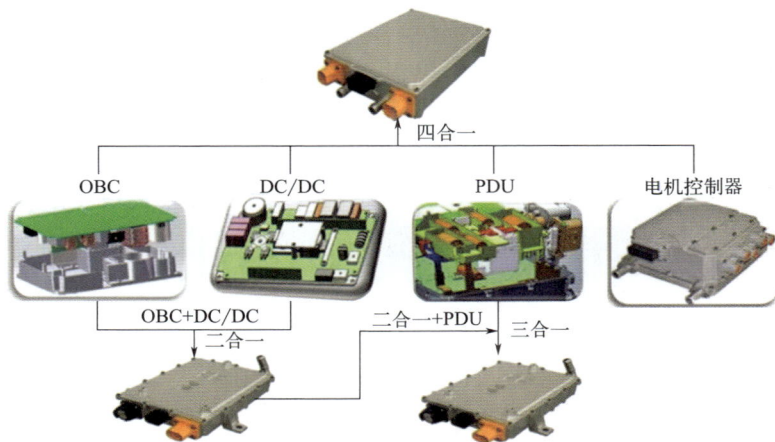

转子旋转方向：逆时针

定子通电顺序：A → AB → B → BC → C → CA → A　　步距角：$\theta_b=15°$

图 5.13

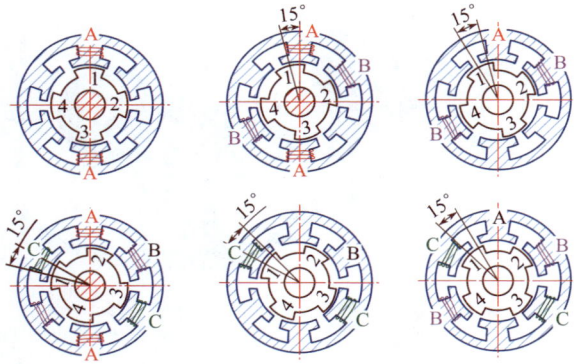

图 5.13　基于电驱错极技术的电控制器信号级仿真测试架构

第6章
UGV 制动决策技术

制动决策技术是 UGV 的关键技术之一，通过 UGV 制动系统的决策设计，实现控制 UGV 完成横向和纵向等动作。制动系统作为构成 UGV 的重要部件，其功能是实现 UGV 的制动功能，制动决策的目的是控制 UGV 轮胎与地面之间的附着力，保证行车的安全性、稳定性、主动性与舒适性。UGV 制动决策技术的发展本质是对认知、决策、制动、控制及能量回收系统的电子化升级。制动决策技术起源于飞机，如图 6.1 和图 6.2 所示，在高铁上也有应用，如图 6.3 所示。随着 AI、集成电路及芯片等技术的迅猛发展，制动决策技术开始被越来越多的 UGV 使用。UGV 作为复杂软硬件结合系统，其安全可靠运行需车载硬件、认知及决策系统等协同工作。

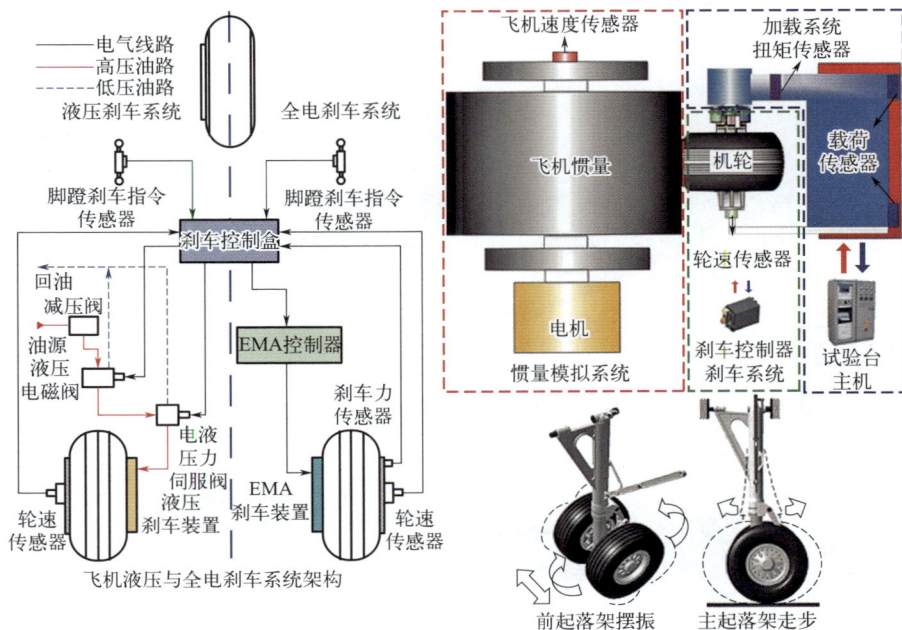

图 6.1

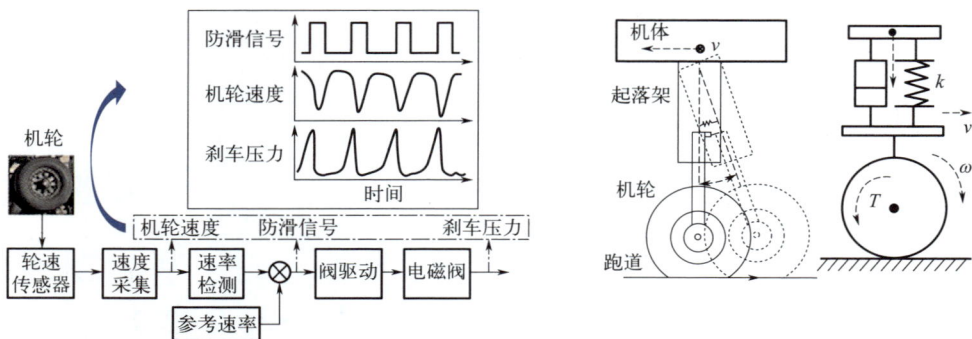

图 6.1 飞机制动系统的结构设计

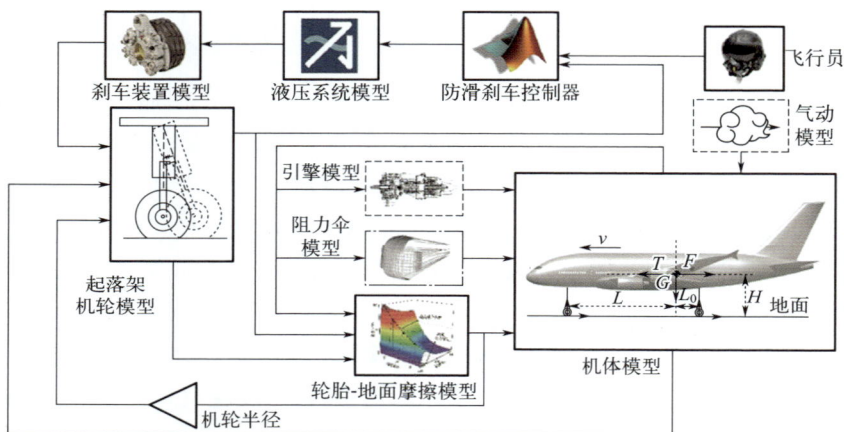

图 6.2 飞机制动系统的逻辑

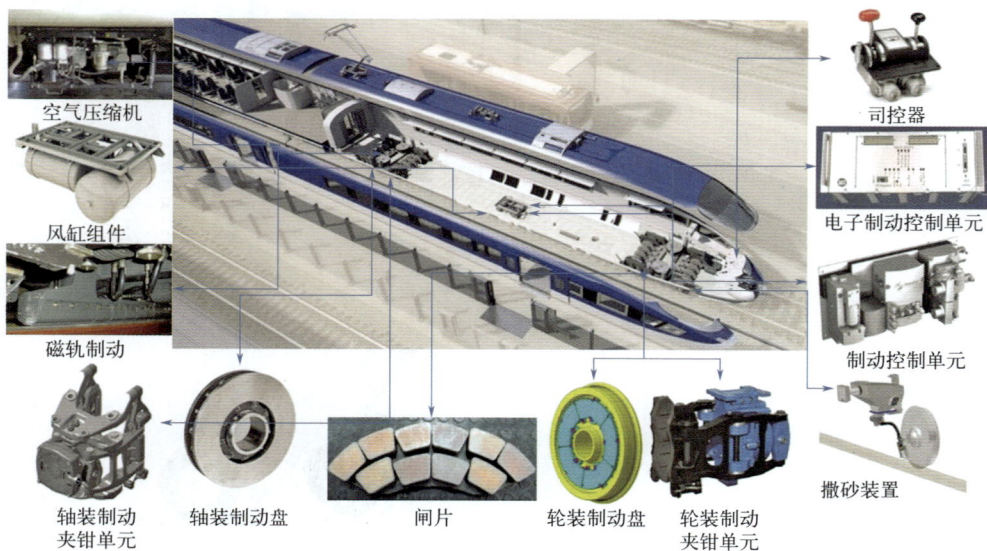

图 6.3 高铁制动系统的结构设计

无人驾驶车辆认知与决策技术

6.1　UGV 制动决策方法

UGV 整车控制器根据制动需求、车速、电池状态参数和驱动电机状态参数，通过算法计算得到电机目标制动力值和整车目标液压制动力值。电机控制器获取电机目标制动转矩，并控制驱动电机输出相应的转矩。电子制动助力器获取整车目标液压制动力并提供相应的制动液压。ICV 的制动能量回收过程受到车速、制动力大小、动力电池状态和驱动电机状态等多重因素的影响。车速较低时，为提高行驶稳定性，应减少电机制动的参与；电池 SOC 过高或过低时，为保护电池，也应减少电机制动；大强度紧急制动时，为提高制动安全性，应关闭电机制动。控制策略根据输入的整车目标制动力、电池 SOC 和车速，经过模糊控制算法计算，输出电机制动力分配系数。将电机制动力分配系数与整车目标制动力值相乘，得到电机目标制动力计算值。再将电机目标制动力计算值与电机当前可提供的制动力值进行比较，若电机目标制动力计算值小于电机当前可提供的制动力，则电机目标制动力等于电机目标制动力计算值，否则电机目标制动力等于电机当前可提供的制动力。采用解耦设计方案，输出力由制动电机输出，UGV 制动系统总体设计如图 6.4～图 6.9 所示，这些设计能确保制动系统的制动强度以及在复杂工况情况下的使用寿命，兼顾稳定性、舒适性、可靠性、鲁棒性、振动及噪声等。

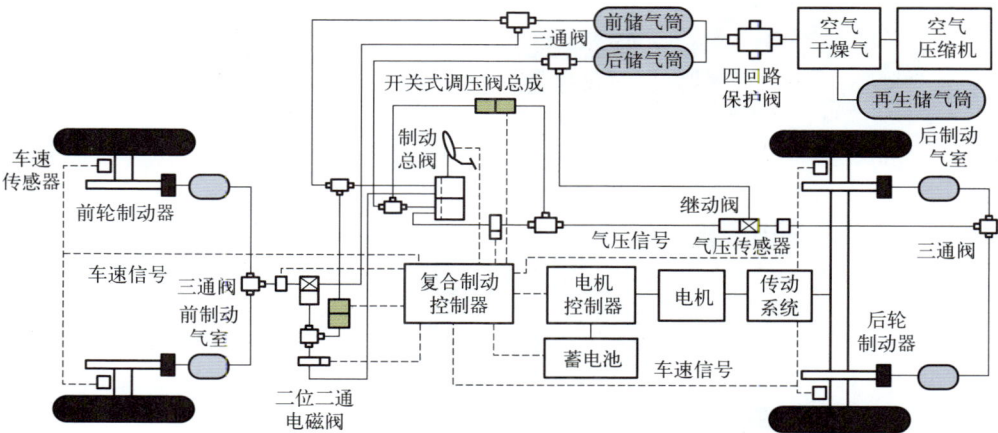

(a) 气制动逻辑架构

图 6.4

制动摩擦片
制动盘
活塞 螺母
推杆(螺栓)
弹簧
制动轮缸
操作杆
驻车制动 OFF
驻车制动 ON
操作杆
输入轴

储能活塞
螺杆(螺母)
驻车腔
12口(驻车)
11口(行车)
行车腔
回位弹簧
推盘/推杆
驻车销轴
储能弹簧
膜片(皮碗)

驻车拉索
钳体 外摩擦片 制动盘
内摩擦片
密封圈 活塞

铜排
控制板
母线电容
功率模块
安装支架
相电流传感器
三相连接器
驱动板

六阀三通道ABS

八阀四通道ABS

(b) 线控结构设计

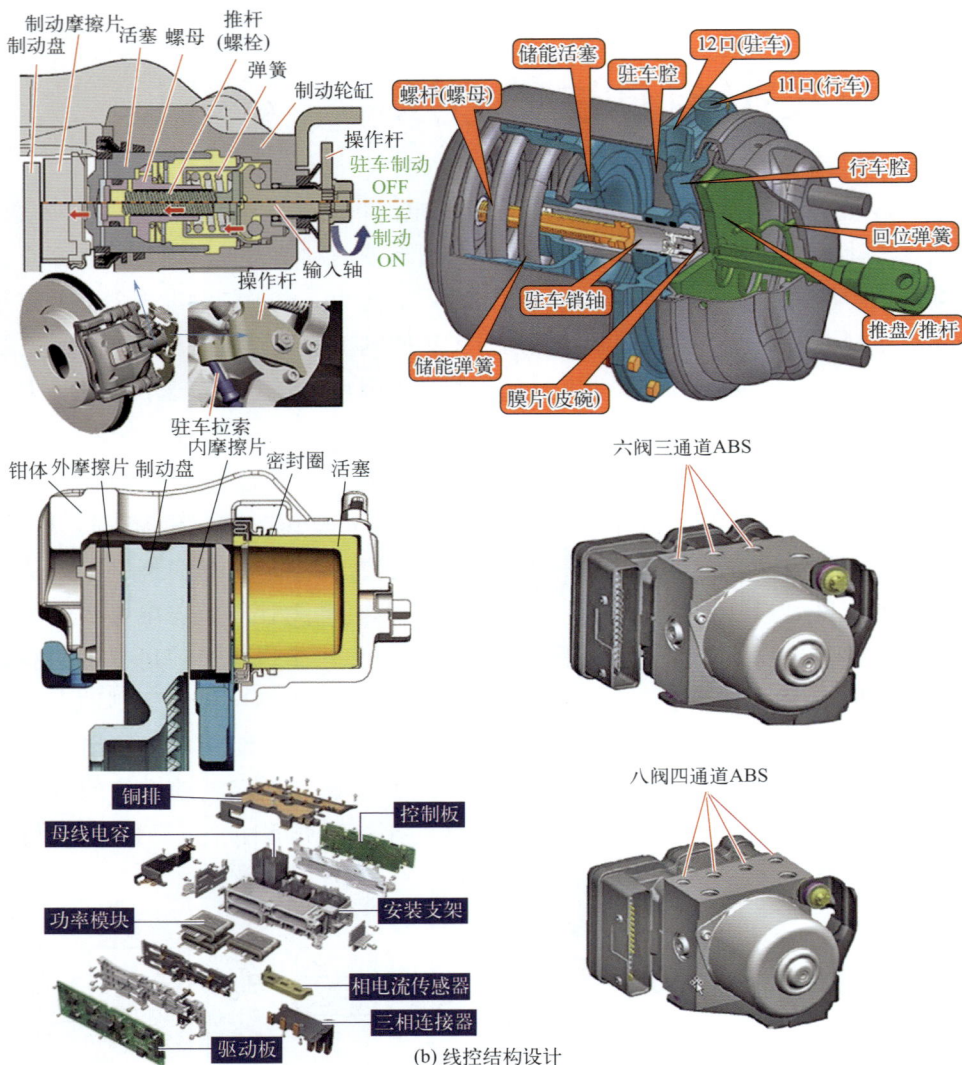

图 6.4 UGV 制动系统的结构设计

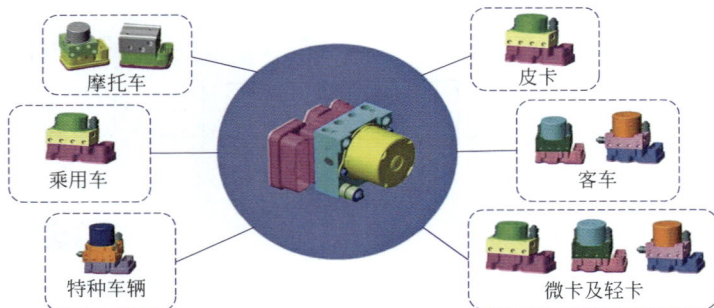

摩托车
皮卡
乘用车
客车
特种车辆
微卡及轻卡

图 6.5 制动系统电磁阀的多种结构设计

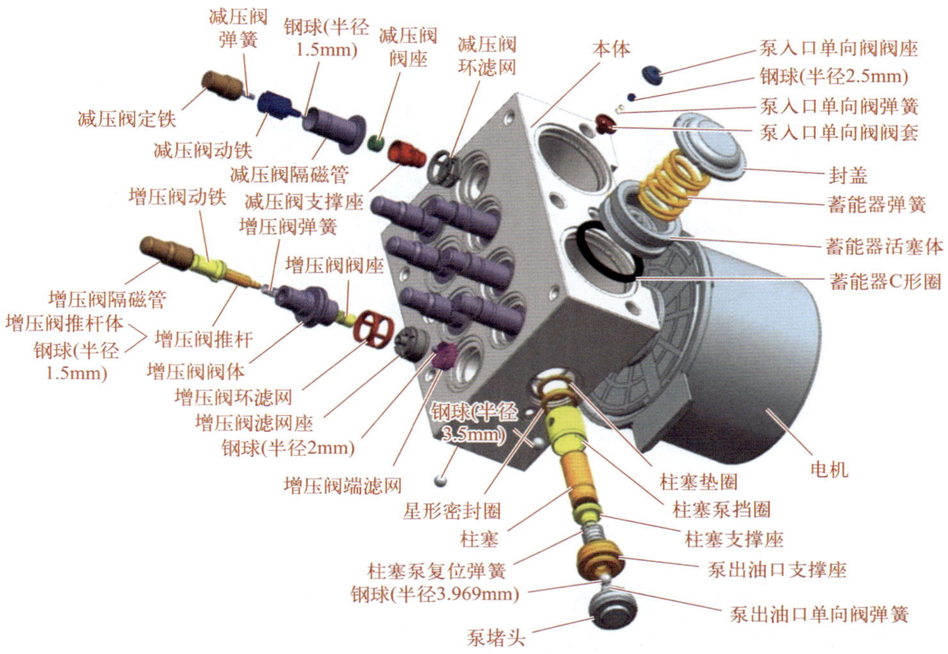

图 6.6　制动系统电磁阀结构设计

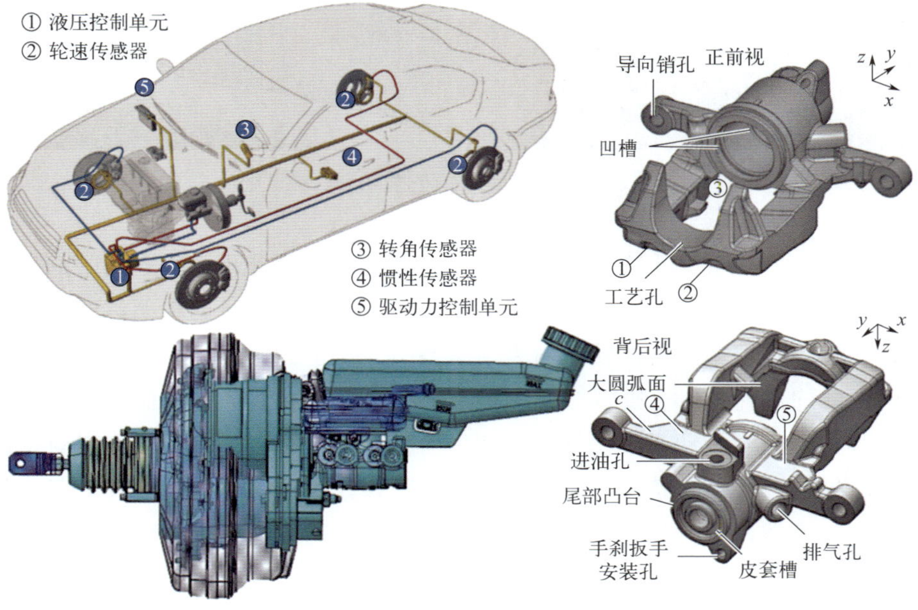

减压阀弹簧
钢球(半径1.5mm)
减压阀阀座
减压阀环滤网
本体
泵入口单向阀阀座
钢球(半径2.5mm)
泵入口单向阀弹簧
泵入口单向阀阀套
减压阀定铁
减压阀动铁
减压阀隔磁管
减压阀支撑座
封盖
蓄能器弹簧
增压阀动铁
增压阀弹簧
增压阀阀座
蓄能器活塞体
蓄能器C形圈
增压阀隔磁管
增压阀推杆体
钢球(半径1.5mm)
增压阀推杆
增压阀阀体
增压阀环滤网
增压阀滤网座
钢球(半径2mm)
增压阀端滤网
钢球(半径3.5mm)
星形密封圈
柱塞
柱塞泵复位弹簧
钢球(半径3.969mm)
泵堵头
柱塞垫圈
柱塞泵挡圈
柱塞支撑座
泵出油口支撑座
泵出油口单向阀弹簧
电机

① 液压控制单元
② 轮速传感器
③ 转角传感器
④ 惯性传感器
⑤ 驱动力控制单元

导向销孔　正前视
凹槽
① 工艺孔 ②

背后视
大圆弧面
c ④
进油孔
尾部凸台
手刹扳手安装孔
皮套槽
排气孔

图 6.7　制动系统的逻辑布局

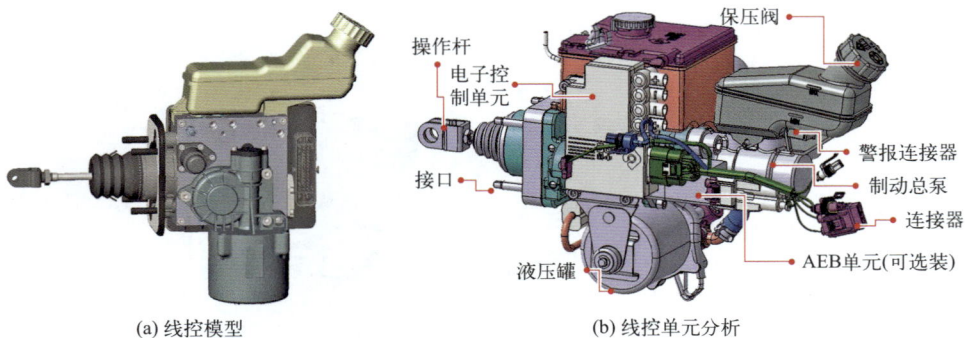

(a) 线控模型   (b) 线控单元分析

图 6.8 UGV 制动系统的线控结构

图 6.9 UGV 制动系统的智能动态测试场

UGV 实现减速的过程有两个途径：①通过松开油门实现，抬起油门踏板，经整车自身阻力来进行滑行减速，此工况滑行距离较长；②通过制动实现，整车减速的过程实质是整车的动能转化为克服摩擦阻力产生的热能，以及制动能量可以回收的电能的过程，包括风阻、UGV 动力传动机构摩擦阻力、轮胎和地面的摩擦阻力、制动过程中制动系统工作的摩擦力（此项的能量占比最大）及制动能量回收的电机拖拽力等。在整车开发的过程中其他参数都已固定，属于被动存在。但如果将制动摩擦产生的能量收集起来，重新用于驱动，则对整车能耗将有巨大的价值和意义。

UGV 的能量回收系统就扮演这个角色。根据法拉第定律和楞次定律，将一个处于磁场中的线圈通交流电，线圈就会在磁场中旋转（电生磁），一个在

无人驾驶车辆认知与决策技术

磁场中旋转的线圈会有反向电流通过，同时会产生一个反向的阻力阻止线圈旋转（磁生电），这是电机原理。UGV 在减速的过程中就是利用磁生电这个原理，通过电机把整车的动能转化为电能回收起来。行进中的 UGV 进行减速（空挡滑行或踩刹车制动），由于电机和车轮还是解耦的，因此转子永磁体在车轮和传动机构的带动下高速旋转，且被定子绕组线圈切割磁感线，定子绕组产生了反向感应电流通过电机回到电池，并在此时对转子产生反向转矩，从而阻止 UGV 向前行进，也就是磁生电。UGV 有制动能量回收和滑行能量回收等，通过制动踏板实现能量回收的是制动能量回收系统，依靠松油门实现能量回收的是滑行能量回收。制动能量回收包含并联式能量回收系统、串联式能量回收系统等。在 UGV 的制动过程中，制动力矩来源之一是摩擦片的机械制动，另一个是电机提供负转矩，通过传动轴来实现减速，也就是电制动。电制动占比较多，能量回收的效率就较高。并联式能量回收系统，由于制动踏板和制动轮缸是耦合的，在减速过程中踩下制动踏板，制动轮缸就会产生液压制动，而电制动仅是叠加在机械制动上，还是有部分能量损失掉，能量回收率低。串联式能量回收系统的制动踏板和液压机构解耦，在踩下制动踏板后，控制器通过行程传感器对当前踏板角度和角速度推测 UGV 的制动需求，并计算所需的制动力，然后由电机作为主要转矩提供源，液压制动作为制动力矩不足的补偿，从而提高制动的占比，进而增加能量回收。为提高 UGV 整车制动的能量回收能力，需要提高制动电机在不同转速下的回收力矩，也就是提升制动电机的回收功率（提高电制动的边界，功率越大，可覆盖的工况越多）；降低整车阻力，减速度需求相同的情况下，整车阻力越小，电机则需要提供的回收转矩越多，回收的能量也越多；提升其他参数（减速器效率、差速器效率、电机效率等），UGV 整车重量的增加也会在一定减速度下让电机回收更多能量，但是由于 UGV 重量增加，驱动能耗会更多，因此不会靠提高车重来增加能量回收，而是想办法减重降能耗。能量回收的目的是将电池里的电能更多地转化成 UGV 需要的动能，这样可以增加电动车的续航能力。在远距离跟车时，利用滑行能量回收，通过加速踏板来调节减速的强度（减速度可控的强能量回收），从而控制跟车距离；在近距离跟车时，通过踩刹车实现减速跟车。能量回收的原则是能用滑行能量回收的时候就多用滑行能量回收，当滑行能量回收的减速度无法满足减速度需求时，再采用制动能量回收。滑行能量回收是没有其他外力介入的回收，而制动能量回收在工作时会有一定的低压耗电，同时，在一些工况下会有液压制动介入造成能量损失，如图 6.10 所示。

(a) 能量回收结构设计

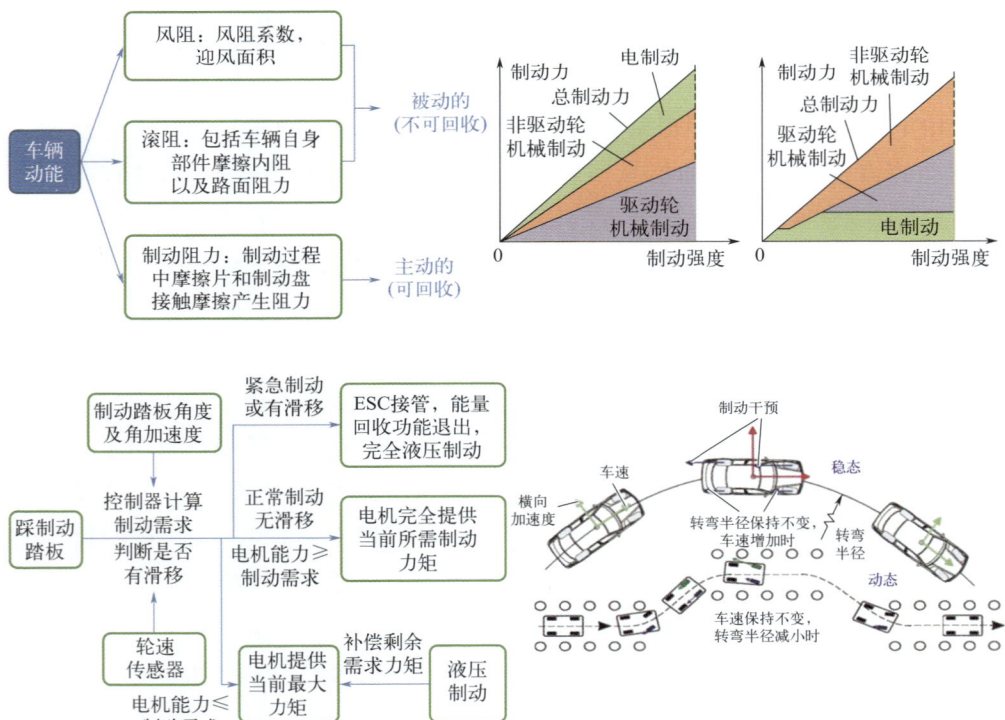

再生制动

液压制动

再生制动

电机

液压制动

风阻：风阻系数，迎风面积

车辆动能

滚阻：包括车辆自身部件摩擦内阻以及路面阻力

制动阻力：制动过程中摩擦片和制动盘接触摩擦产生阻力

被动的（不可回收）

主动的（可回收）

制动力

电制动

总制动力

非驱动轮机械制动

驱动轮机械制动

0   制动强度

制动力

非驱动轮机械制动

总制动力

驱动轮机械制动

电制动

0   制动强度

制动踏板角度及角加速度

紧急制动或有滑移

ESC接管，能量回收功能退出，完全液压制动

踩制动踏板

控制器计算制动需求判断是否有滑移

正常制动无滑移

电机完全提供当前所需制动力矩

电机能力≥制动需求

轮速传感器

电机能力≤制动需求

电机提供当前最大力矩

补偿剩余需求力矩

液压制动

车速

横向加速度

制动干预

稳态

转弯半径保持不变，车速增加时

转弯半径

动态

车速保持不变，转弯半径减小时

(b) 能量回收及稳定控制

图 6.10　制动能量回收及稳定控制的逻辑分析

无人驾驶车辆认知与决策技术

6.2 极限转向工况下的 UGV 侧滑失稳机理分析

由于具有惯量大、动力学响应慢等特性，因此 UGV 的操纵稳定性和行驶安全性需要充分考虑。在实际道路交通运输中，极限工况时有发生，如湿滑路面紧急避障、较大弯道转向等。而在极限工况下，UGV 动力学状态进入开环系统非稳定区间，UGV 的不合理操作、路面扰动、横向侧风等都容易导致 UGV 发生失稳失控，给道路交通运输安全带来威胁。当 UGV 失稳失控时，仅靠 UGV 的操作很难抑制其失稳失控的趋势。本节针对 UGV 在极限转向工况下容易发生侧滑失稳的特性，基于 UGV 底盘集成控制技术，设计分层控制策略。结合极限工况下的轮胎力学特性和 UGV 质心侧偏角 - 横摆角速度相平面分析，提出基于分层控制策略的自适应模型预测控制器，实现了对 UGV 防侧滑的控制。依托硬件在环台架实验，对防侧滑控制算法进行验证。

6.2.1 联合滑移工况下轮胎力学特性分析

在 UGV 转向过程中，维持转向所需的向心力由 UGV 前后轴轮胎侧向力提供。在极限工况下，维持转向所需的向心力达到路面附着极限，前后轴轮胎力容易发生饱和现象。当前轮轮胎力饱和时，前轮发生侧滑失稳，导致 UGV 偏离行驶轨迹。而当后轮轮胎力饱和时，后轮发生侧滑失稳，UGV 会出现严重的甩尾现象。为了进一步研究 UGV 极限工况下的侧滑失稳机理，下面将展开对联合滑移工况下轮胎力学特性的分析。

在进行极限转向工况下的 UGV 稳定性控制时，轮胎通常处于联合滑移工况下，即轮胎纵向滑移和侧向滑移存在耦合现象。由于魔术公式能够较为准确地计算轮胎在纯纵向滑移、纯侧向滑移以及联合滑移工况下的纵向力和侧向力，下面将基于魔术公式分析轮胎在联合滑移工况下的力学特性。轮胎的纵向力和侧向力可通过式（6.1）得到。

$$\begin{cases} F_{x_{\mathrm{mf}}} = f_x^{\mathrm{MF}}(\lambda, \alpha, F_z) \\ F_{y_{\mathrm{mf}}} = f_y^{\mathrm{MF}}(\lambda, \alpha, F_z) \end{cases} \tag{6.1}$$

式中，$F_{x_{\mathrm{mf}}}$ 和 $F_{y_{\mathrm{mf}}}$ 分别为联合滑移工况下的轮胎纵向力和侧向力；λ 和 α 分

别为轮胎纵向滑移率和侧偏角；F_z 为轮胎的垂向力；f_x^{MF} 和 f_y^{MF} 分别为根据魔术公式搭建的轮胎纵向力和侧向力计算函数。

通过软件 Trucksim 中的轮胎高保真模型数据，对魔术公式中的相关参数进行了拟合，并根据拟合后的魔术公式计算得到了联合滑移工况下的轮胎力学特性曲线。不同侧偏角下轮胎的纵向力与滑移率关系曲线如图 6.11（a）所示，而不同纵向滑移率下轮胎的侧向力与侧偏角关系曲线如图 6.11（b）所示。从图 6.11 中可看出，随着侧偏角的增大，相同滑移率下的轮胎纵向力在不断减小，纵向力饱和值也在不断降低。同样地，随着滑移率的增大，相同侧偏角下的轮胎侧向力在不断减小，侧向力饱和值也在不断降低。这是由于在给定的路面附着系数和轮胎垂直载荷下，轮胎纵向力与侧向力需满足附着椭圆的约束。如图 6.12 所示为轮胎附着椭圆示意。轮胎附着椭圆方程如式（6.2）所示。

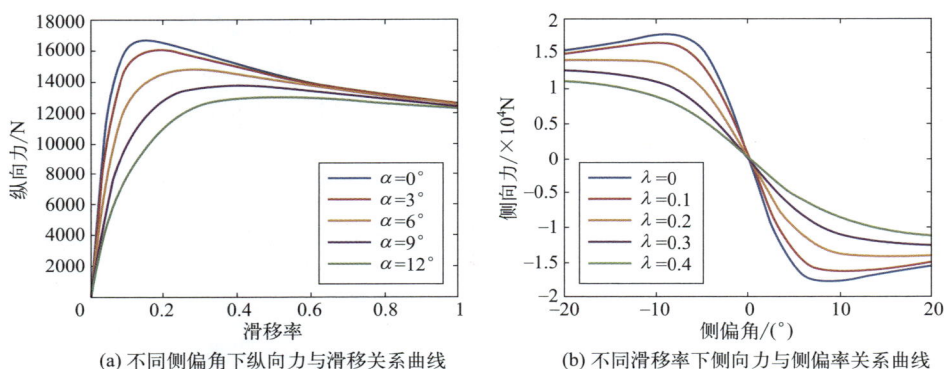

(a) 不同侧偏角下纵向力与滑移关系曲线 (b) 不同滑移率下侧向力与侧偏率关系曲线

图 6.11　联合滑移工况下轮胎的力学特性

$$\left(\frac{F_x}{F_{x,\max}}\right)^2 + \left(\frac{F_y}{F_{y,\max}}\right)^2 = 1 \tag{6.2}$$

式中，$F_{x,\max}$ 为纯纵向滑移工况下的最大纵向力；$F_{y,\max}$ 为纯侧向滑移工况下的最大侧向力；F_x 和 F_y 分别表示当前时刻轮胎的纵向力和侧向力。

F_f 为轮胎纵向力和侧向力的合力，该合力不能超过路面附着极限，如式（6.3）所示，其中 μ 为路面附着系数。由于轮胎侧向力和纵向力两个分量必须包含在附着椭圆内部，在已知其中一个分量时，可以根据附着椭圆方程计算出另一个分量的最大允许值。

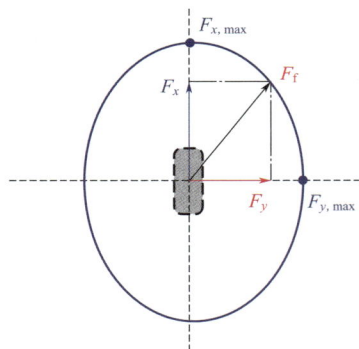

图 6.12　轮胎附着椭圆示意

$$F_{\mathrm{f}} \leqslant \mu F_z \tag{6.3}$$

根据轮胎在联合滑移工况下的力学特性可知，UGV 在极限转向工况下，驱动力或者不合理的制动力输入会占用轮胎的附着余量，导致轮胎力饱和，进而使 UGV 失稳失控。驱动力除了会占用附着余量外，还会导致车速增加，使侧向加速度进一步增大，UGV 状态更加趋于不稳定。在转向过程中，如果 UGV 进行急加速或急减速，会增加 UGV 侧滑失稳的风险。根据 UGV 的转向、制动、驱动需求，并结合当前 UGV 状态，通过合理分配制动力形成附加横摆力矩，可以有效抑制 UGV 的侧滑失稳趋势。根据联合滑移工况下轮胎的力学特性可知，对每个车轮施加的制动力都不能超过通过附着椭圆计算得到的附着力极限。

6.2.2　UGV 横摆角速度 – 质心侧偏角相平面分析

相平面分析方法可以较好地描述 UGV 状态在动态响应过程中的变化规律，被广泛应用于 UGV 系统稳定性分析中。在极限转向工况下，UGV 发生急转导致侧滑失稳，通常是质心侧偏角或者横摆角速度发散导致的。为了研究极限工况下 UGV 侧滑失稳机理，本小节基于三自由度 UGV 动力学模型，建立了质心侧偏角 - 横摆角速度相平面。UGV 三自由度模型如图 6.13 所示。

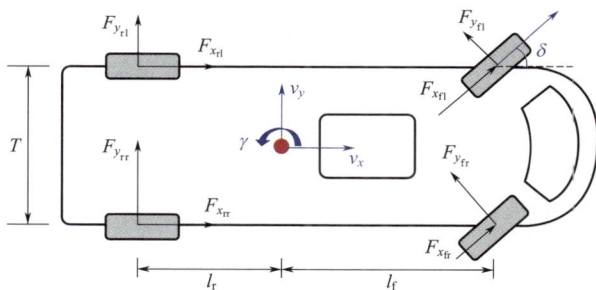

图 6.13　UGV 三自由度模型

基于达朗贝尔原理，可以得到 UGV 三自由度模型的动力学方程，如式（6.4）所示。

$$
\begin{cases}
m(\dot{v}_x - v_y \gamma) = (F_{x_{\mathrm{fl}}} + F_{x_{\mathrm{fr}}})\cos\delta - (F_{y_{\mathrm{fl}}} + F_{y_{\mathrm{fr}}})\sin\delta + F_{x_{\mathrm{rl}}} + F_{x_{\mathrm{rr}}} \\
m(\dot{v}_y + v_x \gamma) = (F_{y_{\mathrm{fl}}} + F_{y_{\mathrm{fr}}})\cos\delta + (F_{y_{\mathrm{rl}}} + F_{y_{\mathrm{rr}}}) + (F_{x_{\mathrm{fl}}} + F_{x_{\mathrm{fr}}})\sin\delta \\
I_z\dot{\gamma} = (F_{y_{\mathrm{fl}}} + F_{y_{\mathrm{fr}}})l_{\mathrm{f}}\cos\delta + \dfrac{1}{2}(F_{y_{\mathrm{fl}}} - F_{y_{\mathrm{fr}}})T\sin\delta + (F_{x_{\mathrm{fl}}} + F_{x_{\mathrm{fr}}})l_{\mathrm{f}}\sin\delta \\
\quad + \dfrac{1}{2}(F_{x_{\mathrm{fr}}} - F_{x_{\mathrm{fl}}})T\cos\delta + \dfrac{1}{2}(F_{x_{\mathrm{rr}}} - F_{x_{\mathrm{rl}}})T - (F_{y_{\mathrm{rl}}} + F_{y_{\mathrm{rr}}})l_{\mathrm{r}}
\end{cases}
\tag{6.4}
$$

式中，δ 为前轮转向角；T 为轮距；$F_{x_{fl}}$、$F_{x_{fr}}$、$F_{x_{rl}}$、$F_{x_{rr}}$ 分别为四个车轮的纵向力；$F_{y_{fl}}$、$F_{y_{fr}}$、$F_{y_{rl}}$、$F_{y_{rr}}$ 分别为四个车轮的侧向力。

每个车轮的纵向力和侧向力根据拟合的魔术公式进行计算，质心侧偏角根据式（6.5）计算。

$$\beta = \mathrm{sgn} v_y \tan^{-1} \frac{v_y}{v_x} \tag{6.5}$$

通过对三自由度动力学方程进行离散化处理，并根据不同初始 UGV 状态以及前轮转角输入，求解横摆角速度和质心侧偏角响应相轨迹。图 6.14 展示了初始车速为 70km/h，路面附着系数为 0.5，不同前轮转向角输入下的横摆角速度 - 质心侧偏角相平面。图 6.14 中黑色菱形框内的区域为稳定区域，在稳定区域内，UGV 状态能收敛到平衡点。红色三角形为稳定的平衡点，在稳定平衡点附近的相轨迹都能够收敛。蓝色实心圆为不稳定的平衡点，也称为鞍点。在鞍点附近，既有收敛的相轨迹，也有发散的相轨迹。当前轮转角输入为 0° 时，UGV 状态具有较大的稳定区域，如图 6.14（a）所示。随着前轮转角输入的增加，稳定的平衡点朝着鞍点移动，使 UGV 状态的稳定区域逐渐减小，如图 6.14（b）所示。当前轮转向角增大到一定值时，稳定的平衡点与不稳定平衡点重合，稳定的平衡点消失，出现了鞍结分岔现象，稳定区域再次缩小，如图 6.14（c）所示。此时，如果前轮转向角继续增加，UGV 状态的稳定区域将消失，开环系统表现出不稳定性，如图 6.14（d）所示。UGV 在极限转向工况下，横摆角速度和质心侧偏角处于 UGV 状态的临界稳定区域。当 UGV 处于临界稳定区域时，如果 UGV 不进行合理的驾驶操作，如反打方向、松开加速踏板等，UGV 状态很容易进入非稳定区域。当 UGV 状态进入非稳定区域时，如果不及时对 UGV 状态进行闭环控制，横摆角速度和质心侧偏角将会发散，导致不可逆的侧滑甩尾。UGV 在极限转向工况下发生侧滑甩尾时，通常表现为轮胎侧向力达到路面附着极限，后轮侧向力先于前轮侧向力达到饱和状态，导致由前后轴轮胎侧向力产生的横摆力矩无法平衡。考虑路面附着极限和轮胎侧向力饱和，人们基于 UGV 稳定状态下的最大横摆角速度、前后轮最大侧偏角，得到了开环系统具有稳定区间的最大前轮转向角，如式（6.6）所示。

$$\delta_{\max} = \tan^{-1}\left[\frac{(l_f + l_r)\mu g}{v_x^2} - \tan\alpha_{f,\max}\right] + \alpha_{r,\max} \tag{6.6}$$

式中，$\alpha_{f,\max}$ 和 $\alpha_{r,\max}$ 分别表示 UGV 状态下的前后轮最大侧偏角，可通过式（6.7）计算得到。

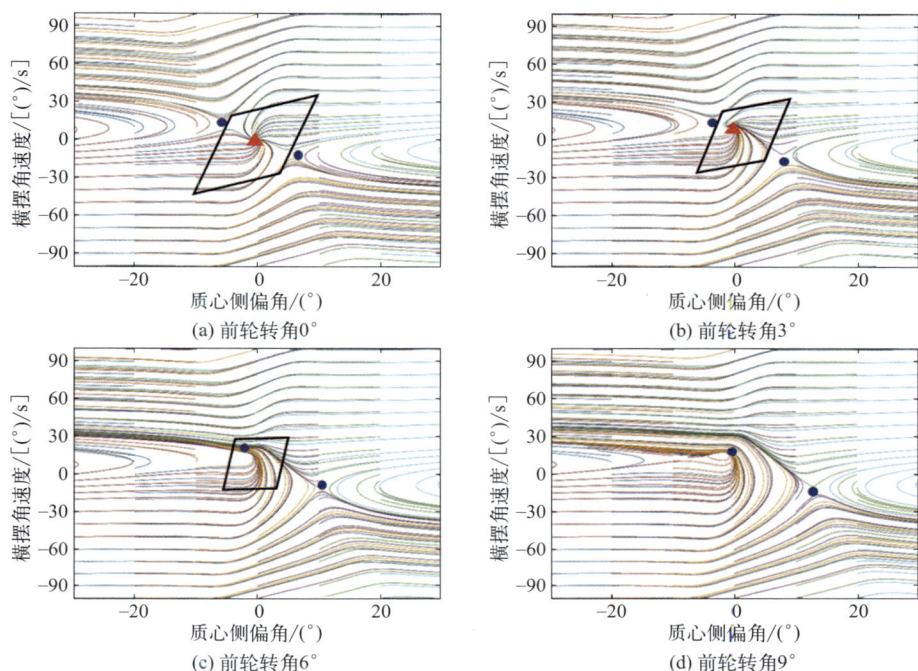

图 6.14 不同前轮转角输入下的横摆角速度 - 质心侧偏角相平面

$$\begin{cases} \alpha_{\text{f,max}} = \tan^{-1} \dfrac{3\mu F_z}{C_{\text{f}}} \\[2ex] \alpha_{\text{f,max}} = \tan^{-1} \dfrac{3\mu F_z}{C_{\text{r}}} \end{cases} \tag{6.7}$$

式中，C_{f} 和 C_{r} 分别表示前后轴轮胎线性段的侧偏刚度。

基于联合滑移工况下的轮胎特性、横摆角速度 - 质心侧偏角相平面和 UGV 稳定的最大前轮转向角，在下一节设计了极限转向工况下 UGV 的防侧滑控制算法。

6.3 基于模型预测控制的防侧滑控制算法设计

6.3.1 侧滑工况下底盘集成控制方法分析

随着制动决策技术的发展，发动机转矩限制、差动制动、前轮转向角控制等控制方法被应用于 UGV 电子稳定性控制系统中。在这些控制方法中，差动制动由于其可靠性和安全性高，成为目前 UGV 电子稳定性控制系统常用的控制手段。在极限转向工况下，通过对左右车轮制动力的合理分配，形成附加横摆力矩，来纠正 UGV 的过度转向或不足转向姿态，并能有效抑制 UGV 的侧滑失稳趋势。而发动机转矩限制是在 UGV 转向过程中，通过向发动机管理系统发送转矩限制指令，来降低发动机输出转矩，对 UGV 的不合理加速请求进行抑制。前轮转向角控制是基于决策转向技术，通过控制前轮转向角来防止 UGV 失稳失控的。在已知车速和路面附着系数时，UGV 输入的不合理转向角会导致 UGV 状态进入非稳定区间。当 UGV 状态进入非稳定区间时，如果 UGV 没有及时调整方向盘，前轮转向角控制器将会接管 UGV 的转向控制，通过主动转向实现对 UGV 的稳定性控制。这三种控制方法对极限转向工况下的防侧滑控制都有独特的优势，但也存在局限性。发动机转矩限制可以在转向过程中，减小驱动轴轮胎的纵向驱动力，使驱动轴轮胎侧向附着余量提高，能够在一定程度上防止因轮胎侧向力饱和导致的侧滑甩尾现象。但随着前轮转向角的增加，UGV 的横摆角速度和质心侧偏角逐渐进入非稳定区间，即使没有纵向驱动力，UGV 也会发生侧滑甩尾现象。此时，通过合理分配左右车轮制动力，在对 UGV 施加制动力的同时，能产生附加横摆力矩，将 UGV 的横摆角速度和质心侧偏角控制在开环系统稳定区间内，有效防止 UGV 侧滑失稳。然而，随着转向角的进一步增大，UGV 动力学开环系统不再具有稳定区间，通过差动制动的方式难以控制 UGV 状态稳定。而且，此时轮胎侧向力已经达到或者接近饱和值，施加纵向制动力会减小侧向附着余量，加速轮胎侧向力饱和，导致 UGV 状态发散。在这种工况下，需要通过前轮转向角控制，减小 UGV 动力学系统的转向输入，从而降低 UGV 状态的动力学响应值。或者通过控制前轮向相反方向转动，来抑制 UGV 状态的发散趋势。在 UGV 状态较为稳定时，对 UGV 驾驶操作的频繁干预是没有必要的。而当 UGV 状态处于临界稳定区间时，稳定性控制需要对 UGV 控制进行合理干预。当 UGV 状态处于非稳定区间时，为了保证安全性，可以对 UGV 的操作进行接管。由于转向过程中三种控制方法对 UGV 的干预程度不同，因此将三种控制方法进行了分级，发动机转矩限制、差动制动、前轮转向角控制三种控制方法分别对应三种从低到高的 UGV 失稳风险级别。在下一小节中，将针对 UGV 失稳风险级别，设计防侧滑分层控制策略。

6.3.2 UGV 防侧滑底盘分层控制策略设计

考虑 UGV 在环，结合当前 UGV 状态和路面附着条件，对 UGV 的转向、制动、驱动意图进行稳定性分析和安全性判断。对于 UGV 的驾驶意图，在 UGV 状态和路面附着允许的情况下，稳定性控制系统将不对 UGV 的操作进行过多干预。当 UGV 的驾驶意图超出许可范围时，稳定性控制系统将介入，对 UGV 进行主动安全控制。在电子稳定性控制系统中，制动决策是重要的执行机构。为了使底盘决策技术更好地服务于稳定性控制和自动驾驶控制，国内外学者对底盘决策技术进行了大量研究，对决策转向系统近年来的发展趋势进行了详细介绍，设计了用于决策转向系统的鲁棒自适应控制器，基于永磁同步电机，对决策转向系统进行了谐波抑制和路感控制。同时，将决策转向系统应用在 UGV 稳定性控制系统中。针对决策制动系统，研究者对其关键技术和未来发展趋势进行了阐述，基于最优化策略，对其执行机构进行了对比分析，设计了决策制动系统的融合预测控制算法。决策制动系统被应用于 UGV 电子稳定性控制系统中。此外，发动机转矩控制可以改善车辆纵向驱动力对 UGV 稳定性的影响，在稳定性控制中也得到了广泛应用。本小节基于底盘决策技术，设计了结合发动机转矩限制、差动制动和前轮转向角控制的分层控制策略，如图 6.15 所示。

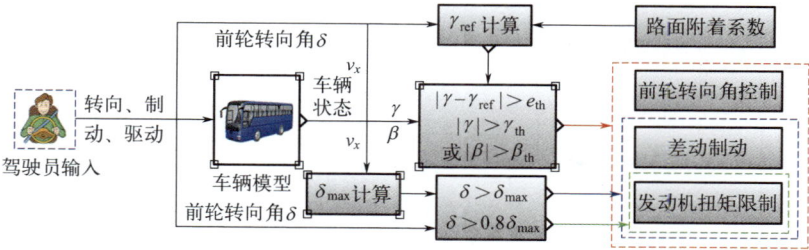

图 6.15　基于底盘决策技术的防侧滑分层控制策略

在 UGV 防侧滑分层控制策略中，根据转向角输入和 UGV 状态将防侧滑控制方法分为三层。其中第一层为发动机转矩限制，其触发条件在设计的防侧滑控制策略中是最容易满足的，如式（6.8）所示。当发动机转矩限制触发时，通过整车 CAN 通信网络向发动机管理系统发送目标输出转矩为 0 的指令。当 UGV 输入的前轮转向角较为接近开环系统稳定的最大前轮转向角时，发动机转矩限制将被触发。

$$\delta > 0.8\delta_{max} \tag{6.8}$$

式中，δ 为 UGV 输入的前轮转向角；δ_{max} 为根据式（6.6）计算得到的使开环系统稳定的最大前轮转向角。

当前轮转向角超过 δ_{max} 时，开环系统不再具有状态稳定区域，此时通过在开环系统中施加差动制动形成的横摆力矩，以附加横摆力矩作为输入，设计闭环系统反馈控制器对 UGV 进行差动制动控制。根据 UGV 稳态转向下的横摆角速度增益，可以计算得到横摆角速度的期望值，如式（6.9）所示。

$$\gamma_{ref} = \frac{v_x}{L(1 + Kv_x^2)}\delta \qquad (6.9)$$

式中，L 为 UGV 的轴距；K 为 UGV 的稳定性因数，可根据稳态圆周转向测试标定得到。

式（6.9）计算得到的期望横摆角速度仅考虑了当前车速和转向角输入，没有考虑路面附着对 UGV 转向的约束。当 UGV 行驶在附着系数较低的路面上时，该期望横摆角速度并不合理。通过加入路面附着约束，对期望横摆角速度进行了优化，如式（6.10）所示。在进行防侧滑控制时，UGV 的质心侧偏角期望值通常为 0。在通过差动制动进行防侧滑控制的过程中，当横摆角速度超过所设置的阈值 γ_{th}，且实际横摆角速度与期望横摆角速度的绝对误差超过预设的误差阈值 e_{th} 时，如式（6.11）所示，防侧滑控制将会触发第三层控制方法，即前轮转向角控制。此外，当质心侧偏角的绝对值高于预设的阈值 β_{th} 时，前轮转向角控制也会被触发。当两种触发条件满足其中一个时，仅通过差动制动已无法完成对侧滑失稳的稳定性控制，需要通过主动转向来改变 UGV 的动力学响应，重新构建 UGV 的状态稳定区间。

$$\begin{cases} \gamma_{ref} = \dfrac{\mu g}{v_x} & 当 \gamma_{ref} > \dfrac{\mu g}{v_x} 时 \\ \gamma_{ref} = -\dfrac{\mu g}{v_x} & 当 \gamma_{ref} < -\dfrac{\mu g}{v_x} 时 \end{cases} \qquad (6.10)$$

$$\begin{cases} |\gamma| > \gamma_{th} \\ |\gamma_{ref} - \gamma| > e_{th} \end{cases} \qquad (6.11)$$

6.3.3 基于分层控制策略的防侧滑自适应模型预测控制算法设计

基于上一部分提出的分层控制策略，本小节提出防侧滑自适应模型预测控制（MPC）算法。将差动制动形成的横摆力矩和前轮转向角作为受控变量，通过设计时变的受控变量权重系数和受控变量硬约束，在自适应模型预测控制器中实现了分层控制。在 UGV 二自由度模型中，加入附加横摆力矩作为额外输入，构建了如式（6.12）所示的包含 UGV 横向和横摆运动的动力学方程。其状态空间方程形式如式（6.13）所示。

$$\begin{cases} \dot{\gamma} = \dfrac{C_f l_f - C_r l_r}{I_z}\beta + \dfrac{C_f l_f^2 + C_r l_r^2}{I_z v_x}\gamma - \dfrac{C_f l_f}{I_z}\delta + \dfrac{\Delta M_z}{I_z} \\ \dot{\beta} = \dfrac{C_f + C_r}{m v_x}\beta + \left(\dfrac{C_f l_f - C_r l_r}{m v_x^2} - 1\right)\gamma - \dfrac{C_f}{m v_x}\delta \end{cases} \qquad (6.12)$$

式中，ΔM_z 为通过差动制动形成的附加横摆力矩。

$$\begin{cases} \dot{x} = Ax + Bu \\ y = Cx \end{cases} \qquad (6.13)$$

式 中，$A = \begin{bmatrix} \dfrac{C_f l_f^2 + C_r l_r^2}{I_z v_x} & \dfrac{C_f l_f - C_r l_r}{I_z} \\ \dfrac{C_f l_f - C_r l_r}{m v_x^2} - 1 & \dfrac{C_f + C_r}{m v_x} \end{bmatrix}$；$\quad B = \begin{bmatrix} -\dfrac{C_f l_f}{I_z} & \dfrac{1}{I_z} \\ -\dfrac{C_f}{m v_x} & 0 \end{bmatrix}$；$\quad C = \begin{bmatrix} 1 & 0 \\ 0 & 1 \end{bmatrix}$；

$x = \begin{bmatrix} \gamma \\ \beta \end{bmatrix}$；$u = \begin{bmatrix} \delta \\ \Delta M_z \end{bmatrix}$。对式（6.13）的状态空间模型进行离散化，得到如式（6.14）所示的离散时间系统模型。

$$\begin{cases} x(k+1) = \bar{A}x(k) + \bar{B}u(k) \\ y(k) = Cx(k) \end{cases} \qquad (6.14)$$

式中

$$\begin{cases} \bar{A} = tA + I \\ \bar{B} = tB \end{cases} \qquad (6.15)$$

式中，t 为采样时间。

为了便于后续的模型预测控制器设计，将式（6.14）的离散时间模型改写为增量模型，如式（6.16）所示。

$$\begin{cases} \Delta x(k+1) = \bar{A}\Delta x(k) + \bar{B}\Delta u(k) \\ y(k) = C\Delta x(k) + y(k-1) \end{cases} \qquad (6.16)$$

式中，$\Delta x(k) = x(k) - x(k-1)$；$\Delta u(k) = u(k) - u(k-1)$。

在当前时刻 k，根据式（6.16）可以预测未来 p 步的状态增量，如式（6.17）所示。假设控制区间为 m（$m \leqslant p$）步，则在第 $k+m$ 步到第 $k+p$ 的控制输入将保持不变，即 $\Delta u(k+m+i) = 0(i = 0, 1, \cdots, p-m)$。

$$\begin{cases} \Delta x(k+1|k) = \bar{A}\Delta x(k) + \bar{B}\Delta u(k) \\ \Delta x(k+2|k) = \bar{A}^2\Delta x(k) + \bar{A}\bar{B}\Delta u(k) + \bar{B}\Delta u(k+1) \\ \qquad\qquad\qquad \cdots \\ \Delta x(k+p|k) = \bar{A}^p\Delta x(k) + \bar{A}^{p-1}\bar{B}\Delta u(k) + \bar{A}^{p-2}\bar{B}\Delta u(k+1) \\ \qquad\qquad + \cdots + \bar{A}^{p-m}\bar{B}\Delta u(k+m-1) \end{cases} \qquad (6.17)$$

根据式（6.17）的状态增量方程，可以得到未来 p 步的预测输出，如式（6.18）所示。

$$
\begin{cases}
y(k+1|k) = C\bar{A}\Delta x(k) + C\bar{B}\Delta u(k) + y(k) \\
y(k+2|k) = (C\bar{A}^2 + C\bar{A})\Delta x(k) + (C\bar{A} + C)\bar{B}\Delta u(k) + C\bar{B}\Delta u(k+1) + y(k) \\
\qquad\qquad\qquad\qquad\cdots \\
y(k+p|k) = \sum_{i=1}^{p} C\bar{A}^i\Delta x(k) + \sum_{i=1}^{p} C\bar{A}^{i-1}\bar{B}\Delta u(k) + \sum_{i=1}^{p-1} C\bar{A}^{i-1}\bar{B}\Delta u(k+1) \\
\qquad\qquad + \cdots + \sum_{i=1}^{p-m+1} C\bar{A}^{i-1}\bar{B}\Delta u(k+m-1) + y(k)
\end{cases}
\tag{6.18}
$$

为了方便计算，将式（6.18）写为矩阵形式，如式（6.19）所示。

$$
Y_p(k) = P_x \Delta x(k) + P_u \Delta U(k) + I_p y(k)
\tag{6.19}
$$

式中，
$$
Y_p(k) = \begin{bmatrix} y(k+1|k) \\ y(k+2|k) \\ \cdots \\ y(k+p|k) \end{bmatrix}; \quad
P_x = \begin{bmatrix} C\bar{A} \\ \sum_{i=1}^{2} C\bar{A}^i \\ \cdots \\ \sum_{i=1}^{p} C\bar{A}^i \end{bmatrix}; \quad
I_p = \begin{bmatrix} 1 \\ 1 \\ \cdots \\ 1 \end{bmatrix}_{p \times 1}; \quad
\Delta U(k) =
$$

$$
\begin{bmatrix} \Delta u(k) \\ \Delta u(k+1) \\ \cdots \\ \Delta u(k+m-1) \end{bmatrix};\quad
P_u = \begin{bmatrix}
C\bar{B} & 0 & 0 & \cdots & 0 \\
\sum_{i=1}^{2} C\bar{A}^{i-1}\bar{B} & C\bar{B} & 0 & \cdots & 0 \\
\vdots & \vdots & \vdots & \ddots & \vdots \\
\sum_{i=1}^{m} C\bar{A}^{i-1}\bar{B} & \sum_{i=1}^{m-1} C\bar{A}^{i-1}\bar{B} & \cdots & \cdots & C\bar{B} \\
\vdots & \vdots & \vdots & \ddots & \vdots \\
\sum_{i=1}^{p} C\bar{A}^{i-1}\bar{B} & \sum_{i=1}^{p-1} C\bar{A}^{i-1}\bar{B} & \cdots & \cdots & \sum_{i=1}^{p-m+1} C\bar{A}^{i-1}\bar{B}
\end{bmatrix}。
$$

模型预测控制是一种滚动时域最优控制方法，通过求解使成本函数最小的控制序列，达到对期望输出的最优跟踪控制。前轮转向角和附加横摆力矩为 UGV 的受控变量，由于两者在物理值上差异较大，所以在模型预测控制器中设置了相应的比例因子，防止物理量数量级差异对最优控制输入计算的影响。UGV 横摆角速度和质心侧偏角既是系统模型中的状态变量，也是输出变量，其中横摆角速度的期望值根据式（6.9）和式（6.10）计算得到，质心侧偏角的期望值为 0。此外，受执行机构物理特性的影响，前轮转向角和附加横摆力矩具有上下界，因此对系统控制输入进行了约束，如式（6.20）所示。

$$\begin{cases} \delta_{\min,\mathrm{p}}(k) \leqslant \delta(k) \leqslant \delta_{\max,\mathrm{p}}(k) \\ \Delta\delta_{\min,\mathrm{p}} \leqslant \Delta\delta(k) \leqslant \Delta\delta_{\max,\mathrm{p}} \\ \Delta M_{z\min,\mathrm{p}}(k) \leqslant \Delta M_z(k) \leqslant \Delta M_{z\max,\mathrm{p}}(k) \end{cases} \quad (6.20)$$

式中，$\delta_{\min,\mathrm{p}}(k)$ 和 $\delta_{\max,\mathrm{p}}(k)$ 分别为模型预测控制中第 k 步前轮转向角的最小值和最大值；$\Delta\delta_{\min,\mathrm{p}}$ 和 $\Delta\delta_{\max,\mathrm{p}}$ 分别为前轮转向角增量的最小值和最大值；$\Delta M_{z\max,\mathrm{p}}(k)$ 和 $\Delta M_{z\min,\mathrm{p}}(k)$ 分别为模型预测控制中第 k 步附加横摆力矩的最大值和最小值。根据轮胎附着椭圆计算得到的轮胎纵向力附着余量可以计算出当前时刻的最大附加横摆力矩和最小附加横摆力矩，如式（6.21）所示。

$$\begin{cases} \Delta M_{z\max,\mathrm{p}} = \dfrac{T}{2} F_{x_{\mathrm{f,max}}} \sqrt{1 - \left(\dfrac{F_{y_{\mathrm{f0}}}}{F_{y_{\mathrm{f,max}}}}\right)^2} + \dfrac{T}{2} F_{x_{\mathrm{r,max}}} \sqrt{1 - \left(\dfrac{F_{y_{\mathrm{r0}}}}{F_{y_{\mathrm{r,max}}}}\right)^2} \\ \Delta M_{z\min,\mathrm{p}} = -\Delta M_{z\max,\mathrm{p}} \end{cases} \quad (6.21)$$

式中，$F_{x_{\mathrm{f,max}}}$ 和 $F_{x_{\mathrm{r,max}}}$ 分别为前、后轴单轮在纯纵向滑移工况下的最大纵向力；$F_{y_{\mathrm{f,max}}}$ 和 $F_{y_{\mathrm{r,max}}}$ 分别为前、后轴单轮在纯侧向滑移工况下的最大侧向力；$F_{y_{\mathrm{f0}}}$ 和 $F_{y_{\mathrm{r0}}}$ 分别为前、后轴的左右轮在当前时刻侧向力的较大值；T 为轮距，此处假设前后轴轮距相等。

为了求解最优的前轮转角和附加横摆力矩，设计了如式（6.22）所示的成本函数。

$$J = [Y_p(k) - R(k)]^{\mathrm{T}} Q[Y_p(k) - T(k)] + \Delta U(k)^{\mathrm{T}} R \Delta U(k) \quad (6.22)$$

式中，期望输出序列 $T(k) = \begin{bmatrix} T(k+1) \\ T(k+2) \\ \cdots \\ T(k+p) \end{bmatrix}$，输出权重矩阵 $Q(k) =$ diag$\{Q_1, Q_2, \cdots, Q_p\}$，$Q_i(i = 1, 2\cdots, p)$ 为预测时域内第 i 步的输出权重矩阵，它被考虑为时变的。输入权重矩阵 $R(k) = $ diag$\{R_1, R_2, \cdots, R_m\}$，$R_i(i = 1, 2\cdots, m)$ 为控制时域内第 i 步的输入权重矩阵。本小节采用了时变的输入权重矩阵，遂过时变的输入权重矩阵和时变前轮转向角约束来实现前轮转向角控制的打开和关闭。当分层控制策略判断出不需要前轮转向角控制时，前轮转向角所对应的权重系数将被赋予一个较大的值。此外，考虑到执行机构的物理约束，在模型预测控制中加入了如式（6.20）所示的约束条件。通过矩阵变换，可以将输入约束条件构造为如式（6.23）的形式。

$$\begin{bmatrix} -M \\ M \\ -N \\ N \end{bmatrix} \Delta U(k) \geqslant \begin{bmatrix} -\Delta u_{\max}(k) \\ \vdots \\ -\Delta u_{\max}(k+m-1) \\ \Delta u_{\min}(k) \\ \vdots \\ \Delta u_{\min}(k+m-1) \\ u(k-1) - u_{\max}(k-1) \\ \vdots \\ u(k-1) - u_{\max}(k+m-1) \\ u_{\min}(k-1) - u(k-1) \\ \vdots \\ u_{\min}(k+m-1) - u(k-1) \end{bmatrix} \tag{6.23}$$

式中，$M = \begin{bmatrix} I_{2\times2} & 0 & \cdots & 0 \\ 0 & I_{2\times2} & \cdots & 0 \\ \vdots & \vdots & \ddots & \vdots \\ 0 & 0 & \cdots & I_{2\times2} \end{bmatrix}$；$N = \begin{bmatrix} I_{2\times2} & 0 & \cdots & 0 \\ I_{2\times2} & I_{2\times2} & \cdots & 0 \\ \vdots & \vdots & \ddots & \vdots \\ I_{2\times2} & I_{2\times2} & \cdots & I_{2\times2} \end{bmatrix}$；$I_{2\times2} = \begin{bmatrix} 1 & 0 \\ 0 & 1 \end{bmatrix}$。

同时，令 $E_p(k) = T(k) - P_x \Delta x(k) - I_p y(k)$，将成本函数转化为式（6.24）所示的形式。

$$J = \Delta U(k)^{\mathrm{T}} H \Delta U(k) - G(k)^{\mathrm{T}} \Delta U(k) \tag{6.24}$$

式中，$H = P_u^{\mathrm{T}} Q^{\mathrm{T}} Q P_u + R^{\mathrm{T}} R$；$G(k) = 2 P_u^{\mathrm{T}} Q^{\mathrm{T}} Q E_p(k)$。

由于所设计的模型预测控制器带有约束，无法求得使成本函数最小的最优输入序列的解析解，故采用数值解法。成本函数满足式（6.24）所示的形式，同时约束条件满足式（6.23）所示的形式，可通过 Matlab 自带的二次规划求解器求解带约束的自适应模型预测控制中的二次规划问题。所设计的自适应模型预测控制器的采样时间为 0.01s，预测时域为 20 步，控制时域为 2 步。

通过求解得到最优控制输入序列，并将 $k+1$ 时刻的最优控制输入 $\delta(k+1)$ 和 $\Delta M_z(k)$ 作用于被控 UGV。为了实现目标控制输入 $\Delta M_z(k)$，对左、右车轮制动力进行了合理分配。当 $\Delta M_z(k)$ 大于零时，仅对左侧车轮施加制动力，如式（6.25）所示。当 $\Delta M_z(k)$ 小于零时，仅对右侧车轮施加制动力，如式（6.26）所示。该制动力分配方式考虑了前、后轴轮胎垂直载荷的差异。

$$\begin{cases} F_{x_{\mathrm{fl}}} = \dfrac{2\Delta M_z(k)}{T} \times \dfrac{l_{\mathrm{r}}}{l_{\mathrm{f}} + l_{\mathrm{r}}} \\ F_{x_{\mathrm{rl}}} = \dfrac{2\Delta M_z(k)}{T} \times \dfrac{l_{\mathrm{f}}}{l_{\mathrm{f}} + l_{\mathrm{r}}} \end{cases} \tag{6.25}$$

$$\begin{cases} F_{x_{fr}} = \dfrac{2\Delta M_z(k)}{T} \times \dfrac{l_r}{l_f + l_r} \\ F_{x_{rr}} = \dfrac{2\Delta M_z(k)}{T} \times \dfrac{l_f}{l_f + l_r} \end{cases} \tag{6.26}$$

为了实现式（6.25）和式（6.26）所示的目标制动力，本小节基于开关阀方案的决策制动系统对制动压力进行了控制，式（6.27）所示为前、后轴目标制动压力计算公式。

$$\begin{cases} P_{b_f} = \dfrac{F_{x_f}}{F_{z_f}} K_{b_f} \\ P_{b_r} = \dfrac{F_{x_r}}{F_{z_r}} K_{b_r} \end{cases} \tag{6.27}$$

式中，P_{b_f} 和 P_{b_r} 分别为前后轴目标制动压力；K_{b_f} 和 K_{b_r} 分别为前后轴制动力系数，可由单轴制动实验进行标定；F_{z_f} 和 F_{z_r} 分别为前后轴垂向力；F_{x_f} 和 F_{x_r} 分别为前后轴目标制动力。

在差动制动过程中，计算得到的前、后轴目标制动压力仅单独施加于一侧车轮上。

6.4 防侧滑控制算法硬件在环台架实验验证

为了验证所设计极限转向工况下 UGV 防侧滑控制算法的可靠性，本小节基于 NI/PXI 实时系统和决策气压制动台架，搭建了硬件在环（HIL）实验平台，如图 6.16 所示。首先，在 PC 上位机中搭建 TrucksimUGV 模型和设计 Simulink 控制算法，然后通过 NI/Veristand 软件将经过编译的 Trucksim 和 Simulink 联合仿真模型载入 NI/PXI 实时系统中，最后利用 PXI 设备中的 CAN 通信将各车轮的目标制动压力发送给决策气压制动台架控制器，并接收决策气压制动台架返回的实际制动压力。在 HIL 台架实验中，针对 UGV 稳定性控制中的三种典型工况——双移线、正弦转向、斜坡转向，对所设计的极限工况下防侧滑分层控制算法进行了验证。所使用的 UGV 参数如表 6.1 所示。由于在湿滑路面上 UGV 较容易发生侧滑甩尾现象，因此在进行算法验证时选择路面附着系数为 0.5。三种工况下的实验结果分别如图 6.17 ～图 6.19 所示。

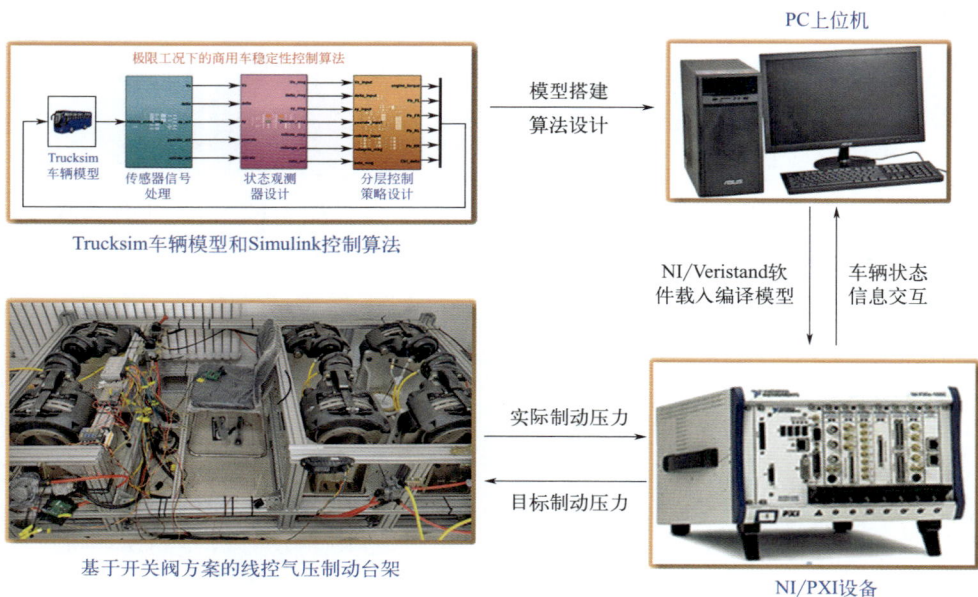

图 6.16　基于 NI/PXI 设备的硬件在环实验平台

表 6.1　UGV 参数

物理量	描述	物理值
m	整车质量	10620kg
I_z	横摆转动惯量	37735kg·m²
T	UGV 轮距	2.0m
l_f	质心距前轴的距离	3.105m
l_r	质心距后轴的距离	1.385m

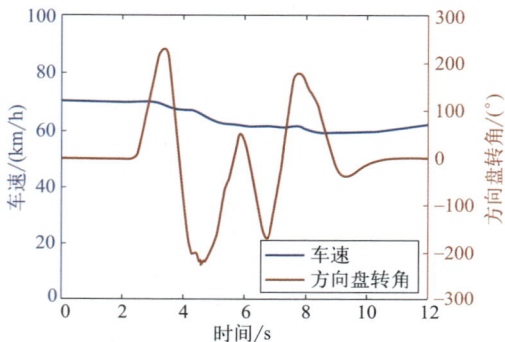

(a) 车速和方向盘转角

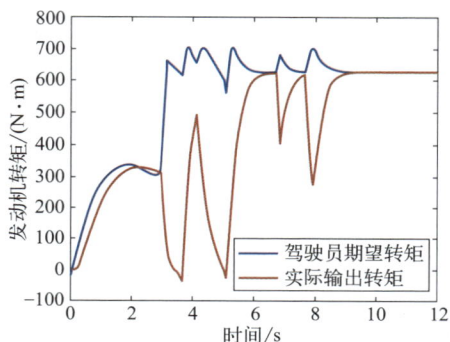

(b) 发动机转矩

无人驾驶车辆认知与决策技术

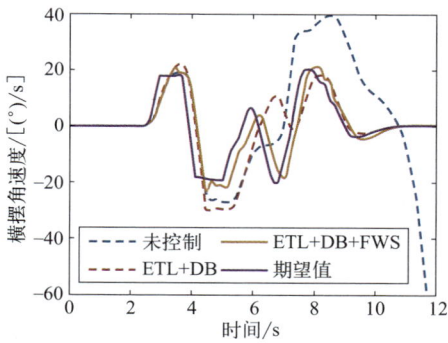

(c) 横摆角速度

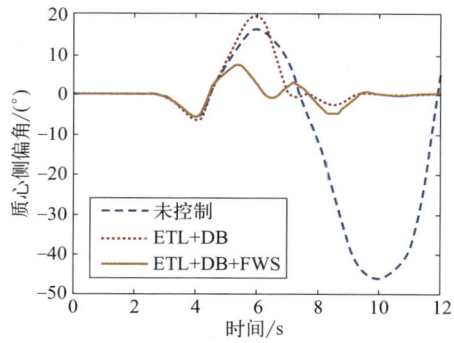

(d) 质心侧偏角

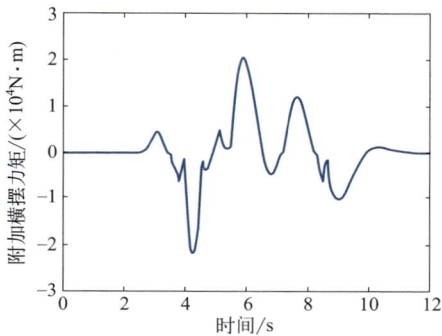

(e) 附加横摆力矩

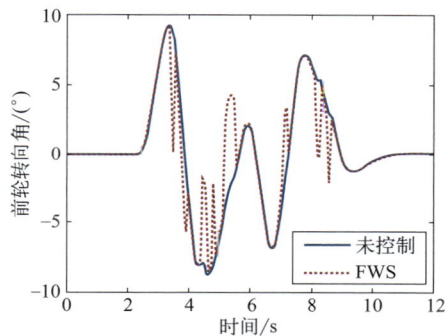

(f) 前轮转向角

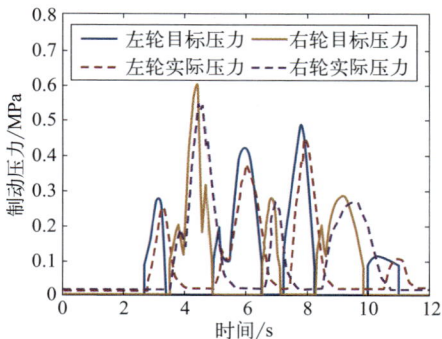

(g) 前轴制动压力

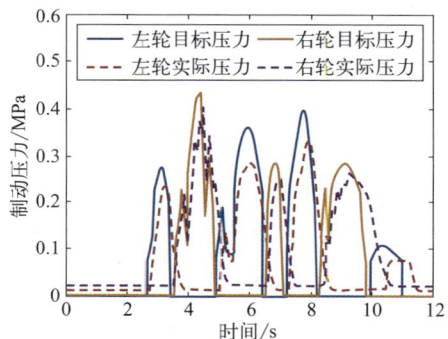

(h) 后轴制动压力

图 6.17　防侧滑控制 HIL 实验结果（双移线工况下）

为了验证分层控制策略的有效性和可靠性，对比了不进行控制、发动机转矩限制（ETL）+ 差动制动（DB）、发动机转矩限制（ETL）+ 差动制动（DB）+ 前轮转向控制（FWS）三种情况下的横摆角速度和质心侧偏角控制效果。在极限工况下，UGV 的期望横摆角速度通过式（6.8）和式（6.9）计算得到，公式中的车速和转向角信息分别如图 6.17（a）、图 6.18（a）、图 6.19（a）所示。在理想转向工况下，UGV 的质心侧偏角为 0。因此，将期望质心侧偏角设为 0。从图 6.17（c）可以看出，在双移线工况下，不进行控制时 UGV 的横摆角速度在双移线的靠后阶段发散了，导致 UGV 发生侧滑甩尾现象。而结合 ETL 和 DB 两种方法进行控制时，实际横摆角速度没有发散，但与期望横摆角速度的差值较大。这是由于当前轮转向角过大时，UGV 转向的不稳定性增加，仅依靠差动制动和发动机转矩限制无法实现对 UGV 状态的较好控制。此时，需要前轮转向控制介入来提高 UGV 转向过程中的稳定性。从图 6.17 中可以看出，在发动机转矩限制、差动制动和前轮转向三种控制方法同时进行控制时，UGV 的实际横摆角速度能较好地跟随期望值。此外，在三种方法协同控制下，质心侧偏角处于一个较小且合理的范围内，如图 6.17（d）所示。自适应模型预测控制算法的受控变量为附加横摆力矩和前轮转向角，两者的变化趋势分别如图 6.17（e）和图 6.17（f）所示。图 6.17（g）和图 6.17（h）分别为用于产生附加横摆力矩的前、后轴轮胎制动压力。当 UGV 的转向输入使 UGV 状态趋于不稳定时，稳定性控制系统将对转向控制进行干预，通过主动前轮转向防止 UGV 失稳失控。同样地，从图 6.18（c）、（d）和图 6.19（c）、（d）可以看出，在正弦转向和斜坡转向工况下，差动制动和发动机转矩限制能有效抑制极限工况下 UGV 横摆角速度和质心侧偏角发散的趋势。但随着转向角的增大，实际横摆角速度和质心侧偏角的值较大，需要结合前轮转向控制，将 UGV 状态控制在一个安全、稳定的范围内。所设计的闭环控制算法考虑了 UGV 的驾驶行为，当 UGV 的转向或者驱动请求不合理时，分别通过发动机转矩限制和前轮主动转向对其进行抑制。当 UGV 操作合理时，但由于路面条件较差，UGV 无法跟随转向意图，差动将辅助 UGV 进行 UGV 控制，使实际 UGV 横摆角速度趋向于期望值。综上所述，通过考虑 UGV 在环，本小节所提出的基于分层控制策略的自适应模型预测控制算法能有效防止 UGV 在湿滑路面发生侧滑甩尾，提高了 UGV 在极限工况下的操纵稳定性和行驶安全性。

针对极限转向工况下 UGV 容易发生侧滑失稳的问题，首先基于联合滑移工况下的轮胎附着特性和 UGV 横摆角速度 - 质心侧偏角相平面，从动力学角度分析了极限工况下的 UGV 侧滑失稳机理。然后根据 UGV 侧滑失稳机理，考虑 UGV 在环，对电机转矩限制、差动制动、前轮转向控制三种底盘决策控制技术的介入时机和控制区域进行了阐述，并提出了分层控制策略。基于分层控制策略，设计了变权重、变约束的自适应模型预测控制算法。通过基于决策制动系统台架的 HIL 实验，对双移线、正弦转向、斜坡转向三种典型工况下的防侧滑控制进行了有效验证。设计的算法能有效抑制极限转向工况下横摆角速度和质心侧偏角的发散趋势，从而有效防止 UGV 侧滑甩尾，提高了稳定性控制系统的可靠性和鲁棒性。

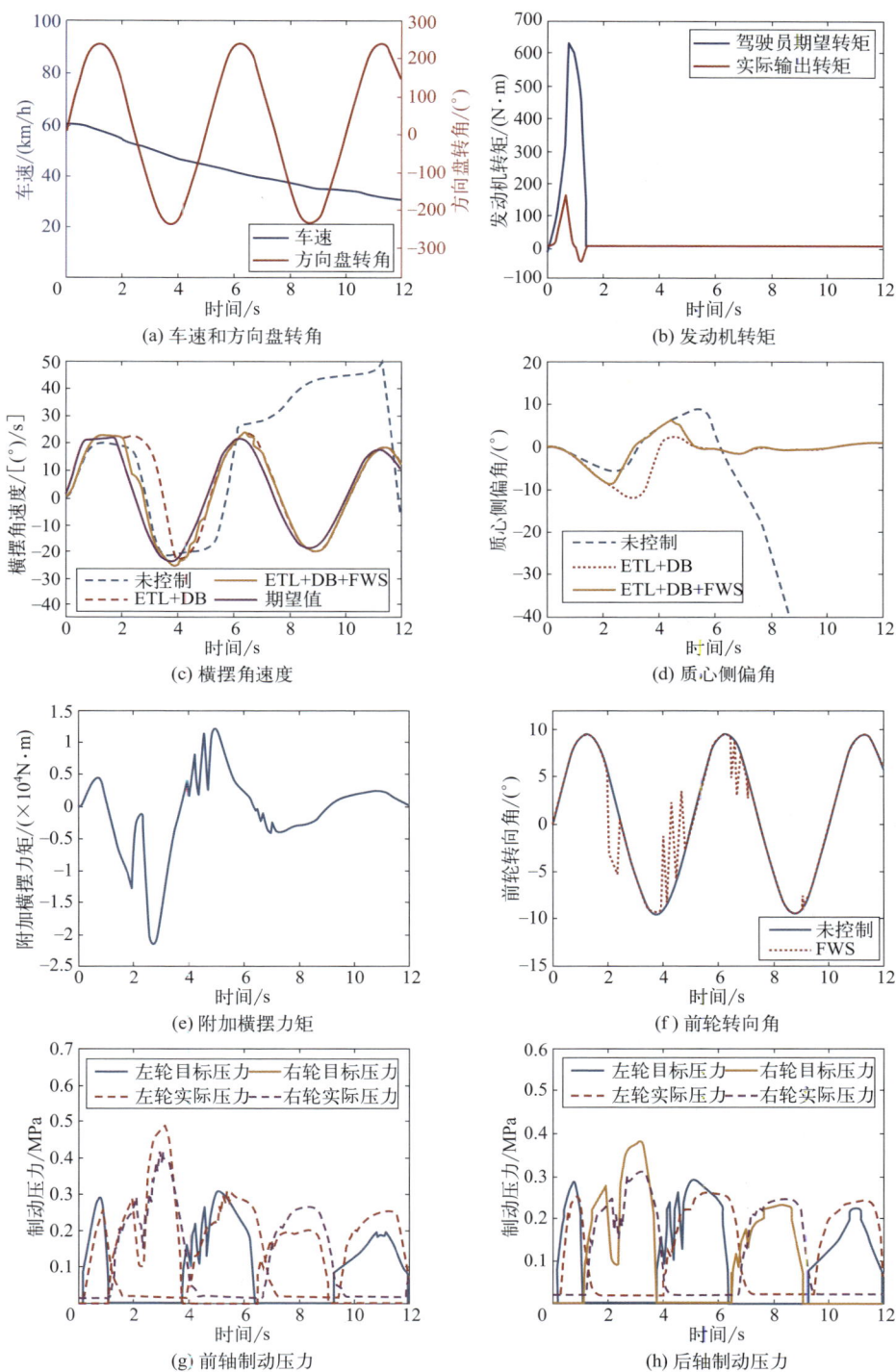

(a) 车速和方向盘转角

(b) 发动机转矩

(c) 横摆角速度

(d) 质心侧偏角

(e) 附加横摆力矩

(f) 前轮转向角

(g) 前轴制动压力

(h) 后轴制动压力

图 6.18　防侧滑控制 HIL 实验结果（正弦转向工况下）

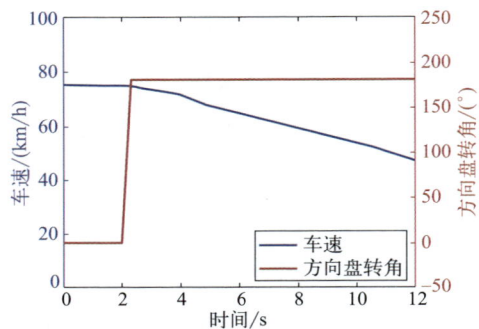

(a) 车速和方向盘转角

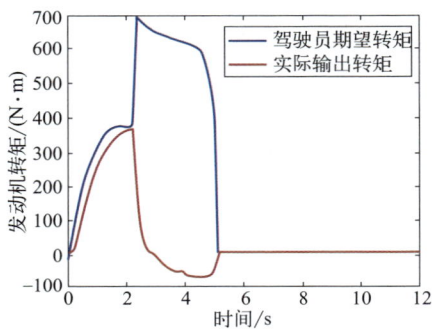

(b) 发动机转矩

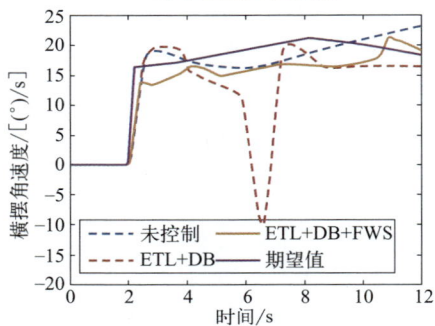

(c) 横摆角速度

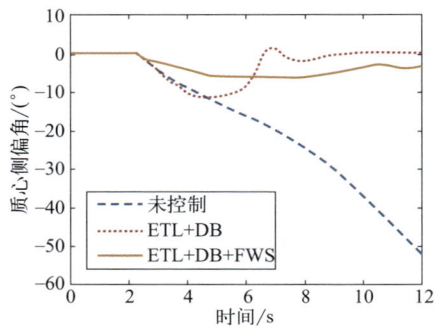

(d) 质心侧偏角

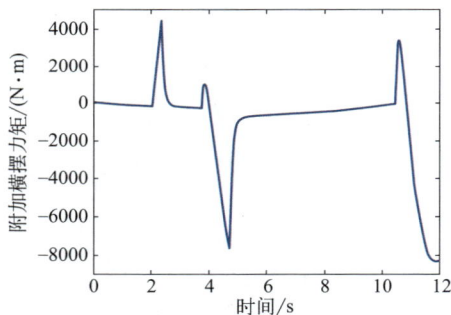

(e) 附加横摆力矩

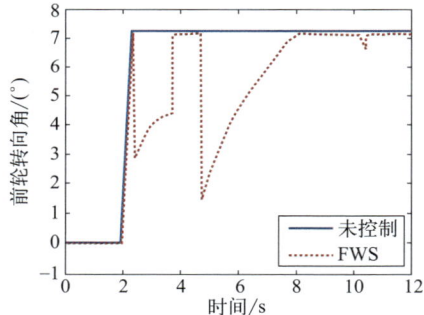

(f) 前轮转向角

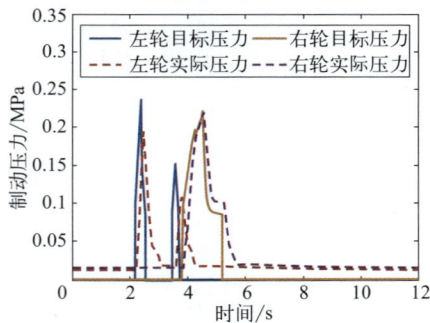

(g) 前轴制动压力

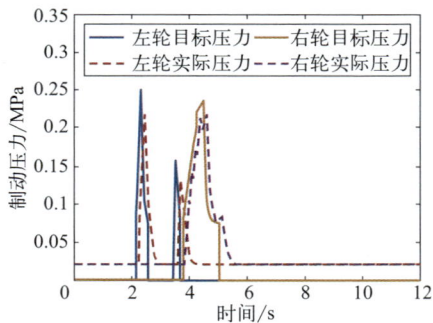

(h) 后轴制动压力

图 6.19　防侧滑控制 HIL 实验结果（斜坡转向工况下）

　无人驾驶车辆认知与决策技术

6.5 制动带动态力矩特性的实验研究

制动带动态制动力矩对换挡品质有着重要影响，制动带动态制动力矩出现在制动带滑摩阶段，这个阶段与离合器的滑摩相似，对于离合器滑摩阶段的动态力矩，可建立由动态摩擦系数、正压力、作用力半径等元素组成的经验公式，并为解决由经验公式得到的离合器动态力矩突变的问题，提出了狭义摩擦系数和输入力矩影响系数的概念，将离合器传递的动态力矩分为两部分，一部分只与转速差、狭义摩擦系数及正压力有关，另一部分只与离合器输入力矩有关。摩擦副滑摩时，静态摩擦系数转变为动态摩擦系数，动态摩擦系数是影响动态力矩的关键因素。根据试验数据归纳，提出可算出动态摩擦系数的经验公式，但求解动态摩擦系数依然较为烦琐，而采用实验来研究制动带动态力矩特性，从而获得动态制动力矩，是一种可行的方法，同时也能达到控制目的，如图 6.20 所示。为了对制动带的动态力矩特性进行研究，进一步提高动力保持型三挡自动变速器（AMT）的控制精度，在变速器样机加工完成之前，特地设计了制动带的实验台架，加工、调试完成后，与控制系统、数采系统、动力系统、配电系统等联调，具备了必要的实验能力。利用设计的实验台架，以驱动电机驱动制动鼓旋转，制动带执行机构驱动制动带与制动鼓接合，制动力、制动力矩、转速等反馈信号由下位机面向仪器系统的 PCI 扩展（PCI extensions for instrumentation express，PXIe）来采集，传给上位机控制程序处理，对制动带的动态力矩特性进行测试分析，并与制动带自增力效应解析模型、有限元仿真模型的运算结果进行对比。

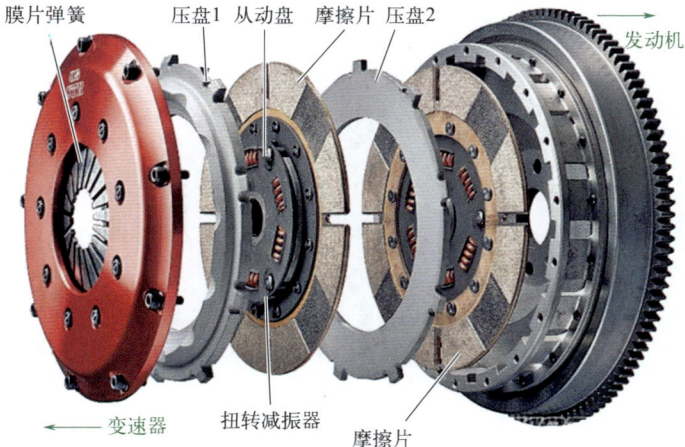

膜片弹簧　压盘1　从动盘　摩擦片　压盘2　发动机
变速器　扭转减振器　摩擦片

图 6.20

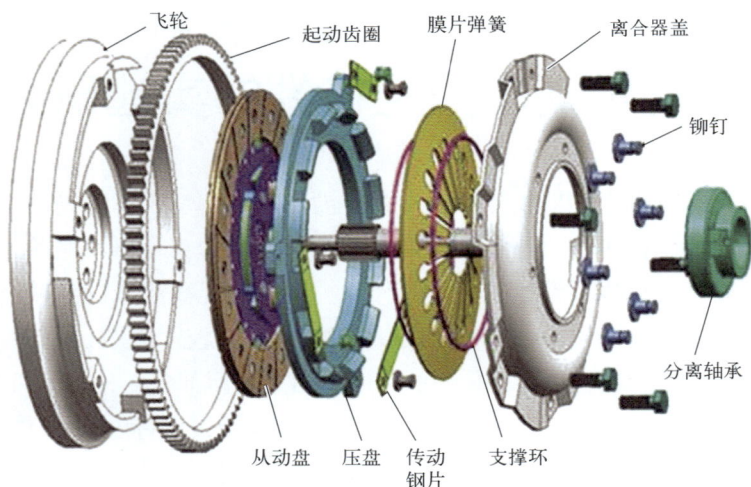

图 6.20　制动带模型的结构分析

6.5.1　制动带实验台架的搭建

搭建实验台架主要分为硬件部分和软件部分，硬件部分如台架机械设计、制动带执行机构控制器的电路设计、传感器选型、电源系统的匹配，软件部分如上位机控制程序的编制、制动带执行机构控制器的软件设计、实验数据后处理等。如图 6.21 所示是制动带实验台架的总体框架。驱动电机通过转矩转速传感器与制动鼓相连，在实验中作为动力输入单元；控制电机及其执行机构通过力传感器与制动带自由端连接，作为制动力输入单元；PXIe 与转矩转速传感器、力传感器、

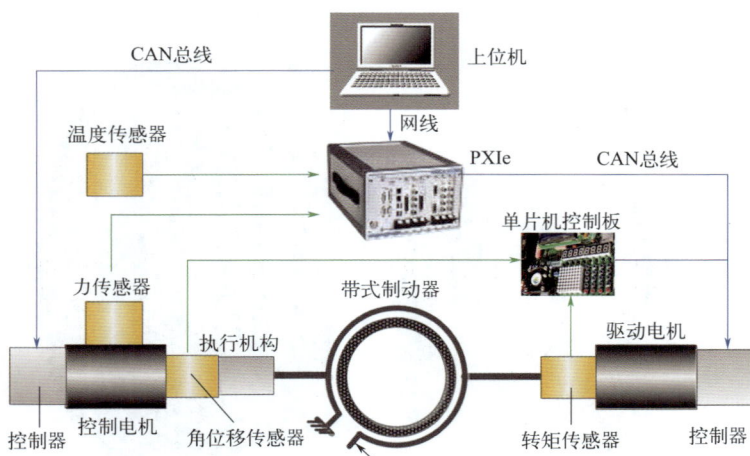

图 6.21　制动带实验台架的总体框架

角位移传感器、温度传感器构成数据采集单元；PC 机作为上位机，是整个台架的控制中心，负责驱动电机的控制和数采程序的运行。

实验时，PC 机控制程序与下位机 PXIe 通信，通过 CAN 总线向驱动电机控制器发出指令，使驱动电机以设定的转速运行，制动鼓则以此转速同步旋转；在适当时刻，PC 机通过 CAN 总线向制动带执行机构控制器发出指令，执行机构控制电机动作，并通过制动带自由端向制动带施加制动力，使制动带抱紧制动鼓，直至制动鼓停转；PC 机数采程序记录这一过程的转矩、力、温度等数值并做后期处理。

6.5.2　带式制动器台架设计

在动力保持型三挡 AMT 样机制造完成之前，为了测试制动带的动态力矩特性，设计加工了一台带式制动器样机，样机根据制动带的相关参数，考虑外部接口、固定方式及安装尺寸，预留观察窗，利用 SolidWorks 设计完成，如图 6.22 所示是带式制动器样机三维模型。如图 6.23 所示是带式制动器样机实验台，其中丝杠与推力杠杆组成执行机构。

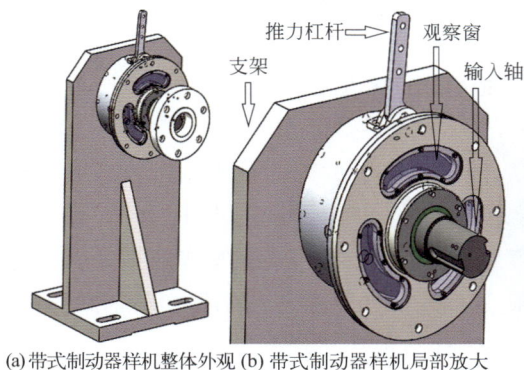

(a)带式制动器样机整体外观 (b) 带式制动器样机局部放大

图 6.22　带式制动器样机三维模型

图 6.23　带式制动器样机实验台

实验台电力供应采用上海恒力源电气设备有限公司出品的 UGV 控制器测试试验电源，型号为 MK-D-100A/600V，峰值功率为 60kW，能够在 301 ～ 600V 的电压范围内输出高达 100A 的电流，完全满足驱动电机及台架其他用电设备的需求，试验电源同时集成了放电吸收单元，设备停止运行后，通过放电电路自动把负载的残余直流电压释放掉，确保安全操作。为了便于操作和用电安全，实验台架还安装了配电柜，采用汽车专用高压直流继电器和空气开关作为控制元件，并附有必要的指示电路，同时将水泵、散热风扇等设备一并接入配电柜进行统一管理。UGV 控制器测试试验电源和配电箱连线如图 6.24 所示。

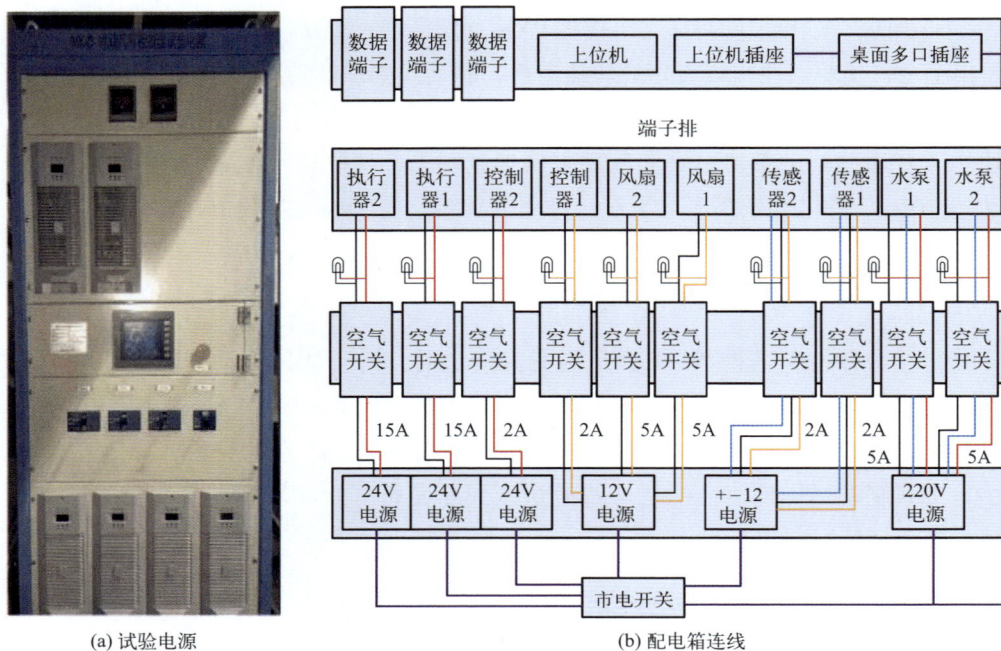

(a) 试验电源   (b) 配电箱连线

图 6.24   UGV 控制器测试试验电源和配电箱连线

驱动电机的作用是向样机输入动力，模拟 UGV 行驶的各种工况，实验选择的驱动电机是一款永磁同步电机，型号是 EM2011.1011，采用水冷方式，电机配套的控制器通过 CAN 总线与 PXIe 通信，实验时可接收 PXIe 发送的指令，也可向控制系统反馈电机转矩、水温、故障码等信息。如图 6.25 所示是实验辅助器件，如图 6.26 和图 6.27 所示分别是驱动电机及搭建完成的实验台架。

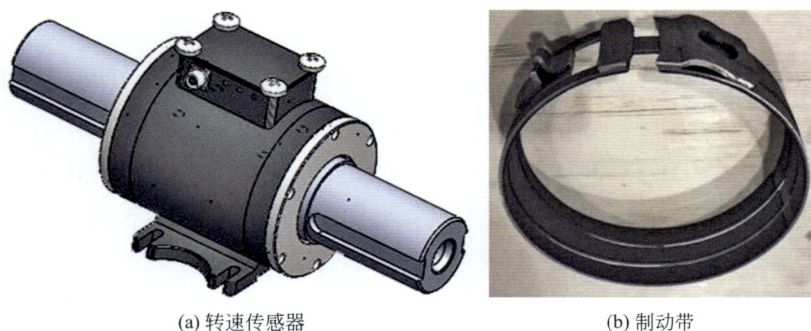

(a) 转速传感器   (b) 制动带

图 6.25   实验辅助器件

图 6.26　驱动电机

图 6.27　搭建完成的实验台架

实验台架上位机选用的是 NI（national instruments）公司生产的 PXIe-1078，控制程序采用 LabView 编写，为保证与驱动电机控制器之间 CAN 通信的正常进行，需要根据驱动电机通信协议，在 NI-XNET Database Editor 中建立 XML 数据库文件，设置电机转速、转矩、控制模式、相电压、相电流等字段，编程时加载 XML 文件。程序设计时，还应考虑驱动电机的安全控制，例如在转矩模式下，驱动电机克服阻力矩后转速急剧上升，易出现"飞车"现象，因此需增加模式切换功能，即检测到转速在极短时间内迅速攀升时，程序自动将转矩模式切换为转速模式。设置输出文件路径，对实验数据进行保存。本小节设计的控制程序界面如图 6.28 所示。制动带执行机构由控制器、控制电机、滚珠丝杠、推力杠杆、角位移传感器等组成。控制器发出指令后，控制电机旋转，丝杠螺母将控制电机的旋转运动转换为丝杠的平动，推动与制动带自由端连接的推力杠杆运动，使制动带抱紧制动鼓，从而产生制动效果，控制电机旋转的角度由角位移传感器认知，并反馈给 PXIe。制动带执行机构控制器选用的是英飞凌单片机 XC2765，XC2765 是变速器专用的 16 位车规级单片机，基于高性能 C166SV2 中央处理器，内部集成低成本车身控制模块，以及具备 DSP 功能的乘累加单元、CAN 节点、高速 12 位 ADC 通道，满足实验需求。

控制电机驱动芯片选用 A3941，芯片 A3941 是一款可以直接驱动外部通道 MOSFET 的全桥驱动器，适合汽车应用的大感性负载，内部集成了 4 个高电流门驱动器，可配置 2 个高端驱动器和 2 个普通驱动器，用于电机控制时，A3941 可以方便地被单片机输出的 PWM 信号驱动。控制器的原理图相对简单，重点在于 PCB 板的设计。布线时要充分考虑大电流的通路，A3941 的地和 MOSFET 大电流返回

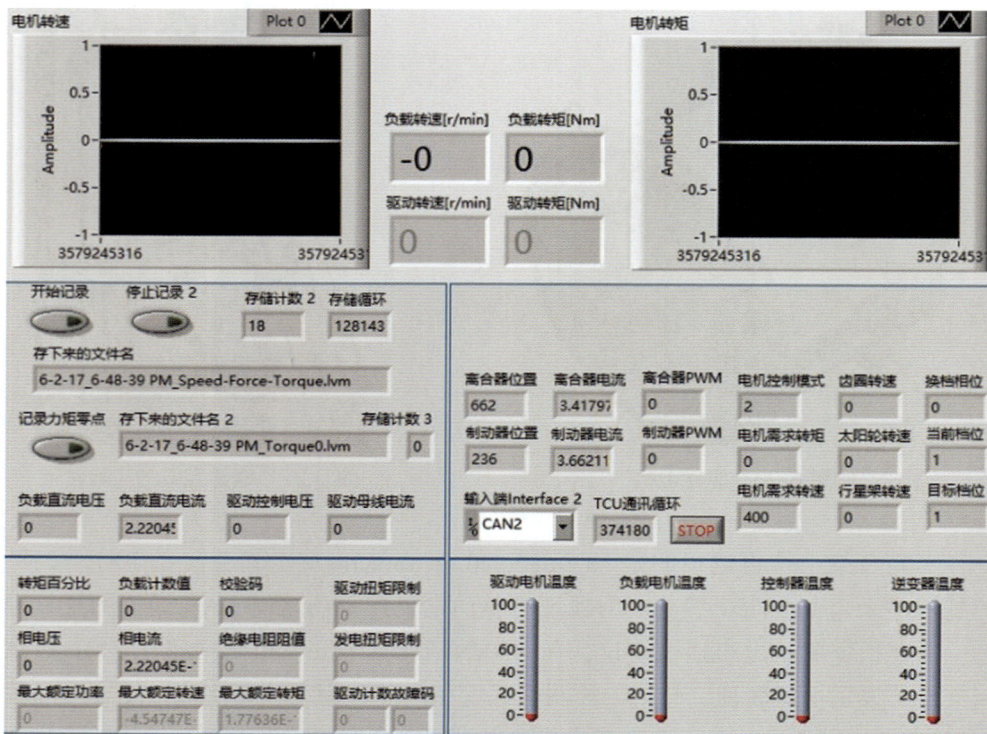

图 6.28 实验台架控制程序界面

端应接到电源滤波电容的负极，以减小控制器的逻辑和模拟噪声；外部裸露的焊盘应统一接地；MOSFET 源极和漏极的连线应加宽，并尽可能短，以减小感生电容；整个控制器应保证良好而完整地接地，为此控制器分为核心板和驱动板，核心板是四层板，其中单独布设一层接地。另外，控制器采用核心板、驱动板的双板形式，有利于扩展升级，核心板上布置了 XC2765 单片机和必要的外围器件，预留了常用接口，可以外接不同的扩展板实现不同的功能，驱动板主要负责功率放大，如图 6.29 所示是制动带执行机构控制器的 PCB 板，如图 6.30 所示是制动带执行机构的整体控制器。

将丝杠运行的预定位置存入缓存，程序运行后，上位机将预定的位置指令发送给单片机，单片机根据预定的位置信息和采集到的实际位置进行 PID 运算，控制电机的运行，从而控制丝杠的行程，达到输出制动力的目的；考虑 CAN 通信的配置，实验时上位机通过 CAN 总线向制动带执行机构控制器发送控制指令，控制器执行后采集数据，得到丝杠的实际位移，通过 CAN 总线反馈给上位机。

图 6.29　制动带执行机构控制器的 PCB 板

图 6.30　制动带执行机构的整体控制器

6.5.3　制动力变化时的制动带动态特性

制动带执行机构丝杠行程的变化将产生不同的制动力，当制动鼓运转于不同转速时，制动力将产生对应的制动力矩，当制动鼓转向不同时，制动力与制动力矩的关系也相应发生改变，实验针对此类问题进行分析研究。制动带实验的

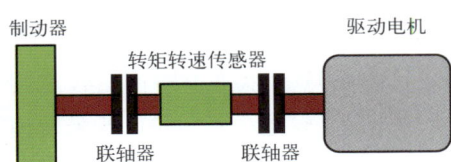

图 6.31　制动器台架的简化模型

目的是获得制动带从开始制动到抱停制动鼓这一动态过程中，制动带所产生的制动力矩与执行机构所产生的制动力之间的关系，如图 6.31 所示是制动器台架的简化模型。

制动力可由力传感器直接得到，制动力矩则由式（6.28）估算出。

$$T_{motor}-T_{brake}=I_{brake}\omega_{motor} \tag{6.28}$$

式中，T_{motor} 是转矩转速传感器测得的电机转矩；T_{brake} 是制动带产生的制动力矩；I_{brake} 是制动鼓的等效转动惯量；ω_{motor} 是驱动电机的转动角速度。

I_{brake} 可在实验前实测获得，驱动电机的角加速度可由程序根据 ω_{motor} 计算得到，ω_{motor} 可由转矩转速传感器读出，忽略联轴器的转动惯量，因此由式（6.28）可得到制动带制动力矩 T_{brake}。

制动鼓正转指的是制动鼓的旋转方向与执行机构作用在制动带自由端的力的方向一致。实验时制动鼓正转，制动带执行机构驱动丝杠做平移运动，从初始位置运行到极限位置，然后由极限位置返回初始位置。在此过程中，制动带由放松状态进入收紧状态，然后恢复到放松状态，制动鼓则受到制动力矩的作用，逐渐减速、静止、加速。以制动鼓初始转速 800r/min 为例，驱动电机工作于恒转速模式，制动带对制动鼓实施制动，实验结果如图 6.32 所示。动态区分为两个阶段：一是制动带由放松逐渐抱紧制动鼓的阶段，称为收紧阶段动态区；二是制动带由抱紧逐渐放松制动鼓的阶段，称为放松阶段动态区。静态区是转速为 0 的区域，此时制动鼓静止，驱动电机输出转矩大致等于制动力矩；动态区制动力、制动力矩持续增加，驱动电机输出转矩也持续增加，试图维持恒转速，此时驱动电机的转矩尚未达到峰值转矩 500N·m，驱动电机转矩与制动力矩作用的结果，使得制动鼓转速不断下降；过渡区是静态区与动态区之间的过渡区域，当驱动电机输出转矩达到峰值转矩时，驱动电机的转矩容量已经饱和，而制动带提供的制动力矩超过了驱动电机的峰值转矩，体现在图上是一段超调。两个静态区开始时间为 15.12s，结束时间为 16.22s；收紧阶段动态区开始时间为 13.94s，结束时间为 14.86s；放松阶段动态区开始时间为 16.22，结束时间为 18s；而过渡区开始时间为 14.86s，结束时间为 15.12s，时长仅 0.26s，持续时间远远小于静态区和动态区。过渡区制动鼓转速从约 700r/min 急剧下降为 0，迅速进入静态区，制动力矩也很快超过电机峰值转矩，将制动鼓抱停。这是因为制动鼓正转，制动带由于自身挠性，随着制动力的加载而紧贴制动鼓，制动带与制动鼓的接触面积持续变大，产生自增力效应，从而使得制动力矩迅速增大。

　　制动鼓不同初始转速时的制动力、制动力矩实测曲线如图 6.33 和图 6.34 所示，图 6.33 是制动力曲线，图 6.34 是制动力矩曲线。图 6.33 显示，不同初始转速制动时，制动带产生的制动力在上升段与下降段大致相等，这是由于无论制动鼓转速高低，丝杠的行程相同，丝杠都是由初始位置运行到极限位置，再由极限位置返回到初始位置，因此上升段与下降段的制动力曲线大致相似，但最大制动力出现了差异，转速越低，最大制动力越高。图 6.34 显示，不同初始转速制动时，制动力矩在初始阶段差别不大，但在过渡区，制动鼓转速越高对应的制动力矩越大。

　　摩擦力矩等于制动力矩，因此制动鼓转速越高，对应的制动力矩越大，如图 6.34 所示。将收紧阶段动态区曲线截取出来，取制动力为横坐标，制动力矩为纵坐标，并与其他转速的工况进行对比，结果如图 6.35 所示。图 6.35（a）是制动带收紧阶段动态区制动力矩曲线，可以看出，不同转速的曲线大致相似，首先是一段近似凹曲线，然后经过各自的转折点，曲线的斜率开始变小。以转折点为界，当制动力小于转折点对应的数值时，各工况曲线贴合得很好，说明转折点以下的曲线对转速不敏感，而在转折点以上，转速较明显地影响曲线的走势。将转折点区域放大，如图 6.35（b）所示，发现随着转速的提高，转折点向右移动，也就是说，转速越高，转折点出现得越晚，制动力矩的高斜率区范围越宽。

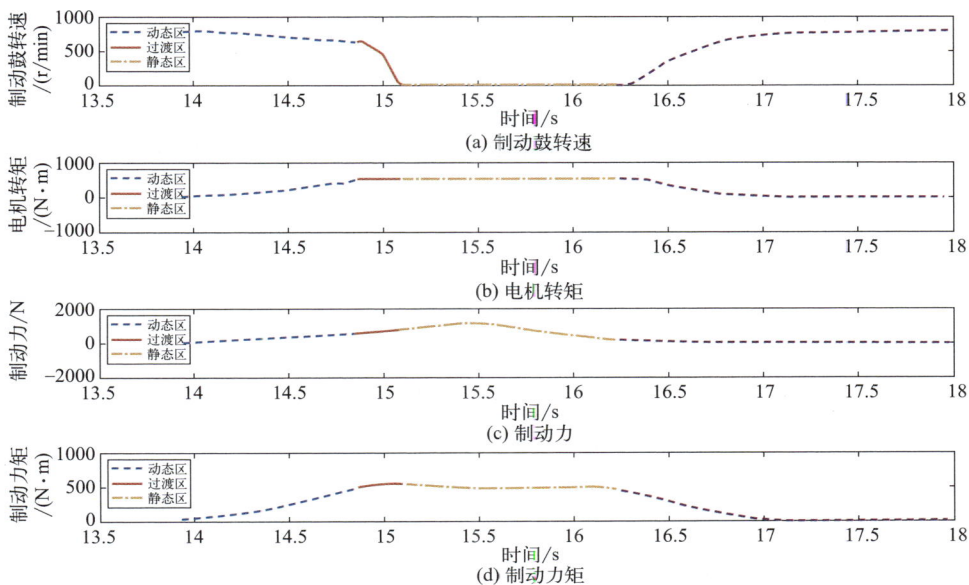

图 6.32　制动鼓正转 800r/min 时的实测曲线

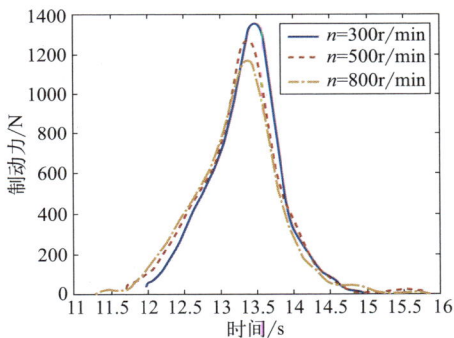

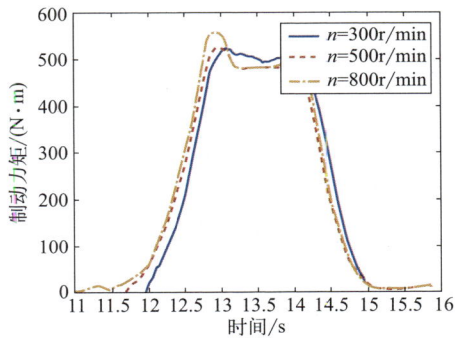

图 6.33　制动鼓不同转速时的制动力实测曲线　　图 6.34　制动鼓不同转速时的制动力矩实测曲线

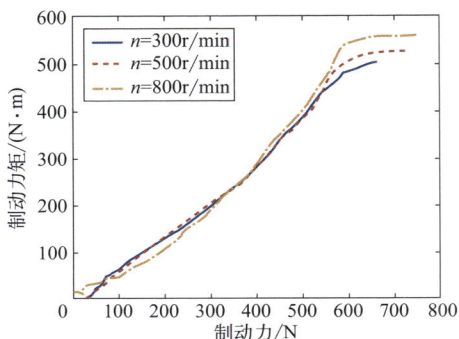

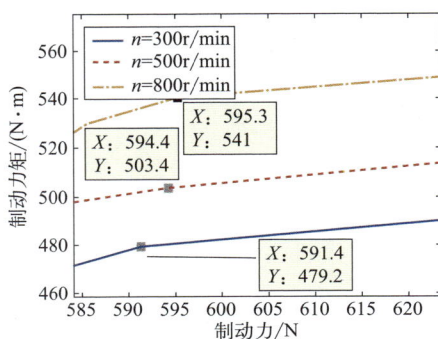

(a) 收紧阶段动态区制动力矩曲线　　　　(b) 转折点附近局部放大

图 6.35　制动鼓正转不同初始转速时制动力 - 制动力矩曲线

制动鼓反转指的是制动鼓旋转方向与执行机构作用在制动带自由端的力的方向相反。制动鼓反转时，制动带自由端受力为绕入端拉力 F_1，绕入端拉力远远大于绕出端拉力，因此制动鼓反转对制动力要求较高，制动难度较大。经实际测试，在现有台架基础上，反转转速在 300r/min 以上时，制动带难以抱停制动鼓，因此实验以制动鼓反转 200r/min、驱动电机工作于恒转速模式进行分析。

与正转类似，反转制动时执行机构驱动丝杠做平移运动，从初始位置运行到极限位置，然后由极限位置返回初始位置。在此过程中，制动带由放松状态进入收紧状态，然后恢复到放松状态，制动鼓则受到制动力矩的作用，逐渐减速、静止、加速，实验结果如图 6.36 所示。动态区分为两个阶段：一是制动带由放松逐渐抱紧制动鼓的阶段，称为收紧阶段动态区；二是制动带由抱紧逐渐放松制动鼓的阶段，称为放松阶段动态区。从图 6.36 可以看出，静态区开始时间为 25.66s，结束时间为 26.34s；收紧阶段动态区开始时间为 24s，结束时间为 25.49s；放松阶段动态区开始时间为 26.34，结束时间为 27.48s；而过渡区开始时间为 25.49s，结束时间为 25.66s，时长 0.17s，持续时间虽小于静态区和动态区，但制动鼓转速下降得并不快。制动力矩达到电机峰值转矩后并未出现大的超调，这是因为制动鼓反转，转向与制动带自由端受力相反，有使制动带离开制动鼓的趋势，因此制动

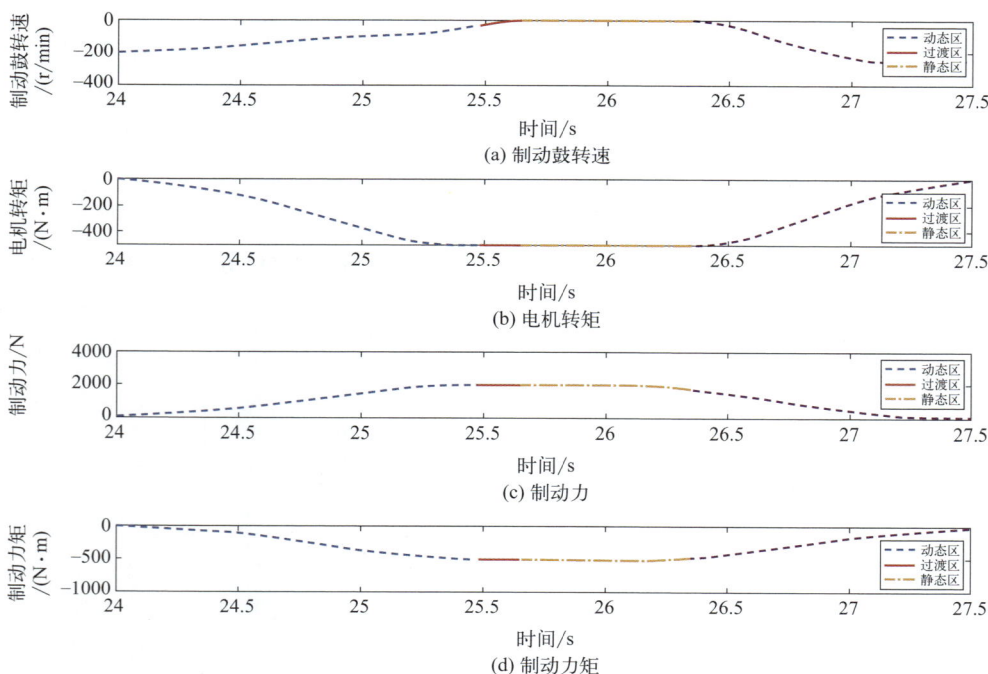

图 6.36　制动鼓反转 200r/min 时的实测曲线

带与制动鼓的接触面积变小，不会产生自增力效应，从而使得制动力矩增大的幅度放缓。同样，由于制动鼓反转制动时无自增力效应，因此在相同变化范围的制动力作用下，制动带较难抱停制动鼓。将制动带收紧阶段动态区曲线截取出来，取制动力为横坐标，制动力矩为纵坐标，并与其他转速的工况进行对比，结果如图 6.37 所示。

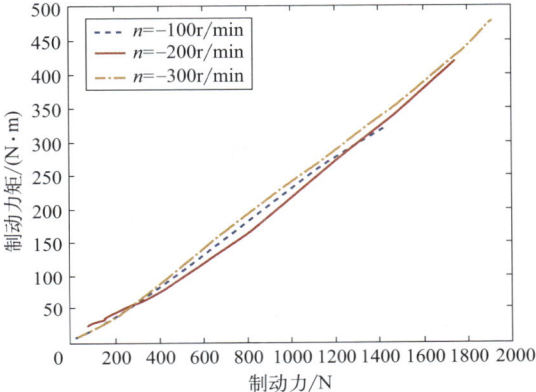

图 6.37　制动鼓反转不同转速时制动力 - 制动力矩曲线

　　可见，制动鼓反转时，制动力矩随制动力变化的曲线线性度较好，转速对制动力矩的影响并不显著。如图 6.38 所示是制动鼓正转与反转时制动 - 制动力矩对比，此完整动态过程包含制动带逐渐抱紧制动鼓、制动鼓被抱停、制动带逐渐松开制动鼓等阶段，图中实线表示制动鼓正转，虚线表示制动鼓反转。图 6.38（a）中，正转静态区明显长于反转，对照图 6.38（d）可知，正转时制动带产生的制动力矩能长时间保持最大值，因而能够使制动鼓较长时间维持静态，反映到转速上，能使制动鼓更快抱停，但制动带放松时使制动鼓开始转动的时间滞后于反转；图 6.38（c）表明反转时制动力大于同一时间正转的制动力，制动鼓反转时，图中的 F_f 方向改变，于是有

$$F_1 = F_{anchor} + F_f \tag{6.29}$$

　　由于正转制动需要的制动力较小，因此丝杠可以轻易进给到极限位置，而反转制动需要更大的制动力。

　　将制动鼓正反转动态区曲线截取出来，取丝杠行程为横坐标，制动力矩为纵坐标，并与其他转速的工况进行对比，结果如图 6.39 所示。由于丝杠和制动带之间是刚性连接，丝杠位移和制动力基本是线性关系，因此可以认为丝杠位移与制动力矩的关系可以用于表征制动力与制动力矩之间的关系。图 6.39（a）是收紧阶

段动态区的曲线，随着丝杠的进给，制动力逐渐增加，制动鼓正反转所对应的制动力矩都随之增加，制动鼓逐渐减速静止，不同之处在于正转时由于自增力效应的影响，产生的制动力矩较大，很快达到电机峰值转矩进入静态区；图 6.39（b）是放松阶段动态区的曲线，丝杠由极限位置返回初始位置，制动力逐渐减小，制动力矩也随之减小，制动鼓转速逐渐恢复到初始转速，区别在于正转时制动力矩下降较慢。将图 6.39（a）和（b）结合起来，再加入静态区、过渡区的数据，形成整个制动过程的制动力矩变化曲线，如图 6.40 所示。

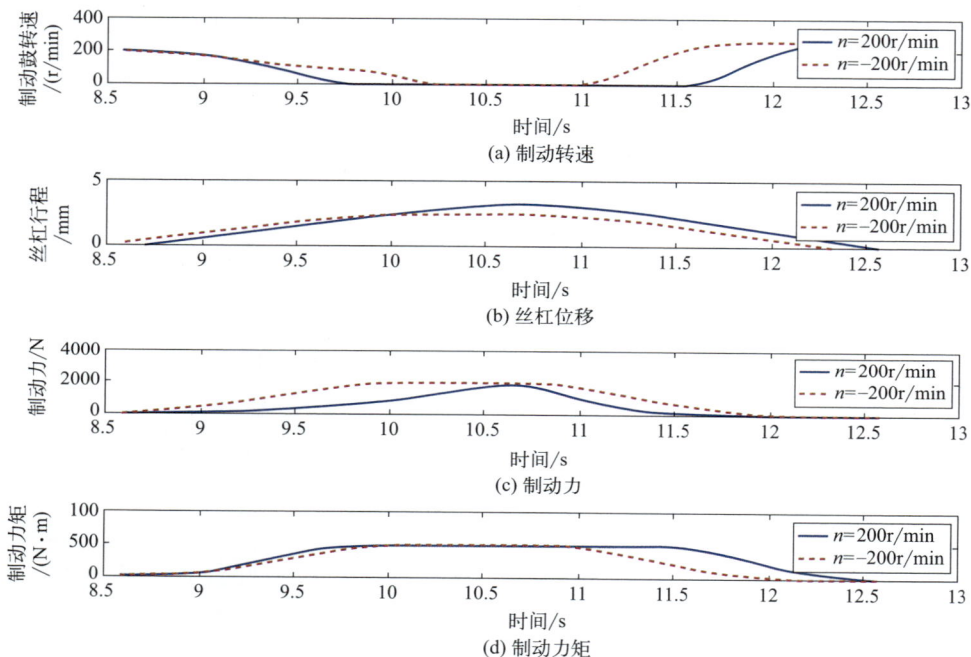

(a) 制动转速

(b) 丝杠位移

(c) 制动力

(d) 制动力矩

图 6.38 制动鼓正转与反转时制动力 - 制动力矩对比

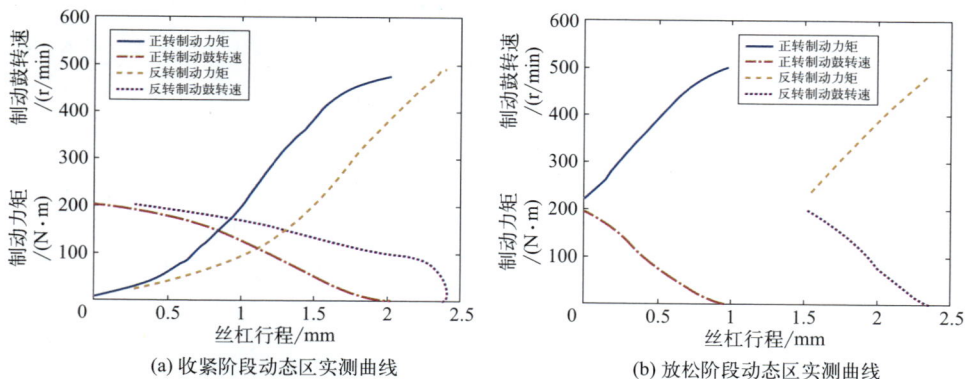

(a) 收紧阶段动态区实测曲线

(b) 放松阶段动态区实测曲线

图 6.39 制动鼓正反转制动力 - 制动力矩曲线动态区对比

分析图 6.40，制动鼓正转和反转时制动带都出现了收紧阶段动态区、过渡区、静态区、放松阶段动态区，两者的区别在于：①对应于相同的横坐标，正转时由于增力效应的作用，制动带所产生的制动力矩较大；②由于①的原因，正转时制动力矩达到驱动电机峰值转矩的时间短，比反转较早进入静态区，且静态区持续时间长，因而制动稳定性好，而反转时则无明显的静态区；③正转的曲线出现转折点，而反转没有转折点，线性度好，对控制有利；④由于无自增力效应，反转抱停制动鼓所需的制动力较大。

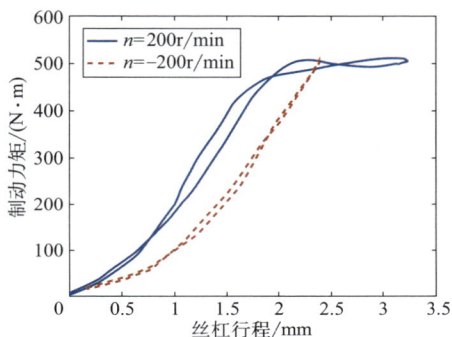

图 6.40　制动鼓正反转全过程
制动力 - 制动力矩曲线对比

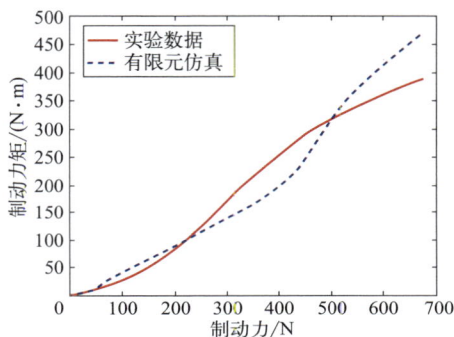

图 6.41　制动带动态制动力矩实验
数据与有限元仿真曲线对比

制动带动态制动力矩实验数据与有限元仿真曲线对比如图 6.41 所示，此处的制动力指的是实验中施加给执行机构丝杠的力，执行机构丝杠通过一个增力杠杆将力加到制动带自由端，杠杆比为 4，因此实验中的 100N 等效于有限元模型中的 400N。为便于对比，将有限元模型中的加载力折算到执行机构丝杠端，得到如图 6.41 所示曲线。可以看出：①实验曲线与有限元仿真曲线总体走势相同，特别是在交点（图 6.41 中 200N 处）以下区域，两者差别不大，说明有限元模型参考价值较高；②在交点以下区域，实验得到的制动力矩较小，这是由于在制动带动作的初始阶段，制动鼓与制动带尚未直接接触，两者之间存在一层润滑油膜，此时摩擦系数较小，同时润滑油产生的动水压力的升力分量阻止制动带挤向制动鼓，因而制动带实际产生的制动力矩较小；③在交点以上区域，实测制动力矩较大，这一阶段制动带压力克服动水压力的升力分量刺透润滑油膜，制动带开始与制动鼓直接接触，并进一步挤压油膜直至完全接触，由于接触面积的不断变大，制动带产生的增力效果变得显著，因而实测制动力矩大于仿真结果；④制动力大于500N 时，制动鼓在制动力矩作用下转速逐渐降低，驱动电机逐渐达到峰值转矩，制动带抱停制动鼓，并与电机峰值转矩平衡，因此这段曲线实测数值小于有限元仿真，而有限元建模未考虑驱动电机转矩饱和的影响，制动力矩持续增加，因此相比而言，实验数据更加符合实际。

6.5.4　制动力恒定时的制动带动态特性

制动带的动态特性不但取决于制动力、摩擦系数等要素，还与制动鼓转速密切相关。动态区制动鼓转速是一个渐变的过程，制动力也是不断变化的，而动态制动力矩是转速、制动力综合的结果。为了研究转速和制动力对制动力矩的单独影响，本小节固定制动带执行机构丝杠位置，保持制动力不变，同时调节驱动电机的工作状态，使驱动电机分别工作于恒转速、转速变化、恒转矩模式，探寻制动力不变时制动带的动态特性。为了实现制动鼓恒转速和制动力恒定，需要做以下准备：一是利用上位机程序，控制驱动电机工作于恒转速模式；二是利用设计的制动带执行机构，调节丝杠至适当位置，启动机械锁止销，使丝杠位置固定。丝杠位置固定后，即施加给制动带一个初始制动力，其数值可由力传感器直接读出，如图 6.42 所示是初始制动力 500N、电机转速 100r/min 时的实测曲线。

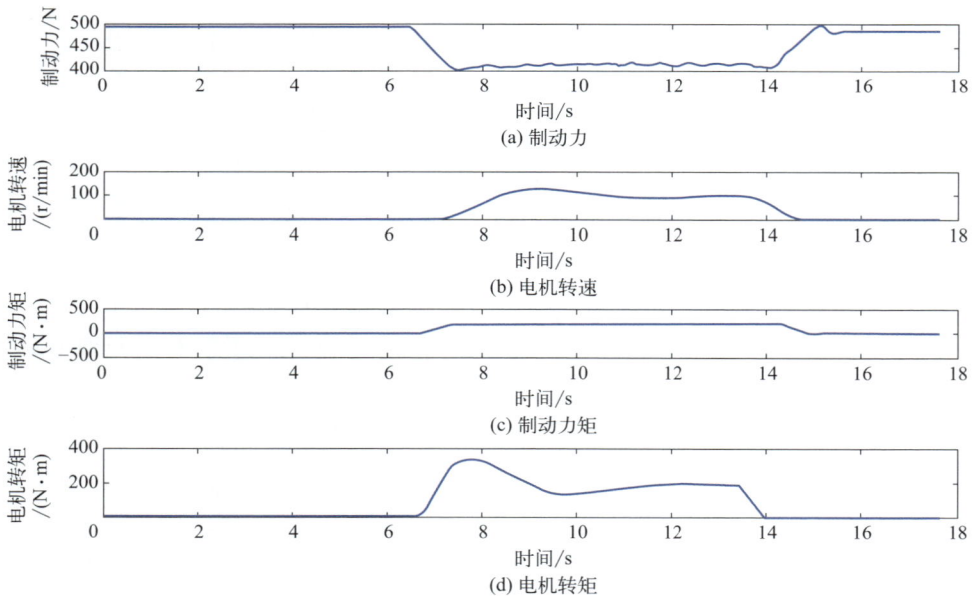

图 6.42　初始制动 500N、电机转速 100r/min 时的实测曲线

图 6.42（a）显示初始制动力约为 500N，电机启动时，制动鼓施加给制动带

无人驾驶车辆认知与决策技术

一个与转速同向的摩擦力，使得制动力减小。图 6.42（b）体现电机转速升高的过程，电机转速达到设定的值后，先是出现一个超调，然后围绕 100r/min 上下波动，继而稳定在 100r/min。图 6.42（c）显示，电机开始运转时制动力矩迅速增大，制动力迅速下降，随后制动力出现小幅抖动，制动力矩缓慢增大。图 6.42（d）显示的是驱动电机转矩，大约 13s 时，电机转速稳定在 100r/min，制动力也稳定在大约 420N，电机转矩稳定在约 190N·m，这一稳定区持续到约 13.5s，在此期间制动力矩几乎无变化。之后驱动电机下电，转速在较短时间内降为零，制动鼓作用于制动带的摩擦力迅速消失，与此同时制动力迅速升高，经过短暂抖动后恢复到初始值，制动力矩则开始下降直至降为零。将 13～13.5s 稳定区的数据提取出来，绘制制动力矩随制动力变化的曲线，如图 6.43 所示。从图 6.43 中可以看出，电机转速稳定在 100r/min，制动力、制动力矩近似恒定，这表明，在制动力作用半径一定的前提下，动态制动力矩取决于转速和制动力，当转速和制动力都保持恒定时，制动力矩也保持恒定。10～11s 区间制动力恒定，转速变化，将此阶段制动力、制动力矩关系曲线绘制出来，如图 6.44 所示。图 6.44 中，制动力稳定在 415N 左右，制动鼓转速从 115r/min 单调下降至 91r/min，可近似认为减速度不变，制动力矩则从 174N·m 单调上升至 180N·m。可见，在制动力一定时，制动力矩随制动鼓转速的降低而升高，这表明动态摩擦系数在目前转速范围内，随转速降低而增大。由于 10s～11s 区间制动鼓受到制动而转速降低，电机转矩升高以维持恒转速，因此制动带所产生的制动力矩变大。

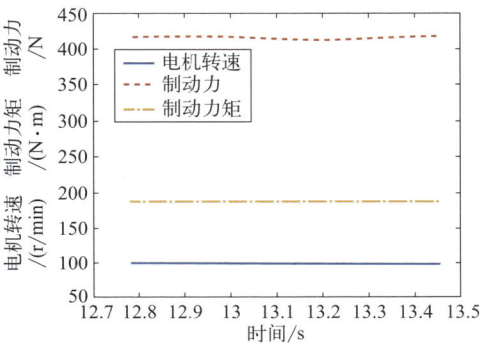

图 6.43　制动力恒定、电机转速 100r/min
时的制动力 - 制动力矩曲线

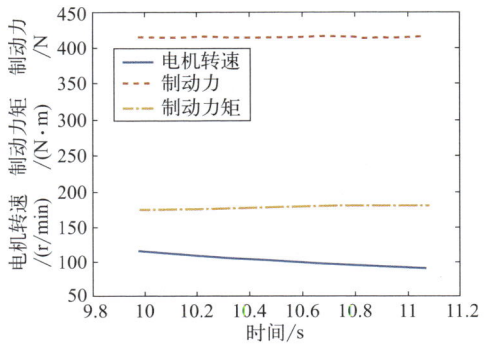

图 6.44　制动力恒定、电机转速变化时
的制动力 - 制动力矩曲线

固定丝杠位置，保持制动力恒定，驱动电机工作于恒转矩模式，初始阶段电

机转矩较小，制动鼓受制动带静摩擦力矩的作用而静止，逐渐增加电机转矩的数值，制动鼓受此转矩影响出现转动趋势，但只要电机转矩不大于最大静摩擦力矩，制动鼓就继续保持静止，直到电机转矩增大到克服最大静摩擦力矩，制动鼓由静止开始转动，静摩擦力矩消失，代之以动摩擦力矩，如图 6.45 所示。

图 6.45 中曲线转折点处是静摩擦和动摩擦的过渡区，在过渡区之前是静摩擦区，制动鼓与制动带无转速差，初始制动力为预设的 500N，随着电机转矩的增加，制动鼓对制动带施加一个摩擦力，在静摩擦阶段，静态摩擦系数不变，静态制动力矩与电机转矩保持平衡，并随着电机转矩的增大而增大，当电机转矩增大到最大静摩擦力矩时，曲线进入过渡区，表现为一个力矩尖峰。电机转矩继续增加，当超过最大静摩擦力矩时，制动鼓与制动带之间开始出现转速差，曲线进入动摩擦阶段，由于动态摩擦系数小于静态摩擦系数，故制动力矩稍稍减小，之后电机转矩持续增加，引起制动带自增力效应，制动力矩又出现增大的趋势。图 6.45 的曲线也反映了静态摩擦系数和动态摩擦系数随摩擦副主从动部件之间转速差的变化规律。

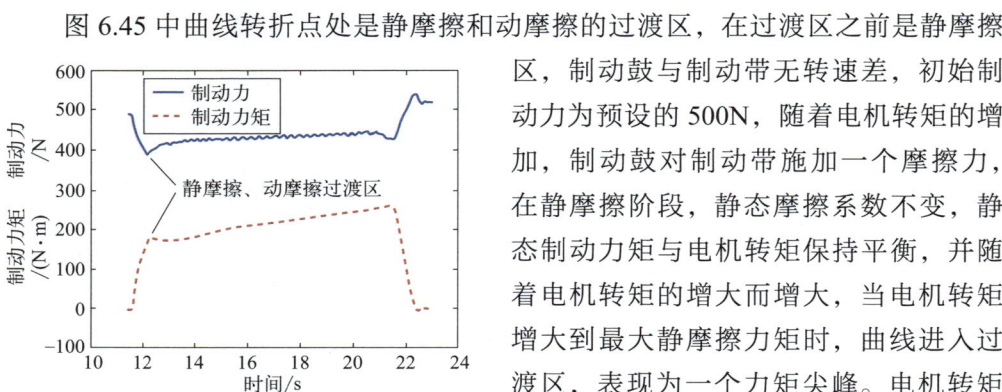

图 6.45 制动力恒定、电机恒转矩时的制动力 - 制动力矩曲线

6.5.5 制动鼓转速恒定时的制动带动态特性

在 LabView 上位机程序中控制驱动电机工作于恒转速模式，同时制动带执行机构控制器调节执行机构丝杠位移，输出变化的制动力，施加给制动带自由端，但制动力较小，不足以抱停制动鼓，以此研究制动鼓转速恒定、制动力变化时的制动带动态特性，图 6.46 是其实测曲线。电机启动后，大约 2.7s 时达到设定转速 800r/min，之后维持恒转速 2s，如图 6.46（b）所示；在此期间，制动带执行机构控制器控制丝杠的位置保持不变，制动力恒定，约 3.76s 时丝杠开始进给，制动力逐渐增大，如图 6.46（a）所示；图 6.46（c）显示制动力矩从初始状态呈逐渐增大的趋势，到达 4.4s 时，制动带长时间滑磨，润滑油的温度急剧升高，导致制动力矩反而下降，此时驱动电机下电，转速迅速下降；图 6.46（d）显示的是电机的输入转矩。将 3.76 ~ 4.4s 区域的数据提取出来，绘制制动力矩、制动力随时间变化的曲线，如图 6.47 所示。

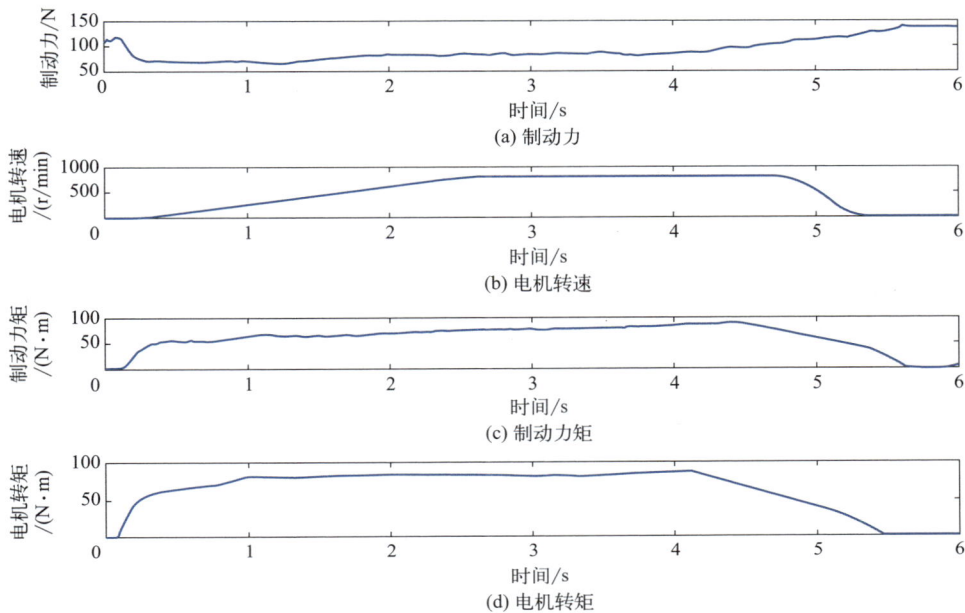

图 6.46　电机转速恒定、制动力变化时的实测曲线

　　由图 6.47 可见，电机转速恒定，制动力增大将引起制动力矩增大。这表明，动态制动力矩取决于转速和制动力，当转速保持恒定时，制动鼓与制动带之间的转速差也保持恒定，在动态摩擦系数和力作用半径一定的前提下，制动力矩随着制动力的增大而增大。

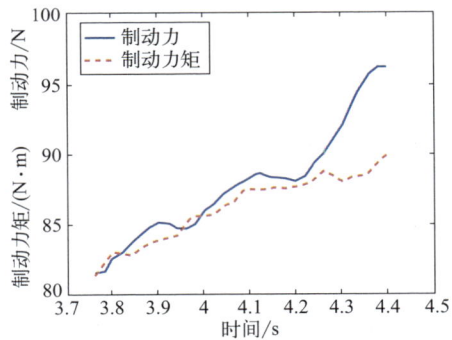

图 6.47　电机转速恒定、制动力变化时的制动力 - 制动力矩曲线

　　制动鼓正转时，制动带会出现紧贴制动鼓的趋势，使得制动带与制动鼓的接触面积增大，从而产生增力效应；制动鼓反转时，制动带则不会产生增力效应，如图 6.48 所示。图 6.48（a）的测试条件为：固定制动带执行机构丝杠位置，电机正转恒转速 200r/min，即制动鼓正转恒转速 200r/min。从图 6.48（a）中可以看出，制动鼓转速保持恒定，制动力也大致恒定，而制动力矩却逐渐增大，说明制动鼓正转时制动力矩得到了放大，制动带出现增力效应。图 6.48（b）的测试条件为：固定制动带执行机构丝杠位置，电机反转恒转速 200r/min，即制动鼓反转恒转速 200r/min。从图 6.48（b）中可以看出，制动鼓转速保持恒定，制动力矩也大致恒

定，制动力矩并未得到放大，而制动力却逐渐增大，说明制动鼓反转时，制动带出现脱离制动鼓表面的趋势，对执行机构丝杠产生一定的阻力，为维持电机恒转速，执行机构丝杠施加给制动带的制动力需要逐渐增大，因此制动带反而出现去增力效应。

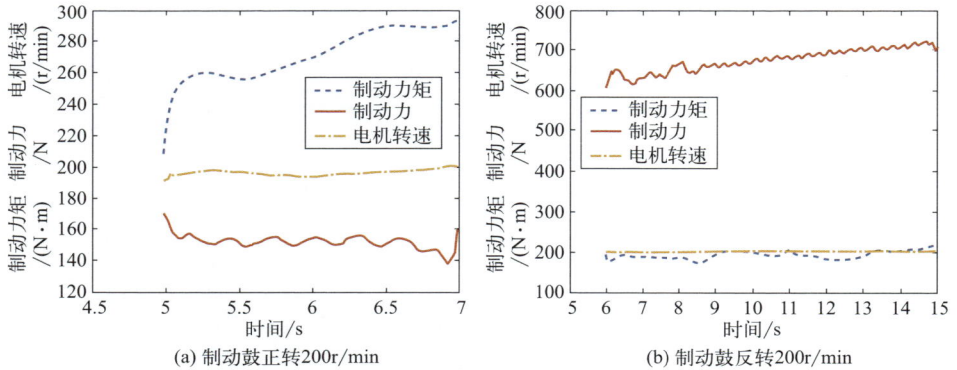

(a) 制动鼓正转200r/min　　　　　(b) 制动鼓反转200r/min

图 6.48　制动带自增力效应示意

将自增力效应解析模型的理论推导结果与实验结果对比，得到如图 6.49 所示的曲线。图 6.49 中曲线是制动鼓正转 200r/min 时的动态制动力矩变化量。理论推导和实验结果比较吻合，说明建立的自增力效应解析模型是可信的。动态制动力矩的变化量与动态摩擦系数 μ_d、制动力 F_1、作用半径 R_{drum} 有关，在制动力和作用半径一定的前提下，理论推导和实验结果的差异主要取决于动态摩擦系数 μ_d，而 μ_d 除了与制动鼓转速、载荷有关外，还与润滑环境有关，解析模型

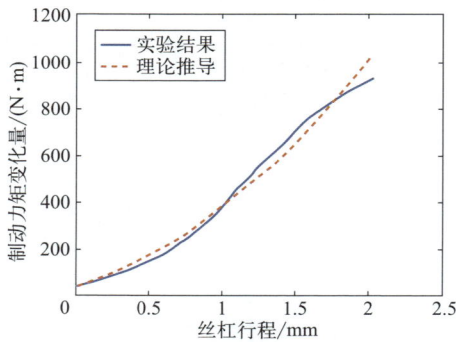

图 6.49　制动带自增力效应对比

并未考虑这个因素，因此造成与实验数据的差异。制动开始时，制动带与制动鼓之间并未直接接触，而是存在一层润滑油膜，使得 μ_d 较小，所以实验结果数值偏低；随着制动力进一步增加，制动带克服动水压力的升力分量将润滑油膜排开，制动鼓与制动带直接接触，使得 μd 变大，实验结果数值高于理论推导值；在制动的最后阶段，制动鼓转速趋近于零，制动带增力效应变得不明显，因此实验结果又低于理论推导值。

制动时，制动带执行机构驱动丝杠平动，丝杠平动产生制动力，制动力施加于制动鼓产生制动力矩。丝杠行程由程序预先设定，若丝杠行程一定，则在制动鼓转速不变的情况下，制动带所产生的动态制动力矩也是一定的。然而，丝杠进给的速度不同，即制动力加载的速度不同，会影响动态摩擦系数，从而导致动态制动力矩的变化。在紧急制动的情况下，动态摩擦系数会大幅度降低，制动力矩急剧下降，严重时会造成制动失效。为研究不同制动力加载速度对制动力矩的影响，基于现有台架，通过编程控制丝杠的进给速度，分为低速、中速、高速，对制动效果进行测量。其中低速对应于前述丝杠正常进给速度，约为 4mm/s，中速、高速分别是正常进给速度的 2 倍、5 倍。如图 6.50 所示是制动鼓正转 300r/min 时高速加载制动力的实测曲线。从图 6.50 可以看出，制动力从 9.3s 开始加载，逐渐上升到最大并保持最大值约 0.2s，之后逐渐下降，制动力矩随着制动力的变化而变化，但制动力矩的峰值不到 250N·m，远远低于驱动电机的峰值转矩 500N·m，因此制动时制动鼓的转速仅仅稍有降低，制动带无法抱停制动鼓，曲线没有出现静态区和过渡区，这与丝杠低速进给时的制动效果明显不同，说明制动力加载速度对制动力矩影响较大。

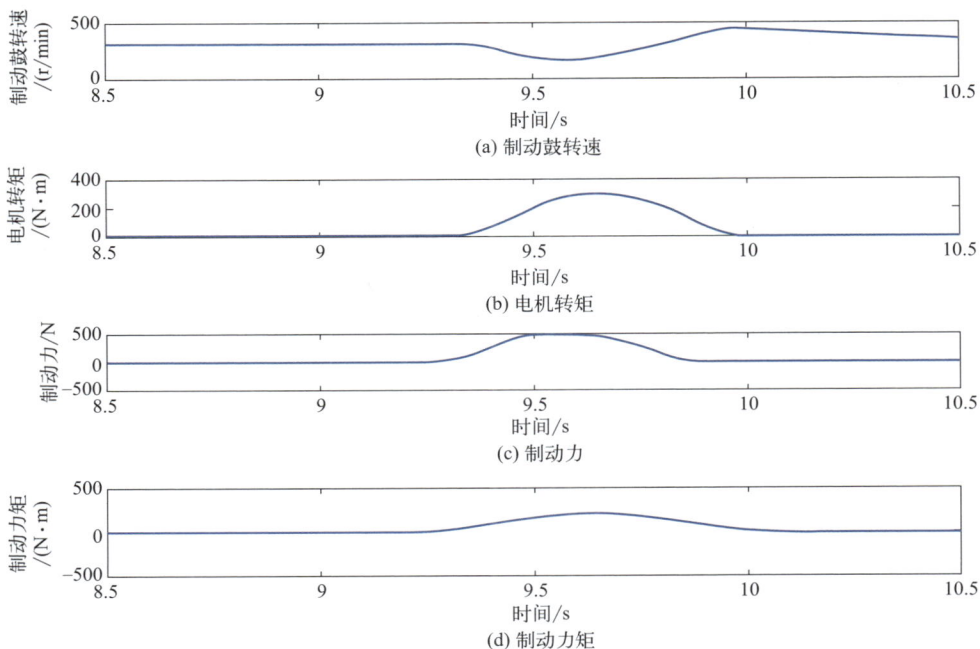

图 6.50 制动鼓正转 300r/min 时高速加载制动力的实测曲线

如图 6.51 所示是高速加载制动时制动鼓不同初始转速的实测曲线对比，其中图 6.51（a）显示的是制动鼓实测转速，8.2s 时开始制动，制动鼓转速下降，8.44s 时下降到最小值，初始转速 300r/min、200r/min、100r/min 所对应的曲线下降段的斜率依次减小，这也代表了三个工况减速度的大小。图 6.51（b）显示的是电机转矩，可见为维持恒定转速，制动时初始转速 300r/min 的工况对应的驱动电机转矩最大，初始转速 100r/min 的工况对应的驱动电机转矩最小。

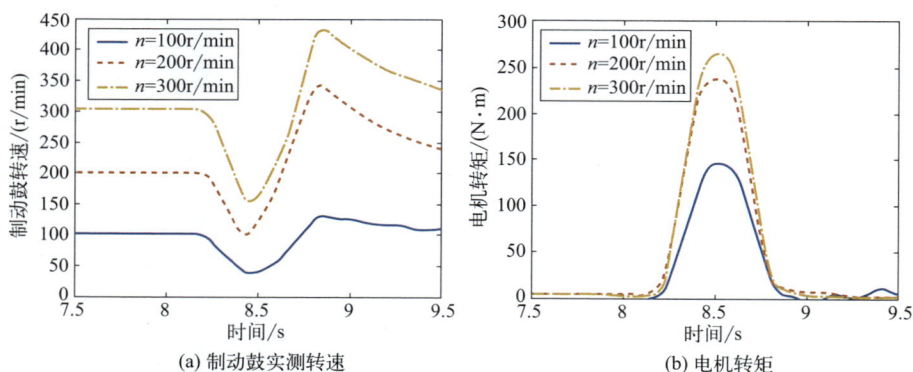

(a) 制动鼓实测转速   (b) 电机转矩

图 6.51　高速加载制动力时制动鼓不同转速的实测曲线对比

高速加载制动力时各工况的动态制动力矩曲线如图 6.52 所示。由图 6.52（a）可以看出，在其他条件不变的前提下，制动鼓转速越高，制动带所产生的制动力矩越大，原因可结合图 6.51（a），相同时间段内，制动鼓转速越高，制动时产生的减速度越大。同时由图 6.51（b）可以看出，制动鼓转速越高，电机转矩越大。如图 6.52（b）所示，高速加载制动力时，制动鼓不同初始转速对应的制动力矩曲线

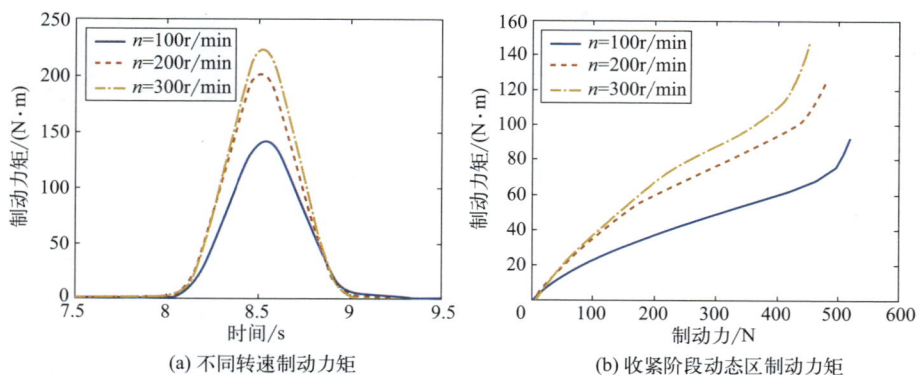

(a) 不同转速制动力矩   (b) 收紧阶段动态区制动力矩

图 6.52　高速加载制动力时各工况的动态制动力矩曲线

无人驾驶车辆认知与决策技术

差别明显，而正常速度加载制动力所对应的曲线则贴合较好，制动力加载速度对制动带动态力矩特性影响明显。

制动鼓初始转速 300r/min 时不同制动力加载速度的测试结果如图 6.53 所示。

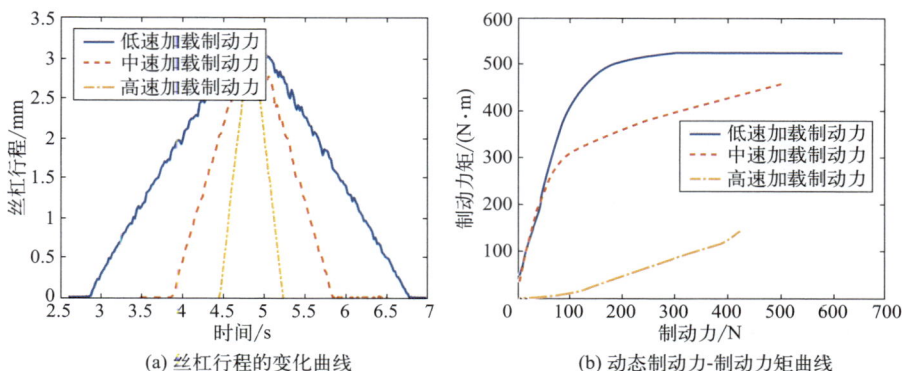

(a) 丝杠行程的变化曲线　　　　　(b) 动态制动力-制动力矩曲线

图 6.53　制动鼓初始转速 300r/min 时不同制动力加载速度的测试结果

由图 6.53（a）可见，丝杠低速进给与丝杠中速进给、高速进给的速度之比，大约为 1：2：5，符合程序设定。无论进给速度的快慢，丝杠行程的变化范围都是相同的，丝杠行程都能达到最大值，即丝杠施加给制动鼓的制动力都能达到最大值，这说明不同制动力加载速度下制动力的变化范围是相同的。图 6.53（b）显示，同一制动鼓转速下，制动带产生的动态制动力矩与制动力的加载速度有关，丝杠行程变化越快，制动力加载速度就越快，动态制动力矩则越小。由此可见，动态制动力矩不仅取决于制动力的数值大小，也取决于制动力的加载速度。对高速加载制动力时，制动鼓正转与反转的制动力矩特性作了对比，如图 6.54 所示。

由图 6.54 可以看出，高速加载制动力时，正转收紧阶段是一段凹曲线，制动带出现了增力效应，但幅度不大，正转收紧阶段与反转收紧阶段的曲线比较接近，并未体现出显著的差异，放松阶段与此类似。而正常速度加载制动力时，制动鼓正转与反转得到的制动力矩曲线区别明显。原因在于高速加载制动力时，丝杠进给速度太快，动水压力的升力分量过大，制动带对制动鼓施加的压力不足以将润滑油膜全部排出，制动带尚未全面接触制动鼓就已进入放松阶段，形不成足够强的增力效应，因而正转与反转的制动力矩相差并不显著，这说明制动力加载速度影响制动带增力效应的形成，进而对制动带的动态力矩特性产生较大影响。

如图 6.55 所示是低速加载制动力时等效动态摩擦系数和等效力矩输入系数随制动鼓转速的变化曲线。由图 6.55 可见，转速较低时，电机输入转矩的作用较为显著；转速较高时，制动力的作用较为显著。

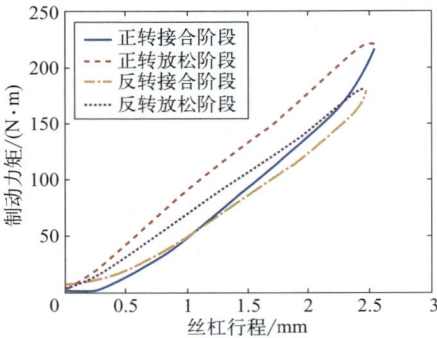

图 6.54 高速加载制动力时制动鼓正反转
300r/min 的实测曲线对比

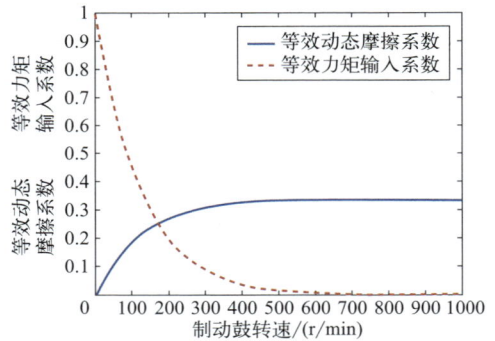

图 6.55 低速加载制动力时等效动态摩擦系数
和等效力矩输入系数随制动鼓转速的变化曲线

制动力加载速度对等效动态摩擦系数和等效力矩输入系数的影响如图 6.56 所示。由图 6.56 可以看出，制动力加载速度并不影响等效动态摩擦系数和等效力矩输入系数随转速变化的总体趋势，但会明显影响两个系数的数值大小。对于等效动态摩擦系数而言，制动力加载速度越快，等效动态摩擦系数越小，特别是在高转速区尤为明显；而对等效力矩输入系数，制动力加载速度越快，等效力矩输入系数越小，但等效力矩输入系数的变化在低转速区较为明显，而在高转速区则不敏感。

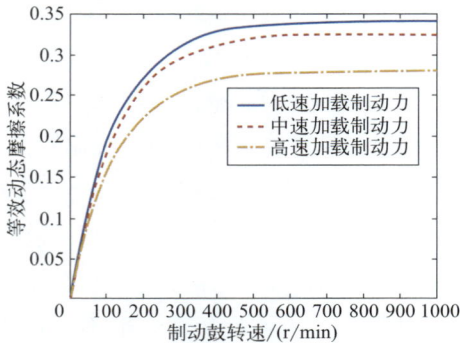

(a) 等效动态摩擦系数的变化

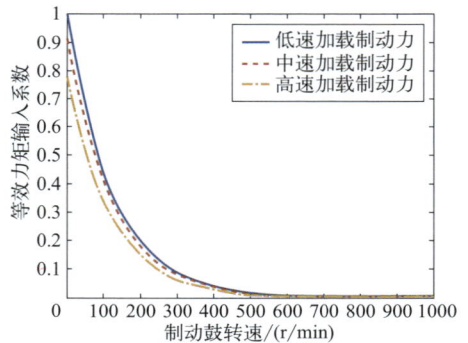

(b) 等效力矩输入系数的变化

图 6.56 制动力加载速度对等效动态摩擦系数和等效力矩输入系数的影响

为研究制动带的动态力矩特性，本章做了不同工况的制动带台架实验，对实验结果进行了分析对比，得到制动带动态制动力矩的经验公式。设计制作了带

无人驾驶车辆认知与决策技术

式制动器实验样机，根据实验要求对台架零部件和各类传感器进行了选型，在 LabView 环境下编制了上位机控制程序，用 C 语言编写了制动带执行机构控制程序，上位机和下位机实现了通信互联。台架实验分为制动力恒定、制动鼓转速恒定、制动鼓转速变化等工况，详细讨论了制动力和转速对动态制动力矩的影响。实验结果表明，相对于静态制动力矩，动态制动力矩增加了转速这个因素，是转速、制动力共同作用的结果。在相同工况下，制动鼓正转时，制动带所产生的制动力矩大，静态区持续时间长，制动稳定性好，动态区出现转折点，转折点以下的曲线对转速不敏感，而在转折点以上，转速则会较明显地影响曲线的走势，转速越高，转折点出现得越晚，制动力矩的高斜率区范围越宽。制动鼓反转时，无明显的静态区，动态区无明显转折点，线性度好，对控制有利。为验证制动带自增力效应的解析模型，对制动鼓正反转时，制动带动态制动力矩变化量的理论推导和实验数据做了对比，结果表明，两者吻合较好，建立的制动带自增力效应解析模型比较可靠。动态制动力矩的影响因素除了制动鼓转速、制动力作用半径、制动力的大小外，还与制动力的加载速度有关。为探求制动力加载速度与动态制动力矩的关系，基于台架实验做了系列实验，对实验数据做了对比，对制动力加载速度的影响做了定性分析，归纳总结出等效动态摩擦系数的模型，并融入考虑制动力加载速度的补偿系数。

第7章
UGV 转向决策技术

随着决策技术的日益成熟，越来越多的 UGV 采用转向决策系统。本章介绍 UGV 决策转向系统的布置形式，讨论技术难点和优势。在传统转向技术的基础上，介绍 UGV 中的决策系统及在无人技术中的应用，分析典型无人转向系统和其应用特点，展望基于决策转向系统的无人驾驶技术。决策输出的算法生成指令，包括左变道、右变道及保持直行等。广义决策输出的算法，亦可理解为端到端的方法。该方法生成决策控制序列，例如转角时间序列、油门时间序列、制动时间序列。意图决策输出的指令集具有较高的抽象性，例如是否换道、是否避让等，在生成该指令后，需将其传递给规划模块与控制模块以生成具体的局部路径与控制指令。利用网络，将决策层的输出划分为采用自适应巡航控制跟车策略、向左变道、向右变道以及保持当前速度。将强化学习决策模块的输出根据速度进行了更细的划分，为车辆变道场景做出决策，决策模块的输出为保持直行、准备变道、左变道和右变道决策，生成离散的加速度指令，实现 UGV 与环境车辆在路口的行为决策。决策模块与环境的交互方式亦可作为决策方法归纳的重要指标之一。

UGV 在行驶过程中进行决策，可视为车辆与环境进行交互的过程。现阶段对 UGV 决策方法的研究，已经从简单场景转向与环境存在冲突的复杂场景。不同的环境交互方式所形成的决策方法在进行决策时会有较大的差异。通过电磁控制装置来实现转向动作，并保证在失效和正常运行的情况下给 UGV 提供决策。这改变了传统转向系统的固有结构，同时为运动灵活、要求更多布置空间的无人驾驶系统创造了发展的基础。在决策转向系统中，舒适性和安全性将得到进一步提升。在发生故障的情况下，具有全部功能或部分功能的冗余系统能代替原系统继续发挥作用。决策转向系统使得整个汽车空间的布置更加灵活，并且与提供能源的电池制成一体，既增加了 UGV 的内部空间，又提高了 UGV 的行驶稳定性。通过对决策转向系统的介绍，以及对无人驾驶技术发展的分析，可以发现决策转向系统由于体积小、布置灵活、转向便捷，能满足 UGV 方向实时控制的要求，并给乘坐者提供较大的乘用空间，因此决策转向系统是实现无人驾驶技术的必要前提条件。

路权是指道路的使用者依据相关规定，在一定的时间内对一定的道路空间使用的权利。在 UGV 中，路权可以用于描述满足车辆当前安全行驶所需的道路空间。行驶中的 UGV 的路权是一个流动的扇形区，与本车的尺寸、速度、周边的车流量、前方拥有的空间密切相关，是本车速度的非线性函数，可用距离和角度来表示。在驾驶过程中，人们会出现不同的驾驶行为，如超车、换道或者重新规划道路，UGV 可以利用路权来判断是否可以超车。例如，本车道内车辆间距较小，且没有变大的趋势，路权受限，超出容忍范围；相邻车道的车辆间距较大，且没有变小的趋势，路权允许，则从换道窗口中确定换道路径，执行换道。路权与车速强相关，可分为期望路权和实际路权，当两者不一致时，就需要进行调节来解决冲突。自主驾驶是 UGV 在任意时刻对路权的检测和使用，多车交互是车群在任意时刻对路权的竞争、占有、放弃等协同过程。自主驾驶的不确定性，体现在车辆行驶中拥有的路权在不停地发生变化。对于 UGV 编队，路权与本车的尺寸、速度、周边的车流量、前方拥有的空间密切相关，是本车速度的非线性函数。飙车占用较大的路权，高峰时段停在车道上的故障车也占用较大的路权。如果在特定地段的所有车辆都匀速行驶，每辆车只占用最小路权，如公路多车厢编组列车。当 UGV 以编队形式进行行驶时，就是跟踪形式，此时 UGV 不需要对周边环境进行详细的关注，只需要紧跟前方车辆运动，保持合适的安全距离即可，无须过多的路权。

试验时需对决策反馈控制算法和决策反馈电机驱动算法进行代码实现，并设计出合适的 ECU 硬件。决策反馈 ECU 接收转角传感器传来的转向盘转角信号和整车 CAN 总线传来的车速信号，运行决策反馈算法输出以满足驾驶需求的决策反馈阻力矩，并转换为目标电流信号输出给 PMSM 电机控制算法，由电机控制程序驱动电机执行决策阻力矩，并通过转向管柱传递至转向盘。另外，ECU 通过 CAN 通信工具链将转向盘转角、转矩、车速等实时数据传至计算机。工作过程中，ECU 持续监测电机电流、自身电路工作状态，及时进行故障暴露、定位与诊断。本章基于 RF 射频收发模块设计了可远程遥控的试验台架，以试验台架遥控车辆，在获取关键动力学参数的同时还可保证试验安全。可远程遥控的试验台架主要分为两大部分：台架主体模块和遥控模块。实验车辆模型及台架主体控制结构设计如图 7.1 所示，主体模块的设计包括决策反馈 ECU 硬件设计、决策反馈系统软件设计和台架结构设计。

(a) UGV转向的逻辑架构设计

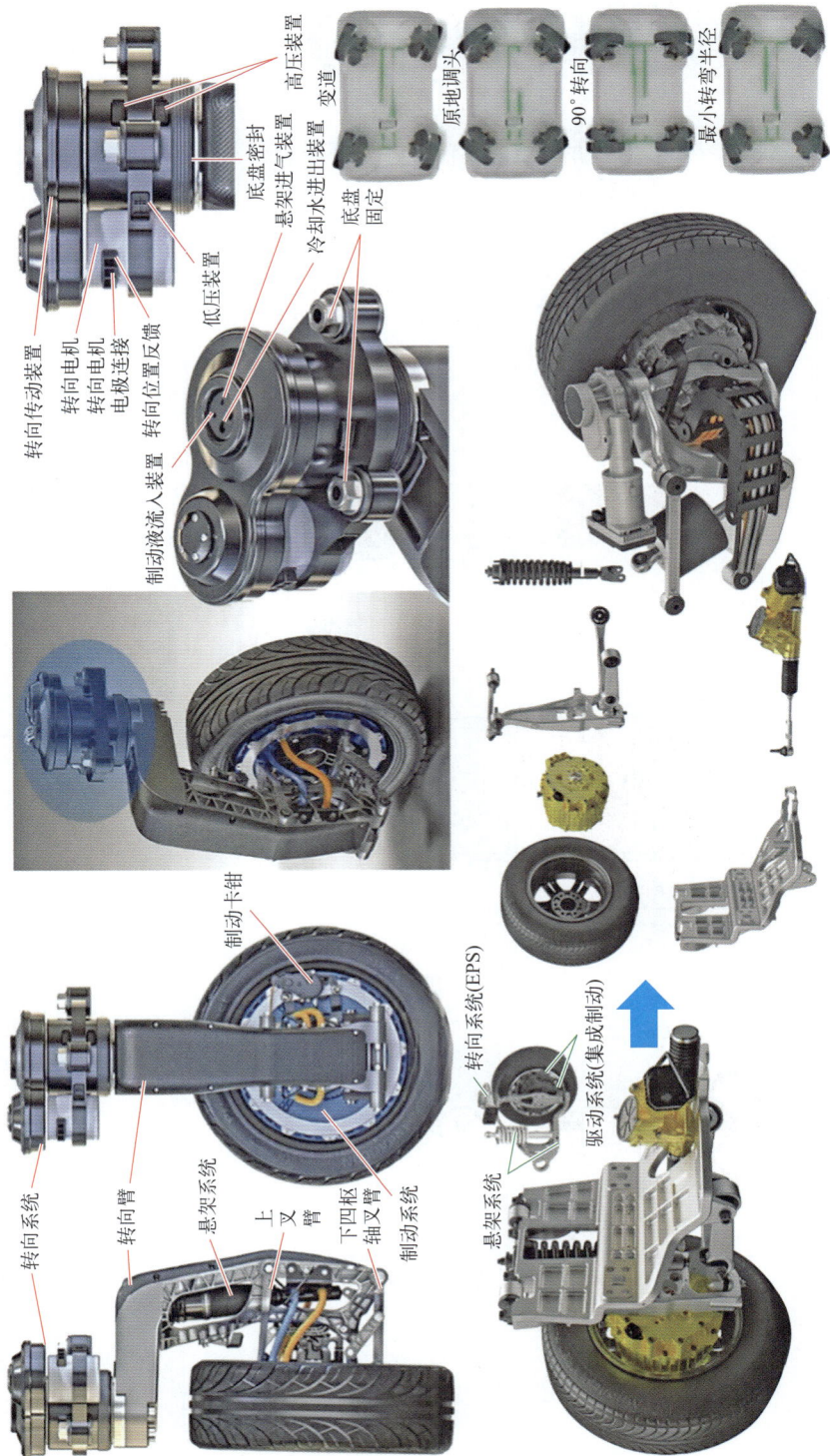

高压装置
底盘密封
悬架进气装置
冷却水进出装置
底盘固定

转向传动装置
转向电机
转向电机电极连接
转向位置反馈
低压装置
制动液流入装置

变道
原地调头
90°转向
最小转弯半径

制动卡钳

转向系统
转向臂
悬架系统
上叉臂
下叉臂
轴叉臂
制动系统

转向系统(EPS)
悬架系统
驱动系统(集成制动)

(b) 基于UGV的角模块及轮载电机模型

图7.1

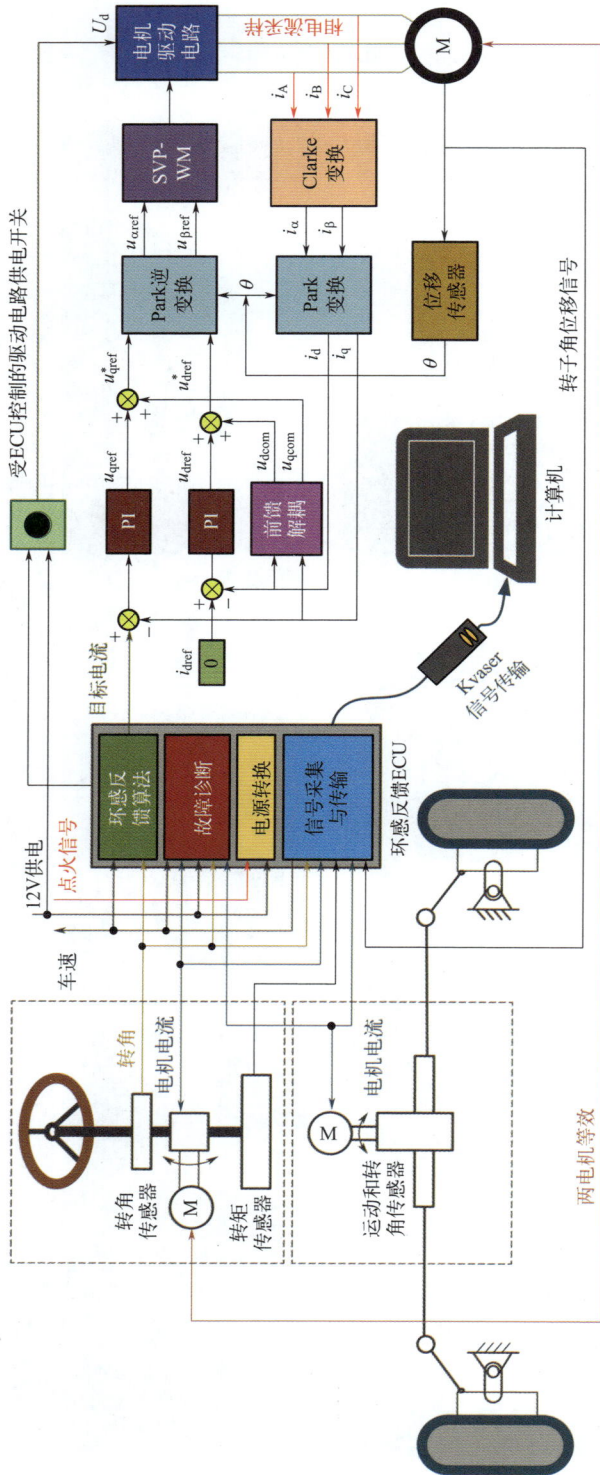

(c) UGV的转向台架结构设计

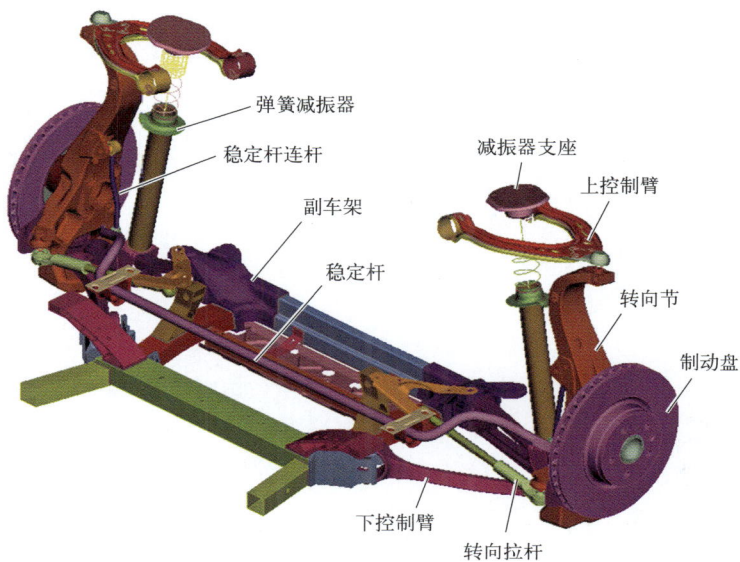

(d) 典型转向系统模型

图 7.1　实验车辆模型及台架主体控制结构设计

7.1　决策反馈 ECU 硬件设计

基于 TI 公司的 TMS320F28335 芯片设计决策 ECU，该芯片的 2 路 CAN 接口、16 路 ADC、6 组互补增强型 PWM 模块和 CAP 捕捉模块以及其他通信接口数量满足决策反馈系统信息流的设计需求，该芯片的 150MHz 主频、32 位总线宽度、512kbyte 的 Flash 和 68kbyte 的 RAM 等能够满足决策控制算法和电机控制算法的运算需求。

7.1.1　电源转换电路

车用供电电源电压一般为 12V，而主控芯片 TMS320F28335 需要 1.9V 和 3.3V 供电，决策控制器系统中的运算放大器、CAN 芯片和旋变解码器芯片等都需要 5V 供电，使用的力矩传感器也需要 5V 供电，所以 ECU 需将 12V 转换为 5V、3.3V 和 1.9V。车用电源经共轭电感稳压后进入 ECU。本小节采用具备较大功率的电容电感（LC）滤波电路来滤除电机运行导致的电压波动。12V 转 5V 电路通过 LM2576HVS 开关型降压稳压器实现，该稳压器能驱动 3A 的负载，输入电压可达 7 ～ 40V，另外还自带外部关断电路，将 LM2576HVS 的工作开关设计为 CAN 信号、点火信号和 F28335 芯片上电保持引脚控制，如图 7.2 所示。

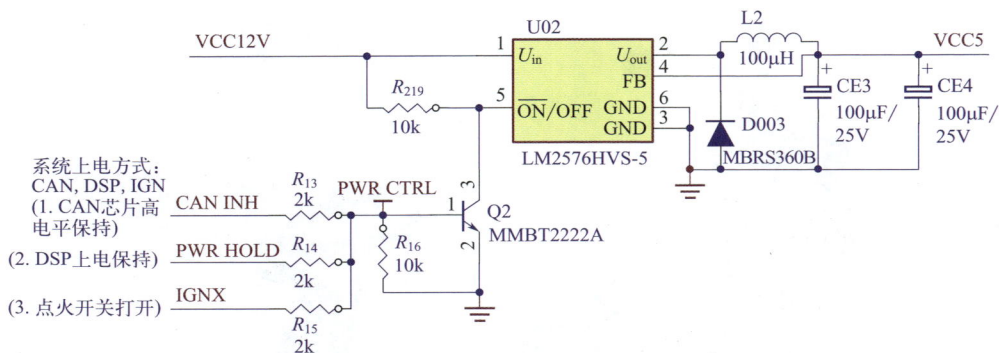

图 7.2　12V 至 5V 电源转换电路

　　当 IGNX 处检测到 12V 点火信号后，LM2576HVS 顺利输出 5V 电压，同时 F28335 芯片在 PWR_HOLD 引脚保持高电平输出。CAN 芯片正常工作时 7 号引脚保持为高电平，将该引脚连接至 CAN_INH 端口，与主芯片双重作用，保障 ECU 正常工作时不会因为突然熄火而使决策反馈系统瘫痪。

　　主控芯片的内核驱动电压和 I/O 口工作电压分别为 1.9V 及 3.3V，采用主流的双路低压差电压调整器 TPS767D301 进行电压转换，如图 7.3 所示，该芯片的可调节输出电压 U_{out} 根据以下公式计算。

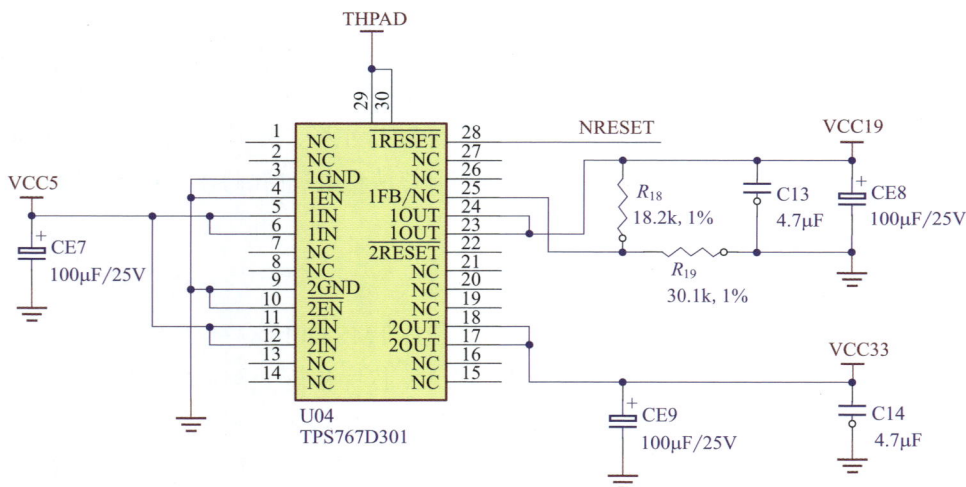

图 7.3　3.3V 和 1.9V 电源转换电路

$$U_{\text{OUT}} = U_{\text{REF}} \left(1 + \frac{R_{18}}{R_{19}} \right) \tag{7.1}$$

　无人驾驶车辆认知与决策技术

用式（7.1）计算时，芯片手册规定其内部参考电压 U_{REF} 为 1.1834V，并规定图 7.3 中 R_{19} 选用 30.1kΩ，要使式（7.1）算得的 U_{OUT} 为 1.9V，则 R_{18} 的阻值应设置为 18.2kΩ。TPS767D301 还带有欠压保护功能，芯片内部的监视器监视到 U_{OUT} 低于设定电压的 5% 时，复位控制引脚 IRESET 输出低电平，再通过 DSP 复位电路拉低其 XRS 引脚进行复位，IRESET 引脚延时 200ms，直到输出电压达到设定值。

7.1.2 电机驱动电路

PMSM 的 SVPWM 控制需要通过三相桥式逆变电路实现，由于决策反馈系统使用的 PMSM 电机驱动电压低、电流大（最高可达 50A），开关频率高，所以选用 MOSFET 作为逆变电路的高频开关元件。

根据决策系统输出的电流范围，选用 Infineon 公司生产的 IPB120N04S3-02 型 MOSFET，其最大漏极电流可达 120A，漏、源极耐受压差最高可达 40V，最高工作温度 175℃，桥式逆变电路如图 7.4 所示。TMS320F28335 芯片管脚功率不足以驱动大功率器件 MOSFET，需借助专用的驱动芯片来完成，选用 TI 公司出品的专门用于三相电机驱动的 DRV8305 芯片。DRV8305 支持 100% 占空比和低压运行，内置 3 个高性能低端电流分流放大器，可利用外部半桥中的低端分流电阻器进行精确的电流测量，还可对相电流进行过流保护。DRV8305 驱动电路如图 7.5 所示，TMS320F28335 的 3 组 6 路增强 PWM 信号输入 DRV8305 用以控制 6 个 MOSFET 的开关频率，右侧的保护电路将 DRV8305 控制输出信号处理后传递给 MOSFET 栅极，以 A 相高端 MOSFET 的栅极保护电路为例，为加快 MOSFET 栅极寄生电容放电从而加快其关断速度，在通路上反向串联二极管 D_7 和电阻 R_{46}，同时用 R_{47} 限制栅极电流。

利用 DRV8305 内置的 Watchdog 功能来监测故障，当 Watchdog 没有在设定的时间间隔内自动复位时，芯片会将 FAULT 引脚拉低来表示故障发生，TMS320F28335 收到信号之后会处理故障信息并复位 DRV8305 驱动器。DRV8305 集成了一个 3.3V、50mA 的 LDO 稳压器（VREG），将 PWRGD 引脚连接到 TMS320F28335 的 I/O 口，用于监测工作状态，当工作状态异常时，VREG 控制 PWRGD 指示电平由高转低，使主芯片复位，工作状态正常后该引脚转回高电平。启用 DRV8305 的 SPI 寄存器设置上述故障指示参数，并与主芯片进行信息交换。此外，还设计了相电压监测电路，利用分压电阻将相电压降至原值的 1/4，再输出给 TMS320F28335 的 ADC（采样区间 0 ~ 3V）模块，由于电机相电压波动较大，在输出信号处并联一个 TVS 二极管集成阵列，抑制过高的瞬态电压（图 7.6）。

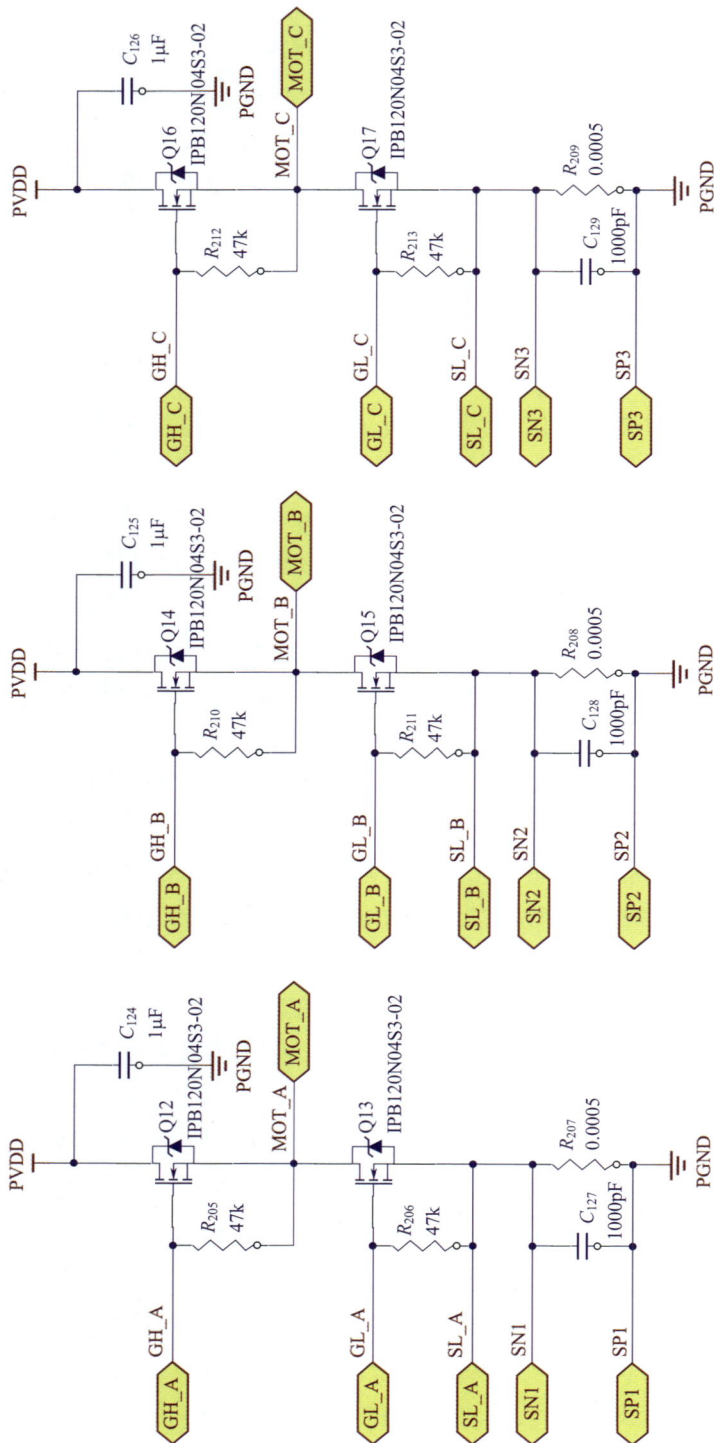

图7.4 桥式逆变电路

C_126 1μF
IPB120N04S3-02
MOT_C
PGND
Q16
PVDD
MOT_C
Q17
IPB120N04S3-02
R_209 0.0005
PGND
R_212 47k
R_213 47k
C_129 1000pF
GH_C
GL_C
SL_C
SN3
SP3

C_125 1μF
IPB120N04S3-02
MOT_B
PGND
Q14
PVDD
MOT_B
Q15
IPB120N04S3-02
R_208 0.0005
PGND
R_210 47k
R_211 47k
C_128 1000pF
GH_B
GL_B
SL_B
SN2
SP2

C_124 1μF
IPB120N04S3-02
MOT_A
PGND
Q12
PVDD
MOT_A
Q13
IPB120N04S3-02
R_207 0.0005
PGND
R_205 47k
R_206 47k
C_127 1000pF
GH_A
GL_A
SL_A
SN1
SP1

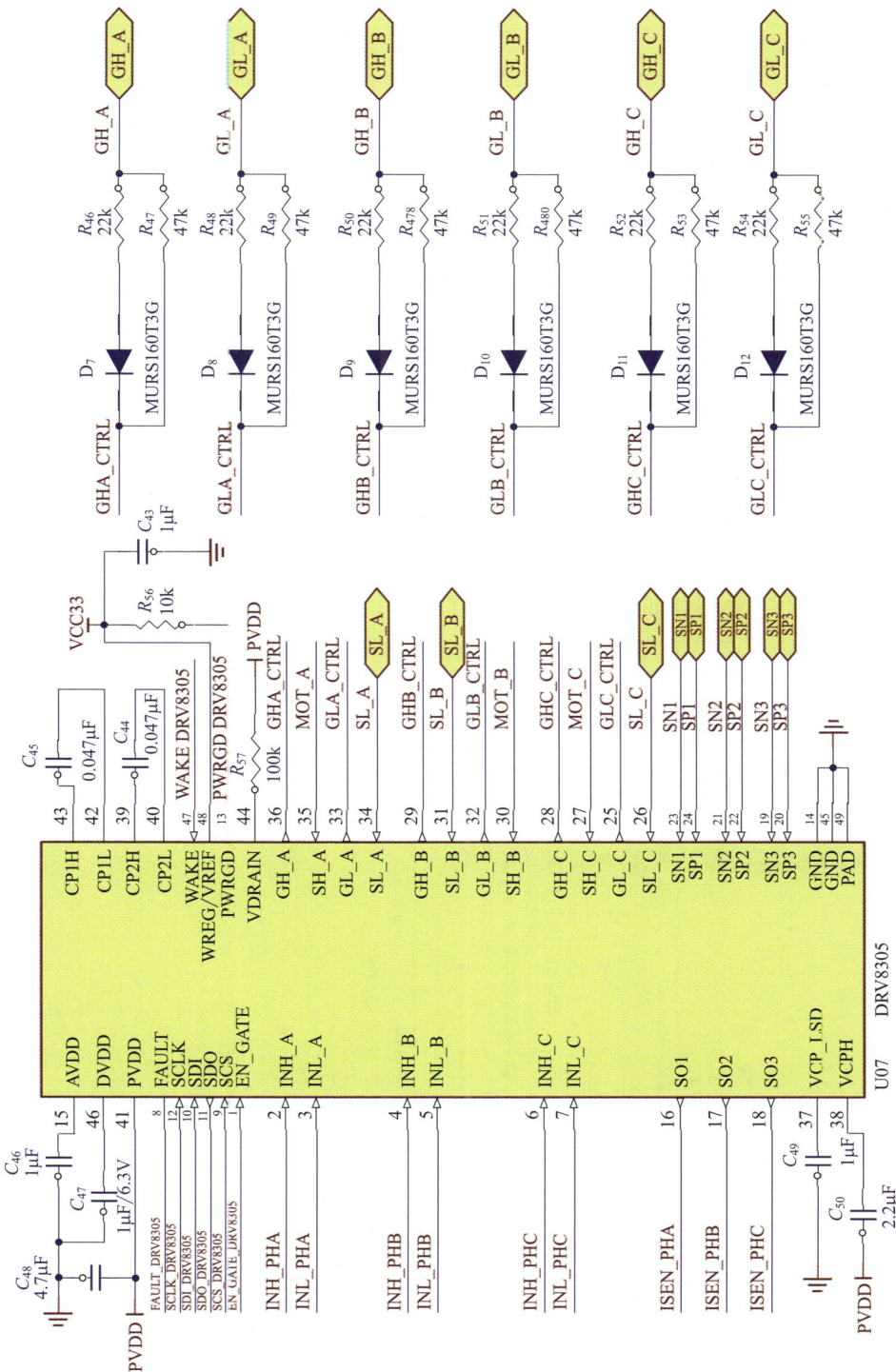

图7.5 DRV8305 驱动电路

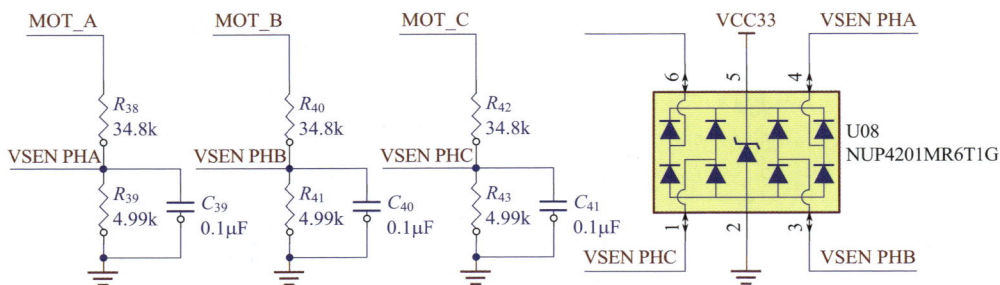

图 7.6 电机相电压采样电路

7.1.3 电流采样及过流保护电路

在对 PMSM 电机进行电流闭环控制时，需将三相电流实时输入给 PI 算法，在图 7.4 中每相逆变电路下桥臂的 MOSFET 源极侧串联一个 0.5mΩ 的采样电阻，对于 A 相来说，电流采样值通过 SN1、SP1 引脚输入 DRV8305 内置的高精度低端电流分流放大器，放大后的采样电流经 DRV8305 的 SO1 引脚流出，经一阶 RC 电路滤波后传输给 TMS320F28335 芯片的 ADC 模块进行采样分析。PMSM 母线电流采样电路如图 7.7 下半部分所示，采用 5mΩ 单电阻串联在电机供电线负极的采样方式，采样结果经运算放大电路放大 20 倍后，再经一阶 RC 滤波传至主控芯片的 ADC 模块。图 7.7 上半部分是过流保护电路，电机堵转或短路时电流较大，采样电流需经比较电路判断是否过流。将电压比较器 U22B 的 "+" 输入端比较信号设置为 20A，电机电流超过 20A 时触发过流条件，U22B 随即输出低电平，拉低 DRV8305 的使能引脚，关停电机驱动电路。

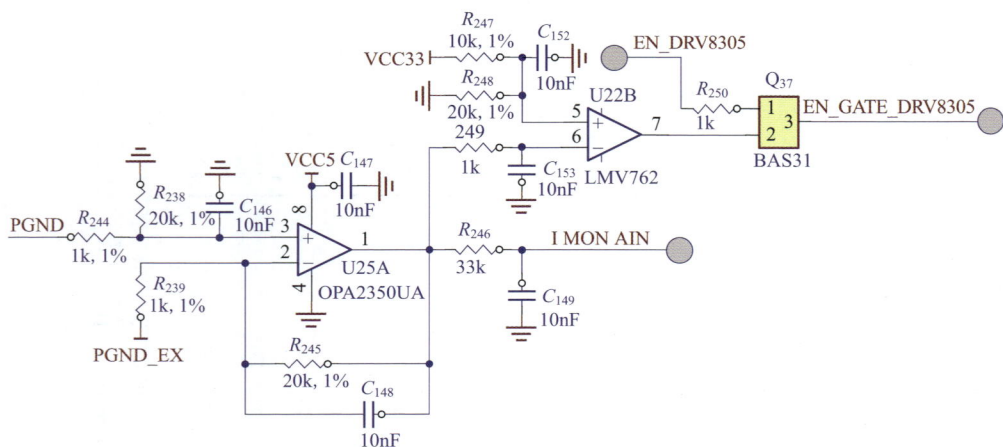

图 7.7 PMSM 母线电流采样及过流保护电路

无人驾驶车辆认知与决策技术

7.1.4　旋转变压器信号处理电路

做电机矢量控制时，需获取电机转子实时角位移和角速度，选用可靠性较高的旋转变压器来获取并解析转子角位移和角速度信号。

旋转变压器实质为包含一个转子绕组和两个定子绕组的微型电机，"旋变"转子接收外来高频正弦励磁信号后，两个定子随即产生正余弦感应电压，解码芯片将感应电压解码为数字量以供主控芯片进行角位移解析。选用集励磁和解码功能于一体的 AU6803 芯片，其内置的流控型激励放大器稳定输出带载 10kHz、10mA 正弦励磁信号，该信号的中心电压为 2.25V，峰值为 $2V_{P-P}$，但其幅值并不满足使用要求。参考 AU6803 芯片手册，设计将该信号放大的驱动电路（图 7.8）。为改善输出波形，保证推挽电路中 NPN 和 PNP 三极管分别严格导通正弦信号的半个周期，在两管间接入两个 $2k\Omega$ 的电阻和 ISS352 型二极管，而且 D_{15} 位于信号的推挽输入侧，R_{69} 为 D_{15} 提供偏置电流，在防止交越失真的同时提升输出波形平滑度。

另外，还设计了信号调理电路滤除输出信号干扰，如图 7.9 所示。以 S2、S4 信号流为例：为抑制共模干扰，添加相同容值的 C_{69} 和 C_{70}，并同时接地；为滤除高频噪声，添加电阻 R_{122}、R_{123} 和电容 C_{68} 构成低通滤波器；为及时判断开路故障，添加上拉电阻 R_{131} 和下拉电阻 R_{130} 确定初始电平。

7.1.5　转矩、转角信号处理电路

决策反馈系统的转向柱模块是基于某款车型的 EPS 做的改装，其内置转矩传感器使用单边半字传输协议（single edge nibble transmission，SENT）与决策 ECU 通信。

SENT 通信开始于一个同步脉冲，状态"半字节"首先传输，6 个封装着传感器数据的单元（data nibbles）随后依次传输，一个 nibble 单元包含 4 个数据位，因而也称"半字节"单元，数据帧结尾固定有一个检验脉冲和一个小于 1ms 的暂停脉冲。基于转矩传感器两路信号输出模块（一路输出，一路备用），设计如图 7.10 所示的转矩信号处理电路。由于 SENT 发来的是 5V 脉冲信号，所以设计了 LC 滤波电路对信号进行滤波，经电阻分压后传给 TMS320F28335 输入捕获模块，钳位二极管 Q_{19} 和 Q_{20} 将输入信号幅值限制在主芯片工作电压内。从安全保护的角度，在信号干路上增添 Q_{18} 和 Q_{21}，可随时闭合接地，切断信号传输；单独对两路传输模块供电，防止因一路供电故障而影响另一路信号传输。转向盘转角信号由该 EPS 原装转角传感器通过 CAN 协议传出，基于 TJA1041 收发器为 TMS320F28335 的 CANB 模块设计了通信电路。该款收发器可自动适应 I/O 口电平并调整为与控制器一致的供电电压。此外，TJA1041 还可通过其 INH 引脚保持电源芯片 LM2576HVS 的电源输出，这在图 7.2 中已详细说明。在 CANH 和 CANL 总线间添加 TVS 二极管，抑制可能由强静电或瞬态高压等引发的高能浪涌冲击。

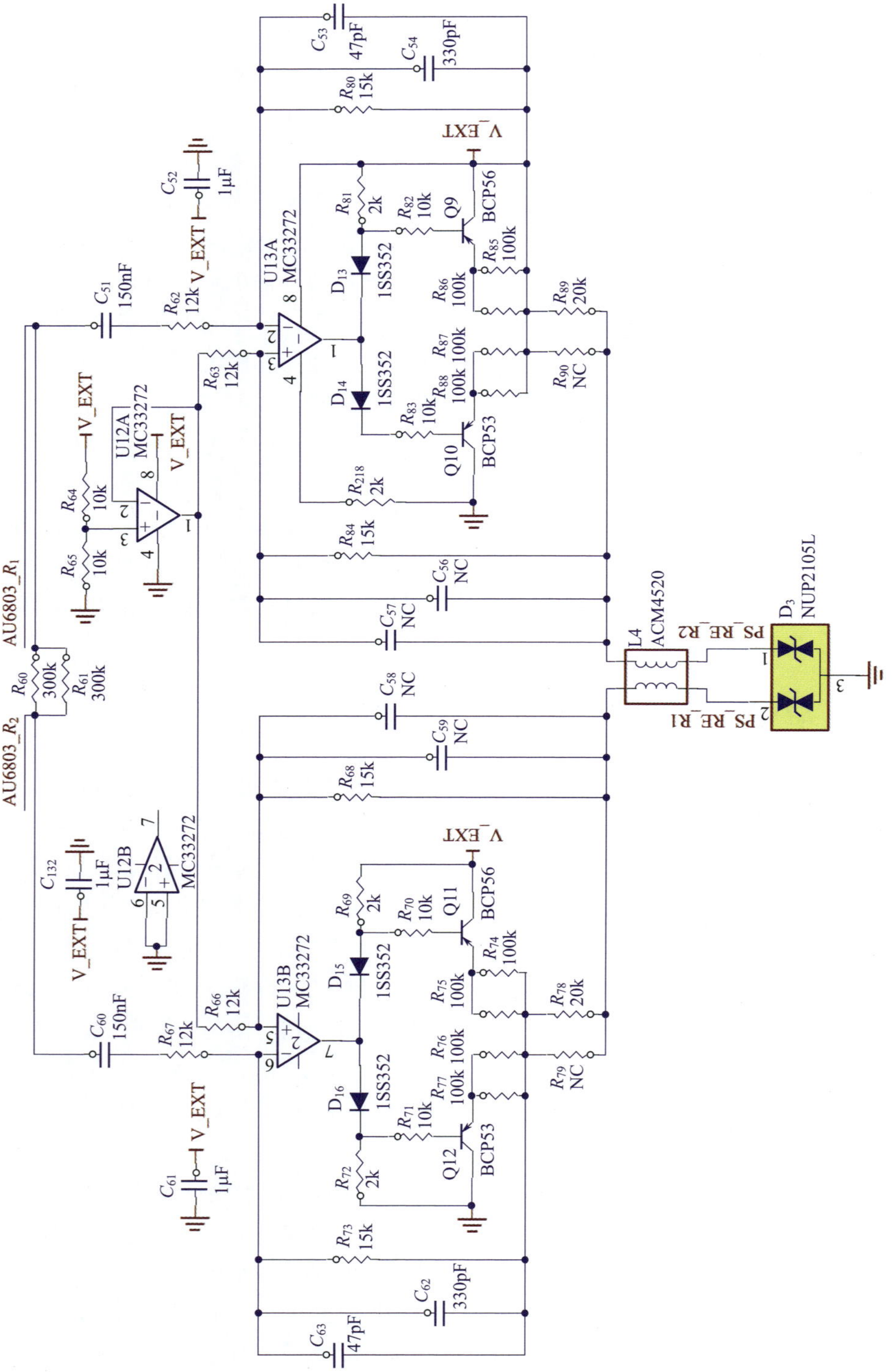

C53 47pF
C54 330pF
R80 15k
V_EXT
R81 2k
R82 10k
Q9 BCP56
R85 100k
R86 100k
D13 1SS352
U13A MC33272
C52 1μF
C51 150nF
R62 12k
R63 12k
R89 20k
R87 100k
R88 100k
R90 NC
D14 1SS352
R83 10k
Q10 BCP53
U12A MC33272
R64 10k
R65 10k
R218 2k
R84 15k
C56 NC
C57 NC
AU6803_R1
AU6803_R2
R60 300k
R61 300k
L4 ACM4520
D3 NUP2105L
PS_RE_R2
PS_RE_R1
C58 NC
C59 NC
R68 15k
C132 1μF
U12B MC33272
R69 2k
R70 10k
Q11 BCP56
R74 100k
R75 100k
D15 1SS352
U13B MC33272
C60 150nF
R66 12k
R67 12k
R78 20k
R76 100k
R77 100k
R79 NC
D16 1SS352
R71 10k
Q12 BCP53
R72 2k
C61 1μF
R73 15k
C62 330pF
C63 47pF

图 7.8 励磁驱动电路

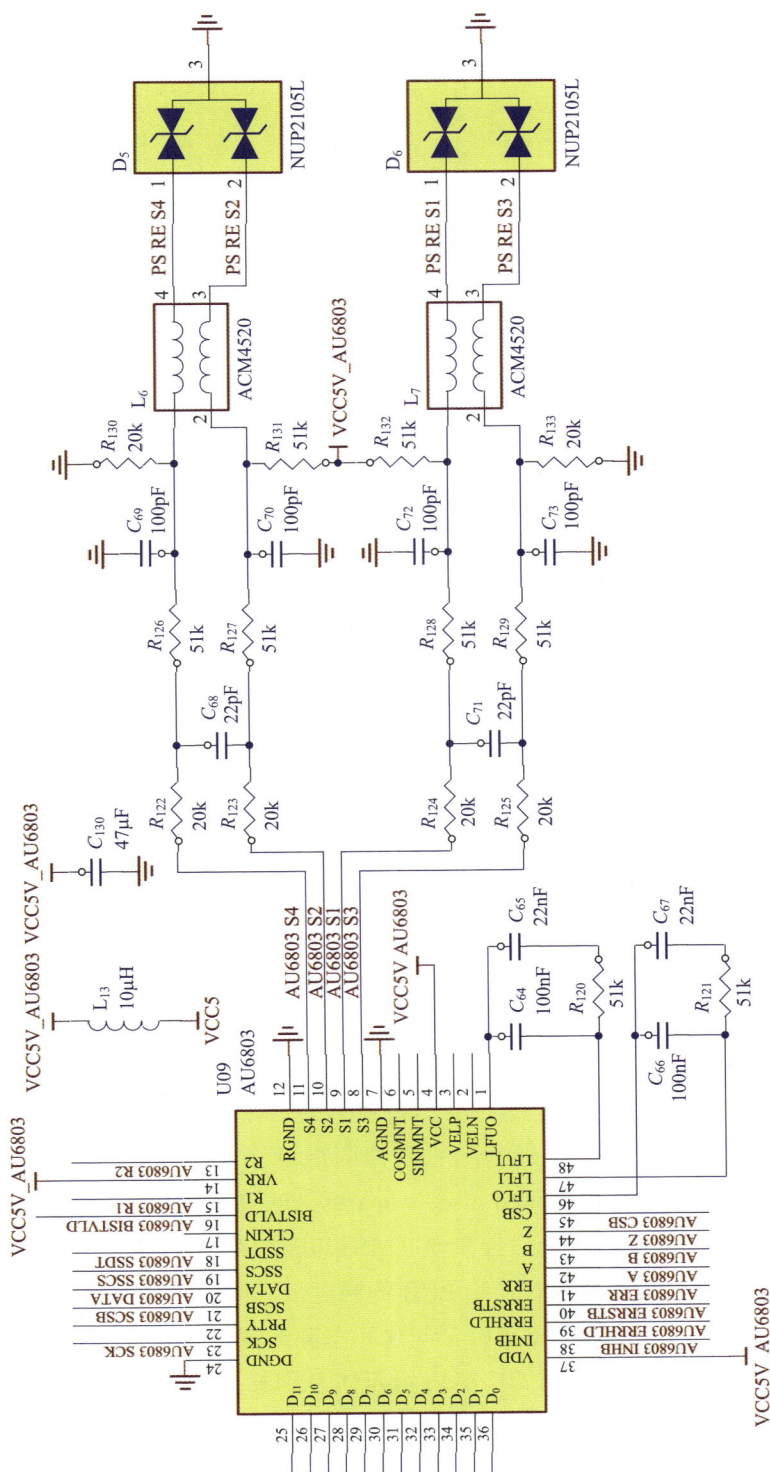

图 7.9 旋变调理电路

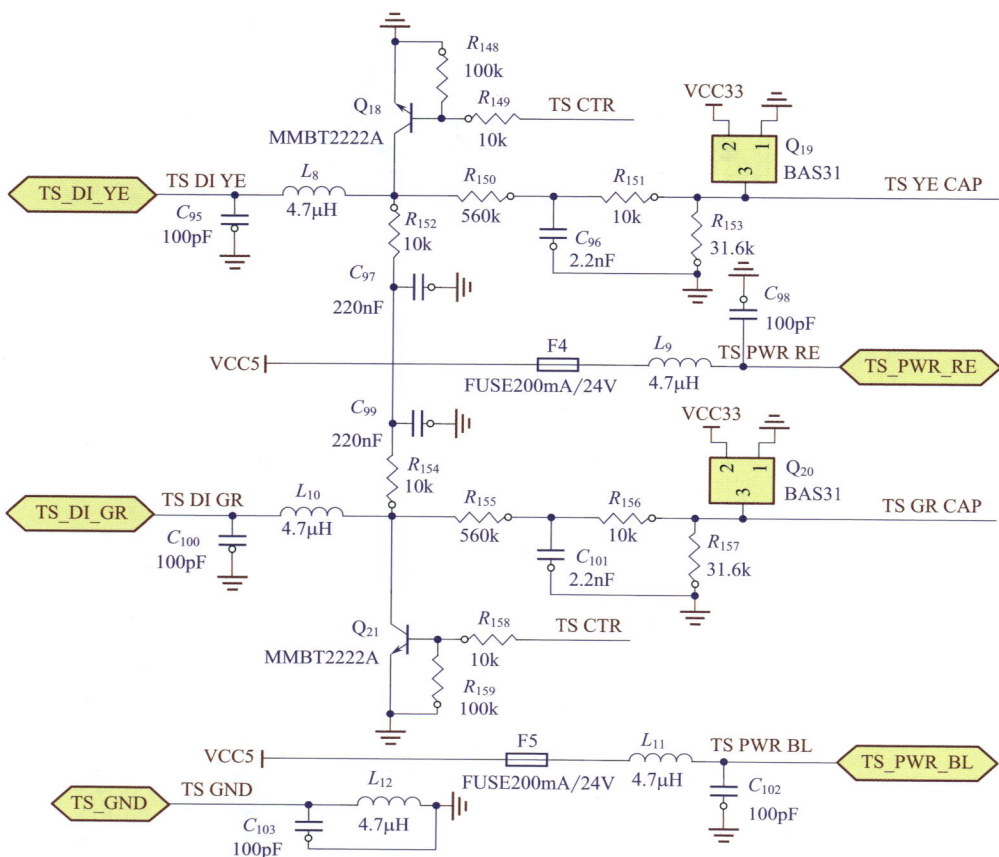

图 7.10 转矩信号处理电路

决策反馈台架目前没有装在车上，所以采用远程遥控的形式控制实车，遥控模块返回的车速数据也通过 CANA 端口传给 ECU。后续装车试验时可从整车 CAN 总线读取车速，故 ECU 预留了 CANA 通信模块，转角信号处理电路如图 7.11 所示。决策反馈 ECU 需驱动电机运转，所以控制器发热量较大，其中功率逆变电路的过温隐患最大。将阻值随温度变化的热敏元件直接安装在 MOSFET 和印制电路板（printed-circuit boards，PCB）大电流路径上，将热敏元件被 10kΩ 电阻分压后的端口连接至 TMS320F28335 的 ADC 引脚，对采样值进行查表计算便可获取 MOSFET 和 PCB 的温度。同时，将功率逆变电路模块布局在单独的铝基板上，增大 MOSFET 间隔和电源线宽，并对该处的 ECU 金属壳体做格栅式散热设计。决策 ECU 实物和壳体分别如图 7.12 及图 7.13 所示，壳体散热效果明显。

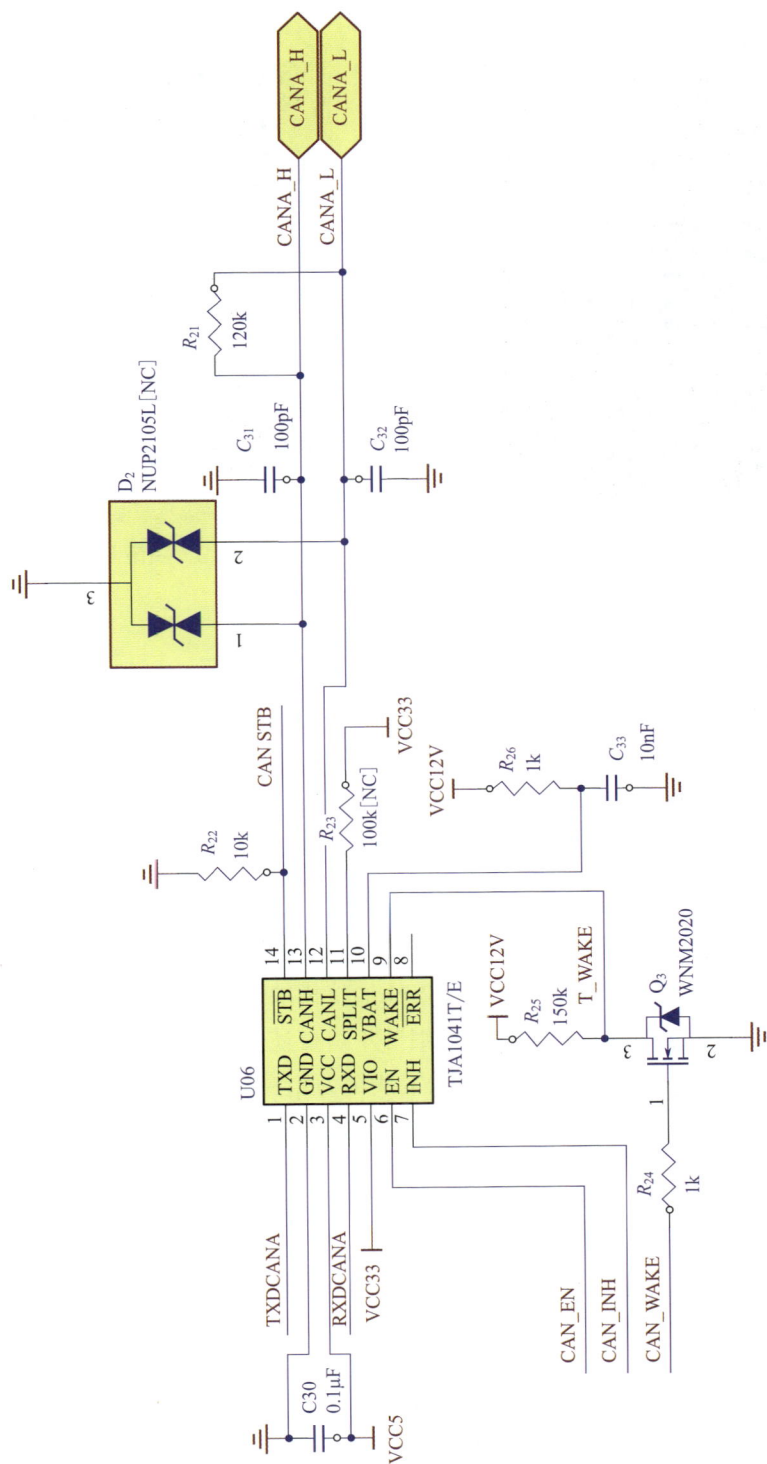

图 7.11　转角信号处理电路

图 7.12　决策 ECU 实物图

图 7.13　决策 ECU 壳体

7.2　决策反馈 ECU 软件设计

对决策反馈控制算法和决策电机控制算法进行代码实现是决策反馈系统的关键。采用 CCS8.2.0 软件编写程序，除了上述两种算法外，程序还需包括信号采集处理、故障监测与定位等模块。各信号的采集方式在硬件电路设计中已做介绍，其中动态车速和侧向加速度信号由本章设计的远程遥控试验车获取。决策 ECU 的 CANA 端口获取转向盘转角信号，eCAP 模块通过 SENT 协议获取转矩信号，ADC 模块获取相、线电流和电压信号，SPI 通信模块获取 DRV8305 反馈信息和旋变解码信息。上述各功能寄存器的配置细节不再赘述。上电后，决策 ECU 软件的控制流程如图 7.14 所示。由于同一转角下决策力矩有去程与回程之分，所以需进行实时的转向判断。在进入决策反馈和电机控制主循环之前，故障诊断和转向判断都是关键环节，因此本节着重介绍转向判断、SVPWM 算法、电机控制以及故障诊断的程序设计。

7.2.1　转向判断程序设计

试验时主要考虑转向盘动态过程，依据转角传感器输出的转向盘转角和角速度信号，可将去程与回程判断为：当 $\delta_{sw}\dot{\delta}_{sw}>0$ 且 $\delta_{sw}<-\Delta\delta_{sw}$ 时，顺时针去程转

向；当 $\delta_{sw}\dot{\delta}_{sw}<0$ 且 $\delta_{sw}<-\Delta\delta_{sw}$ 时，顺时针回程转向；当 $\delta_{sw}\dot{\delta}_{sw}>0$ 且 $\delta_{sw}>\Delta\delta_{sw}$ 时，逆时针去程转向；当 $\delta_{sw}\dot{\delta}_{sw}<0$ 且 $\delta_{sw}>\Delta\delta_{sw}$ 时，逆时针回程转向，其中 $\Delta\delta_{sw}=5°$。因转角传感器没有直接输出转角速度符号，所以需要在程序中进行处理，采用移动平均值法进行动态角速度判断：连续取 10 次转角数值并两两做差，所有差值均大于 0 判断转角速度大于 0，所有差值均小于 0 判断转角速度小于 0。图 7.15 中的 buf[i] 为全局数组变量，temp[i] 为局部数组变量，i 为局部计数变量。

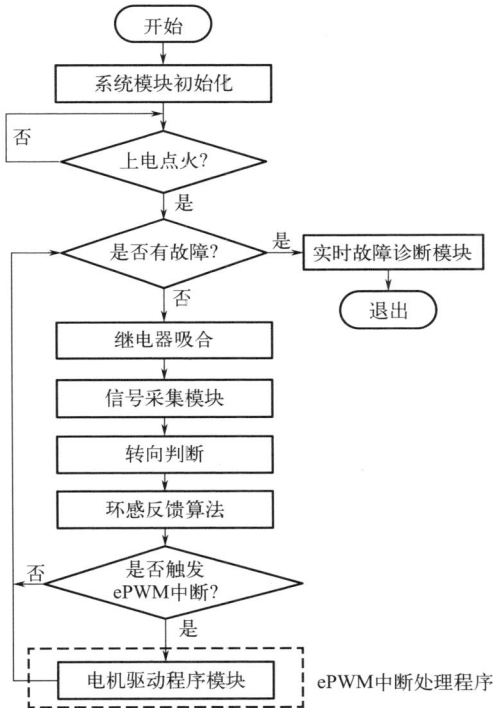

图 7.14 决策 ECU 软件的控制流程

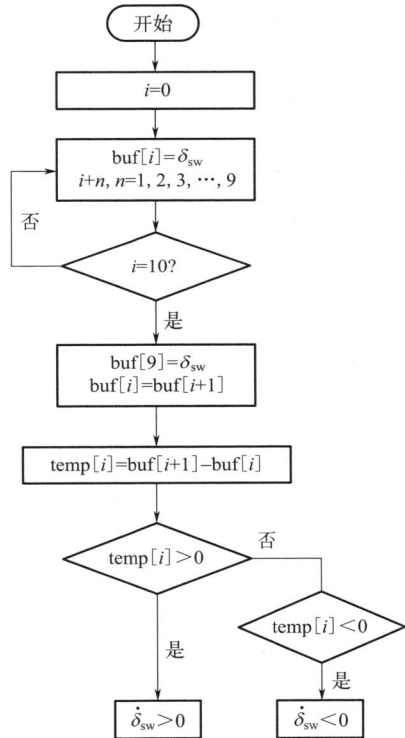

图 7.15 转角速度判断逻辑

7.2.2 SVPWM 算法程序设计

计算出的空间电压矢量切换点是模拟量，但程序运行时需将各模拟量转换为二进制数字量形式，转换关系为

$$\frac{T_s}{T_a}=\frac{N_{spwm}}{N_{apwm}} \tag{7.2}$$

式中，T_s 为扇区通用开关周期模拟量；N_{spwm} 为 T_s 对应的数字量；T_a 为各扇

区电压矢量切换点模拟量；N_{apwm} 为 T_a 对应的数字量。

结合 SVPWM 控制算法和式（7.2），SVPWM 算法程序逻辑如图 7.16 所示。

7.2.3 电机控制程序设计

电机控制程序主要包括坐标变换模块、基于前馈解耦的 i_d=0 电流矢量控制模块、SVPWM 控制模块、旋变信号读取模块和相电流采样模块。AD 模块采集偏置电压后，通过欧姆定律计算三相电流值。电机控制系统输入为 q 轴期望电流，决策反馈上层算法输出为目标力矩，因此需将决策力矩转换为电流。结合楞次定律和 i_d=0 电流控制策略可得

$$T_{fb}=K_t i_q \tag{7.3}$$

式中，K_t 为转矩系数，K_t=0.055。

电机控制程序逻辑如图 7.17 所示。

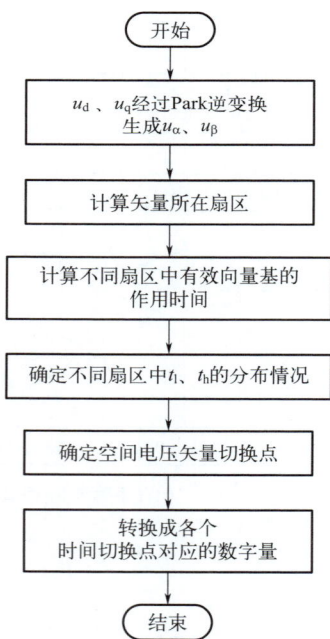

图 7.16 SVPWM 算法程序逻辑

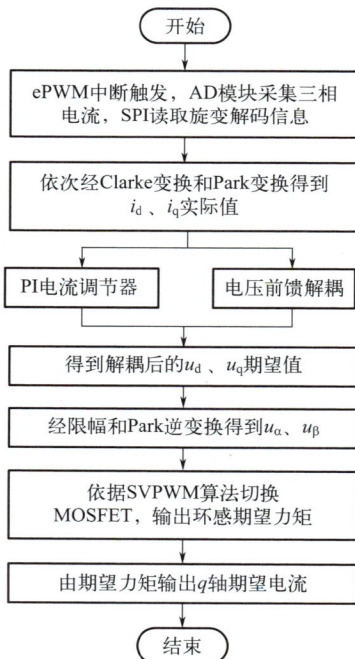

图 7.17 电机控制程序逻辑

7.2.4 故障诊断程序设计

采用周期为 10ms 的动态故障检测方案，主芯片检测内容主要包括供电电压范围，驱动桥工作状态，DRV8305 过温、过流和断路等故障信息，车速、转角信

号范围，电机母线电流范围和 PCB 驱动模块温度等。将 50ms 内可自动消除的故障定为非暂停故障，持续 50ms 仍不可自行消除的故障定为暂停故障。故障诊断程序逻辑如图 7.18 所示。故障码及诊断标准见表 7.1。

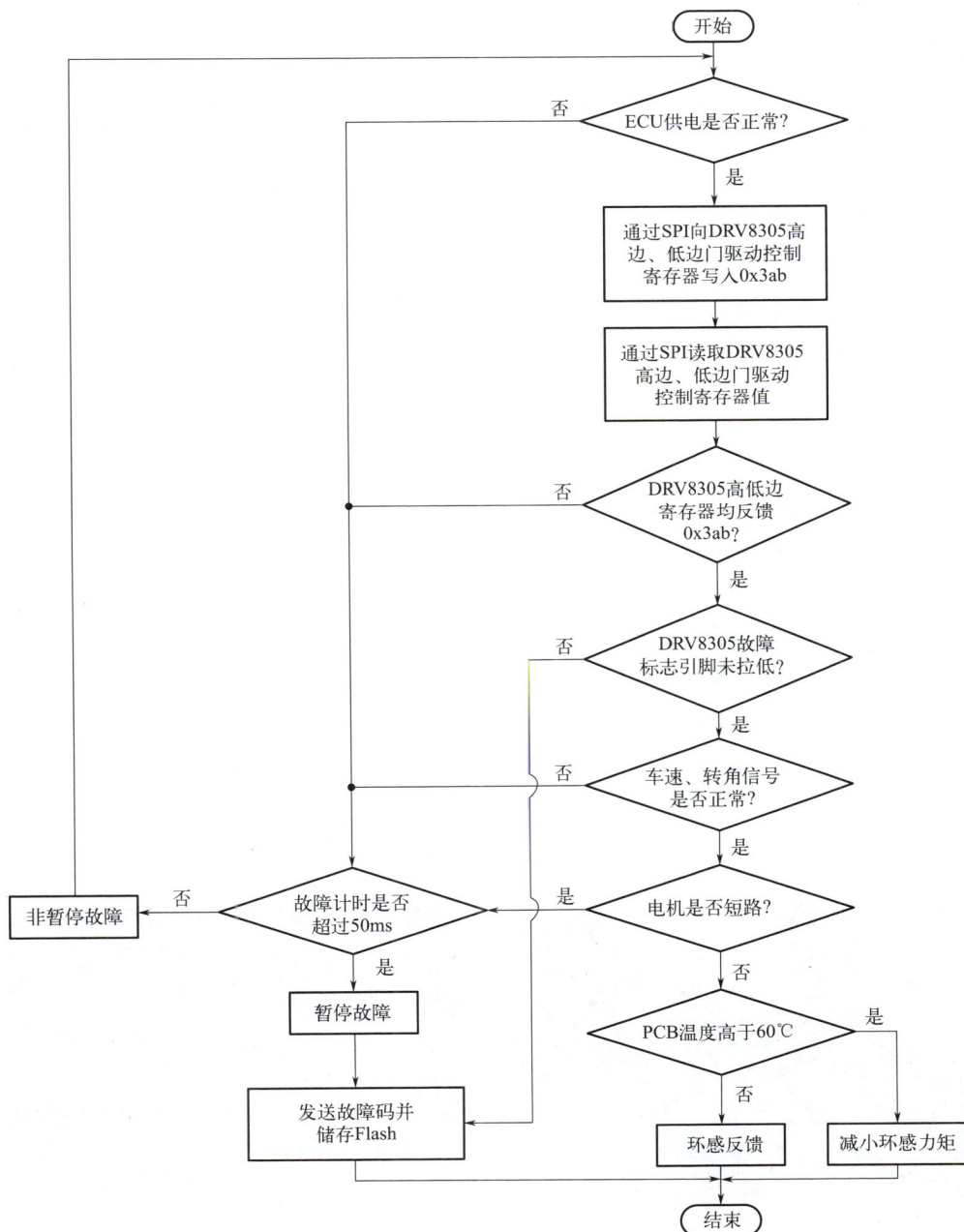

图 7.18　故障诊断程序逻辑

表 7.1　故障码及诊断标准

诊断项目	故障码	诊断标准
转向盘转角	0x01	无转角信号或信号超出量程
车速	0x02	车速信号随机跳变幅度持续超过 5m/s
电机母线电流	0xA0	母线电流持续超过 50A
MOSFET/PCB 温度	0xB0	MOSFET/PCB 温度超过 60℃
DRV8305 故障引脚电平	0xC0	引脚电平持续拉低
ECU 供电电压	0xE0	电压小于 8V 或大于 20V
DRV8305 寄存器反馈信息	0xF0	寄存器反馈值不等于 0x3ab

7.3　决策反馈主台架搭建

基于某车型原装 EPS 转向管柱搭建了决策反馈主台架，如图 7.19 和图 7.20 所示。主台架由转向管柱、决策反馈电机及减速器、决策反馈 ECU、CAN 通信设备、可升降支架、直流电源、信号转接板和连接线束组成。通过测量转向管柱内置的转角传感器和转矩传感器的针脚定义，将其连接至 ECU 接插件，该原装 EPS 采用速比为 20 的蜗轮蜗杆减速增扭机构，但决策反馈力矩一般不超过 6N·m，20 的减速比意味着电机输出转矩最大为 0.3N·m，这对电机的控制精度要求过高，且不利于体现决策反馈力矩的灵敏度和刚度。因此在电机轴头上安装模数为 1.5、分度圆直径为 30mm 的大齿轮，在蜗杆轴头安装模数为 1.5、分度圆直径为 12mm 的小齿轮，将总减速比改为 8。转矩传感器通过 SNETSENT 协议发送数据至决策 ECU 内置的 eCAP 模块。转角传感器通过 CAN 协议传输数据，其参数见表 7.2。

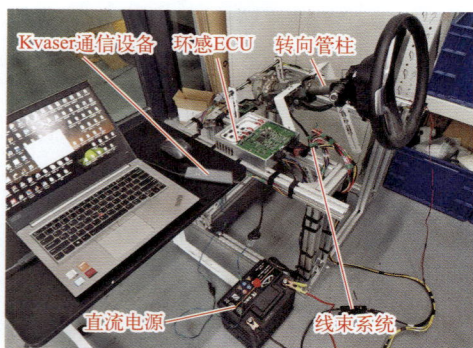

图 7.19　决策反馈主台架侧视图

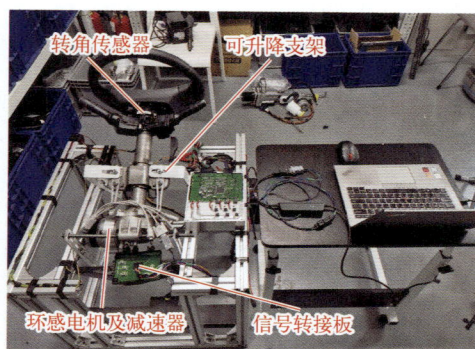

图 7.20　决策反馈主台架正视图

表 7.2　转角传感器参数

通信 ID	转角范围 /(°)	转角精度 /(°)	角速度范围 /[(°)/s]	角速度精度 /[(°)/s]
0x0C4	−700 ～ 700	0.1	0 ～ 1016	4

选用 Kvaser 公司生产的 Leaf Light HS V2 型 CAN 通信设备，该设备一端连接决策 ECU 的 CAN 端口，另一端连接至计算机。基于计算机 COM 的数据接口，计算机读取数据采集软件"COM Port Monitor"（自主知识产权）的数据，并通过 CAN 设备实时采集决策 ECU 传来的转角、车速、转矩等数据，如图 7.21 所示：在①处设置 CAN 端口号和波特率，②处设置数据采集速度，③处设置数据保存位置；另外，④处为软件启停开关，⑤处为进度显示条。采集数据时需先选定①处接口类型并设置"握手"波特率，然后通过③处选定数据保存位置，根据采集需求确定②处速率，最后点击"Start"即可。

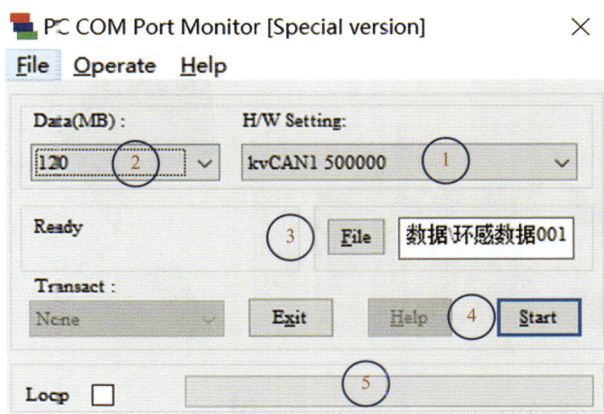

图 7.21　基于 COM 口数据读取的采集软件

7.4　远程遥控模块控制结构与信息流向设计

决策反馈算法需要输入实时车速，衡量中高速转向试验的决策反馈特性需要侧向加速度，而本章介绍的决策主台架无法提供这两种动态信号，所以基于 RF 射频收发模块设计了远程遥控模块，用决策主台架加油门、制动踏板模拟器遥控实际车辆，其控制结构和信息流向如图 7.22 所示。实行遥控方案的基础是实验室开发的已初步具备智能制动、转向、驱动功能的试验车。智能制动 ECU 接收踏板

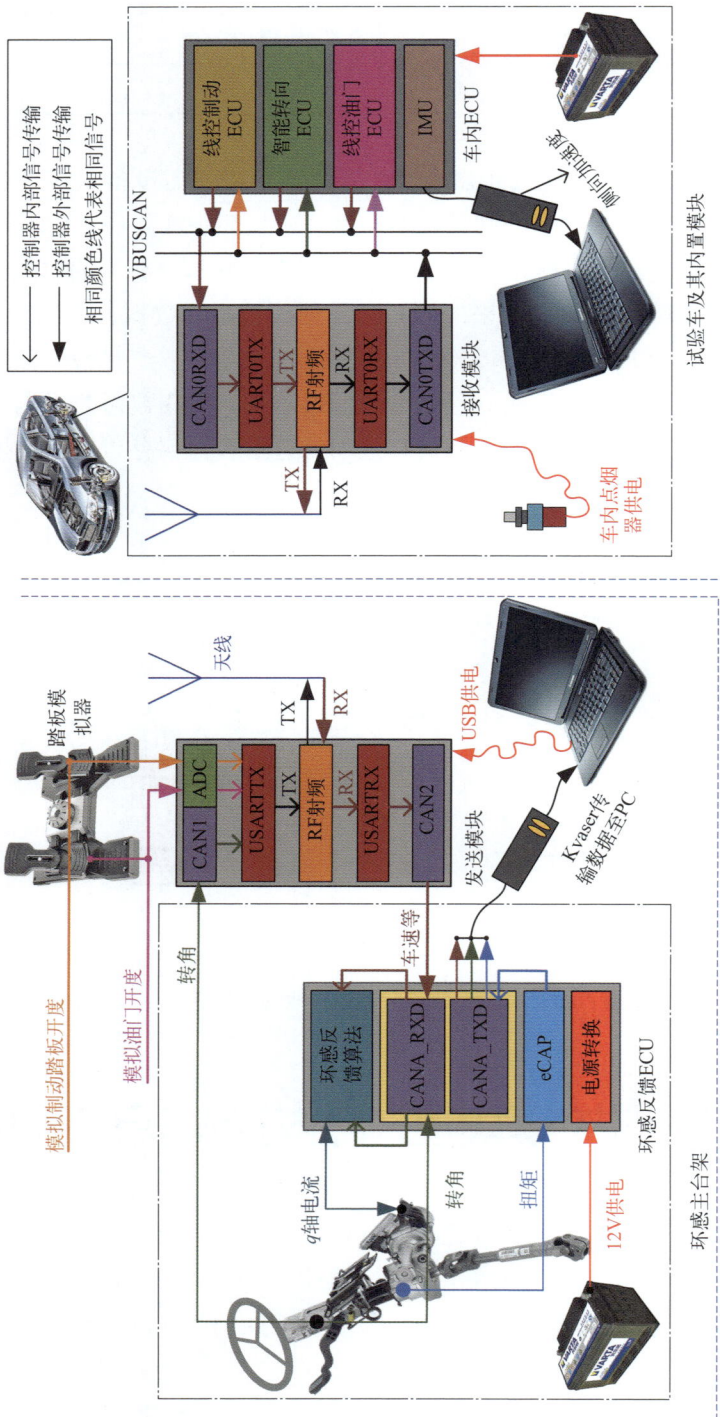

图 7.22 远程遥控模块控制结构与信息流向

无人驾驶车辆认知与决策技术

角位移指令后，控制执行电机进行制动；智能转向 ECU 接收绝对角度指令后，控制转向电机进行转向；智能驱动 ECU 接收油门踏板开度指令后，通过 CAN 总线传至发动机控制器控制车速。

遥控模块主体由发送控制器、接收控制器和 RF 射频模块组成。为了防止控制器故障引发的试验危险，设计主次两个发送模块，均由 ST 公司生产的 STM32F107 主控开发板加 RF 模块构成，接收模块由 Freescale 公司生产的 MC9S12 主控开发板加 RF 模块构成。每个模块的开发板与 RF 模块均安装在一个壳体内，两者之间均采用串口（USART/UART）通信。主发送端通过 CAN1 端口接收主台架转角传感器发来的转角信号，经 RF 射频发送至 MC9S12 接收端；次发送模块通过 ADC 端口接收制动踏板角位移、驱动踏板开度模拟信号，也经 RF 射频发送至 MC9S12 端。MC9S12 处理完数据后通过整车 CAN 总线发送至试验车各个功能模块的 ECU。同时，智能制动、转向、驱动系统 ECU 分别将实时车速、转角、油门开度等信号反馈至 MC9S12 端，并经 RF 透传返回至主发送端，再由主发送模块 CAN2 端口传至决策反馈 ECU 和 PC。从图 7.22 中可看出，将远程发送模块置于决策主台架端，将无线接收模块置于试验车内，并采用车载点烟器供电。发送模块与接收模块的实物如图 7.23 ～图 7.26 所示。

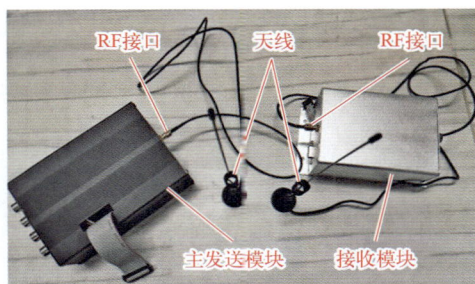

图 7.23　主发送模块与接收模块通信

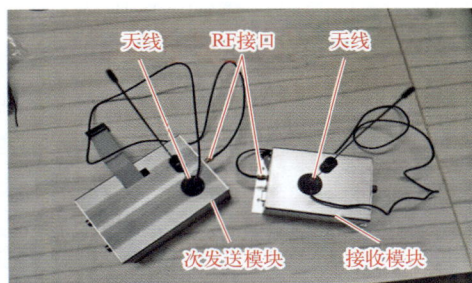

图 7.24　次发送模块与接收模块通信

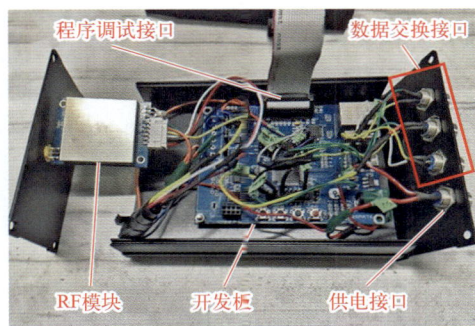

图 7.25　主发送模块解剖图

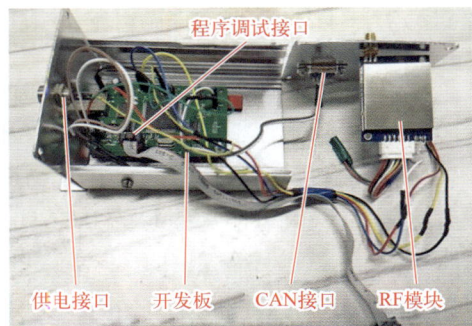

图 7.26　接收模块解剖图

图 7.22 中包含的控制协议主要为：①发送模块数据发出协议，标准串口，波特率 38400，数据包格式为"标志 - 数据 - 校验"；②发送、接收模块握手时序，发送周期为 5ms，接收周期为 5ms，接收方式为查询标志字节；③接收模块向试验车各 ECU 发送数据协议，采用 CAN2.0B 协议，波特率均为 5×10^5；④接收模块接收试验车各 ECU 数据协议，采用 CAN2.0B 协议，波特率 5×10^5；⑤接收模块反馈至发送端数据协议，标准串口，波特率 38400，数据包格式为"标志 - 数据 - 校验"；⑥决策 ECU 数据接收协议，采用 CAN2.0B 协议，波特率 5×10^5；⑦ IMU 数据采集协议，采用 CAN2.0B 协议，波特率 5×10^5。

选用北通瞬风 189 型踏板模拟器，内部为两路单独的滑动变阻器，踩下时因阻值变化会导致输出电压变化（图 7.27）。选用思为无线科技公司生产的 SV651 透传型 RF 模块，供电电压 5V，通信电平为 TTL，工作频率为 915MHz，吸盘天线与其同频段。在图 7.22 中，侧向加速度不参与射频传输，只采集其数据来衡量高速时的决策性能。选用华策公司出品的基于载波相位差分技术的 CGI-410 型惯性测量单元（inertial measurement unit，IMU），测量系统还包括两个 GNSS 天线等。试验时将计算机和 IMU 分别固定于被遥控的试验车内，并用 CAN 设备连接，点击图 7.21 所示采集软件的"Start"键即可自动进行数据采集。

图 7.27　侧向加速度采集

7.5　可远程遥控的决策反馈台架试验

7.5.1　试验状态监控界面设计

试验时，主台架和踏板模拟器分别通过远程发送模块发出转向盘转角遥控信号、制动踏板角位移信号和油门踏板开度遥控信号，试验车内部固定的接收模块作为中转站，不仅与试验车进行数据通信，还与远程发送模块进行指令接收与回传。同时，试验车内部固定的 IMU 实时采集侧向加速度数据。决策反馈 ECU 整合主台架和试验车数据并传至计算机。采用 NI 公司出品的"Labwindows/CVI"软件设计上位机监控界面，如图 7.28 所示，在该软件库文件中添加 Kvaser 设备的相关文件，然后编写数据读取程序，便可对数据进行可视化处理。

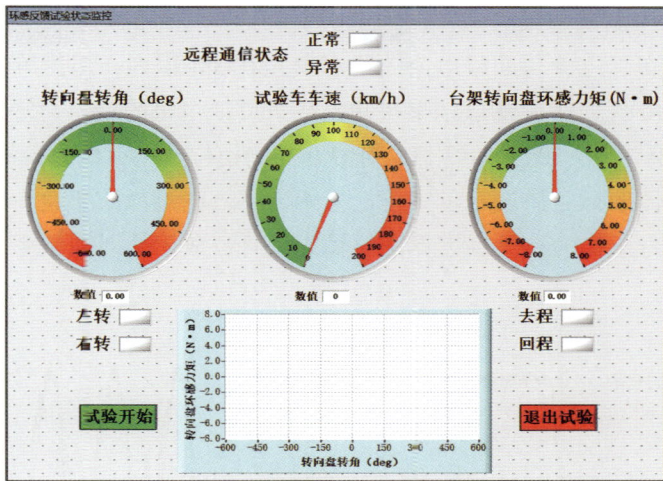

图 7.28　试验状态监控界面

试验车处于决策主台架视野范围内，踩下油门模拟踏板提升车速，待车速稳定后，主台架进行转向（图 7.29 和图 7.30）。提速时，通过监控界面查询是否达到期望车速。转向后，通过监控界面观察试验车是否追踪转向指令。同时，观察决策反馈力矩的范围和趋势是否异常，当决策反馈系统或者远程通信状态出现异常时，UGV 可直接接管车辆，实验员也可通过远程制动模拟踏板进行紧急制动。

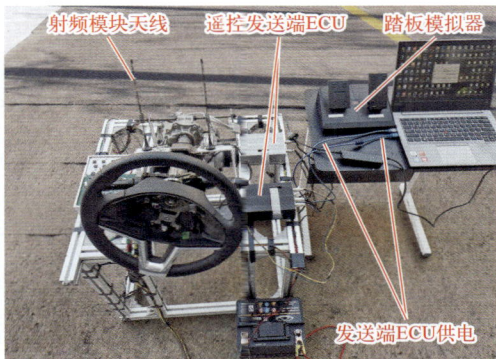

图 7.29　决策反馈主台架与遥控端总成照片

图 7.30　试验车照片

7.5.2　决策电机电流、力矩跟踪试验

为测试决策反馈 ECU 的控制效果，分别对决策电机进行电流、力矩跟踪测

试。由图 7.31 中测试结果可知：决策电机实际电流能跟踪期望电流，阶跃后 0.1s 便达到稳态，实际电流与期望电流的稳态误差在 3% 以内，不影响决策反馈系统的控制精度。由图 7.32 中测试结果可知：决策反馈电机的输出力矩能跟随期望力矩，虽然在 0.6s、6s、10s、14s 和 18s 存在 0.3s 的相位延迟，但力矩波动范围较小，说明力矩传感器的标定需进一步完善，力矩传感器的测量结果也有一定误差。因转向盘力矩信号不作为决策反馈算法的输入信号，故不会对决策系统的控制精度产生影响。

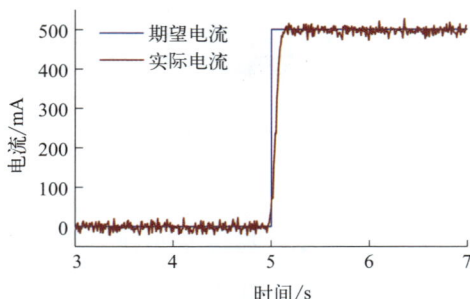

图 7.31　决策电机电流跟踪试验　　　　图 7.32　决策电机力矩跟踪试验

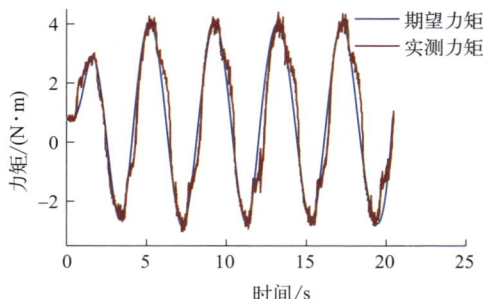

7.5.3　转向盘决策反馈试验

踩下油门踏板模拟器，将试验车车速调至 100km/h 左右，待车速稳定后开始转动主台架的转向盘，转角特性大概控制为幅值 15°、周期 5s。同时，开始采集试验数据，开启远程监控界面。中心转向试验转向盘转角曲线如图 7.33 所示，中心转向试验侧向加速度曲线如图 7.34 所示，中心转向试验车速曲线如图 7.35 所示，中心转向盘决策力矩与加速度关系曲线如图 7.36 所示。从图 7.34 中可看出：由于转向操作较为规范，所以实车侧向加速度范围与仿真结果较为一致，a_y 最大为 2.18m/s²。图 7.36 所示的高速时转向盘决策反馈测试结果与图 7.31 所示的仿真结果较为一致，试验时转向盘手感清晰平稳且无迟钝感，说明决策反馈算法效果和电机控制 ECU 性能均较好。表 7.3 展示了中心转向试验决策力矩指标，从表中可看出试验结果与仿真结果和某 EPS 车型均较为接近。对比表 7.3 中第 1 项试验指标可得转向盘回正性较好，说明高速时的阻尼控制效果较好。对比表 7.3 中第 3 项试验指标可得高速时的决策反馈增强了转向盘中位的辨识度，但手感并不沉重。由表 7.3 中第 4～6 项试验指标可得高精度的助力补偿模块增强了决策反馈的保真度和舒适度。

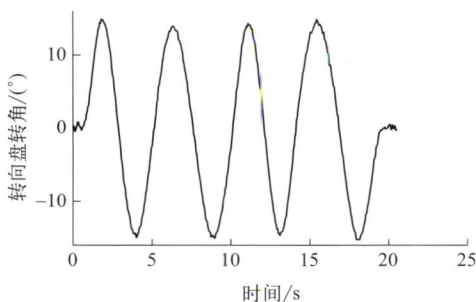

图 7.33　中心转向试验转向盘转角曲线

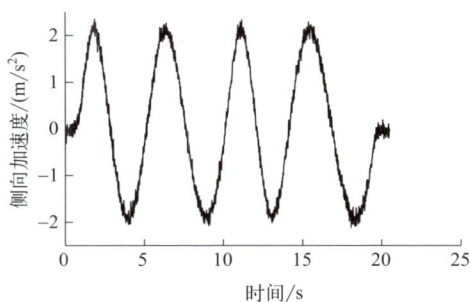

图 7.34　中心转向试验侧向加速度曲线

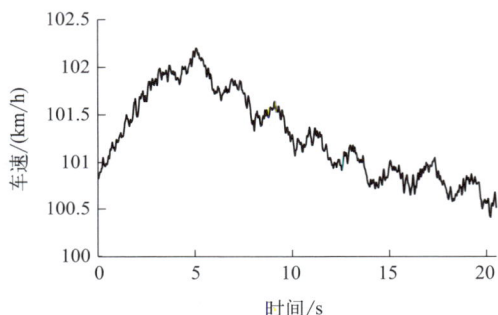

图 7.35　中心转向试验车速曲线

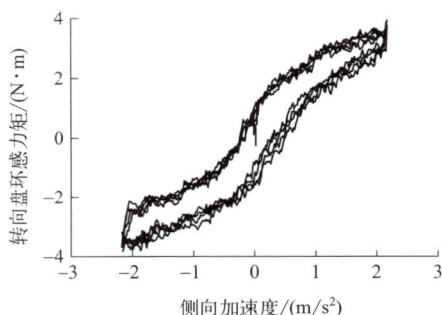

图 7.36　中心转向决策力矩与加速度关系曲线

表 7.3　中心转向试验决策力矩指标

试验指标	某 EPS 车型	仿真结果	试验结果	单位
T_{fb} 为零时的 a_y	0.41	0.32	0.39	m/s^2
a_y=0 时的 T_{fb}	1.32	1.28	1.08	N·m
a_y=0 时的 T_{fb} 梯度	3.64	3.49	3.26	N·s^2
a_y=0.1g 时的 T_{fb}	3.18	2.94	3.08	N·m
a_y=0.1g 时的 T_{fb} 梯度	1.16	1.05	1.36	N·s^2
$a_y \in$ [-0.05g, 0.05g] 时的 T_{fb} 梯度均值	2.55	2.74	2.88	N·s^2

按照中心转向试验的操作流程，进行中速蛇行试验，将车速控制在 60km/h 左右，转角特性大概控制为幅值 55°、周期 8s，试验结果如图 7.37 ～图 7.40 所示。

因图 7.37 中主台架转向盘转角变化较为均匀，所以图 7.38 所示的实车侧向加速度范围与仿真结果较为一致，a_y 最大为 4.26m/s^2，车辆已经进入非线性域，T_{fb} 最大为 4.33N·m，T_{fb} 在 a_y=0 处梯度为 4.51N·s^2。转向盘在中位以及中心区时的决策清晰度均较高，当转向盘转角接近设定范围时，能感觉到手感加重，但并未抖颤。从图 7.40 中可看出，决策力矩在 $a_y >$ 3m/s^2 时增速趋于不变甚至下降，说明决策算法不仅可以在大侧向加速度时给 UGV 以提示，还能在一定程度上体现回正力矩的真实变化。按照中心转向试验的操作流程进行轻便性试验，将试验车车速调至 6km/h 左右，转角特性大概控制为幅值 400°、周期 18s，试验结果如图 7.41 和图 7.42 所示。因低速区间的速度差值不大，所以着重测试决策反馈力矩相对于转向盘转角的关系，从图 7.42 可看出两个周期的决策力矩曲线重合度较高，说明决策反馈控制系统的稳定性较好。当转向盘转角达正向最大时，决策力矩为 2.96N·m，略高于仿真结果的 2.87N·m，但依然较为轻便。

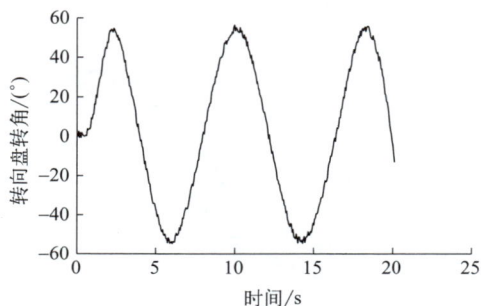

图 7.37　蛇行试验转向盘转角曲线

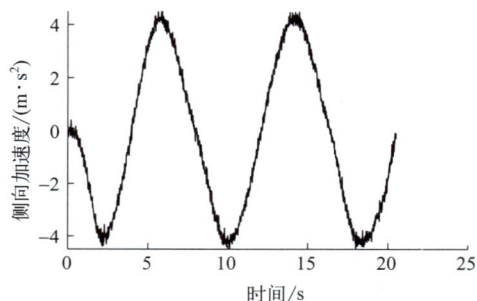

图 7.38　蛇行试验侧向加速度曲线

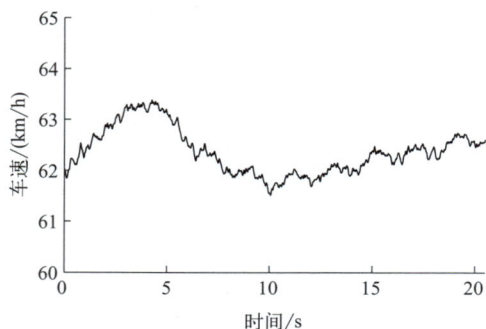

图 7.39　蛇行试验车速曲线

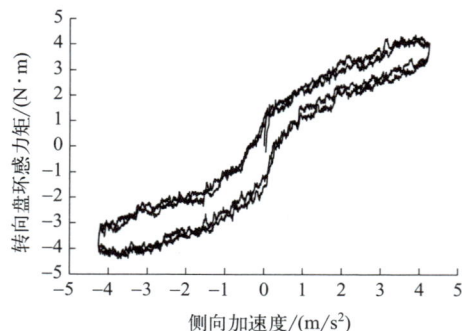

图 7.40　蛇行试验决策力矩与加速度关系

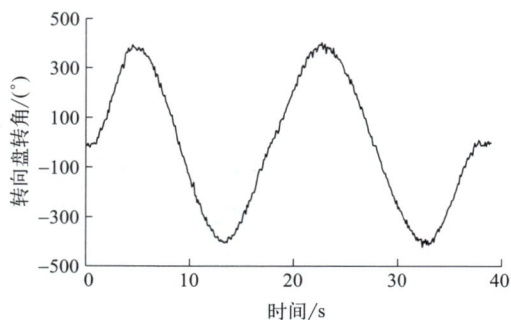

图 7.41　轻便性试验转向盘转角曲线

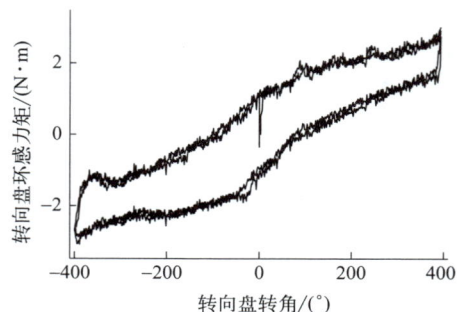

图 7.42　轻便性试验决策力矩与转角关系

无人驾驶车辆认知与决策技术

限位控制功能只需在决策反馈主台架上进行验证即可，所以撤除远程遥控模块和试验车，在决策反馈算法中给定 6km/h 车速输入，转角特性大概控制为幅值 510°、周期 15s。从图 7.43 可看出，500° 前 T_{fb} 缓慢增至 3.79N·m，越过 500° 后 T_{fb} 快速上升，并在 507° 时达到最大值 6.076N·m，该力矩足以阻停 UGV 的转向操纵。转向摩擦的滞回效应使回轮时的决策力矩与打轮时产生差异，从 507° 开始回轮时，T_{fb} 迅速降至 2.374N·m，而后逐渐回归轻便性特征。决策算法的回正性能也只需在主台架上验证即可，在决策反馈算法中给定 50km/h 车速输入，转角大概控制为 90°，待转向盘位置稳定后松开，中速回正试验转向盘转角随时间变化曲线如图 7.44 所示。同样，给定 8km/h 的车速输入，转角大概控制为 350°，低速回正试验转向盘转角随时间变化曲线如图 7.45 所示。从图 7.44 可看出，松开转向盘后经过 0.6s 便回至 2.3°，稳定后的转角在 −0.6°～3.3° 内波动，但均在转角容错区间内，回正时的平顺性和回正后的稳定性较好，说明中速时的限位控制和回正控制效果较好。从图 7.45 可看出，松开转向盘后经过 1.1s 便回至 1.4°，稳定后的转角在 −4.1°～3.7° 内波动，均在转角容错区间内，回正时的动态、静态特性均比中速时稍差一些，这可能与低速时采用的定阻尼系数有关，但整体回正控制效果较好。

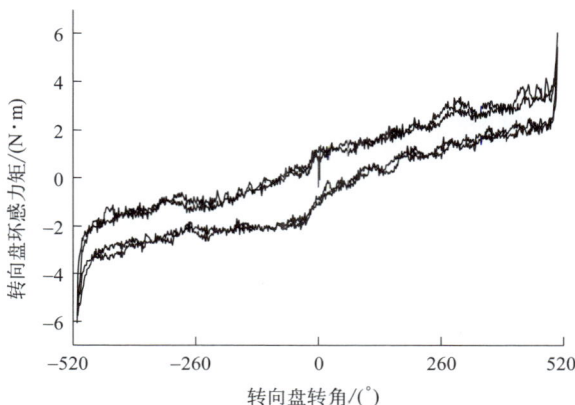

图 7.43　限位试验决策力矩与转角的关系

本章完成可远程遥控的决策反馈试验台架设计和试验验证。设计决策反馈试验台架的机械结构、通信架构和电子控制单元，编写控制程序。针对台架无法获取动态车速和侧向加速度的问题，提出台架遥控实车的试验方式，设计遥控模块的控制结构和通信协议，设计监控试验状态的上位机界面。通过实验验证决策反馈算法和决策反馈机电系统的有效性。

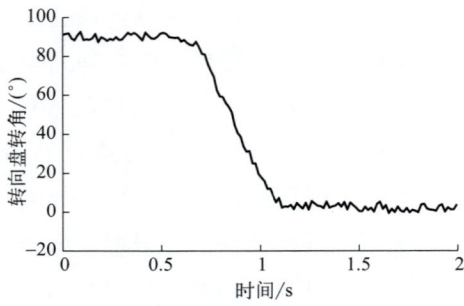

图 7.44 中速回正试验转向盘转角
随时间变化曲线

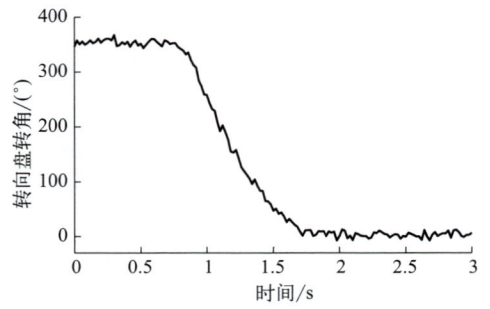

图 7.45 低速回正试验转向盘转角
随时间变化曲线

无人驾驶车辆认知与决策技术

第 8 章
UGV 空气悬架－变速决策技术

UGV 的空气悬架由空气弹簧、阻尼器、高度传感器、控制器、空气压缩机、储气筒等零部件组成。空气压缩机的作用是给储气筒充气，让储气筒内部保持一定压强，储气筒存放高压气体，给气囊充气。高度传感器用于监测车辆的姿态，把车辆当前状态通知控制器，控制器根据提前做好的决策，控制气囊的充、放气，实现车辆高度调整。空气弹簧充、放气的过程是，当需要抬高车身高度时，控制器通过控制储气筒给空气弹簧充气，而不是通过空气压缩机把气体压入空气弹簧。不仅是因为空气压缩机工作时会有一定的噪声，而且频繁工作也会缩短压缩机使用寿命。所以空气压缩机就会先将气体充入储气筒中，储气筒内部达到一定气压后，压缩机就停止工作。空气弹簧的排气过程为依靠车身重量将空气弹簧内的气体排出。空气悬架可提升车辆的舒适性，因为其可根据载荷的变化调节空气弹簧的刚度，使得车身固有频率保持在一个合适的范围内，避免过硬或过软的情况。空气悬架还可配合可变阻尼减振器，根据行驶速度和路面状况调节减振器的软硬度，以达到最佳的减振效果。

空气悬架可提升车辆的稳定性与通过性，因为其可根据行驶状态调节车身高度和姿态。当车辆高速行驶时，空气悬架可降低车身高度，从而降低风阻和重心，增加下压力和抓地力。当车辆转向或制动时，空气悬架可调节车身的俯仰和侧倾角度，从而减少重心转移和侧滑风险。这样，可以更安全、更稳定地控制 UGV。空气悬架的缺点是可靠性相对较低，例如，空气弹簧、减振器、压缩机、阀门、管路、传感器等都有可能出现故障或损坏，导致空气悬架系统失效或异常工作。其另一个缺点就是成本相对较高，因为其技术含量和制造难度都比传统的钢制螺旋弹簧悬挂系统高，这就导致空气悬架系统的价格较贵。但空气悬架是一种先进的悬挂系统，可根据不同的路况和驾驶需求，自主调节车身的高度和姿态，以及减振器的阻尼力，从而提高车辆的舒适性、稳定性和通过性。

空气减振器是一种新型减振器，其结构特点是在缸筒的下部装有一个浮动活塞，在浮动活塞与缸筒一端形成的一个密闭气室中充有高压氮气。在浮动活塞上装有大断面的O形密封圈，其作用是把油和气完全隔开。工作活塞上装有随其运动速度大小而改变通道截面积的压缩阀和伸张阀。当车轮上下跳动时，减振器的工作活塞在油液中做往复运动，使工作活塞的上腔和下腔之间产生油压差，压力油便推开压缩阀和伸张阀而来回流动。由于阀对压力油产生较大阻尼力，因此使振动衰减，其减振特点为：①高压氮气对温度不敏感；②适合运动驾驶；③路感清晰，操控感好；④适合长途行驶。

双筒式减振器的筒身呈现双重的构造，减振器有内外两个筒（工作缸和储液筒），活塞在工作缸中运动，由于活塞杆的进入与抽出，内筒中油的体积随之收缩与增大，因此要通过与外筒进行交换来维持内筒中油的平衡。所以双筒减振器中要有四个阀，活塞上有两个节流阀，还有装在内外筒之间完成油液交换的流通阀和补偿阀。在压缩行程（车桥和车架相互靠近）中，减振器阻尼力较小，以便充分发挥弹性元件的弹性作用，缓和冲击，这个时候弹性元件起主要作用；在伸张行程（车桥和车架相互远离）中，减振器阻尼力应大，以便迅速减振。双筒式减振器的结构优点：制造成本低；因为是双重构造，所以可允许外侧筒身有少许的变形；构造上有充足的长度，所以可确保有足够的冲程。缺点：过度倾斜时无法使用；构造上气室的容积较小，气室容积变化（压力变化）较大，容易超过油封的耐压性能；气体和油并未分离，容易发生液体中混入空气的情形；想提高运动性能，加快振动衰减，容易发生减压沸腾，因此，不容易实现稳定的振动衰减；活塞半径没有办法增大，不易做细微的减衰力调整。

对于单筒式减振器，在单一圆筒的下方封入高压氮气，为了使空气不会和油混在一起，在此之间设计了自由活塞的构造。减衰力是由轴的先端的活塞部所配置的，活塞行程的伸长和缩短，由两端的振动衰减来集成，活塞的容积变化由气体的膨胀、压缩来表征。单筒式减振器在自由活塞下封入高压的氮气，目的是在压缩运动时，使活塞室不变成负压，而使气体与油很难分离。优点：气体和油分离的关系，不会产生减压沸腾、液体中混入空气的情形，可产生稳定的减衰力；配置自由（可采用倒立式）；可采用倒立式，为了提升减衰力而增加气压也比复筒式的气体反力小，乘坐舒适感较好；活塞直径可增大，使减衰力可做细微的调整；散热性佳。缺点：各零件需要一定的精度，成本较高；筒身下侧配置了气室，所以在长度上会受到限制；气体、油都施加了高压，所以需要耐高压的设计；会因为筒身变形而产生其他问题。

为了对 UGV 电控空气悬架系统的车高调节和侧倾决策方法进行有效性验证，本章将论述电控空气悬架系统的快速原型开发，并介绍决策方法的实车实验验证。实施电控空气悬架系统的快速原型实验开发平台的搭建以及整体实验方案的设计，对实验平台使用到的软硬件进行配置，实施电控空气悬架系统的静态车高调节和道路转向侧倾控制的实车实验验证。

8.1　快速控制原型开发实验平台

8.1.1　快速控制原型的介绍

UGV 空气悬架决策技术的开发普遍使用 V 型开发流程，如图 8.1 所示。整个开发流程整合了决策方法的设计、验证和测试，同时确定 UGV 空气悬架决策技术开发的过程和步骤：①根据控制系统的功能需求，开发并设计合理的决策方法；②建立虚拟控制器与实际被控对象组合的快速原型开发平台，验证控制逻辑的可行性；③利用开发平台完成自动代码生成，并将其下载至合适的硬件控制器中；④建立硬件控制器与虚拟被控对象组成的硬件在环仿真平台，验证控制器是否满足系统的功能需求；⑤通过实车实验进行标定和测试，保证控制器满足系统的功能需求。

快速控制原型（rapid control prototyping，RCP）是一种半实物半解析的实时仿真系统，由制造业的快速原型技术发展而来。快速原型平台用于控制器开发，目的是更方便快捷地对设计的决策方法进行有效验证，缩短控制器的开发周期。通过对决策方法进行测试，可在早期就发现决策方法存在的问题，以便对决策方法进行及时修改以及控制参数的调整，确定合理且有效的控制方案，完成控制器原型的开发。在车辆底盘域控制系统的控制器开发中，快速控制原型以其低成本、高可靠性的巨大优势获得应用。本小节使用快速控制原型技术，搭建电控空气悬架系统的实验开发平台，完成电控空气悬架系统调节和侧倾的决策方法验证。

(a) 底盘典型零部件结构

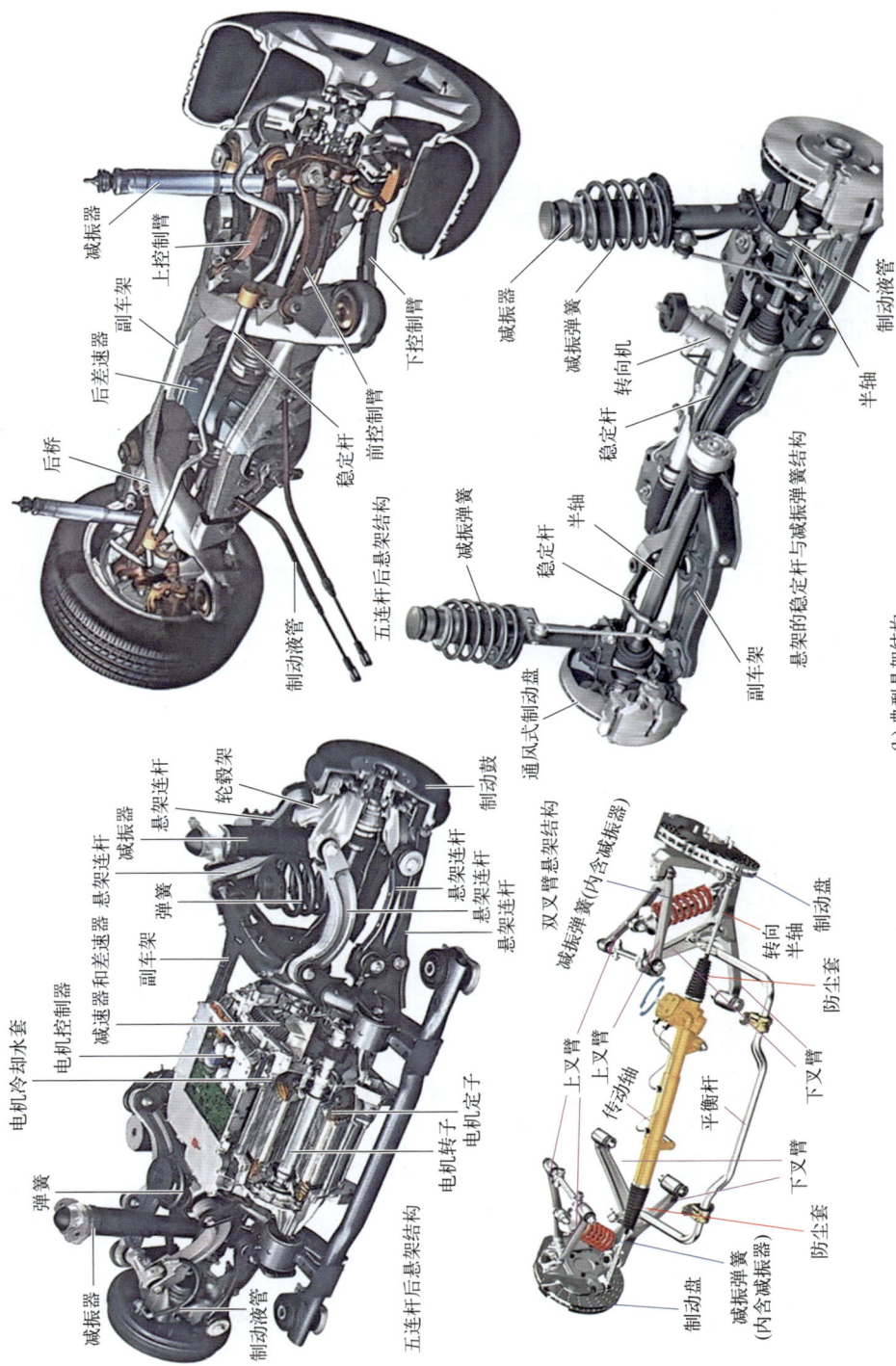

（b）典型悬架结构

图 8.1

减振器
上控制臂
副车架
后差速器
后桥
稳定杆
前控制臂
制动液管
五连杆后悬架结构
减振弹簧
稳定杆
半轴
减振弹簧
副车架
通风式制动盘
下控制臂
减振器
减振弹簧
转向机
稳定杆
半轴
制动液管
悬架的稳定杆与减振弹簧结构

轮毂架
悬架连杆
减振器
悬架连杆
悬架连杆
弹簧
副车架
悬架连杆
制动鼓
电机冷却水套
电机控制器
减速器和差速器
双叉臂悬架结构
减振弹簧（内含减振器）
转向
半轴
制动盘
防尘套
电机转子
电机定子
上叉臂
上叉轴
传动轴
平衡杆
下叉臂
下叉臂
防尘套
弹簧
减振器
制动液管
五连杆后悬架结构
制动盘
减振弹簧
（内含减振器）
防尘套

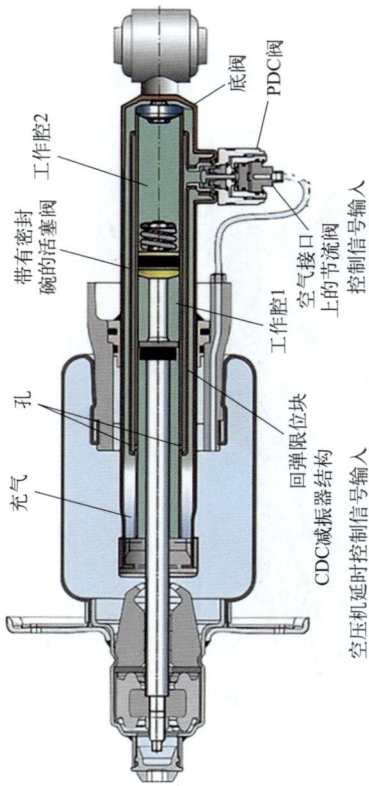

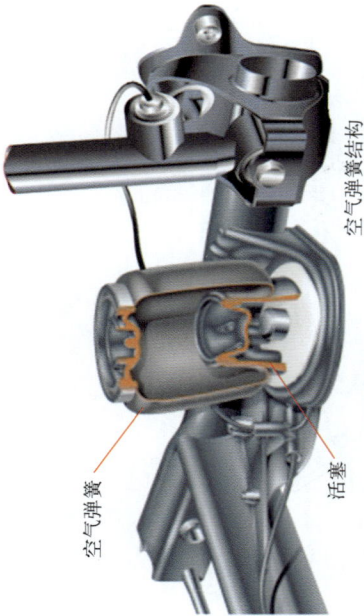

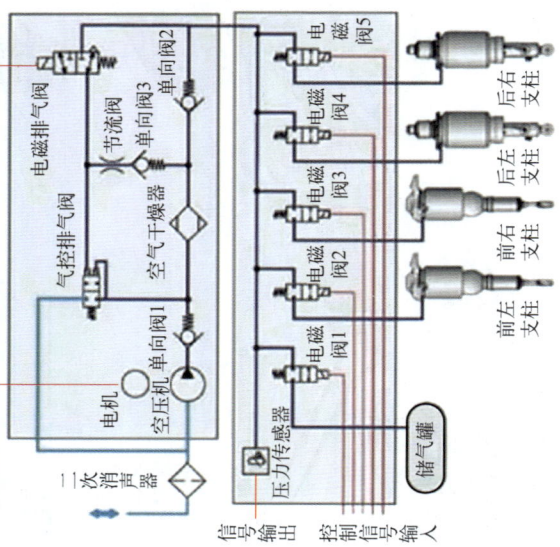

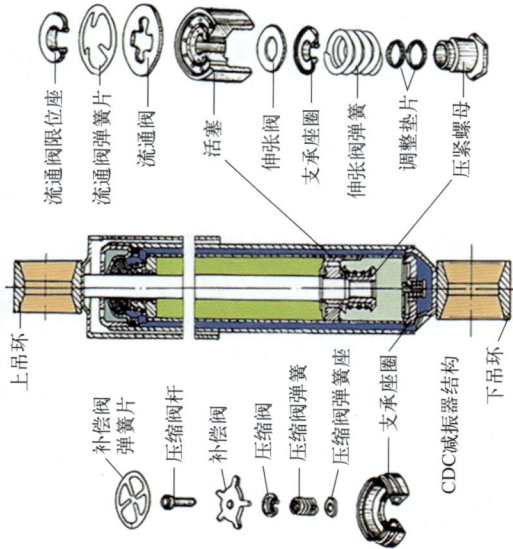

（c）空气弹簧的结构设计

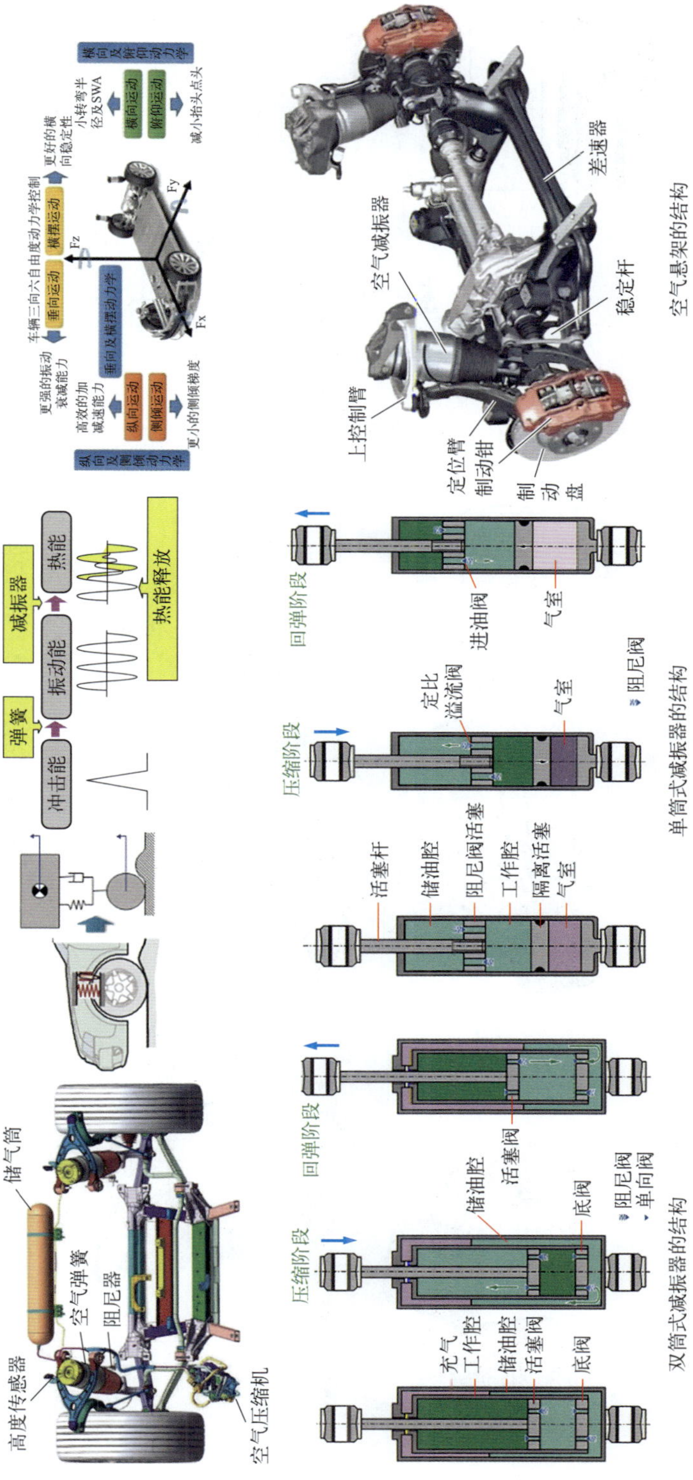

图 8.1

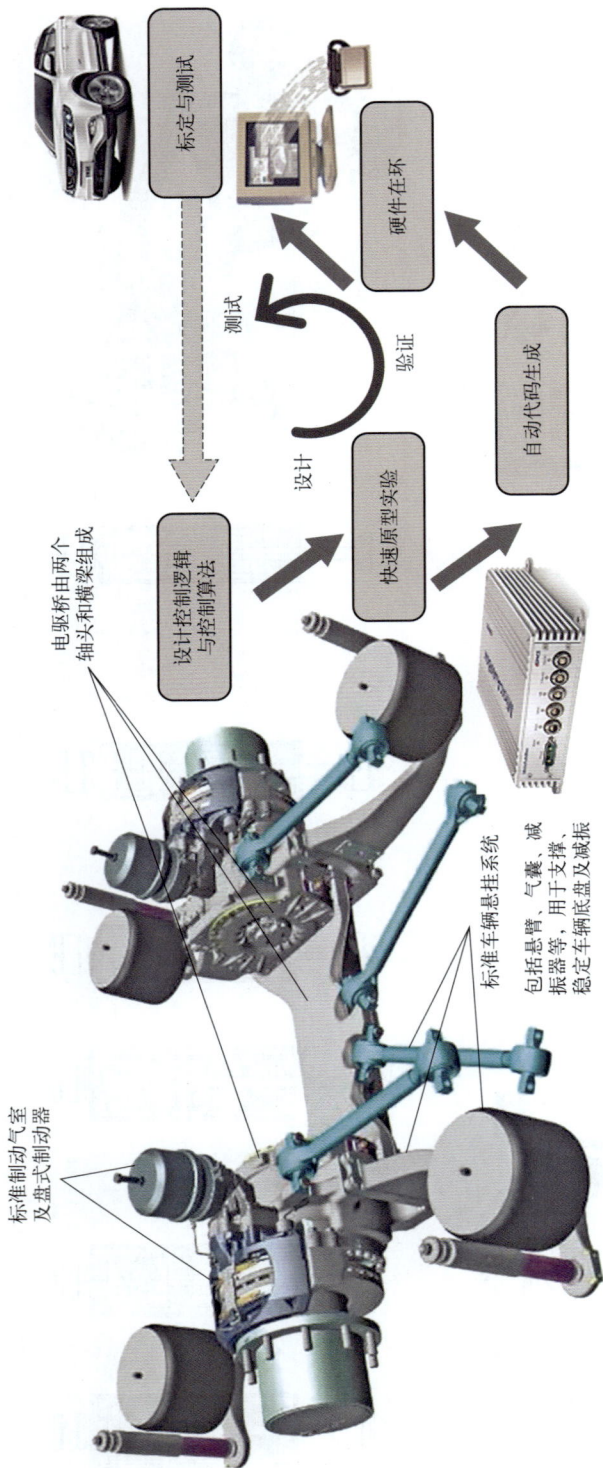

电驱桥由两个轴头和横梁组成

标准车辆悬挂系统

包括悬臂、气囊、减振器等,用于支撑、稳定车辆底盘及减振

标准制动气室及盘式制动器

标定与测试

测试

设计控制逻辑与控制算法

设计

快速原型实验

验证

自动代码生成

硬件在环

(e) V 型开发流程

图 8.1　基于车辆底盘域控制器的悬架系统总体研发思路

8.1.2　基于快速控制原型的实车验证平台

基于快速控制原型搭建的实车验证平台的硬件构成如图 8.2 所示。实验平台包含实验车辆、PC 上位机、电控空气悬架系统（ECAS）硬件系统、整车实验平台、NI/PXI 设备等部分。

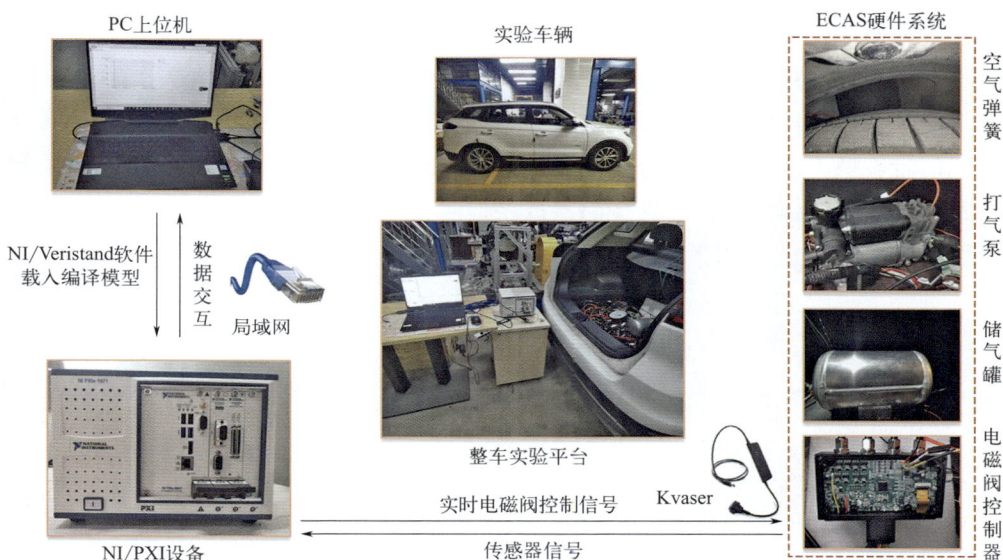

图 8.2　基于快速控制原型搭建的实车实验平台的硬件组成

PC 上位机主要用于控制算法的编译与下载、算法的运行控制以及实验数据的采集。NI/PXI 设备为快速控制原型实验的实时控制器硬件部分。实验车辆为经过改装的 SUV，将悬架部分原有的金属弹簧改为空气弹簧，并增加了电控空气悬架系统的其他设备。电控空气悬架系统的硬件部分包括空气弹簧、储气罐、打气泵、电磁阀控制器等。数据采集设备之间的通信依靠局域网线和 Kvaser，其中上位机与下位机的通信主要依靠局域网，PXI 设备与电磁阀控制器之间的通信依靠 CAN总线实现。基于快速控制原型的实车验证平台的软件部分包括 Simulink 控制算法、Veristand 和下位机软件。实时仿真环境 Veristand 的功能是，通过添加设备和模型搭建而成的仿真平台，可仿真一个带逻辑功能和真实信号输出的产品，达到半实物仿真的效果。其仿真模块可将图形化编程设计的控制算法实时运行在 NI 嵌入式设备上（下位机），通过多种硬件板卡完成控制器与外部传感器和执行机构之间的信息交互。

8.1.3 控制算法的下载与软件配置

在电控空气悬架系统控制算法的实车验证过程中，控制算法的最终实现依靠的是 NI/PXI 设备充当临时控制器，其软件实现平台为 Veristand；而在仿真阶段的电控空气悬架系统控制算法是在 Simulink 中完成搭建的。因此需要将 Simulink 中的控制算法正确下载至 Veristand 中，并完成控制算法输入和输出接口的相关配置，具体步骤如下。

【步骤1】 对原有的仿真模型进行处理，将原有仿真模型中的车辆模型以及空气悬架模型剔除，仅保留控制器部分，并在此基础上增加了传感器数字信号与模拟信号转换（digital/analog，D/A）模块，以保证进入控制器的信号与仿真信号一致，修改后的模型主要包含传感器数字信号与模拟信号转换（D/A）、状态估计器和决策方法部分，如图 8.3 所示。

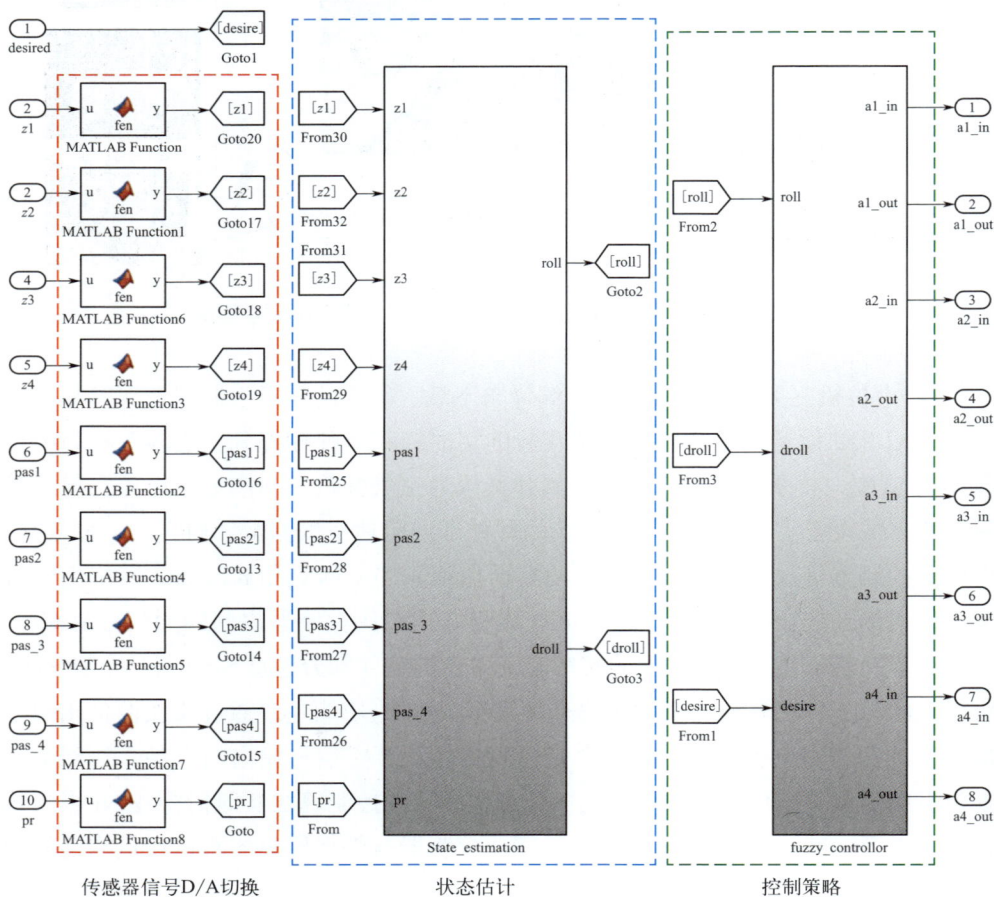

图 8.3 模型控制器部分

【步骤 2】 利用自动代码生成技术将修改后的 Simulink 控制模型编译为 Veristand 可识别的 DLL 文件，其设置情况如图 8.4 所示。

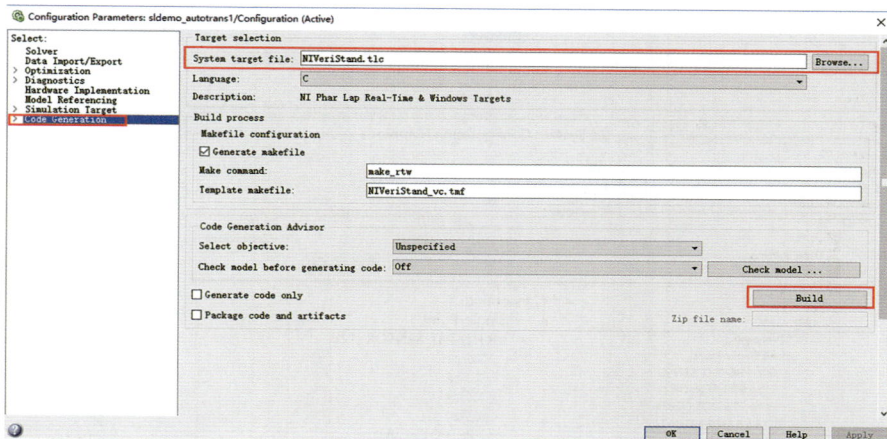

图 8.4　Simulink 模型自动代码生成的设置情况

【步骤 3】 在 Veristand 中新建一个工程文件，依次将模型的 DLL 文件、CAN 通信协议信息以及下位机的 IP 地址载入 Veristand，如图 8.5 所示。

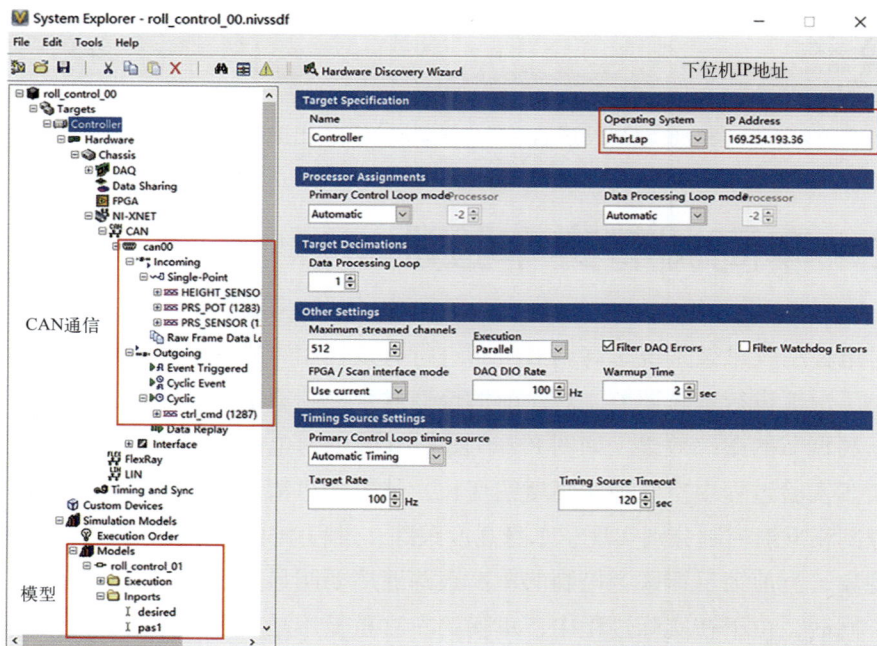

图 8.5　Veristand 工程文件的搭建

【步骤4】 依次完成 CAN 通信接口与控制算法模型的输入和输出接口的配置，保证 CAN 通信接收到的信号可对应输出控制模型，控制模型的输出信号可正确地传送至执行机构，如图 8.6 所示。

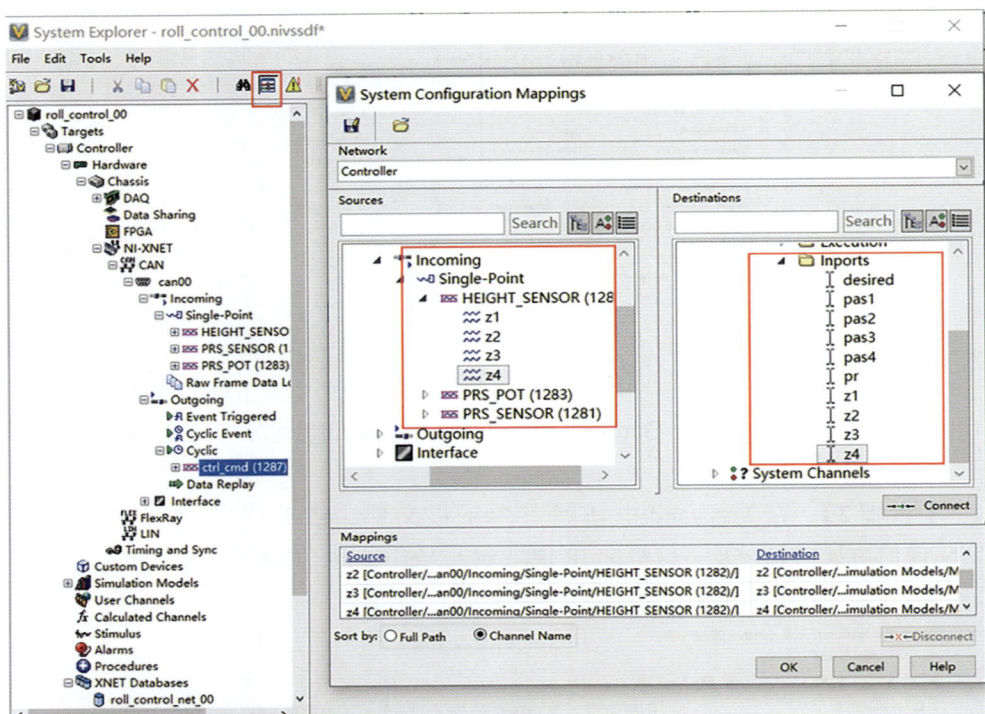

图 8.6　CAN 通信接口与模型输入和输出接口的配置

8.2　车高调节实车验证

对电控空气悬架系统车高调节策略进行有效性和可靠性实车验证，选择在车辆静态工况下进行车高调节，对比前馈反馈联合控制算法和单独反馈控制算法下车辆车高调节的跟踪效果。如图 8.7～图 8.10 所示为电控空气悬架系统静态车高调节实车实验过程中空气弹簧高度的变化，从图中可清楚地看出，通过前馈反馈联合控制和反馈控制分别实现了车身高度跟踪，过程中未发生明显的"过充""过放"现象，且前馈反馈联合控制的车高跟踪速度要明显大于反馈控制的车高跟踪速度。同时，由于在实际过程中，车辆的左右重量不是完全对称的，因此在车辆静止状态下车辆车高调节实车实验中，左右两侧的空气弹簧充放气响应也不完全

无人驾驶车辆认知与决策技术

一致。

如图 8.11 和图 8.12 所示为电控空气悬架系统静态车高调节实车实验过程中空气弹簧电磁阀的开关状态。

综上所述，通过电控空气悬架系统的静态车高调节实验验证，证明了所提出的前馈反馈联合控制算法在车高调节过程中的有效性和优越性。前馈反馈联合控制算法可实现车高调节的快速跟踪，并且在车高跟踪过程中可减少电磁阀的开关次数，减小由此带来的车辆噪声，提高车身稳定性。

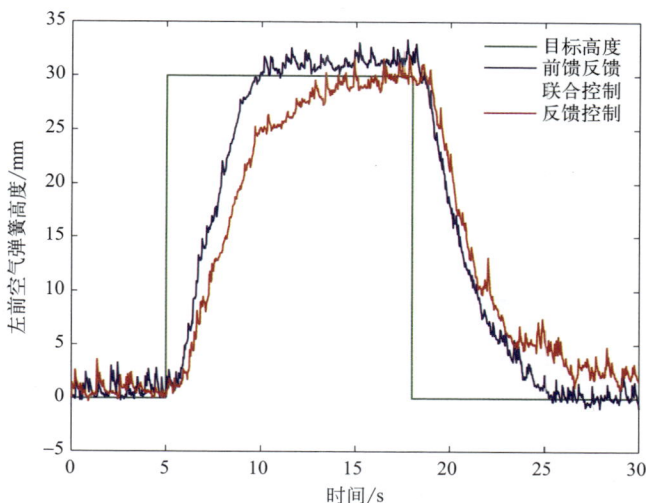

图 8.7　A 域左前空气弹簧高度变化

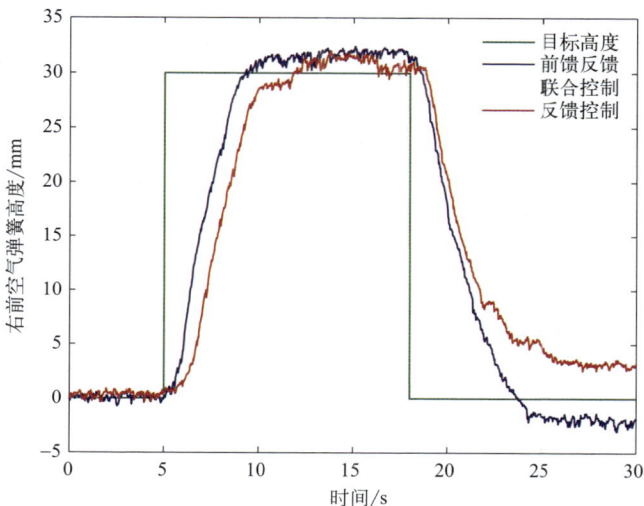

图 8.8　A 域右前空气弹簧高度变化

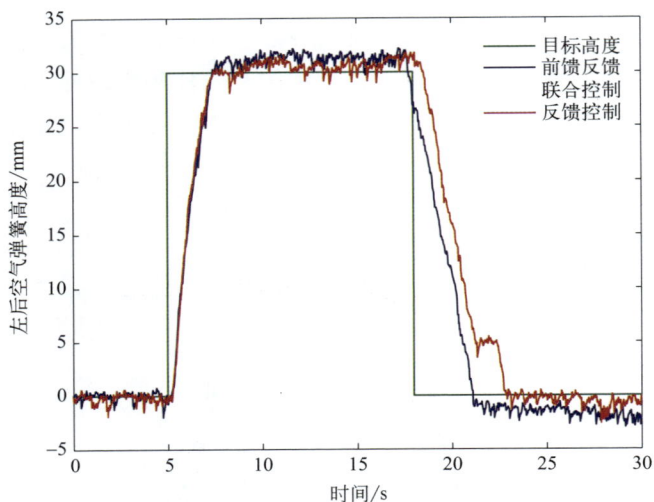

图 8.9　B 域左后空气弹簧高度变化

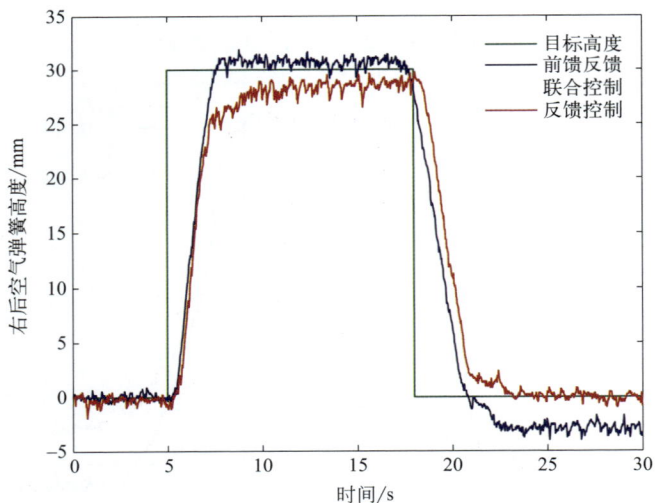

图 8.10　B 域右后空气弹簧高度变化

　无人驾驶车辆认知与决策技术

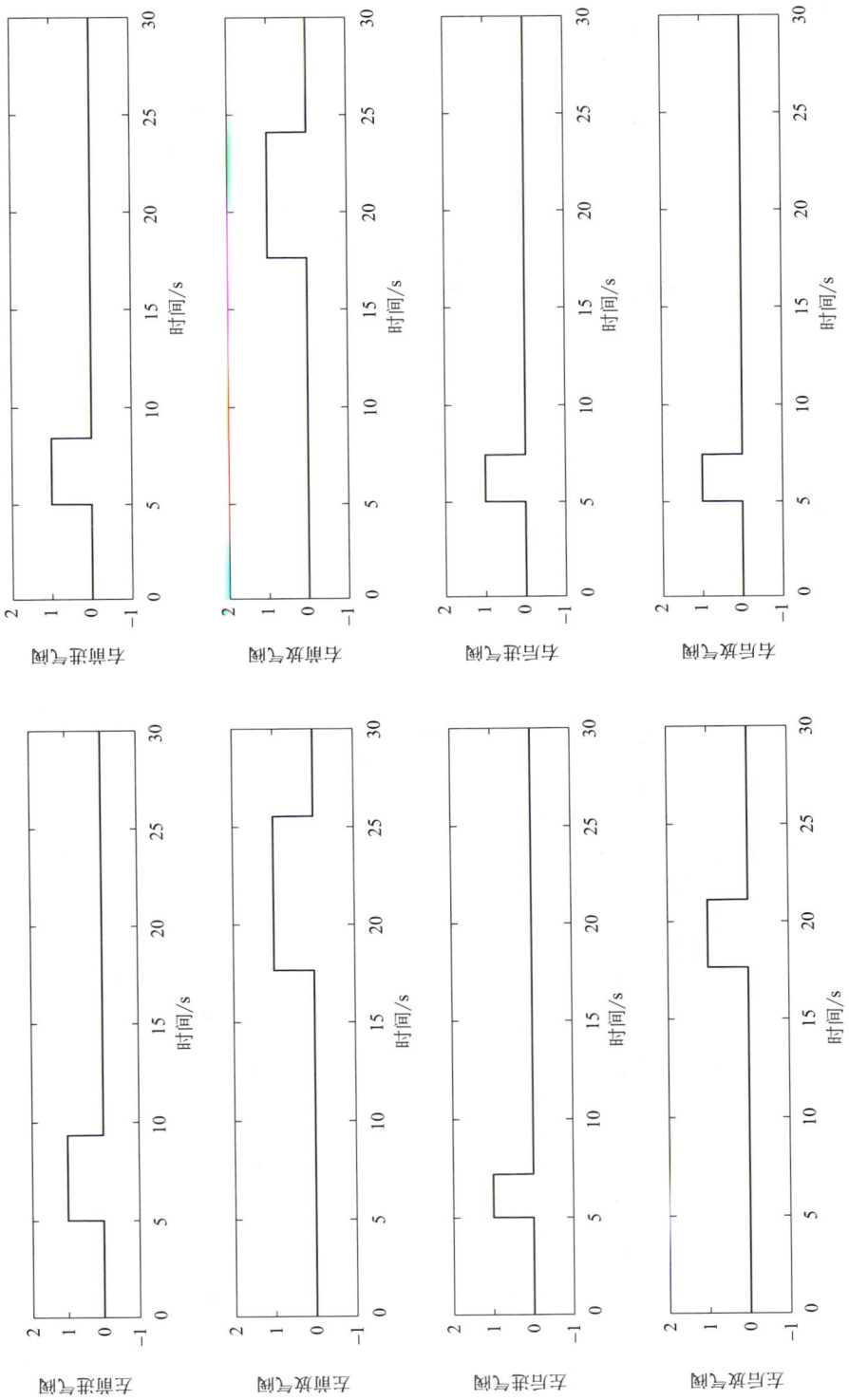

图 8.11 实车车高调节前馈反馈联合控制电磁阀输出信号

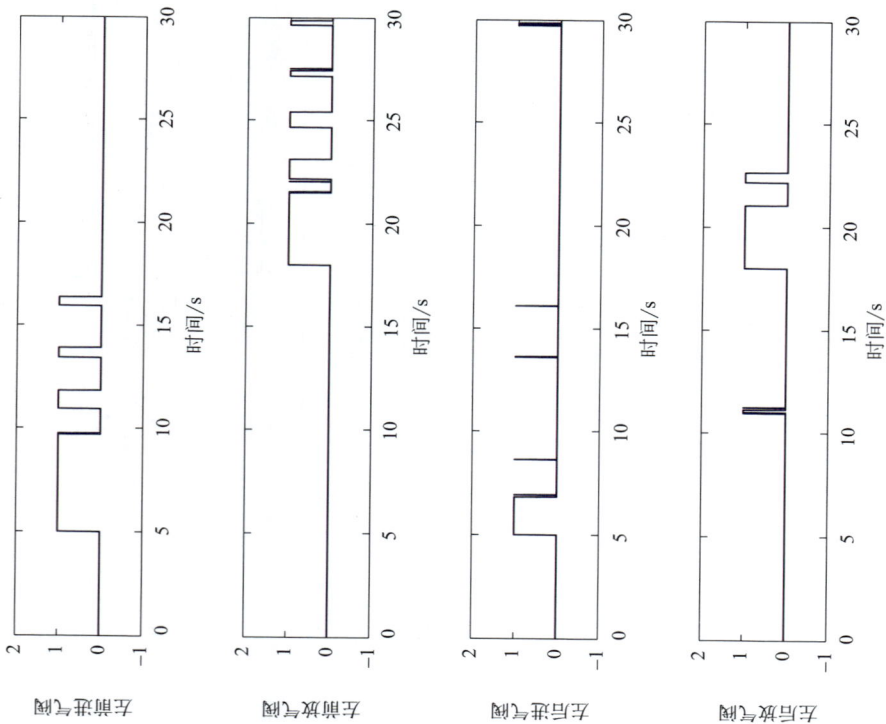

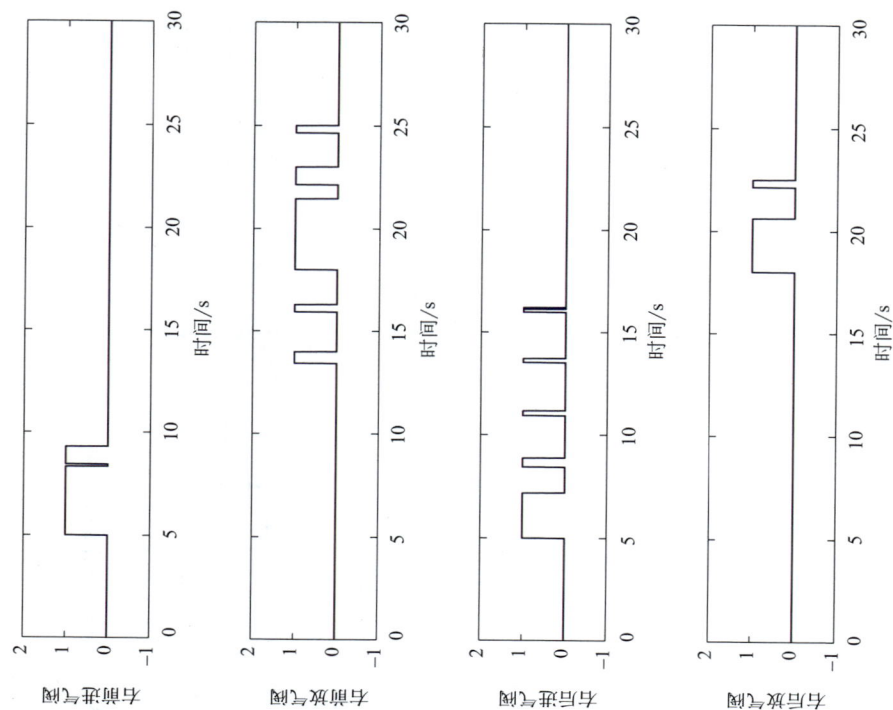

图 8.12 实车高调节反馈控制电磁阀输出信号

无人驾驶车辆认知与决策技术

8.3 车辆侧倾控制实车验证

进行电控空气悬架系统的车辆侧倾控制实车实验，对模糊侧倾策略进行有效性和可靠性实车验证。为了保证实验的决策方法为车辆转向的侧倾实验中的唯一变量，每次进行转向侧倾之前均将实验车辆的车身高度调至同一水平高度，同时保持实验在同一路段下进行，对比有无侧倾决策方法下车辆转向侧倾时车辆侧倾角的变化。如图 8.13～图 8.15 所示为车辆在绕弯侧倾实车实验中，电控空气悬架系统无侧倾控制和模糊侧倾控制的实验结果。该组实验中，车辆向左侧转向，车辆转向时的转弯半径为 8m，由 0 加速至 30km/h 左右并保持该车速行驶。由图 8.13 可知，在没有侧倾控制的状态下，随着车速的增加，左侧的空气弹簧高度上升，右侧的空气弹簧高度下降，车辆的侧倾角由 0 逐步增加至 3.5° 左右。由图 8.14 可知，在模糊控制下，随着车速的增加，车辆的侧倾角一开始逐步增加，当侧倾角增加至一定值时，空气弹簧电磁阀开始动作，此时车辆侧倾角将会下降，最终在车速为 30km/h 时，侧倾角大小稳定在 1° 左右。与无侧倾控制下的侧倾角变化相比，模糊决策方法明显减小了转向侧倾工况下的车辆侧倾角，提高了车辆侧倾稳定性。

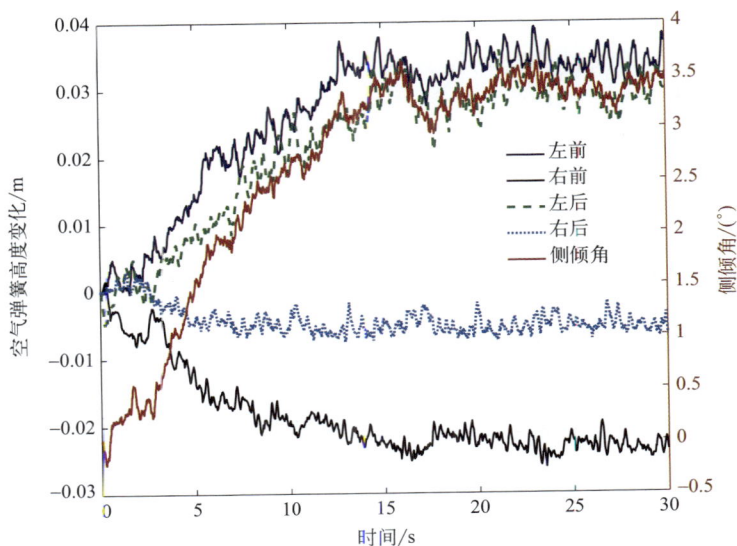

图 8.13 无控制时空气弹簧高度及侧倾角变化

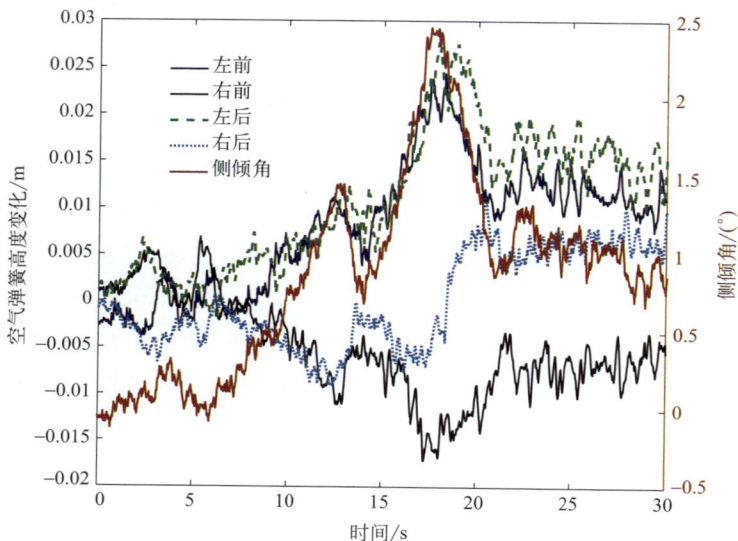

图 8.14　模糊控制下空气弹簧高度及侧倾角变化

如图 8.16～图 8.18 所示为车辆在鱼钩实验工况下，电控空气悬架系统无侧倾控制和模糊侧倾控制的实验结果。该组实验中，实验车速保持在 30km/h 左右。由图 8.16 可知，在鱼钩实验工况下，没有侧倾控制时，车辆的侧倾角随着车辆的方向盘转角输入增大至最大侧倾角 4.2°，并在 4s 后随着方向盘的回转，侧倾角恢复至较小值。由图 8.17 可知，在鱼钩实验工况下，进行模糊侧倾控制时，车辆的侧倾角随着车辆的方向盘转角输入增大至最大侧倾角 3° 左右，该值要明显小于无控制时的车辆侧倾角。同时，当 4s 后车辆方向盘回转时，车辆的侧倾角将有一个小幅度的反向侧倾，之后侧倾决策方法将继续发挥作用，减小该反向侧倾值。整体而言，本章设计的电控空气悬架系统模糊侧倾决策方法可有效减小车辆在转向时的侧倾，提高车辆侧倾稳定性。

本节进行电控空气悬架系统车高调节和侧倾决策方法的有效性及可靠性的实车验证。搭建可进行电控空气悬架系统车高调节和侧倾决策方法验证的快速控制原型实车验证平台，进行车辆静态工况下的车高调节决策方法验证，对比前馈反馈联合控制算法和单独反馈控制算法下车辆车高调节的控制效果；进行电控空气悬架系统车辆侧倾控制道路实验，验证模糊侧倾决策方法的有效性。提出的前馈反馈车高调节控制算法可实现车高调节的快速跟踪，并且在车高跟踪过程中可减少电磁阀的开关次数，减小由此带来的车辆噪声，提高车身稳定性；设计的模糊侧倾决策方法可有效减小车辆转向过程中的车身侧倾角，提高车辆的侧倾稳定性。

无人驾驶车辆认知与决策技术

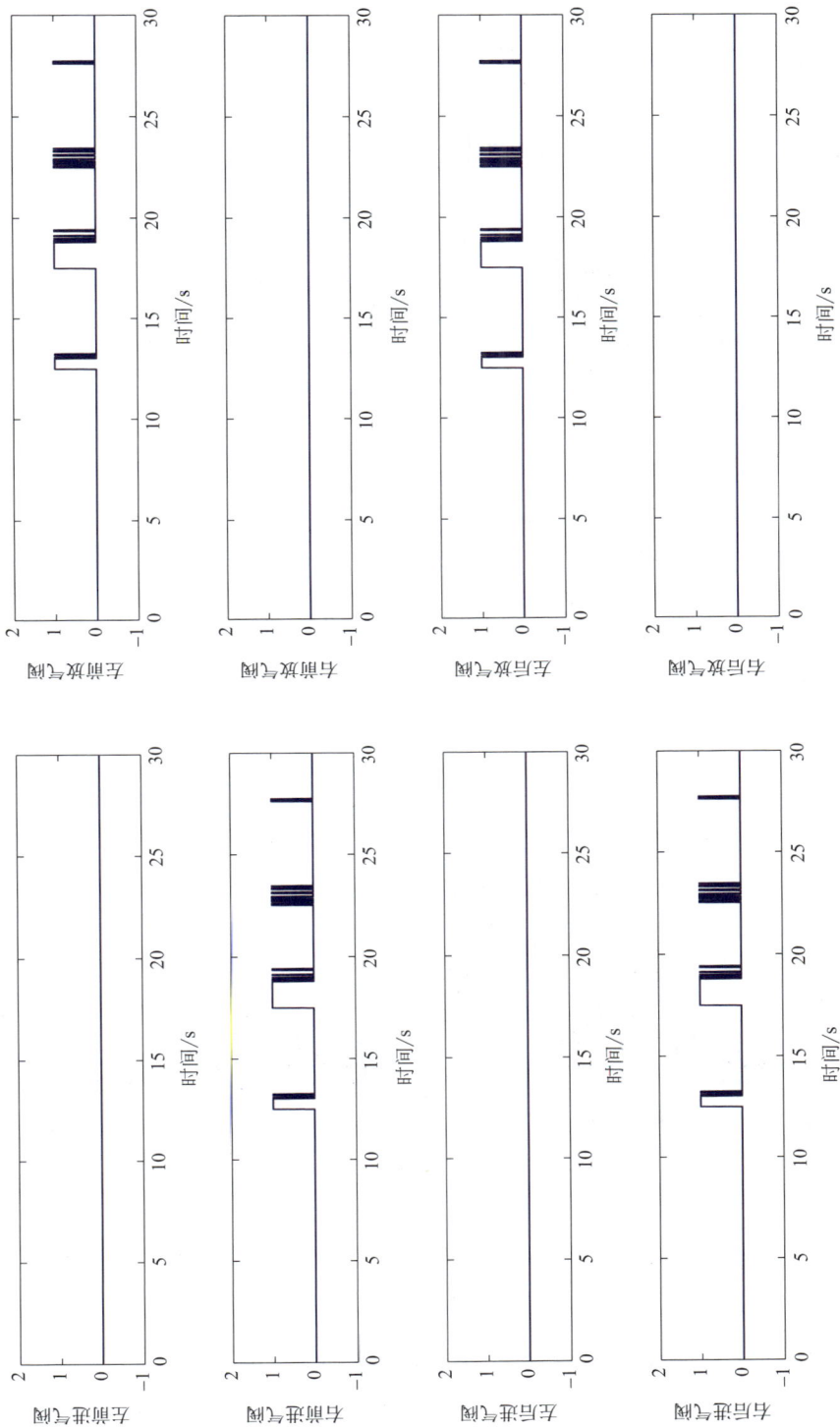

图 8.15　绕弯工况下车辆模糊侧倾控制电磁阀的开关信号

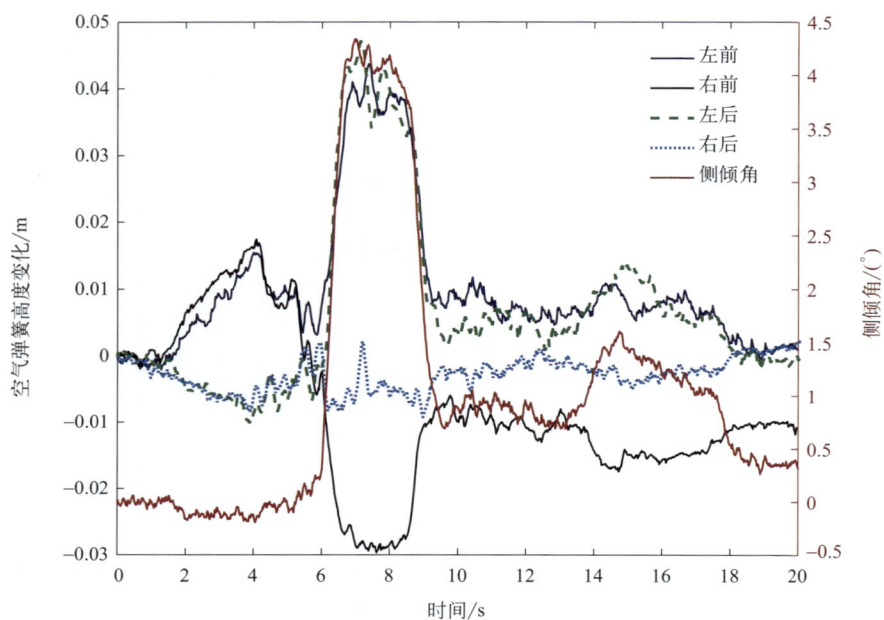

图 8.16　无控制时空气弹簧高度及侧倾角变化

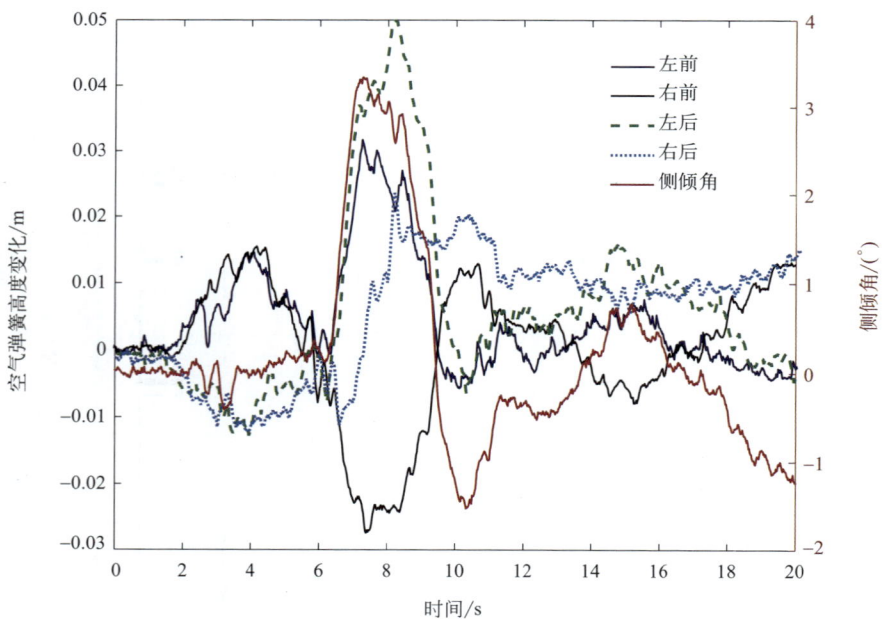

图 8.17　模糊控制下空气弹簧高度及侧倾角变化

无人驾驶车辆认知与决策技术

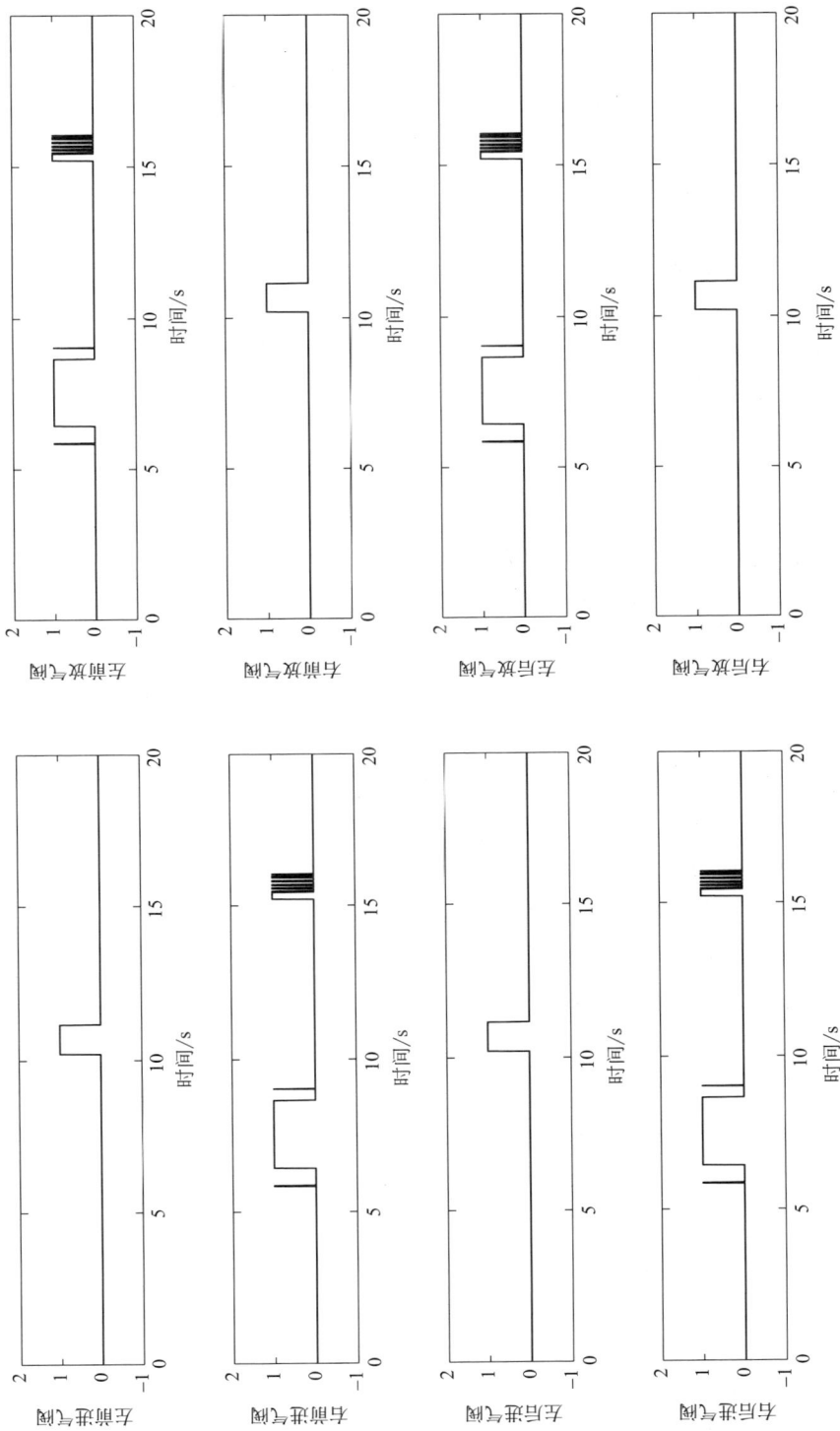

图 8.18　鱼钩工况下车辆模糊规则控制电磁阀的开关信号

8.4　UGV 电控空悬系统的变速换挡规律分析

在变速器具有提高纯电动汽车动力性和经济性的基础上，恰当的挡位选择十分重要，既要充分考虑 UGV 的意图，又要兼顾车辆的行驶舒适性，如图 8.19 所示。本节基于滚动优化的思想，结合动态规划的方法，提出了考虑前方道路曲率变化的多挡位电动汽车挡位决策方法。以车载认知能力为基础，以视觉认知为例，同时结合地图定位信息，获取车辆前方车道线信息以预测未来轨迹，形成预测域，并根据多点预瞄纵向 UGV 模型，对预测域内的多个预瞄点进行车速预测。基于预测所得车速序列，采用动态规划的方法在预测域内进行最优预测控制，考虑包含当前 UGV 动力性意图、电池能量消耗、换挡频率等因素的代价函数，通过优化代价函数在预测域内的最小值，获得预测域内的挡位控制序列。搭建了相应仿真模型，与经典双参数经济性和动力性换挡规律进行对比，结果表明，本章提出的基于预瞄轨迹的最优换挡规律策略可降低多挡位电动汽车的电能消耗，保证动力性响应能力，同时降低换挡次数。

变速器中低挡位可提高车辆的轮胎驱动转矩，进而提高整车的加速能力、爬坡能力或负载能力，而高挡位可在动力源相同的情况下，提高车辆的最高车速，反之可降低对驱动电机最高转速的需求。由于驱动电机及其驱动系统在低速大转矩及高速低转矩时系统效率较低，因而通过不同挡位选择对电机转速和转矩的调节，使得电机工况点落在高效区的可能性更大，进而提高系统的经济性。作为经典的换挡策略，双参数换挡规律被分析获取，以便后文与所提出的基于轨迹预瞄的最优换挡策略进行比较。

对于理论最优动力性换挡规律的分析，采用轮上最大转矩作为考察因素，在 1 挡和 2 挡均能到达的车速范围内，根据驱动电机最大转矩曲线，计算获得到达轮上的驱动轮转矩，若动力系统的决策方法对加速踏板信号与驱动力矩关系的映射规律设置为经典的等比例方式，即在当前转速下最大力矩乘以加速踏板开度百分比，在获得需求驱动力矩的情况下，可推理得到，在不同加速踏板开度下，该动力系统的动力性换挡规律，如图 8.20 和图 8.21 所示。从图中看到，此时的动力性换挡规律退化为单参数的换挡规律，这得益于电机的转矩保持特性。

　无人驾驶车辆认知与决策技术

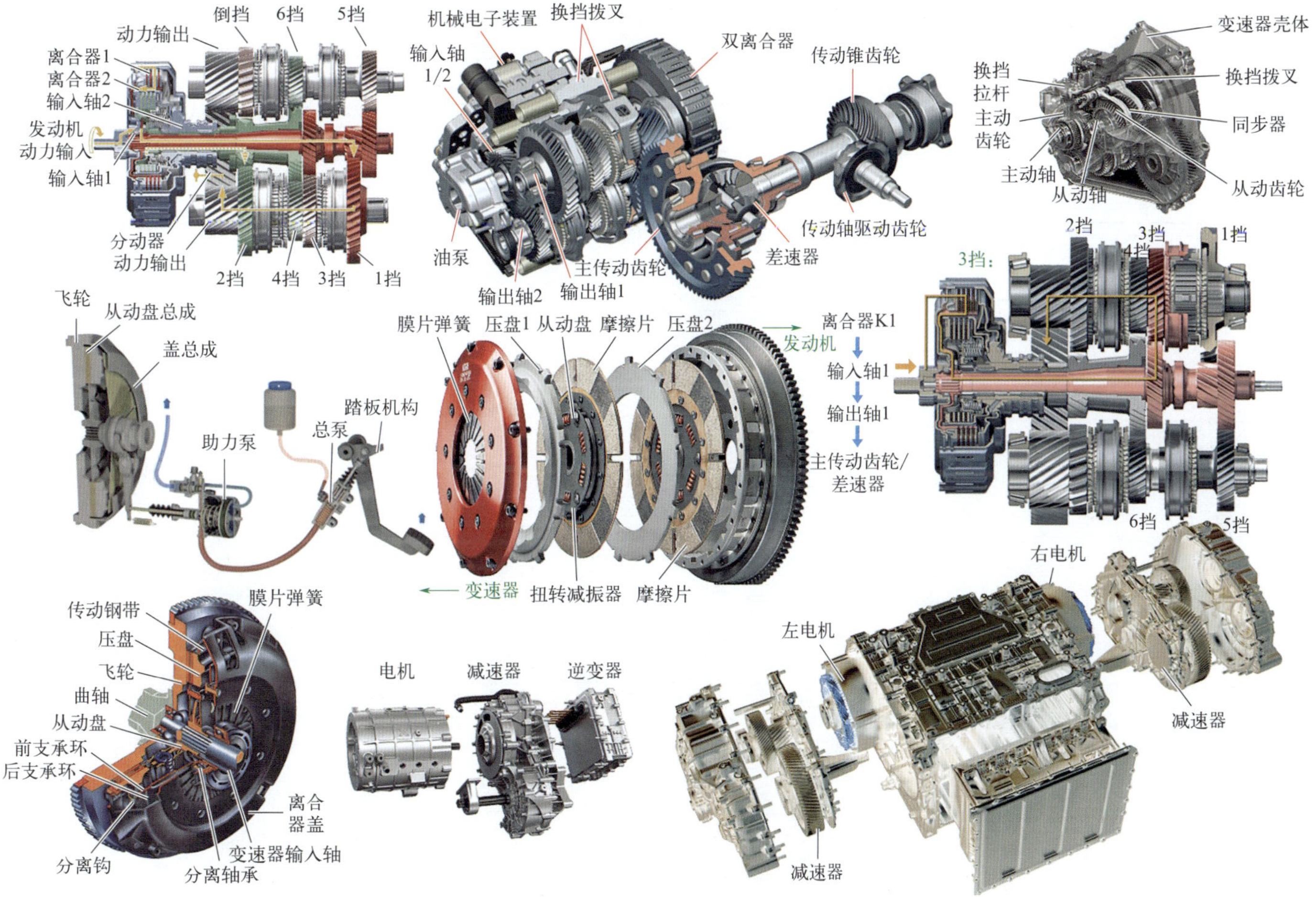

图 8.19 基于电控空气悬架技术的变速系统结构设计

变速器壳体
换挡拨叉
同步器
从动齿轮
1挡
5挡
减速器
3挡
4挡
右电机
6挡
2挡
从动齿轮
主动齿轮
换挡拉杆
主动齿轮
主动轴
3挡
左电机
减速器
离合器K1
输入轴1
输出轴
主传动齿轮/差速器
发动机
传动锥齿轮
传动轴驱动齿轮
双离合器
差速器
逆变器
压盘2
摩擦片
减速器
电机
换挡拨叉
主传动齿轮
压盘1 从动盘
扭转减振器
机械电子装置
输出轴2
输出轴1
变速器
油泵
输入轴1/2
膜片弹簧
踏板机构
总泵
5挡
1挡
6挡
助力泵
离合器盖
膜片弹簧
离合器输入轴
倒挡
3挡
变速器轴承
动力输出
4挡
分离轴承
离合器2
2挡
盖总成
分离器
动力输出
从动盘
传动钢带
压盘
发动机
动力输出
飞轮
飞轮
曲轴
从动盘
前支承环
后支承环
分离钩
离合器1
离合器2
输入轴2
发动机
动力输入
输入轴1

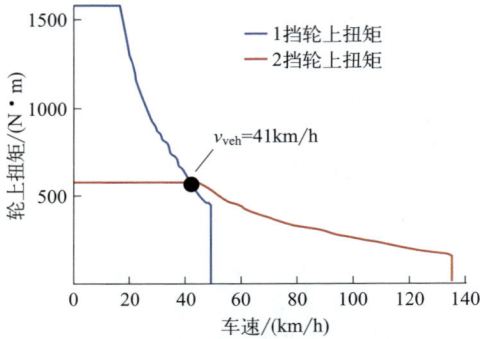

图 8.20　动力的外特性曲线

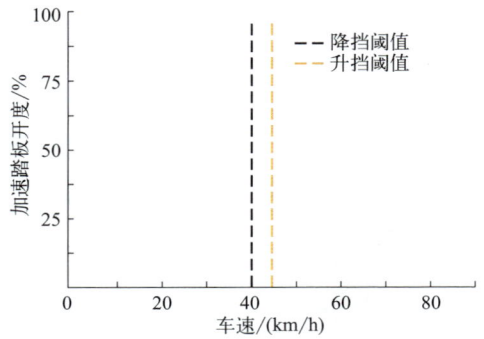

图 8.21　动力性换挡规律

　　驱动电机及电机控制器系统的效率分布呈现了中高转速、中等负荷区域的系统效率较高的特点。本节对理论上经济性最优换挡规律的分析，采用枚举的方式，对于整个车速区域和加速度区域内任意工况点，假定分别选取 1 挡和 2 挡，计算其各自的效率并进行比较，将更小者作为理论上经济性最优挡位选择的依据。MAP 图代表效率插值函数，通过该函数可在实测 MAP 图中插值获得当前转速和转矩下的系统效率。此处采用加速度 a_{acc} 进行计算的目的是方便计算获得电机驱动力矩需求，在准稳态的加速过程中，加速踏板开度与加速度需求通常是一一对应的，因而可将通过加速度计算获得的结果，拓展到由加速踏板开度作为参数的双参数换挡规律，其结果如图 8.22 所示。

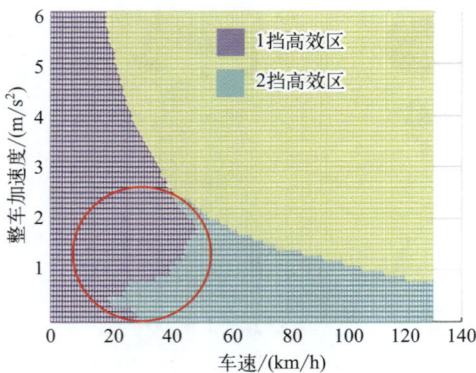

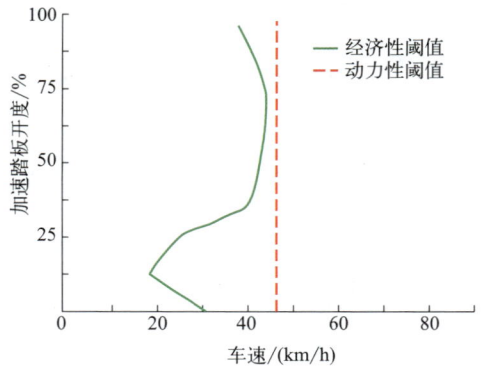

图 8.22　经济性换挡规律

　　对于该动力系统，理论上最优的动力性换挡规律和经济性换挡规律，两者并不重叠，无法同时满足两者最优要求，根据 UGV 意图，对经济性和动力性需求进行权衡，以获取两者同时较优的换挡规律。在经典拟人式换挡规律设计中，通过

无人驾驶车辆认知与决策技术

获取当前及过往的 UGV 行为信息，如加速踏板开度、加速踏板开度变化率、车速等，获取量化的 UGV 意图作为平衡经济性和动力性的权重因子，在动力性和经济性换挡规律中进行加权计算，获取综合性的换挡规律。此类换挡规律设计方法利用了当前与过往的 UGV 行为信息，但未能对车辆行驶前方远端路况进行分析。对于 UGV 意图的识别，也可通过离线人工数据包训练 UGV 聚类分析模型，对 UGV 行为进行聚类后用于判断当前实时 UGV 行为的属性，以获取其驾驶意图。

8.5 基于路径信息的优化决策方法分析

拟人式参数换挡规律所考虑的 UGV 意图模型是利用当前 UGV 行为特征分析得到的，作为权衡经济性和动力性的因子，该方法使用的 UGV 信息限于当前行为和历史行为。随着车辆环境认知能力及车辆定位能力的提升，可用于换挡决策的信息量增加，其中一系列基于已知路径的挡位最优决策方法被提出，此类方法借助全局优化算法的应用，能够对车辆未来轨迹内的挡位进行预测控制，并实现动力性、经济性、换挡频率等性能考量的多参数优化。这些方法的设计思路是通过一定的方式获取未来完整路径的行驶车速轨迹，比如基于已知法规或标准循环工况，确定轨迹的行车线路，结合定位技术，如市区公交系统、工业园区摆渡车，在已知路径车速的基础上，使用优化控制方法进行离线仿真计算，以获得该路径中每段子路径的最优挡位选择。该方法仅适用于完全确定的已知路况，其局限性明显，在更换轨迹后需要重新进行优化计算和部署。同时，此类优化结果未能在实时行驶中根据实际轨迹进行调整，该方法鲁棒性较低，且无法与当前 UGV 意图进行融合，容易出现 UGV 意图与车辆预置决策序列之间的冲突。为了摆脱对已知路径的依赖，人们提出基于神经网络的工况预测模型，用于预测未来的工况以获取未来工况的车速序列。基于数据集训练方式获得工况预测模型的方法，依赖大规模的数据积累和训练，其离线计算量较大，训练所得模型的适用性高度依赖数据集的数量，只利用了当前道路状况信息。对于未来路径信息的利用，获取未来纵向车速预测序列，是优化决策挡位信息方法的前提条件。

道路信息的获取渠道依赖车辆自身的实时环境认知能力。当前，较成熟的环境认知方式包括毫米波雷达、激光雷达、视觉摄像头、高精地图等。其中视觉认知设备能够获取车辆所处车道线在可视域内的较准确信息，通常包含当前车辆所处位置与左右车道线的距离、车道线在一定距离内的变化趋势等，如图 8.23（a）所示。随着高精定位技术的发展及局部区域高精地图库的积累，结合常规地图信息及定位能力，可获取车辆前向道路在非可视域的路径趋势信息，如图 8.23（b）所示，将视觉认知信息与地图信息进行融合，可获取车辆前方道路的轨迹变化趋势，尤其是多弯路段，可整理为多项式函数形式对车道线的趋势进行呈现。根据该道路信息可对车辆进行纵向速度预测，进而制定相应的优化换挡策略，相较于前述方法，从原理上可提高优化换挡规律算法在实际道路中的鲁棒性，摆脱对已知路线的依赖性。

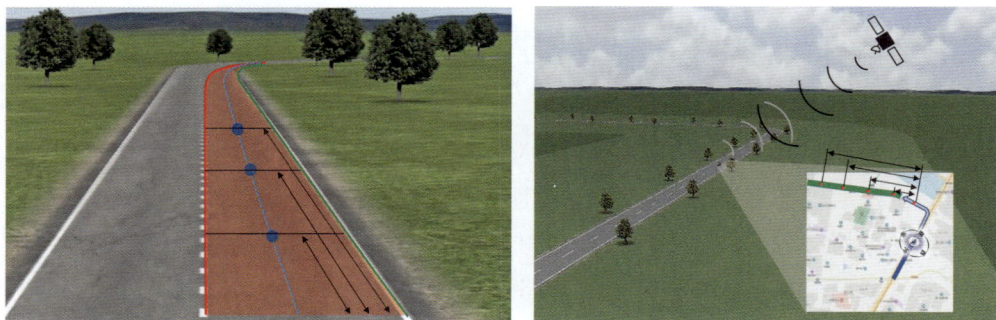

(a) 视觉认知路径信息　　　　　　　　(b) 基于定位的预置地图路径信息

图 8.23　认知设备对车道信息的识别

8.6　基于预瞄轨迹的换挡决策方法设计

基于预瞄轨迹的 UGV 驾驶员换挡决策方法框架如图 8.24 所示。利用环境认知所获得的前方路径信息，基于多点预瞄 UGV 模型预测得到抵达前方一段距离内

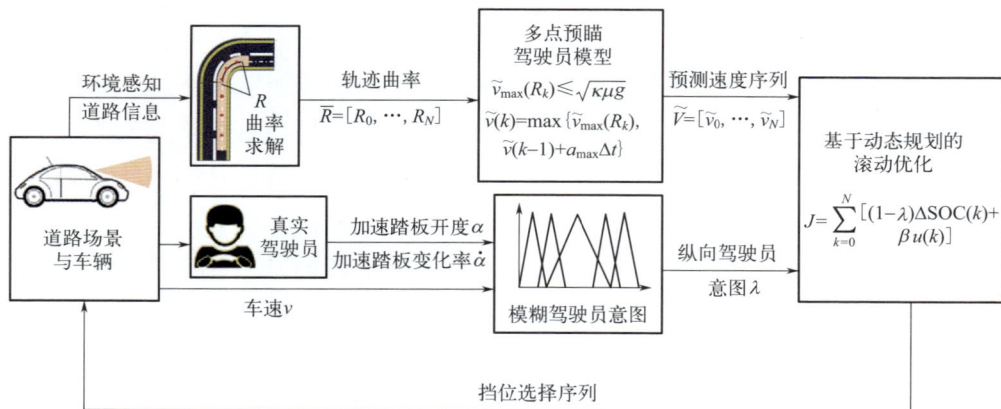

图 8.24　基于预瞄轨迹的 UGV 驾驶员换挡决策方法框架

的轨迹点时的纵向车速，并基于该预测速度序列采用动态规划的方式，进行优化换挡规律设计，将经济性和换挡频率作为目标代价函数，同时将当前 UGV 的纵向意图作为经济性代价子项的权重因子，以避免 UGV 当前意图与预测段换挡规律算法意图的冲突。

8.6.1　基于模糊逻辑的 UGV 意图模型

本节所提出的换挡策略，目标是既考虑当前 UGV 意图，又结合未来车速规划信息。当前 UGV 对车辆的操作包含了一定的信息，如车辆前方较近的道路状况、当前对车辆动力性或经济性的需求。为了避免所设计的换挡策略仅对预测段路径进行优化，而忽略了当前 UGV 意图，进而带来挡位选择结果与 UGV 意图相互冲突的现象，所以采用模糊逻辑的方法对 UGV 当前意图进行识别与量化，作为后续算法的变量之一。UGV 的意图源自大量综合信息，呈现较强的非线性特征。在实际工程应用中，工程人员通常使用经验性结论来描述 UGV 行为，如在一定车速下 UGV 保持加速踏板开度是为了获得稳定的车速；当车速较低时，UGV 变化率较大且为正的加速踏板变化是为了让车辆尽快加速等。在针对非线性、经验性的系统建模分析时，模糊逻辑体现出其特殊优势。基于模糊逻辑的思路，后续又发展出模糊 PID 控制、模糊专家库、模糊神经网络等建模或推理方法。本节所采用的 UGV 意图推理模型属于多输入、单输出模型，输入变量包括加速踏板位置、加速踏板变化率、车速。加速踏板位置反映了 UGV 希望车辆所能维持的目标车速，属于长周期期望的信息。加速踏板变化率反映了 UGV 期望车辆达到目标车速的响应时间，在实际应用中，该信息为加速踏板当前时刻及过往一段时间内变量值对时间的求导，实际体现的意图是已存在或可能即将过时。车速表征了当前 UGV 驾驶车辆状况的反馈信息，属于 UGV 可获得的输入信息。具体建立了相应的四个论域，分别是：论域 U_v 在 $[0, 120]$km/h 的车速范围内，将论域内的车速信息分为四个模糊集，为｛低速（L）、较低速（RL）、较高速（RH）、高速（H）｝；加速踏板开度论域 U_a 为 $[0, 1]$，包括四个模糊集，为｛小（S）、较小（RS）、较大（RB）、大（b）｝；加速踏板开度变化率设定论域 U_{da} 为 $[-100, 100]$，包含五个模糊集合，为｛负大（NB）、负小（NS）、零（Z）、正小（PS）、正大（PB）｝；UGV 纵向意图论域 λ 设计为 $[0, 1]$，包括五个 UGV 意图分类的模糊集，为｛停车（S）、减速（d）、保持（K）、加速（a）、急加速（EA）｝。隶属度函数是区分模糊逻辑和传统集合思想的重要发展，在传统集合思想中，仅有属于与不属于的 $0 \sim 1$ 判断关系，而隶属度函数的出现，对论域内变量隶属不同模糊集的比例进行了描述，呈现了在 [0，1] 间一定的比例关系。隶属度函数的设置体现了设计者对于经验现象与不同模糊集合吻合程度的判断，同属于经验的体现。下面对四个论域中的模糊集设置了如图 8.25 所示的隶属度函数。推理规则是设计者制定输入模糊集与输出模糊集合之间的规则关系，体现了从输入到输出的推理映射过程，依赖设计者对所分析对象的经验和理解。对于多输入模糊推理模型，原则上每一种输入模糊集组合应对应一种输出模糊集，每一条规则形式如下。

$$\text{IF } U_v=\text{L and } U_\alpha = \text{RB and } U_{d\alpha} = \text{PB THEN } \lambda=\text{EA} \tag{8.1}$$

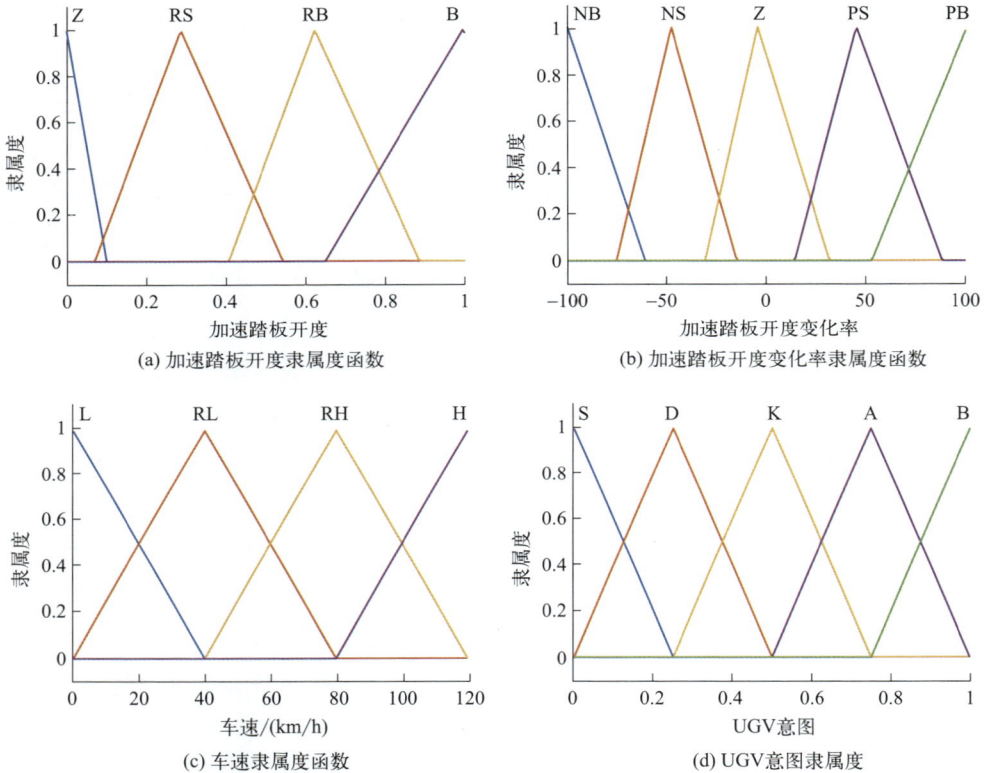

(a) 加速踏板开度隶属度函数

(b) 加速踏板开度变化率隶属度函数

(c) 车速隶属度函数

(d) UGV意图隶属度

图 8.25 各个论域相对应的隶属度函数

8.6.2 UGV 预测模型的纵向速度规划

UGV 对环境进行认知，从而得到车道的信息，然后 UGV 计算得到各预瞄距离下的预瞄点坐标，进而可求得预瞄点所在轨迹处的曲率，以当前车辆位置 $(x_0, y_0) = (0, 0)$ 为原点，其他预瞄点坐标分别为 (x_i, y_i)，$i=1, \cdots, N$，N 为预瞄点数量，同时作为后续动态规划的规划步数，如图 8.26 所示，其中 Δs 为预

无人驾驶车辆认知与决策技术

瞄点间距。

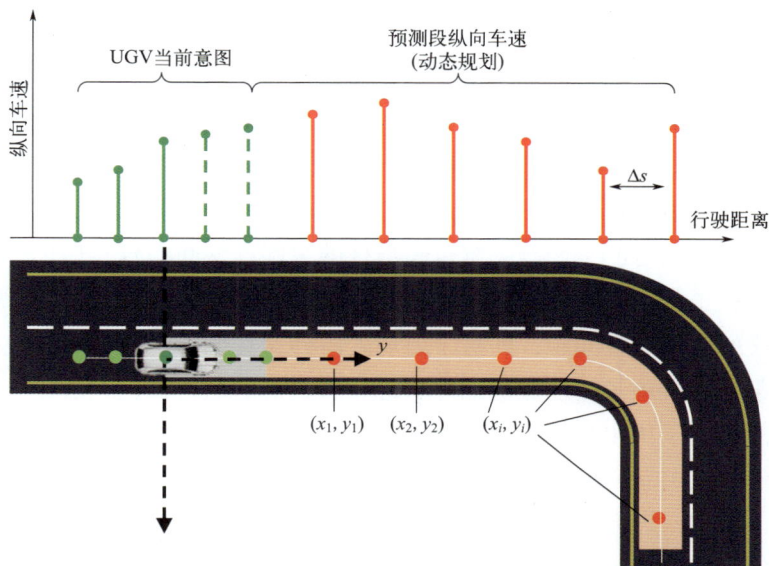

图 8.26　预测模型中车辆与预瞄点位置示意

相较于当前 UGV 对当前路况的反应，多点预瞄的纵向 UGV 模型的预瞄点设计距离范围覆盖常规 UGV 之外，预瞄距离与 UGV 本体预瞄距离形成补充关系，充分利用认知设备对远端距离的认知信息，从而利用远端道路信息对 UGV 行为进行融合，为后续滚动时域优化提供更多的预测信息，避免 UGV 仅能对局部距离进行判断的局限性。

8.6.3　基于动态规划的换挡策略设计

在所获得的未来纵向车速预测序列的基础上，利用动态规划的方法，对每个预测时刻的挡位选择进行优化计算。建立以车辆的经济性、换挡系统的操作频率为变量的目标优化函数，同时结合前述所识别得到的 UGV 意图，获取在预测序列内的电池能耗最优，降低换挡频率，同时保证满足 UGV 的动力性意图。动态规划是一种将复杂问题分解为多个子问题的求解思维方式，适用于多阶段决策问题，是一种能够求解多决策过程优化的数学方法。动态规划决策后来被运用在流程设计、经济管理、工程控制、路径选择、物资分配、商业方案设计等多个领域。动态规划决策是将多阶段决策过程，通过建模分析和时间分段，转化为多个子阶段优化问题，每个子阶段按顺序进行决策，并形成完整的决策过程。在每个子阶段决策的过程中，将其决策选择、代价付出进行记录，而在下一个子阶段决策时，借助前述建模分析得知，本阶段决策可分解为上一阶段求解结果与从上一阶段到达本阶段的路径所需代价两部分之和，而不是回溯到上一阶段决策之前的决策选择，因而大幅度降低了计算量。相比于枚举的方式，动态规划的方法仅在每两个决策子阶段之间的转移路径间进行比较，无须从起点开始进行所有可能方案的比较，复杂度远低于枚举方法，因而相对于枚举方法，降低了重复计算的工作量。

动态规划所适用的问题具备一系列特征，包括问题本身符合优化理论，即如果问题的最优解包含的子问题的解也是最优的，则称该问题具有最优子结构，满足优化原理；子阶段问题无后效性，即当前阶段的最优解不受后续阶段决策的影响；子阶段间存在重叠问题，即除了启动阶段外，其他子决策阶段的决策都可分解为前序某个阶段的子问题最优解与状态转移代价的组合，且无法完全独立。动态规划思想适用于优化问题，即该决策问题存在多个指标需求进行优化，指标间存在一定的耦合关系，设计者需要分析各个指标的权重分布及组合方法，并形成综合的代价函数，进而用数学方式对该优化问题进行描述，即通过多阶段的决策实现该代价函数取值最小，完成优化求解。动态规划思想的实施，包含以下准备过程：①划分阶段，按照空间或时间依据，根据所解决问题对长度的敏感度设置相应阶段；②选择状态量及建立状态转移矩阵，分析系统状态量在每个阶段之间的转移过程，建立相应状态转移矩阵；③设计代价函数，根据所需要考察的指标及其之间的相互关系，设计代价函数；④给出边界条件，在本节中，边界条件主要是预测域与控制域的步长。

根据状态转移方程及代价函数进行递推或递归运算，在计算过程中保存记录每一个子阶段的决策信息，通过递推或递归运算获得最优解。再根据最优解，返回查看并整理所涉及的子阶段的信息，获得决策序列。动态规划问题被用于固定时间长度、固定空间长度或总资源确定的问题求解，在该类问题求解中，递推或递归运算只需要计算一遍，获取该限制条件下的最优解，即完成了一次动态规划过程，获得了全局最优解。基于该全局最优解，在状态转移模型有足够精度保证的条件下，无须反馈，将全局最优解部署到系统中，理论上就可以从起点前进到终点，并且这就是最优解。在本节中，同时采取了滚动时域优化的思想，由于采用环境认知获得的路径仅限于前方可视范围内的部分，可将这段可视域视为动态规划的起点和终点，包围完整的决策问题域，但随着车辆前进，视觉认知不断更新前方可视域信息，地图信息可提供不可视域的信息，又形成了新的控制域，因而在每个首子步长执行后，动态规划问题需要被重新定义和求解，以获取新的控制序列。新的控制域的获取和动态规划过程的迭代计算，

无人驾驶车辆认知与决策技术

引入了更新周期后的车辆信息、UGV 行为、环境信息，形成了反馈和更新，进而体现了本节所设计的方法对 UGV 时变的实际道路轨迹选择具有较好的鲁棒性，相较于只能单一适用于标准道路工况的方法，本节方法具备更好的适用性。将车辆未来一定距离的运动行为离散为多个时刻的行为，求解该过程中最优的挡位选择，属于多阶段过程优化问题，每一个时刻的挡位选择将作为下一个时刻的初始状态，而每一个时刻的挡位选择为系统的控制量，为离散性质的变量，在本节中为该电动车变速器的两个挡位。每一时刻的最优挡位选择都依赖上一个时刻的累积最优决策结果与当前时刻的决策，故将该多阶段优化问题分解为多个子阶段的优化问题，并形成递推关系。

将该预测范围内的动态规划问题等效为最优路径求解问题，在每一个预测步中，均有两个可能的节点，分别是选择 1 挡或者 2 挡，而当前位置作为优化路径的起点，路径的终点不唯一，可为 1 挡或者 2 挡。在每个可能的途经点上，如图 8.27 所示，UGV 模型预测所得的车速及可能的挡位状态，作为该途经点的已知信息，可用于计算转移到该点的不同路径的代价。

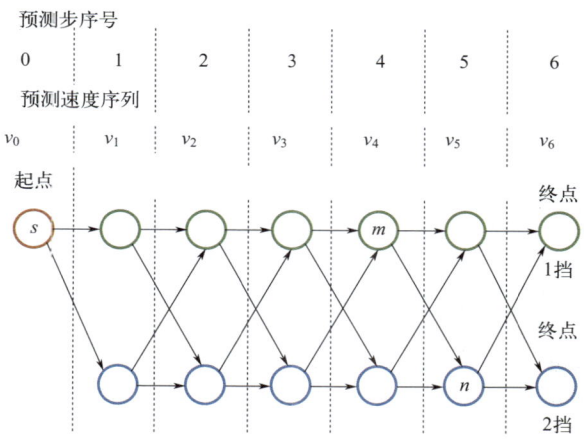

图 8.27　动态规划预测步骤设计

8.6.4　可变更新步长的策略设计

预测域内车辆每行进过一个预测路径点，整体的决策序列将进行一次新的计算，获得新的挡位选择序列，以此类推，决策算法需要在每个预测步长时刻抛弃上一个预测周期的多步长预算结果，进行重新计算并选取挡位序列中的第一个挡位选择结果 $g(1)$，该过程如图 8.28（a）所示。在道路曲率变化较缓慢的工况下，若 UGV 保持较稳定的意图，则每次重新预测计算都是重复性消耗。因此，在满足一定条件下，可降低整体预测域重新计算的次数，沿用上一次预测结果中，第二个、第三个……挡位选择结果为 $g(k)$，$k > 1$，实现相近的全挡位选择优化结果的同时，降低对算力的平均需求，该过程如图 8.28（b）所示。

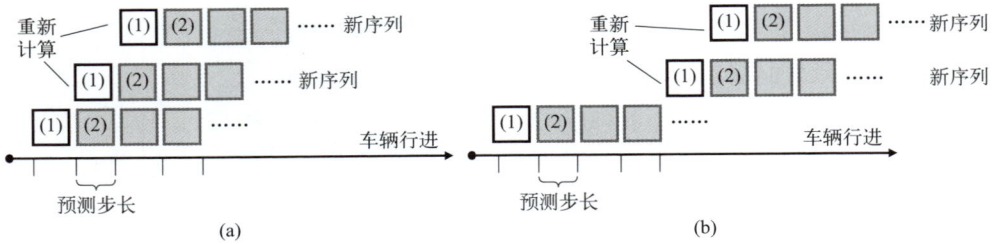

图 8.28　可变步长计算过程示意

该可变计算步长的策略，降低了对预测进行完整重新计算的需求，但需要对是否满足沿用上一步预测结果的条件进行严格判断。考虑以上变步长条件判断后，可变步长的最优换挡策略框架如图 8.29 所示，该计算流程增加了状态机切换的环节，当满足上述条件中之一 $[\Delta \bar{v}(k) > \Delta \bar{v}_{\text{th}}$，$\Delta \lambda(k) > \Delta \lambda_{\text{th}}]$ 或超过预测步数后，系统状态由沿用上一次规划结果切换到触发新的一次预测域内的挡位选择预测计算，并采用新的决策系列的第一个挡位选择结果 $g(1)$ 作为新的目标挡位。

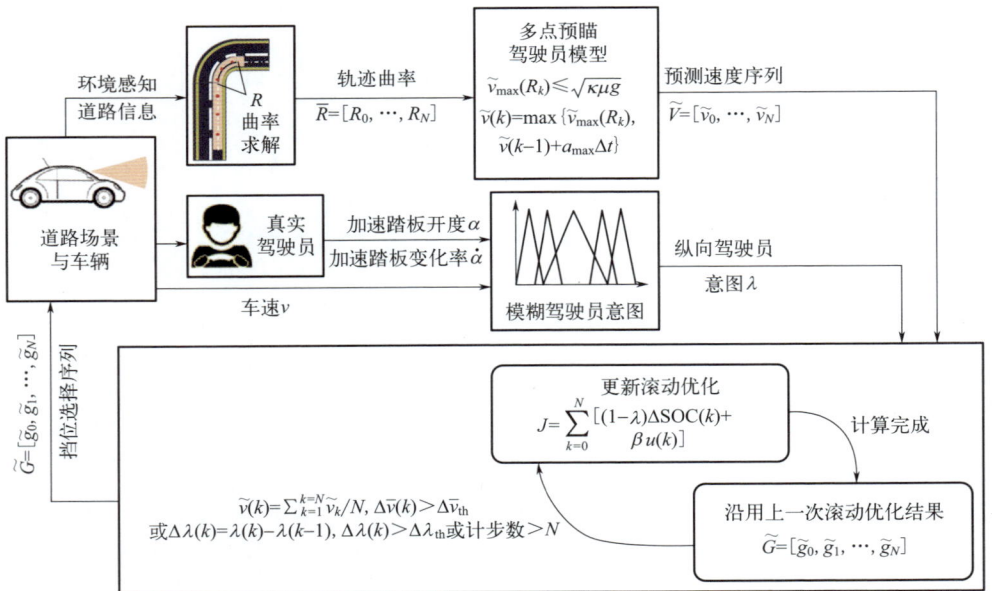

图 8.29　可变步长的最优换挡策略框架

8.7 仿真验证

在 Matlab/Simulink 中建立相应的车辆模型、UGV 模型、所设计的挡位决策算法,对所设计的挡位决策方法进行仿真验证。考虑纯电动车辆在实际城市道路中使用频率更高,而城市道路相较于高速公路体现出弯道多、车速变化明显等特点,为了更好地验证换挡策略在实际路况中的鲁棒性,本仿真中所采用的工况需体现道路的曲率变化,更接近真实道路的状况,而非传统分析中的单一纵向车速曲线,故根据城市道路状况,选取了一段典型城市路况,仿真工况设计如图 8.30 所示,总长度约为 8.8km。在该路径中存在半径为 50 ~ 300m 的不同类型弯道结合的直线道路。在仿真中,横向控制的 UGV 模型选用了两个预瞄点的方案,通过对比预瞄点与当前轨迹的横向偏差,通过决策获得方向盘转角需求,以保证车辆能持续跟随所提供的路径。

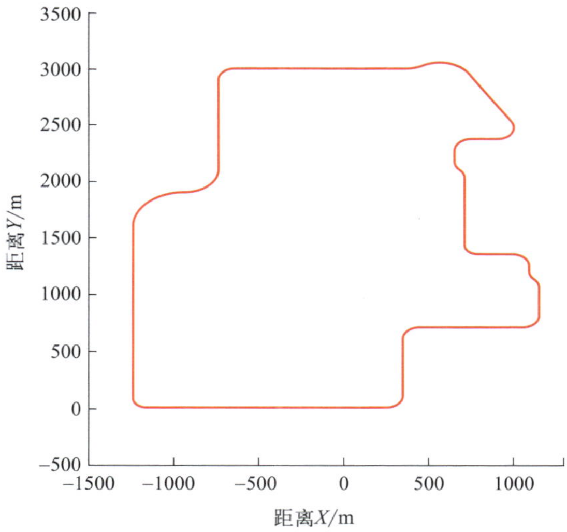

图 8.30　仿真工况设计

如图 8.31 所示,为本章所采用的预瞄纵向 UGV 模型在所给道路的条件下,对目标车速进行规划和控制,所获得的预测车速和实际车速。在仿真中,将 UGV 预测最高车速限制为 80km/h。可看到所采用的纵向 UGV 模型能够根据弯道的变化情况,实时规划合理的车速。

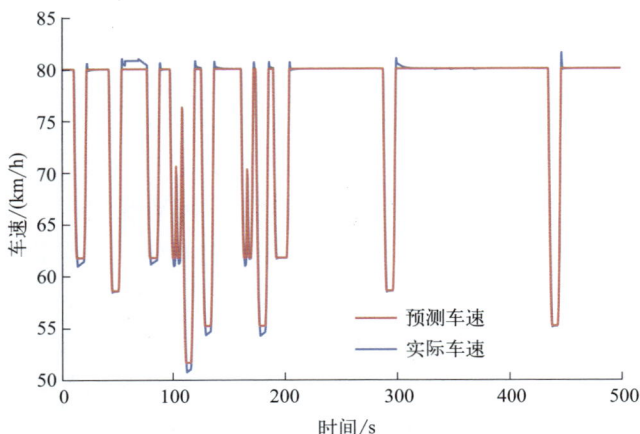

图 8.31　UGV 模型控制所得车辆车速

　　对单一动力性换挡规律、经济性换挡规律及基于预瞄轨迹的换挡决策方法，进行同一工况仿真比较，得到对比仿真结果经济性方面的分析。从电池剩余容量 SOC 的仿真结果看，如图 8.32 所示，本章的决策方法，在完成相同工况的情况下，所耗电量相比于单一动力性换挡规律更少，而多于单一经济性换挡规律。经济性换挡规律下，车辆消耗了 8.56% 的 SOC 容量；而动力性换挡规律下，车辆消耗了 10.9%；采用基于预瞄的换挡策略，车辆消耗了 9.67% 的 SOC 容量。

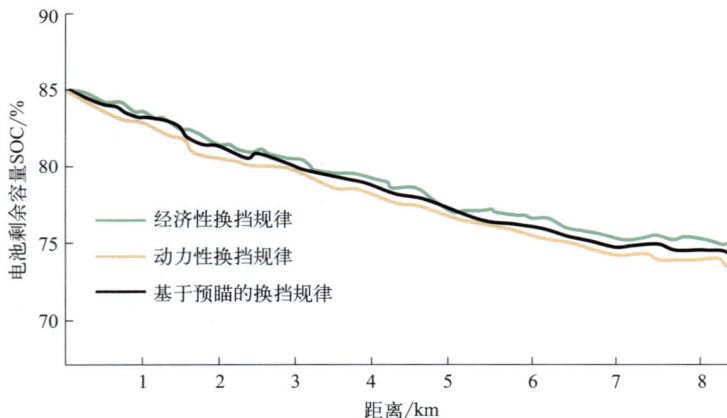

图 8.32　电池 SOC 仿真结果

　　取路径中轨迹曲率明显变化的阶段进行分析，可注意到不同换挡策略下挡位选择的区别，在连续拐弯及加减速衔接的局部路段，如图 8.33 所示，基于经济性换挡规律的挡位选择结果为三次间隔较近的升降挡，在弯道前的直线段加速后，

无人驾驶车辆认知与决策技术

产生了升挡，但随着弯道的出现进行了降挡，在随后衔接的两段里均是类似的现象。而采用基于预瞄的换挡策略后，可通过预瞄到前方道路的曲率变化，提前预测未来路径上的速度，对于未来可能出现的升挡后又紧接着可能进行的降挡进行规避。

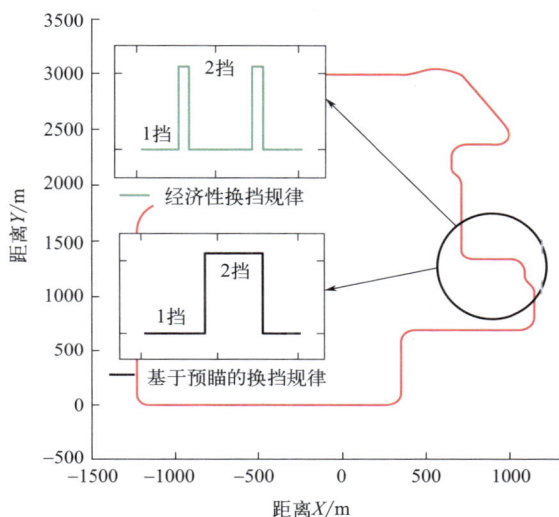

图 8.33　关键弯道端不同换挡策略的挡位决策结果

在同一工况下，两种策略在动力性、经济性及换挡频率三方面的表现相近，在固定更新步长决策方法与可变更新步长决策方法实现整车性能表现相近的基础上，对其平均计算次数需求进行对比，如图 8.34 所示。图 8.34 中黄色曲线表示在 UGV 行驶到相应路段时，UGV 根据可变更新步长决策方法，进行了预测域内目标挡位序列的更新计算；黑色曲线部分表示在该路段保持了上一次目标序列更新结果，减少了降挡次数，可注意到在较长的直线路段，该方案可有效地进行识别判断，并沿用有效周期内的挡位决策结果，仅在挡位决策序列用尽后进行一次预测更新，理论上减少了对计算算力的反复调用，降低了平均算力需求。

本章针对装有多挡变速器的纯电动汽车动力系统，设计基于实时预瞄轨迹的智能最优换挡规律，创新地引入了视觉认知结合地图定位结果作为道路信息来源，采用纵向多点预瞄 UGV 模型，根据认知所得的道路曲率，规划预测域内车速序列，该预测车速利用了当前道路的真实信息，具有良好的鲁棒性。设计基于模糊推理的 UGV 意图模型，对当前 UGV 行为进行分析以获得其纵向动力性意图。综合预测得到的车速以及当前 UGV 意图，将动态规划思想融合到滚动时域优化方法中，对经济性、换挡频率、动力性意图进行动态规划，当车辆环境及 UGV 操作满足一定条件时，可沿用仍在有效预测域内的目标挡位序列，避免每个计算步长均进行完整预测域计算，在保证相近整车性能表现的前提下，充分利用模型预测结论，降低平均计算算力需求，通过仿真分析验证该方法的有效性。

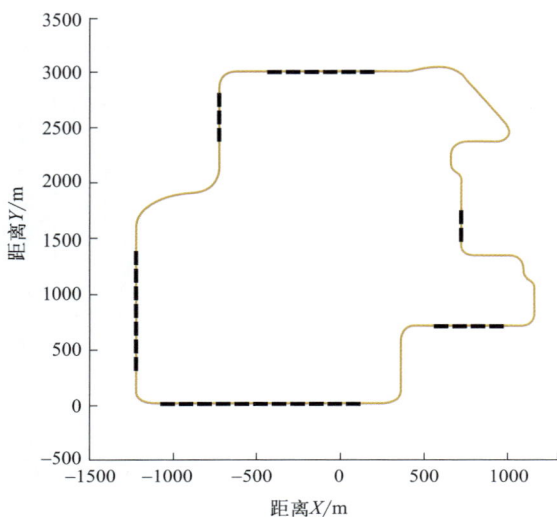

图 8.34　可变更新步长的换挡策略更新计算时刻分布图

附录
UGV 相关技术布局与标准体系

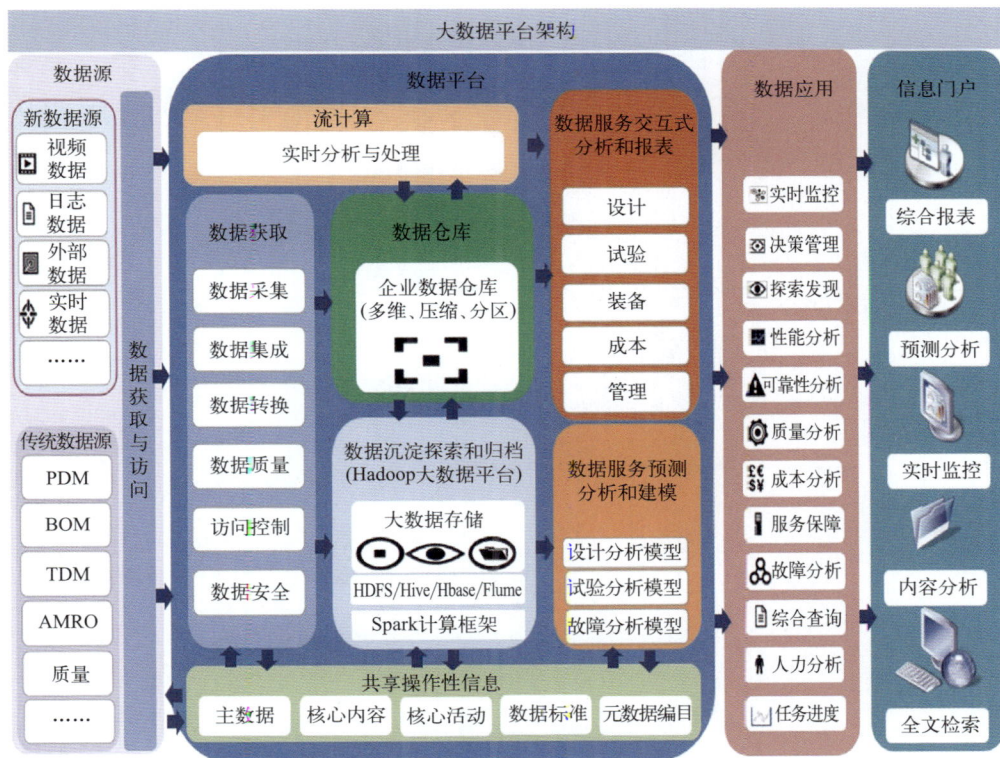

附录图 1　UGV 的大数据平台架构

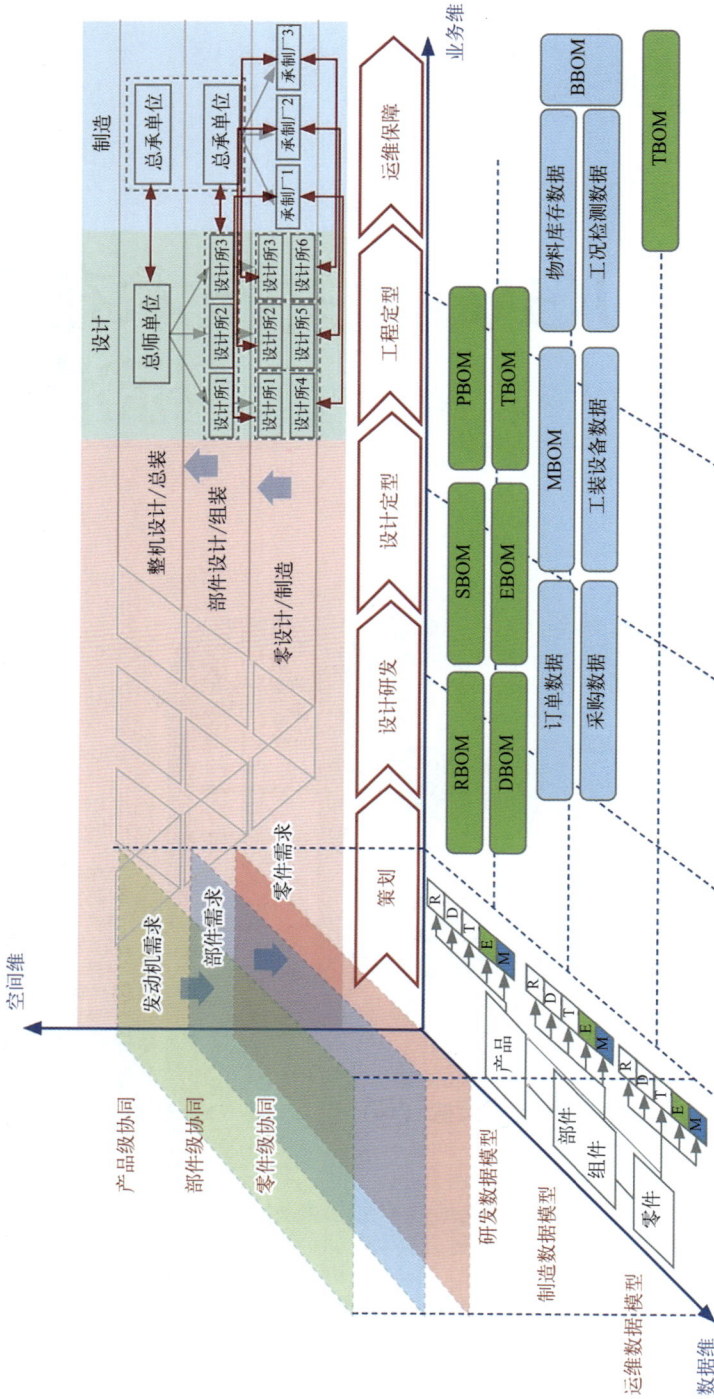

附录图 2　UGV 的数据三维认知逻辑架构

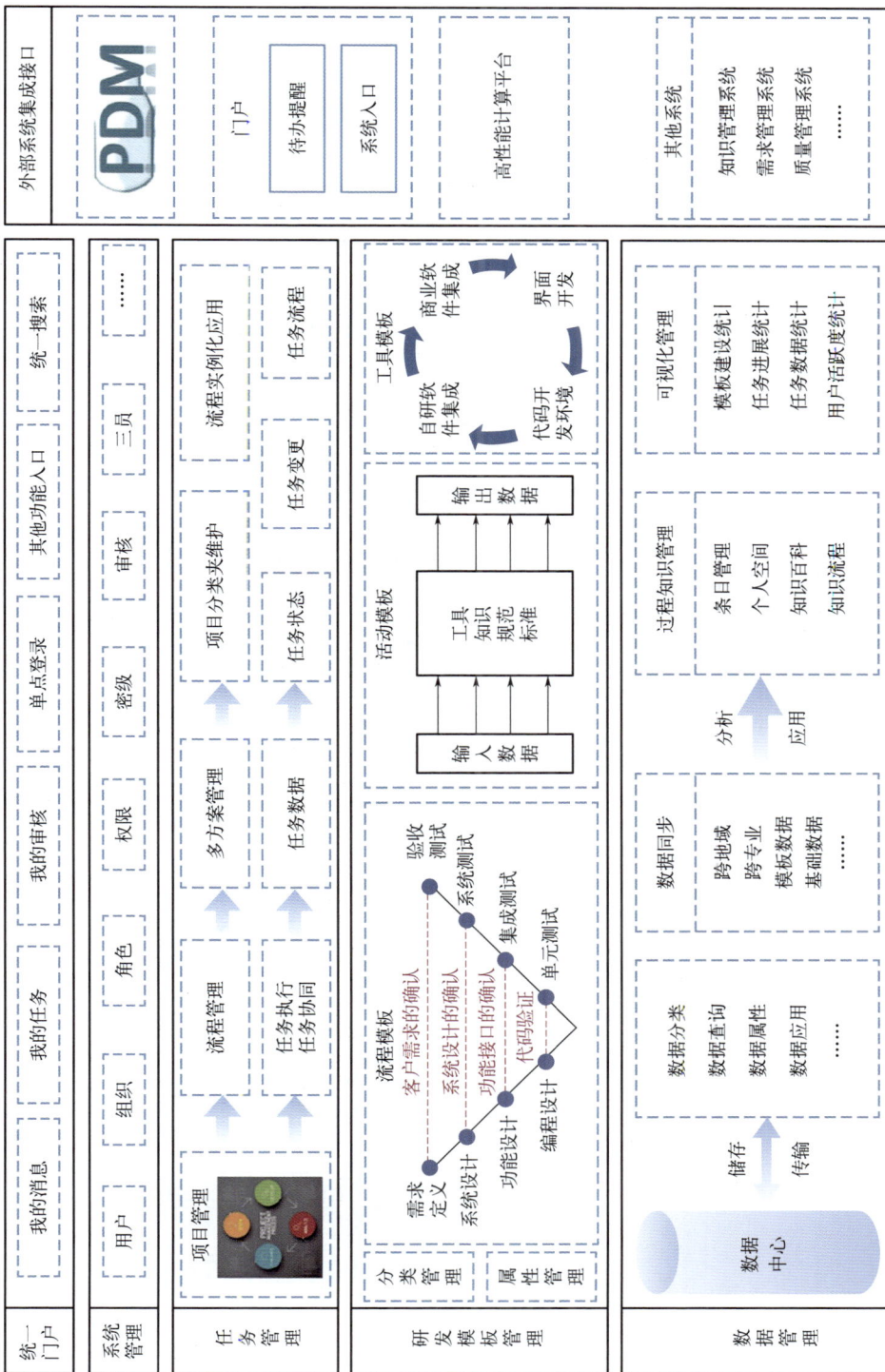

附录图 3　UGV 的数据管理结构

附录图 4　新一代信息技术标准体系

白色表示目前产业；红色表示传统产业；蓝色表示新兴产业

无人驾驶车辆认知与决策技术

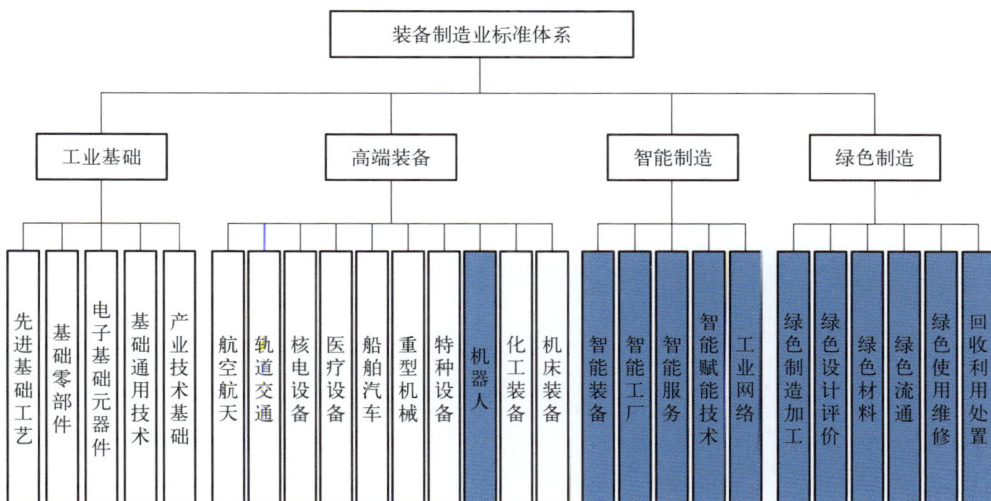

附录图 5 装备制造业标准体系

白色表示目前标准化工作已有一定基础、需要稳步推进标准体系建设的领域；
蓝色表示具有重要战略意义、需要重点建设标准体系的领域

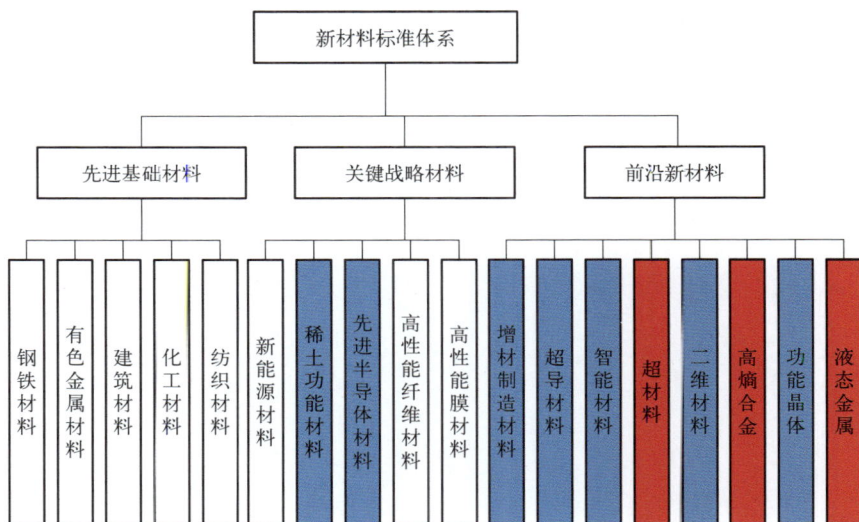

附录图 6 新材料标准体系

白色表示目前产业；蓝色表示新兴产业；红色表示未来产业

附录图7 新信息行业体系

橙色表示示目前行业；绿色表示传统行业；蓝色表示新兴行业

无人驾驶车辆认知与决策技术

附录图 8　新制造行业体系

橙色表示目前行业；绿色表示传统行业；蓝色表示新兴行业；红色表示未来行业

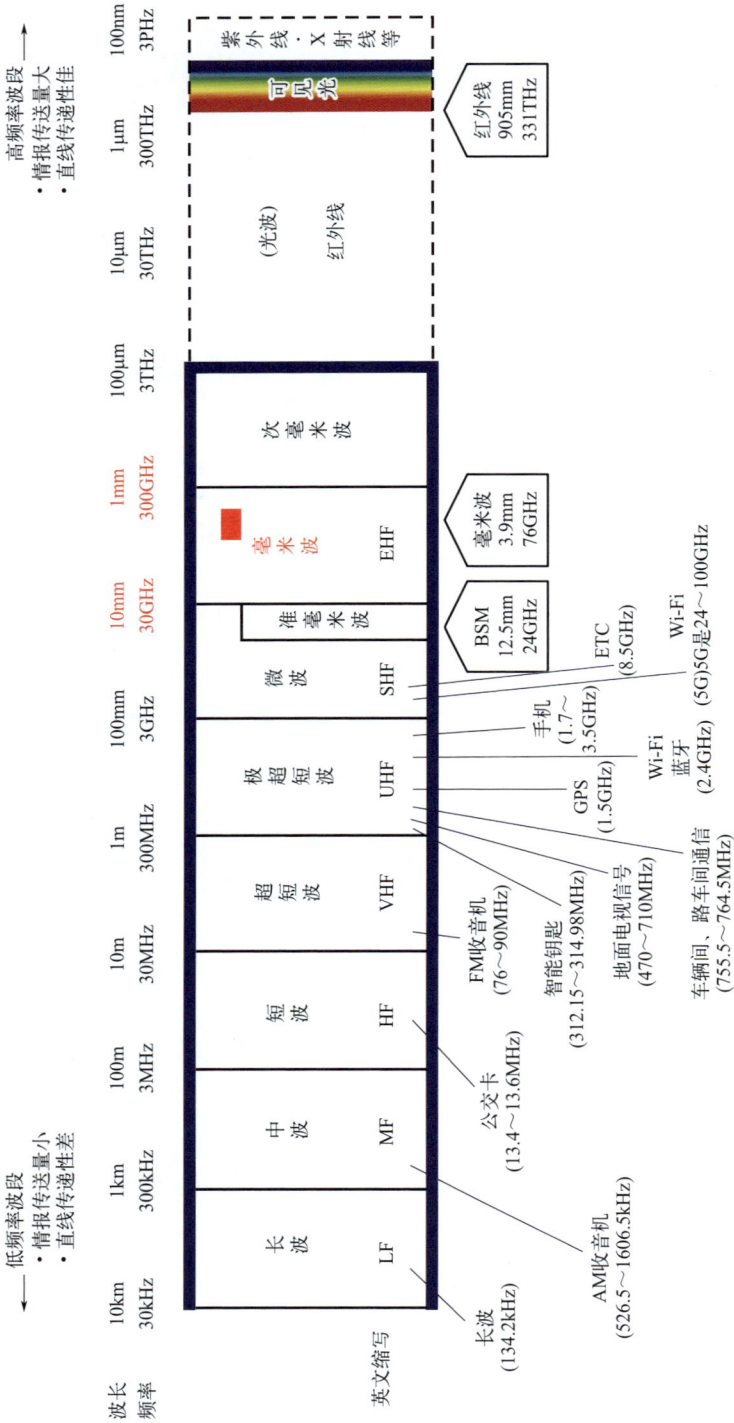

附录图 9　UGV 的全波段发射谱仪的波段

低频率波段
· 情报传送量小
· 直线传递性差

高频率波段
· 情报传送量大
· 直线传递性佳

| 波长 | 10km | 1km | 100m | 10m | 1m | 100mm | 10mm | 1mm | 100μm | 10μm | 1μm | 100mm |
| 频率 | 30kHz | 300kHz | 3MHz | 30MHz | 300MHz | 3GHz | 30GHz | 300GHz | 3THz | 30THz | 300THz | 3PHz |

长波　中波　短波　超短波　极超短波　微波　准毫米波　毫米波　次毫米波　(光波)　红外线　紫外线·X射线等

可见光

英文缩写　LF　MF　HF　VHF　UHF　SHF　EHF

红外线 905mm 331THz

毫米波 3.9mm 76GHz
BSM 12.5mm 24GHz
ETC (8.5GHz)
Wi-Fi
(5G)5G是24~100GHz
手机 (1.7~3.5GHz)
Wi-Fi 蓝牙 (2.4GHz)
GPS (1.5GHz)
车辆间、路车间通信 (755.5~764.5MHz)
地面电视信号 (470~710MHz)
智能钥匙 (312.15~314.98MHz)
FM收音机 (76~90MHz)
公文卡 (13.4~13.6MHz)
AM收音机 (526.5~1606.5kHz)
长波 (134.2kHz)

无人驾驶车辆认知与决策技术

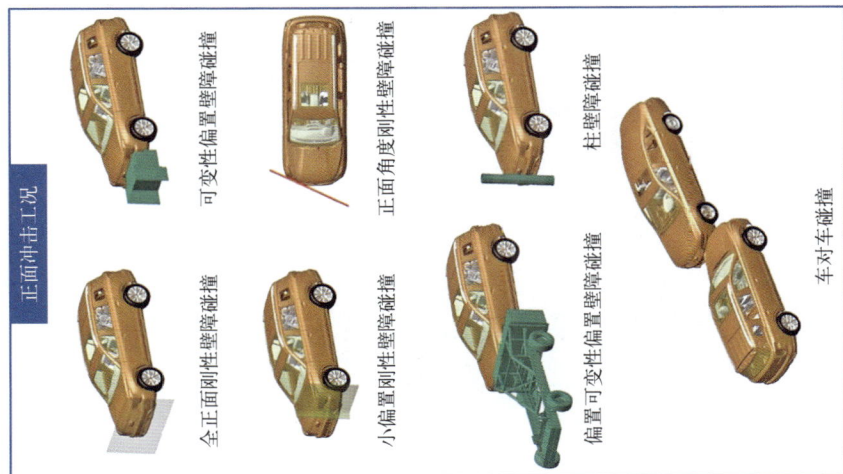

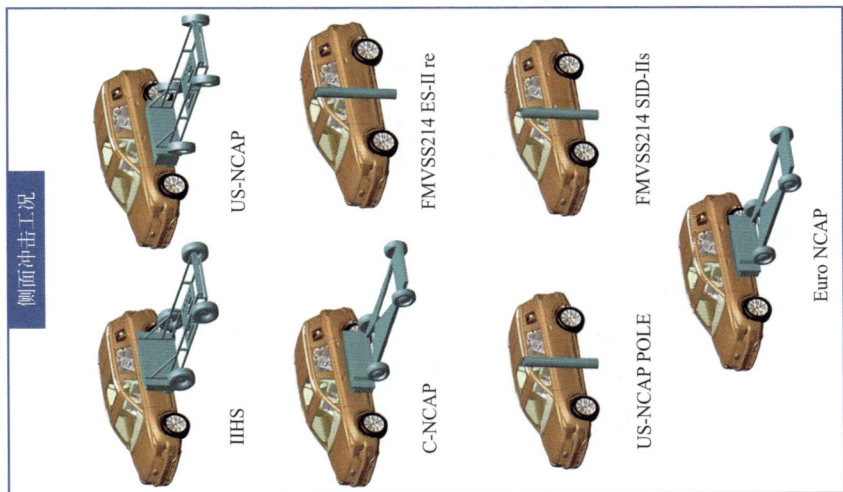

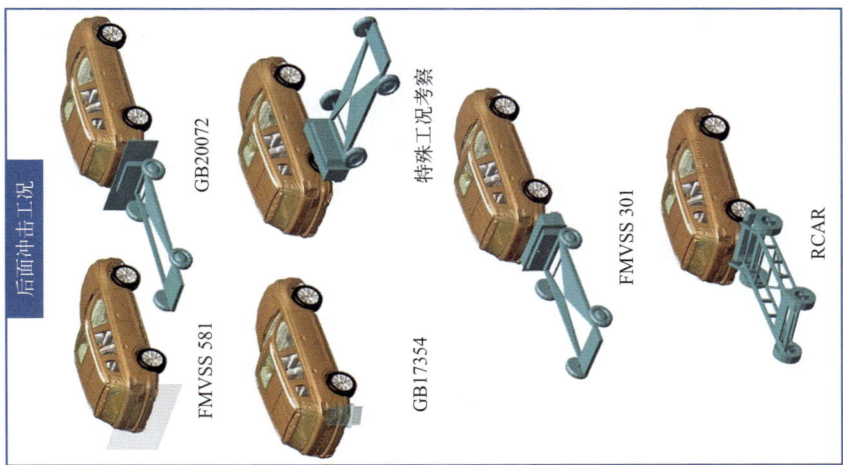

附录图 10　UGV 可能遇到的冲击、碰撞等工况

后面冲击工况

GB20072

特殊工况考察

FMVSS 301

RCAR

FMVSS 581

GB17354

侧面冲击工况

US-NCAP

FMVSS214 ES-II re

FMVSS214 SID-IIs

Euro NCAP

IIHS

C-NCAP

US-NCAP POLE

正面冲击工况

可变性偏置壁障碰撞

正面角度刚性壁障碰撞

柱壁碰撞

全正面刚性壁障碰撞

小偏置刚性壁障碰撞

偏置可变性偏置壁障碰撞

车对车碰撞

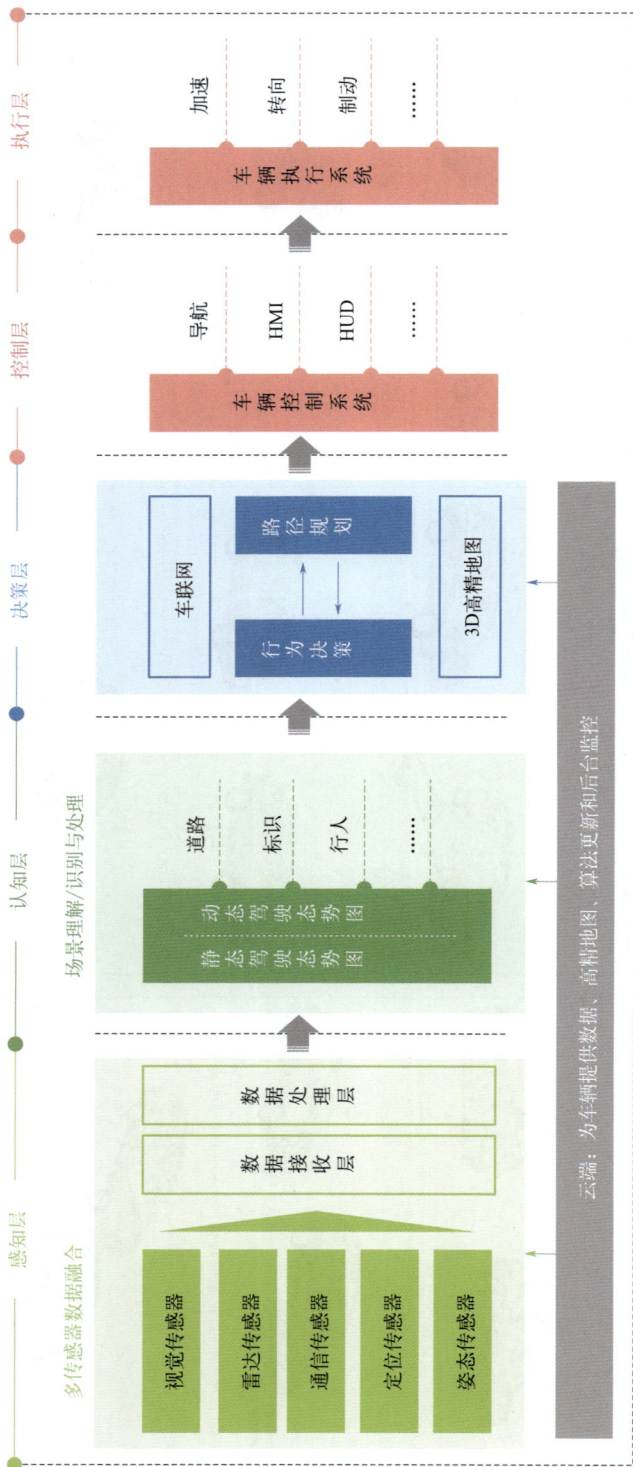

附录图 11　UGV 的认知 - 决策耦合思路

无人驾驶车辆认知与决策技术

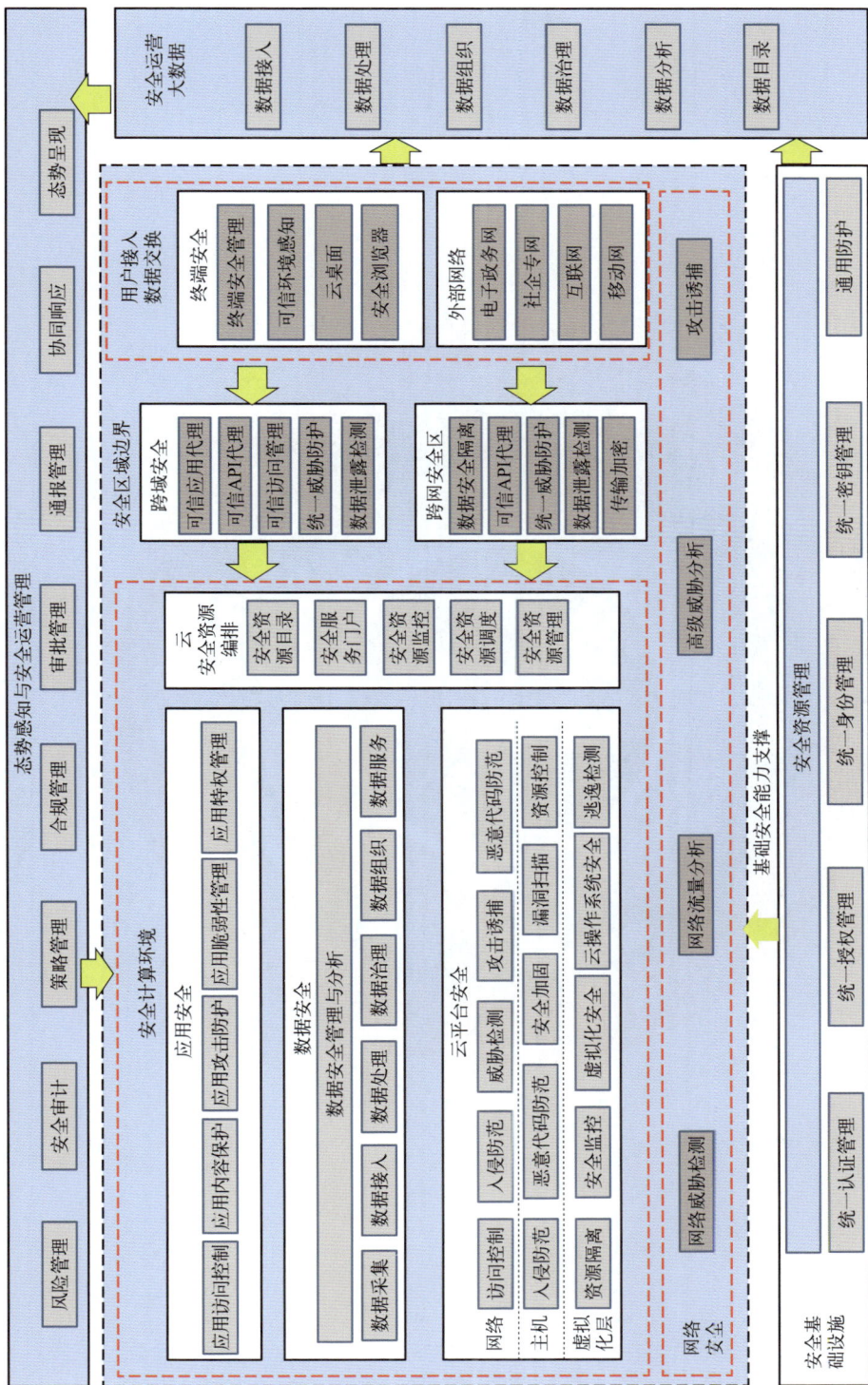

附录图 12　UGV 的安全管理框架

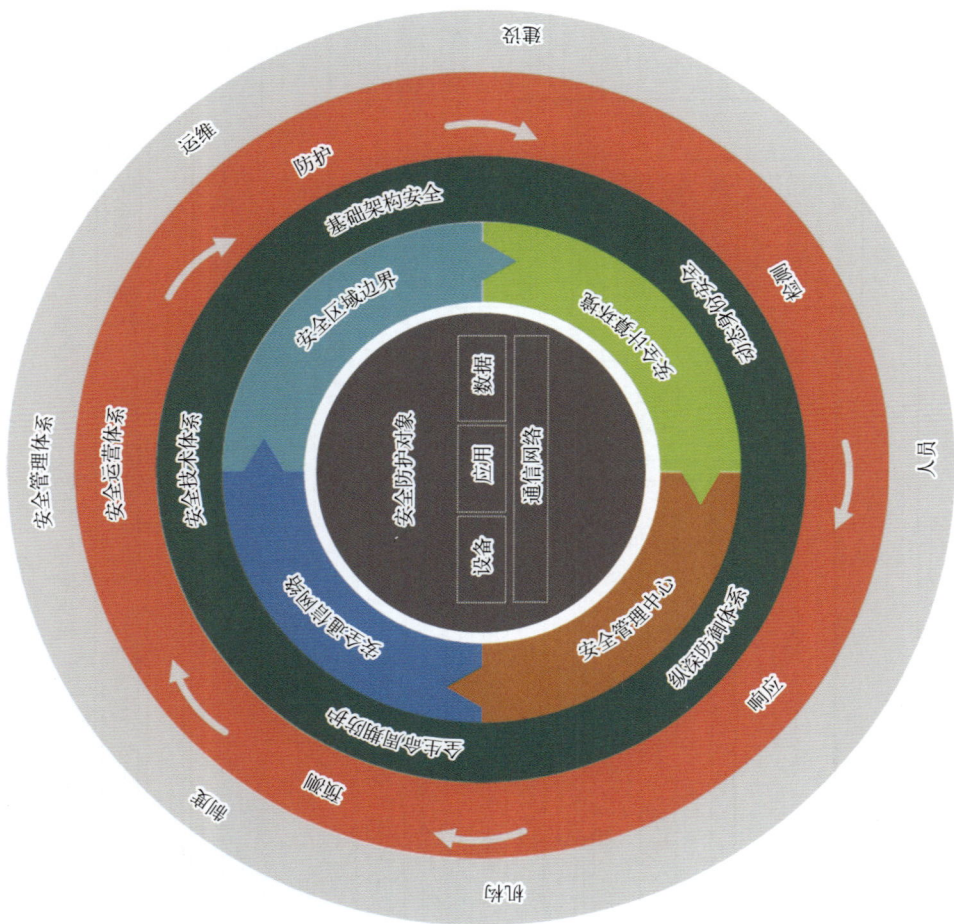

附录图 13　UGV 的防护对象安全框架

无人驾驶车辆认知与决策技术

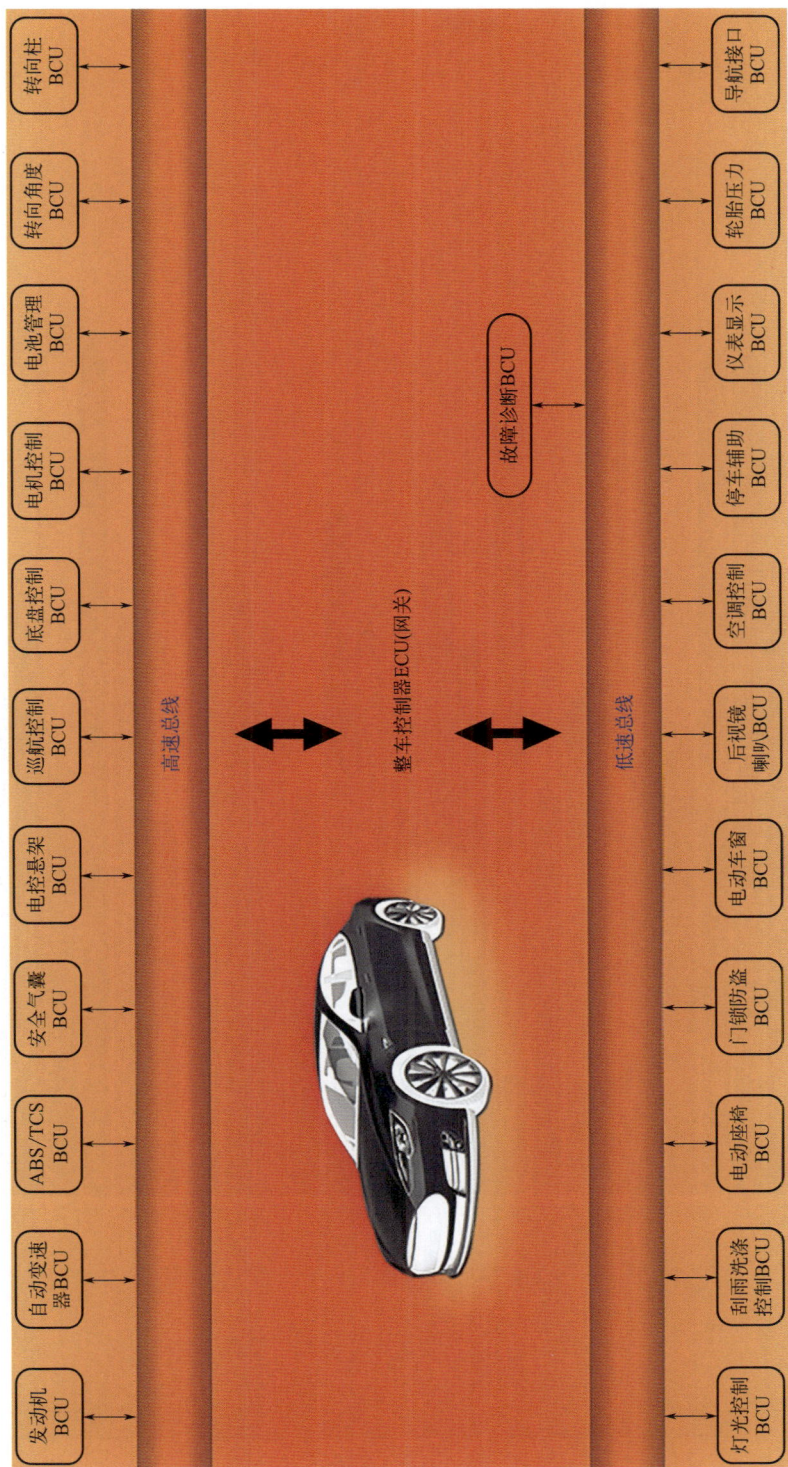

附录图 14 UGV 的总线框架

发动机BCU　自动变速器BCU　ABS/TCS BCU　安全气囊BCU　电控悬架BCU　巡航控制BCU　底盘控制BCU　电机控制BCU　电池管理BCU　转向角度BCU　转向柱BCU

灯光控制BCU　刮雨洗涤控制BCU　电动座椅BCU　门锁防盗BCU　电动车窗BCU　后视镜喇叭BCU　空调控制BCU　停车辅助BCU　仪表显示BCU　轮胎压力BCU　导航接口BCU

高速总线

整车控制器ECU(网关)

低速总线

故障诊断BCU

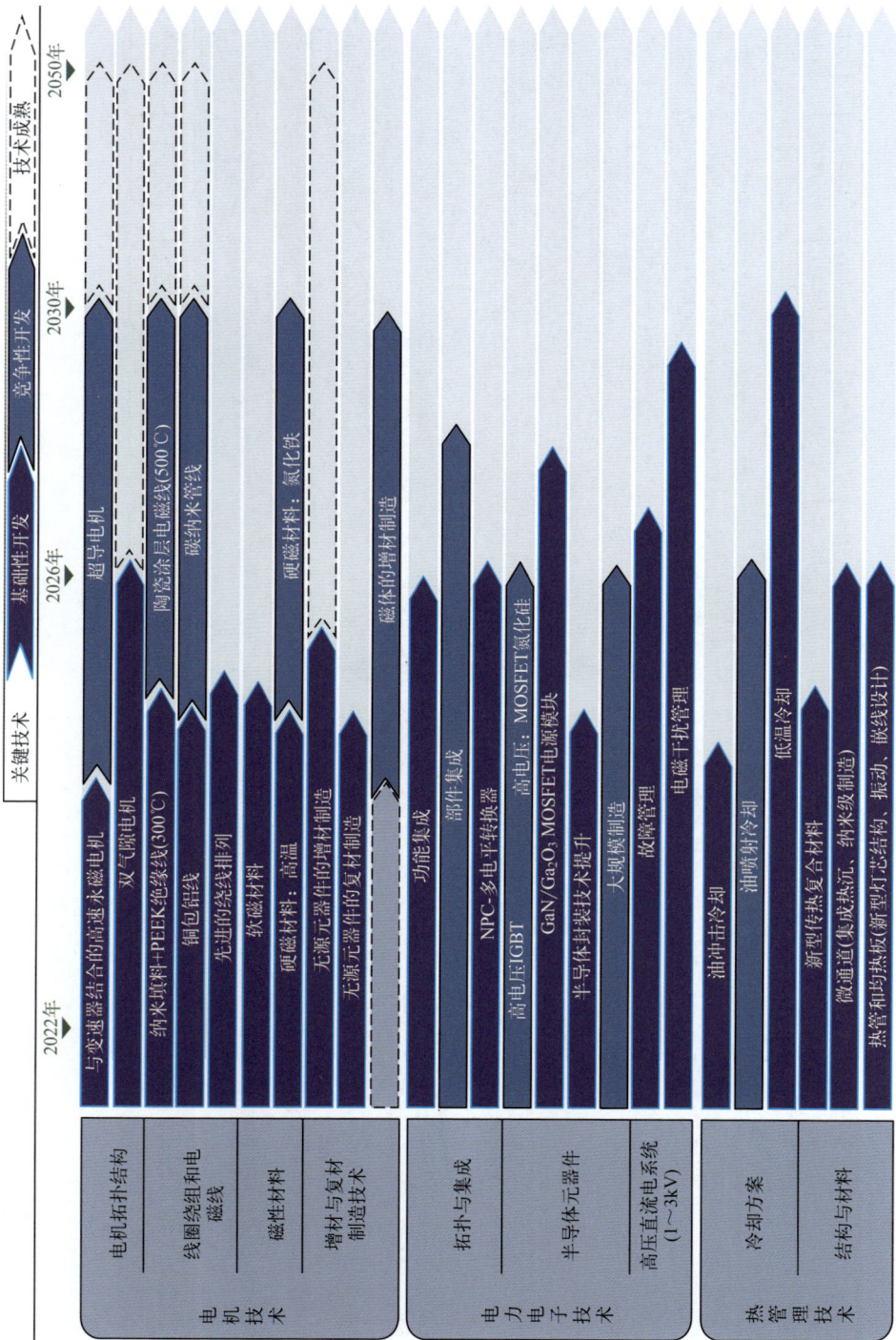

附录图 15　UGV 的电驱动的逻辑架构

关键技术 | 基础性开发 | 竞争性开发 | 技术成熟

2022年　2026年　2030年　2050年

电机技术

电机拓扑结构
- 与变速器结合的高速永磁电机
- 超导电机
- 双气隙电机

线圈绕组和电磁线
- 纳米填料+PEEK绝缘层(300℃)
- 陶瓷涂层电磁线(500℃)
- 铜包铝线
- 先进的绕线排列
- 碳纳米管线

磁性材料
- 软磁材料
- 硬磁材料：高温
- 硬磁材料：氮化铁

增材与复材制造技术
- 无源元器件的增材制造
- 无源元器件的复材制造
- 磁体的增材制造

电力电子技术

拓扑与集成
- 功能集成
- 部件集成
- NPC-多电平转换器

半导体元器件
- 高电压IGBT
- 高电压：MOSFET氮化硅
- GaN/Ga$_2$O$_3$ MOSFET电源模块
- 半导体封装技术提升
- 大规模制造

高压直流电系统(1～3kV)
- 故障管理
- 电磁干扰管理

热管理技术

冷却方案
- 油冲击冷却
- 油喷射冷却
- 低温冷却

结构与材料
- 新型传热复合材料
- 微通道(集成热沉，纳米级制造)
- 热管和均热板(新型灯芯结构，振动，嵌线设计)

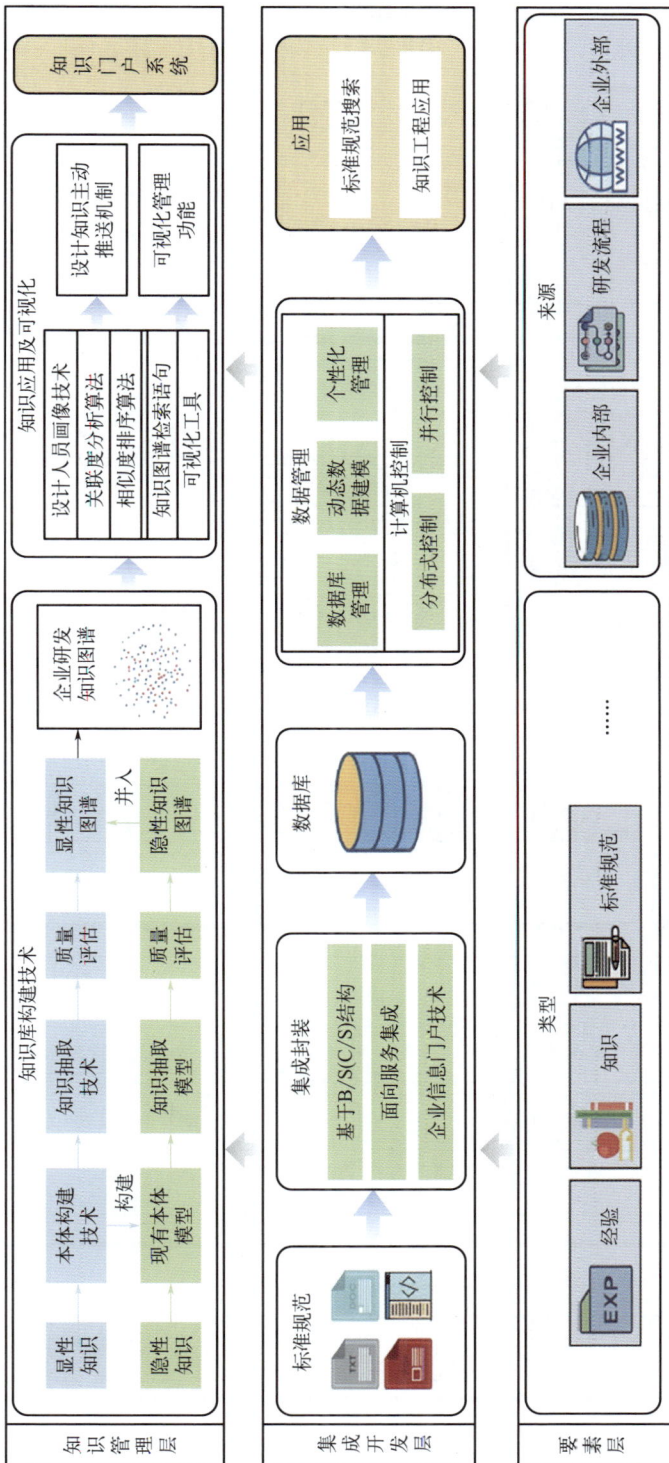

附录图 16　UGV 的知识库的逻辑架构

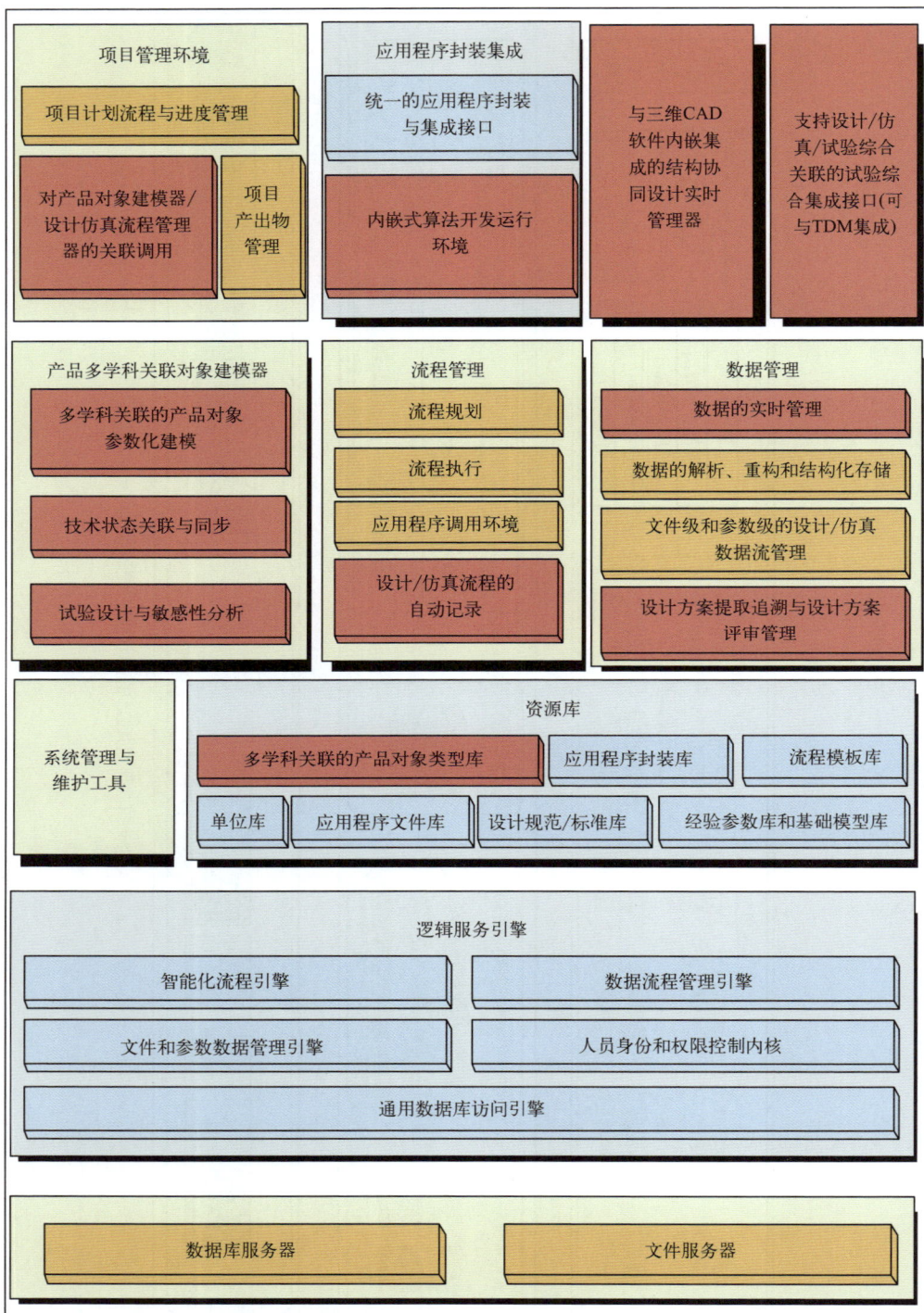

附录图 17　UGV 类脑芯片的应用程序封装集成框架

无人驾驶车辆认知与决策技术

功能描述

对于电子驻车系统的单点失效的冗余驻车功能

通过ESP®(或智能集成制动系统)和iBooster(或冗余制动单元)
分别控制两侧卡钳单元
单点失效时,至少保障单侧仍然可以提供足够的驻车能力

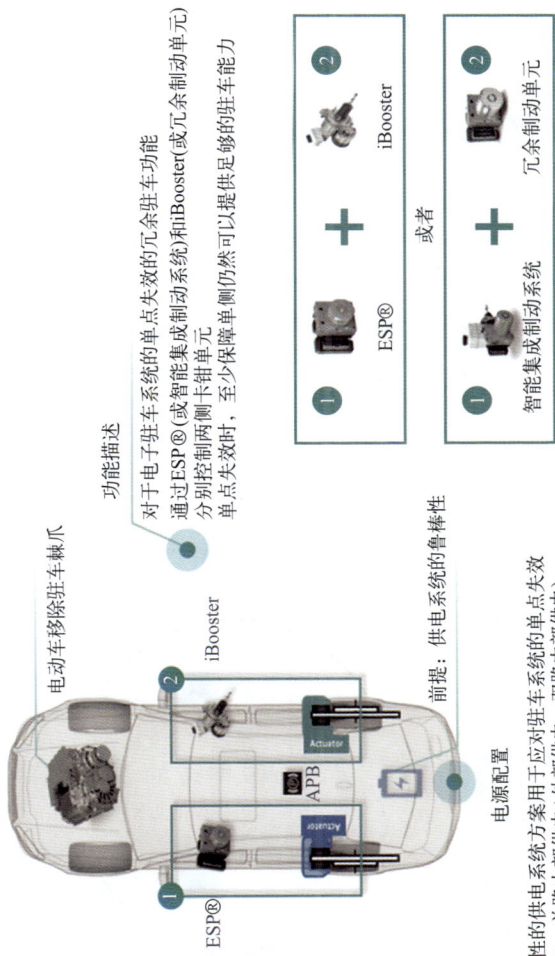

① 智能集成制动系统   ① ESP®

或者

② 冗余制动单元   ② iBooster

电动车移除驻车棘爪

iBooster
②

前提:供电系统的鲁棒性

ESP®
①

APB
Actuator

电源配置

强鲁棒性的供电系统方案用于应对驻车系统的单点失效
(例如:单路内部供电+外部供电,双路内部供电)

附录图 18 UGV 的智能驻车的制动系统

驻车能力

全系统:30%(APB驻车:双侧卡钳)
单点失效系统:15%(APB驻车:单侧卡钳)
实际最大坡度取决于车的重量分配以及
地面附着系数

30%

15%

类别	数字仿真	数字孪生
应用流程	• 需求分析和场景定义：明确项目需求，如日照分析、结构性能、消防疏散等，并设定详细的仿真场景 • 模型与优化：应用 BIM 软件构建三维模型，并对模型进行必要的优化，如网格划分、边界条件设置等 • 仿真参数设置：设定准确的仿真参数，如结构体系、载荷取值、材料属性、环境条件等 • 仿真分析：运行仿真程序，对结果进行可视化处理分析，如应力分布、节能分析、流场等 • 成果反馈：根据仿真结果及规范要求，优化设计方案	• 数据采集：通过传感器、RFID 等技术实时采集物理实体的运行数据，并进行数据清洗、整合和存储 • 建模与仿真：在虚拟空间中构建物理实体的数字模型，并引入实际数据进行仿真，实现数据交互 • 实时监测与预警：通过数字孪生模型实时监测物理实体的运行状态和性能变化，一旦发现异常或潜在问题，及时发出预警信息 • 决策支持与优化：基于数字孪生模型提供的数据和分析结果，为决策者提供精准的决策支持，实现对物理实体的精准控制和优化
软硬件工具	• 软件：根据项目需求，选择专业仿真软件和分析软件，如 ANSYS、PKPM、Fluent、Matlab 等进行性能分析和数据处理，使用 Revit、ArchiCAD 等 BIM 软件进行三维建模 • 硬件：高性能计算机、工作站等，云计算或分布式计算资源	• 软件：使用 IoT 物联网平台、云计算、大数据分析等先进技术来实现数字孪生系统的构建和运行，使用专业 BIM 软件构建数字模型 • 硬件：传感器、数据采集设备、高性能服务器和存储设备等，用于数据采集、运算和存储
技术要点	• 模型精度：确保仿真模型能够准确反映项目实际情况，包括结构、材料、环境等因素 • 参数设置：根据项目情况，合理设置参数，确保仿真结果准确 • 结果验证：将仿真结果与规范标准及经验数据进行对比验证，确保结果可靠	• 数据的实时性：确保数字孪生模型能够实时反映物理实体的状态 • 模型的更新与维护：随着物理实体的变化，及时更新数字孪生模型 • 数据安全与保护：在数据采集和传输过程中确保数据的安全性和隐私性，防止数据泄露或被攻击
成果效果	• 优化设计方案：通过仿真发现潜在问题，提前进行优化 • 提高产品质量：通过仿真验证产品性能，实现降本、提质、增效	• 提高运营效率：通过实时监测和控制运行状态，及时发现并解决问题，提高运营效率 • 降低维护成本：提前预测设备故障和维护需求，实现精准维护和管理，降低维护成本

附录表 2　UGV 地图与传统地图的比较

类别	UGV 地图	传统地图
要素和属性	详细车道模型——曲率、坡度、横坡、航向、限高、限重、限宽、定位地物和 Feature 图层	• 道路 • POI：涉密 POI 禁止表达，重点 POI 必须表达 • 背景：国界、省界等行政区划边界必须准确表达

类别	UGV 地图		传统地图	
所属系统	车载安全系统		信息娱乐系统	
用途	•辅助环境感知、定位 •车道级路径规划、车辆控制		导航、搜索、目视	
使用者	计算机，无显示		人，有显示	
要求	高，机照较难良好应对		相对低，人可以良好应对	
应用场景	无人驾驶	高度自动驾驶	半自动驾驶	安全辅助驾驶
精度	10～20cm	10～30cm	50cm～1m	2～5m
地图数据采集	高精度 POS+ 激光点云	高精度 POS+ 激光点云	图像提取或 高精度 POS	GPS 轨迹 + IMU
静态/动态	静态地圈＋动态事件＋ 实时传感器融合地图	静态地图 + 动态事件	静态地图 + 动态交通	静态地图

参 考 文 献

[1] 杨光红，王俊生.无人系统基础 [M].北京：机械工业出版社，2021.

[2] 牛轶峰，王莒，冷新宇，等.自主无人系统及应用中的问题 [M].北京：科学出版社，2024.

[3] 吴澄.智能无人系统 [M].杭州：浙江大学出版社，2023.

[4] 张涛，贾庆山.智能无人系统概论 [M].北京：科学出版社，2024.

[5] 郝伯特·西蒙.认知-人行为背后的思维与智能 [M].荆其诚，张厚粲，译.北京：中国人民大学出版社，2020.

[6] 戴凤智，赵继超，宋运忠.多智能机器人系统控制及其应用 [M].北京：化学工业出版社，2023.

[7] 张建东，杨啟明，史国庆，等.基于强化学习的无人系统智能决策 [M].北京：国防工业出版社，2024.

[8] 范喜全，何明利，蒋晓红，等.地面无人系统原理与设计 [M].成都：西南交通大学出版社，2021.

[9] 田晋跃.无人驾驶汽车电动底盘技术 [M].北京：化学工业出版社，2024.

[10] 李永，宋健.智能网联车辆线控技术 [M].北京：化学工业出版社，2024.

[11] 韩毅，陈姝廷，关甜.图说智能汽车无人驾驶技术 [M].北京：化学工业出版社，2023.

[12] 韩毅，林子湛，王碧瑶.自动驾驶汽车多传感器数据融合技术 [M].北京：化学工业出版社，2024.

[13] 左成钢.广义车规级电子元器件可靠性设计与开发实践 [M].北京：机械工业出版社，2024.

[14] 朱玉龙，高宜国.汽车电子硬件设计 [M].北京：机械工业出版社，2024.

[15] 瑞佩尔.智能汽车无人驾驶与自动驾驶辅助技术 [M].北京：化学工业出版社，2021.

[16] 时培成.智能汽车环境感知技术 [M].北京：化学工业出版社，2024.

[17] 徐江.智能驾驶硬件在环仿真测试与实践 [M].北京：机械工业出版社，2024.

[18] 唐传骏.智能驾驶产品设计与评价 [M].北京：机械工业出版社，2024.

[19] 杨修文.智能汽车电子与软件 [M].北京：机械工业出版社，2023.

[20] 张新丰.智能网联汽车电子控制系统 [M].北京：机械工业出版社，2024.

[21] 吴丹丹.智能汽车软件功能安全 [M].北京：机械工业出版社，2025.

[22] 高宜国.汽车电子 PCB 设计 [M].北京：机械工业出版社，2024.

[23] 吴礼军，李克强，田光宇，等.汽车整车设计与产品开发 [M].北京：机械工业出版社，2021.

[24] 王睿智.汽车产品开发项目管理：端到端的汽车产品诞生流程 [M].北京：机械工业出版社，2020.

[25] 郭洪艳，刘俊.智能汽车控制工程 [M].北京：机械工业出版社，2024.

[26] 杨胜兵，唐亮，程千，等.图说智能汽车域控制器技术 [M].北京：化学工业出版社，2023.

[27] 何举刚.汽车智能驾驶系统开发与验证 [M].北京：机械工业出版社，2021.

[28] 韦松.智能驾驶视觉感知后处理 [M].北京：机械工业出版社，2024.

[29] 张慧敏.智能座舱架构、原理与车规级芯片 [M].北京：机械工业出版社，2024.

[30] 龚在研，马钧.汽车人机交互评价方法 [M].北京：机械工业出版社，2022.

[31] 庞宏磊，朱福根.智能网联汽车概论 [M].北京：电子工业出版社，2022.

[32] 彭钧敏，王晓东，李超勇.非线性无人系统协调控制理论与应用 [M].杭州：浙江大学出版社，2024.

[33] 杨殿阁，黄晋，江昆，等.汽车自动驾驶 [M].北京：清华大学出版社，2022.

[34] 徐友春，朱愿，等.智能车辆关键技术 [M].北京：化学工业出版社，2020.

[35] 王庞伟，王力，余贵珍.智能网联汽车协同控制技术.[M].2 版.北京：机械工业出版社，2023.

[36] 张宏亮，徐利民，曾文达.自动驾驶 [M].北京：清华大学出版社，2021.

[37] 袁泉，王涛.交通人因工程 [M].北京：清华大学出版社，2023.

[38] 吴冬升，李大成.智慧城市与智能网联汽车 [M].北京：机械工业出版社，2024.

[39] 周晓莺.智能座舱：技术演变与产业格局 [M].北京：机械工业出版社，2024.

[40] 贾文博，李森.汽车整车性能主观评价方法与实践 [M].北京：机械工业出版社，2020.

[41] 田晋跃，罗石.无人驾驶技术 [M].北京：化学工业出版社，2020.

[42] 李柏，葛雨明.智能网联汽车协同决策与规划技术.北京：机械工业出版社，2020.

[43] 陈刚.电磁直驱无人驾驶机器人动态特性与控制 [M].北京：科学出版社，2018.

[44] 申泽邦，雍宾宾，周庆国.无人驾驶原理与实践 [M].北京：机械工业出版社，2019.

[45] 杜明芳.无人驾驶汽车技术 [M].北京：人民交通出版社，2019.

[46] 张立东.人工智能技术与无人驾驶 [M].北京：中国水利水电出版社，2022.

[47] 杨聪，孔祥斌，张宏志，等.智能座舱开发与实践 [M].北京：机械工业出版社，2022.

[48] 朱冰.智能汽车技术 [M].北京：机械工业出版社，2021.

[49] Bogaerts W, Pérez D, Capmany J, et al. Programmable photonic circuits[J]. Nature, 2020, 586, 207-216.

[50] Hajiloo R, Abroshan M, Khajepour A, et al. Integrated steering and differential braking for emergency collision avoidance in autonomous vehicles[J]. IEEE Transactions on Intelligent Transportation Systems, 2021, 22(5): 3167-3178.

[51] Meng B, Yang F, Liu J, et al. A survey of brake-by-wire system for intelligent connected electric vehicles[J]. IEEE Access, 2020, 8: 225424-225436.

[52] Boada B, Boada M, Vargas M N, et al. A robust observer based on H-infinity filtering with parameter uncertainties combined with Neural Networks for estimation of vehicle roll angle[J]. Mechanical Systems and Signal Processing, 2018, 99: 611-623.

[53] Chen L, Hong W, Cao D. High-precision hydraulic pressure control based on linear pressure-drop modulation in valve critical equilibrium state [J]. IEEE Transactions on Industrial Electronics, 2017, 64(10): 7984-7993.

[54] 凌永成 . 车载网络技术 [M].2 版 . 北京：机械工业出版社，2022.

[55] 龚怡宏 . 认知科学与脑机接口概论 [M].2 版 . 西安：西安电子科技大学出版社，2022.

[56] 蔡曙山 . 认知科学导论 [M]. 北京：人民出版社，2021.

[57] 刘洪波，冯士刚 . 脑与认知科学基础 [M]. 北京：清华大学出版社，2021.

[58] 黄涛 . 学习认知计算 [M]. 北京：科学出版社，2024.

[59] 叶浩生 . 具身认知 - 原理与应用 [M]. 北京：商务印书馆，2017.

[60] 郭文强，孙世勋，郭立夫 . 决策理论与方法 [M].3 版 . 北京：高等教育出版社，2020.

[61] 宋晓琳，曹昊天 . 智能车辆决策规划与控制 [M]. 北京：清华大学出版社，2023.

[62] 胡奇英 . 随机动态决策理论与应用 [M]. 西安：西安电子科技大学出版社，2023.

[63] 姜克，吴华强，黄晋，等 . 车规级芯片技术 [M]. 北京：清华大学出版社，2024.

[64] 邓戬 . 智能网联汽车电子电气架构设计与试验研究 [D]. 长春：吉林大学，2020.

[65] Han W, Xiong L, Yu Z. Braking pressure control in electro-hydraulic brake system based on pressure estimation with nonlinearities and uncertainties [J]. Mechanical Systems and Signal Processing, 2019, 131: 703-727.

[66] Pi D, Cheng Q, Xie B, et al. A novel pneumatic brake pressure control algorithm for regenerative braking system of electric commercial trucks [J]. IEEE Access, 2019, 7: 83372-83383.

[67] Zhang R, Peng J, Li H, et al. A predictive control method to improve pressure tracking precision and reduce valve switching for pneumatic brake systems [J]. IET Control Theory and Applications, 2021, 15(10): 1389-1403.

[68] Lee N J, Kang C G. Wheel slide protection control using a command map and Smith predictor for the pneumatic brake system of a railway vehicle [J]. Vehicle System Dynamics, 2016, 54(10): 1491-1510.

[69] 宋攀 . 全线控四轮独立转向 / 驱动 / 制动电动汽车动力学集成控制研究 [D]. 长春：吉林大学，2015.

[70] 史建鹏 . 汽车仿真技术 [M]. 北京：机械工业出版社，2021.

[71] 于京诺 . 汽车电子控制技术 [M]. 北京：机械工业出版社，2022.

[72] 麻友良 . 汽车电器与电子控制系统 [M].4 版 . 北京：机械工业出版社，2019.

[73] 孙宏图，梁桂航，孙德林 . 电动汽车电器与电子技术 [M]. 北京：机械工业出版社，2022.

[74] 李永，宋健 . 新能源车辆燃料电池 - 动力系统设计与控制 [M]. 北京：化学工业出版社，2023.

[75] 刘波澜 . 车辆动力总成电控系统标定技术 [M]. 北京：机械工业出版社，2022.

[76] 华鑫朋 . 高级乘用车电控空气悬架控制系统研究 [D]. 长沙：湖南大学，2019.

[77] Gautam V, Rajaram V, Subramanian S C. Model-based braking control of a heavy commercial road vehicle equipped with an electropneumatic brake system [J]. Proceedings of the Institution of Mechanical Engineers, Part D: Journal of Automobile Engineering, 2017, 231(12): 1693-1708.

[78] Devika K B, Sridhar N, Patil H, et al. Delay compensated pneumatic brake controller for heavy road

vehicle active safety systems [J]. Archive Proceedings of the Institution of Mechanical Engineers Part C Journal of Mechanical Engineering Science. 2020, 235(13): 2333-2346.

[79] Ma Z, Ji X, Zhang Y, et al. State estimation in roll dynamics for commercial vehicles [J]. Vehicle System Dynamics, 2017, 55(3): 313-337.

[80] Boada B L, Boada M J L, Diaz V. A robust observer based on energy-to-peak filtering in combination with neural networks for parameter varying systems and its application to vehicle roll angle estimation [J]. Mechatronics, 2018, 50: 196-204.

[81] Yin D, Hu J S. Active approach to Electronic Stability Control for front-wheel drive in-wheel motor electric vehicles[J]. International Journal of Automotive Technology, 2014, 15(6): 979-987.

[82] Zhai L, Sun T, Wang J. Electronic stability control based on motor driving and braking torque distribution for a four in-wheel motor drive electric vehicle[J]. IEEE Transactions on Vehicular Technology, 2016, 65(6): 4726-4739.

[83] Jalali M, Khajepour A, Chen S K, et al. Integrated stability and traction control for electric vehicles using model predictive control[J]. Control Engineering Practice, 2016, 54: 256-266.

[84] Ding H, Khajepour A, Huang Y. A novel tripped rollover prevention system for commercial trucks with air suspensions at low speeds[J]. Proceedings of the Institution of Mechanical Engineers, Part D: Journal of Automobile Engineering, 2017, 232(11): 1516-1527.

[85] Roozegar M, Angeles J. Design, modelling and estimation of a novel modular multi-speed transmission system for electric vehicles[J]. Mechatronics, 2017, 45: 119-129.

[86] Roozegar M, Angeles J. A two-phase control algorithm for gear-shifting in a novel multi-speed transmission for electric vehicles[J]. Mechanical Systems and Signal Processing, 2018, 104: 145-154.

[87] Roozegar M, Angeles J. Gear-shifting in a novel modular multi-speed transmission for electric vehicles using linear quadratic integral control[J]. Mechanism and Machine Theory, 2018, 128: 359-367.

[88] Ma Z, Sun D. Energy recovery strategy based on ideal braking force distribution for regenerative braking system of a four-wheel drive electric vehicle[J]. IEEE Access, 2020, 8: 136234-136242.

[89] Peng Y, Chen J, Ma Y. Observer-based estimation of velocity and tire-road friction coefficient for vehicle control systems [J]. Nonlinear Dynamics, 2019, 96: 363-387.

[90] Cheng S, Li L, Yan B, et al. Simultaneous estimation of tire side-slip angle and lateral tire force for vehicle lateral stability control[J]. Mechanical Systems and Signal Processing, 2019, 132: 168-182.

[91] Li L, Jia G, Ran X, et al. A variable structure extended Kalman filter for vehicle sideslip angle estimation on a low friction road[J]. Vehicle System Dynamics, 2014, 52(2): 280-308.

[92] Chen L, Chen T, Xu X, et al. Sideslip angle estimation of in-wheel motor drive electric vehicles by cascaded multi-Kalman filters and modified tire model[J]. Metrology and Measurement Systems,

2019, 26(1): 185-208.

[93] Doumiati M, Victorino AC, Charara A, et al. Onboard real-time estimation of vehicle lateral tire-toad forces and sideslip angle[J]. IEEE/ASME Transactions on Mechatronics, 2011, 16(4): 601-614.

[94] Han K, Choi M, Choi S B. Estimation of the tire cornering stiffness as a road surface classification indicator using understeering characteristics[J]. IEEE Transactions on Vehicular Technology, 2018, 67(8): 6851-6860.

[95] Hu J, Rakheja S, Zhang Y. Real-time estimation of tire-road friction coefficient based on lateral vehicle dynamics[J]. Proceedings of the Institution of Mechanical Engineers, Part D: Journal of Automobile Engineering. 2020, 234(10-11): 2444-2457.

[96] Bobier C G, Gerdes J C. Staying within the nullcline boundary for vehicle envelope control using a sliding surface[J]. Vehicle System Dynamics, 2013, 51(2): 199-217.

[97] Cairano S D, Tseng H E, Bernardini D, et al. Vehicle yaw stability control by coordinated active front steering and differential braking in the tire sideslip angles domain[J]. IEEE Transactions on Control Systems Technology, 2013, 21(4): 1236-1248.

[98] Mirzaeinejad H, Mirzaei M, Rafatnia S. A novel technique for optimal integration of active steering and differential braking with estimation to improve vehicle directional stability[J]. ISA Transactions, 2018, 80: 513-527.

[99] Mortazavizadeh S A, Ghaderi A, Ebrahimi M, et al. Recent developments in the vehicle steer-by-wire system[J]. IEEE Transactions on Transportation Electrification, 2020, 6(3): 1226-1235.

[100] Shukla H, Roy S, Gupta S. Robust adaptive control of steer-by-wire systems under unknown state-dependent uncertainties[J]. International Journal of Adaptive Control and Signal Processing, 2022, 36(2): 198-208.

[101] Zhu Z, Tian Y, Wang X, et al. Fusion Predictive control based on uncertain algorithm for PMSM of brake-by-wire system[J]. IEEE Transactions on Transportation Electrification, 2021, 7(4): 2645-2657.

[102] Abroshan M, Hajiloo R, Hashemi E, et al. Model predictive-based tractor-trailer stabilisation using differential braking with experimental verification[J]. Vehicle system dynamics, 2021, 59(8): 1190-1213.

[103] Atabay O, Ötkür M, Ereke I M. Model based predictive engine torque control for improved drivability[J]. Proceedings of the Institution of Mechanical Engineers, Part D: Journal of Automobile Engineering, 2018, 232(12): 1654-1666.

[104] Tahouni A, Mirzaei M, Najjari B. Novel constrained nonlinear control of vehicle dynamics using integrated active torque vectoring and electronic stability control[J]. IEEE Transactions on Vehicular Technology, 2019, 68(10): 9564-9572.

[105] Sun T, Gong X, Li B, et al. A novel torque vectoring system for enhancing vehicle stability[J]. International Journal of Vehicle Autonomous Systems, 2019, 14(3): 278-303.

[106] Hu J, Wang Y, Fujimoto H, et al. Robust yaw stability control for in-wheel motor electric vehicles[J]. IEEE/ASME Transactions on Mechatronics, 2017, 22(3): 1360-1370.

[107] Ren B, Chen H, Zhao H, et al. MPC-based yaw stability control in in-wheel-motored EV via active front steering and motor torque distribution[J]. Mechatronics, 2016, 38: 103-114.

[108] Mousavi M S R, Boulet B. Estimation of the state variables and unknown Input of a two-speed electric vehicle driveline using fading memory Kalman filter[J]. IEEE Transactions on Transportation Electrification, 2016, 2(2): 210-220.

[109] Liu Y, Qin D, Jiang H, et al. Shift control strategy and experimental validation for dry dual clutch transmissions[J]. Mechanism and Machine Theory, 2014, 75: 41-53.

[110] Guo L, Gao B, Liu Q, et al. On-line optimal control of the gearshift command for multispeed electric vehicles[J]. IEEE/ASME Transactions on Mechatronics, 2017, 22(4): 1519-1530.

[111] Zhang T, Deng F, Shi P. Event-triggered H ∞ filtering for nonlinear discrete-time stochastic systems with application to vehicle roll stability control[J]. International Journal of Robust and Nonlinear Control, 2020, 30(18): 8430-8448.

[112] Park M K, Lee S Y, Kwon C K, et al. Design of Pedestrian Target Selection with Funnel Map for Pedestrian AEB System[J]. IEEE Transactions on Vehicular Technology, 2017, 66(5): 3597-3609.

[113] 周飞鲲. 纯电动汽车动力系统参数匹配及整车控制策略研究[D]. 长春：吉林大学，2013.

[114] 宋勇道. 基于两挡双离合器自动变速器的纯电动汽车驱动与换挡控制技术研究[D]. 长春：吉林大学，2013.

[115] 孔祥宇. 电驱动 AMT 离合器起步控制研究[D]. 长沙：湖南大学，2016.

[116] 杨克锋. 纯电动汽车自动变速器换挡控制与速比优化研究[D]. 长沙：湖南大学，2015.

[117] 刘长建. 无离合器电动汽车 PMSM 速度模糊 PI 自适应控制[D]. 长沙：湖南大学，2015.

[118] 王继生. 基于无离合器 AMT 的电动变速驱动系统换挡过程同步控制研究[D]. 长沙：湖南大学，2011.

[119] 包凯. 纯电动汽车变速箱换挡机构的设计与性能分析[D]. 长春：吉林大学，2017.

[120] 陈佳佳. 城市环境下无人驾驶车辆决策研究[D]. 合肥：中国科学技术大学，2014.

[121] 张荷芳，豆菲菲. 多传感器信息融合的无人驾驶车辆行驶策略[J]. 计算机与数字工程，2015(3): 392-395.

[122] 杜明博. 基于人类驾驶行为的无人驾驶车辆决策与运动规划方法研究[D]. 合肥：中国科学技术大学，2016.

[123] 陈平. 辅助驾驶中控制与决策关键技术研究[D]. 上海：上海交通大学，2011.

[124] 张文明，韩泓冰，杨珏，等. 基于驾驶员行为的神经网络无人驾驶控制[J]. 华南理工大学学报，

2016, 44(12): 74-80.

[125] 孙少华 . 纯电动客车机械式自动变速器换挡综合控制技术研究 [D]. 长春：吉林大学，2014.

[126] 钟迪 . 基于公交线路的纯电动客车挡位决策技术研究 [D]. 长春：吉林大学，2015.

[127] 徐勇超 . 汽车 AMT 换挡规律研究及其电控平台设计 [D]. 长沙：湖南大学，2016.

[128] 戴丰 . 基于驾驶员起步意图的 AMT 控制方法研究 [D]. 上海：上海交通大学，2013.

[129] 李永，宋健 . 车辆稳定控制技术 [M]. 北京：机械工业出版社，2013.

[130] Talebpour A，Mahmassani H S，Hamdar S H. Modeling Lane- Changing Behavior in a Connected Environment: A Game Theory Approach[J]. Transportation Research Part C，2015，59: 216-232.

[131] Zhao Z G，Chen H J，Yang Y Y，et al. Torque coordinating robust control of shifting process for dry dual clutch transmission equipped in a hybrid car[J]. Vehicle System Dynamics，2015，53(9):1269-1295.